Hermann Neuber · Mayday – Mayday . . .

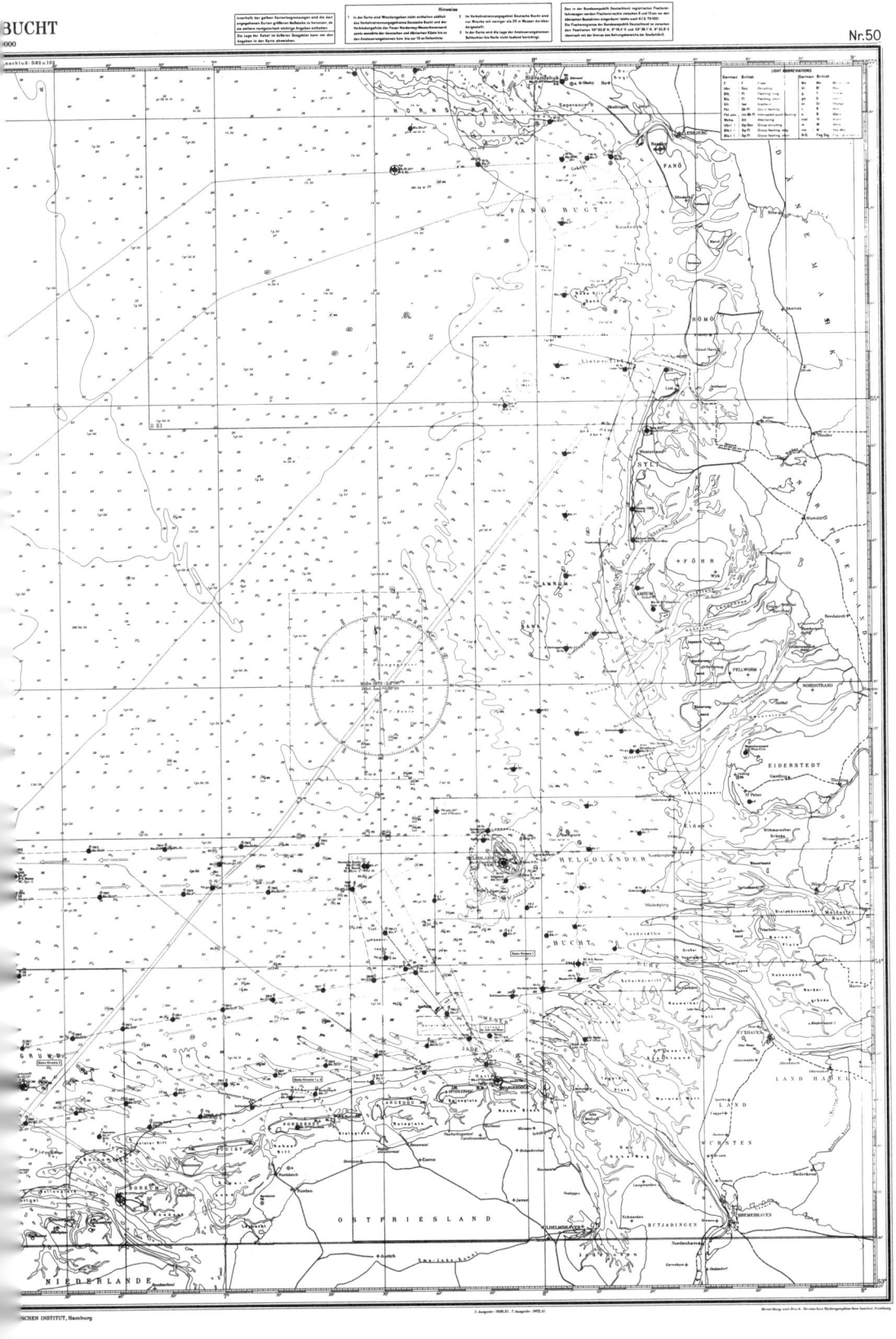

Hermann Neuber

Mayday – Mayday ...

SAR-Hubschrauber
im Rettungseinsatz auf See

Bernard & Graefe Verlag

Fotonachweis

Bildstelle Marine, Marineamt: 10; Jonas Friestadt, Stavanger Aftenblad: 1; Flottenkommando, Glücksburg: 1; Hapag-Lloyd: 1; Heeresfliegerwaffenschule, Bückeburg: 3; Hubschrauber-transportgeschwader 64, Ahlhorn: 1; Kröger-Werft, Rendsburg: 1; 1. Marinefliegerlehrgruppe, Nordholz: 1; Marinefliegergeschwader 3, Nordholz: 7; Marinefliegergeschwader 5, Kiel-Holtenau: 13; Photographic Dept. R.N.A.S. Culdrose, England: 2; Reederei Julius Hauschild: 1; SAR-Leitstelle (RCC) Stavanger, Norwegen: 1; Knut Uppstedt, Stavanger Aftenblad: 1; Ulrich Gilde, Kiel: 1; Verfasserarchiv: 14.

(Umschlagbild: Photographic Dept. R.N.A.S. Culdrose)

© Bernard & Graefe Verlag, Koblenz 1988
Satz: Gruber, Regensburg
Druck und Bindung: Wiener Verlag, Himberg
Lithos: Repro GmbH, Landshut-Ergolding
Herstellung und Layout: Walter Amann, München
Printed in Austria
ISBN 3-7637-5844-5

Inhalt

Anhang

Zum Geleit

Dies ist ein merkwürdiges Buch geworden: merk-würdig, was die Dramatik geschilderter Ereignisse und – im Gegensatz dazu – die Nüchternheit sorgfältig gesammelter Fakten angeht. Kompetente Autoren des In- und Auslandes haben sich in der Vergangenheit überwiegend darauf beschränkt, das Abenteuer, das Risiko, das Spektakuläre des maritimen Rettungseinsatzes darzustellen. Auch Kapitänleutnant Hermann Neuber, der wohl über die vollständigste Sammlung aller Ereignisse um den deutschen SAR-Dienst über See und an der Küste verfügt, gehörte dazu. Diesmal jedoch wählte er einen anderen Ansatz: während die häufig dramatischen Einsätze in engagierter Sprache geschildert werden, hat er im zweiten Teil seines Buches in großer Sorgfalt technische Daten und Verfahren, Ausrüstungsdetails und Namen zusammengetragen.

Frauen und Männer, denen das Retten von Menschenleben zum Beruf geworden ist, sind schlechte Berichterstatter. Je erfolgreicher und schwieriger eine Mission war, um so schweigsamer sind sie. Der einzige Kommentar, den man gelegentlich von Ihnen erfährt, ist der hochgestreckte Daumen. Lebensretter brauchen also »Übersetzer«, wenn man von ihnen etwas erfahren will. Hermann Neuber kann einerseits aus eigenem Erleben und aus langjähriger Kompetenz Wahrhaftigkeit und Ablauf beurteilen; andererseits verfügt er aufgrund seiner schriftstellerischen Erfahrung über die Fähigkeit, das Geschehen in See mit einer Emotion zu schildern, die einer Besatzung im Einsatz fremd ist.

Das Buch macht deutlich: hinter einem gelungenen Rettungseinsatz stehen weder Übermenschen noch Wundertechnik. Sondern Menschen wie Du und ich mit Verantwortungsgefühl, guter Ausbildung und Willen zum Erfolg – aber auch mit ihren Zweifeln und Ängsten, wenn es auf Leben und Tod geht. Als zweites kommt leistungsfähige Technik hinzu: Hubschrauber, Flugzeuge, Boote, alle in robuster Ausführung gepaart mit Spitzentechnologie ihrer Zeit. Und drittens ist es die Organisation, die erst Erfolge ermöglicht: weltumspannende Einsatzleitstellen, kooperative Einsatzverfahren der nationalen und internationalen Rettungsorganisationen; Wartungseinrichtungen, die im Notfall aus dem Stand heraus das Doppelte der nomalerweise erforderlichen Flugstunden, unter Wahrung aller Sicherheitsauflagen, produzieren können. Dazu die klassischen Suchverfahren, die seit Jahrzehnten angewandt werden und bei Beharrlichkeit, Stehvermögen und präziser Navigation zum Erfolg führen.

Das wichtigste Element in einem erfolgreichen SAR-Dienst bleibt – wie in allen Rettungsorganisationen – der Mensch: der Mensch mit allen seinen Stärken und Unzulänglichkeiten und in seiner Unersetzbarkeit. Im anglo-amerikanischen Bereich der Militärsprache hat man für den Menschen, der dann übrigbleibt, wenn alles andere nicht mehr zur Verfügung steht, eine betreffende Bezeichnung:

»Mk Eyeball – das Modell Augapfel«. Das Auge des Retters als zentrales Sinnes-organ, das stundenlang die See absucht, das den flimmernden Radarschirm ab-tastet, das unablässig Dutzende von Zahlen, Zeichen und Zustandsinformationen von den Instrumententafeln im Cockpit abliest. Das auch den zur Neige gehenden Treibstoffvorrat meldet und möglicherweise einen bitteren Entschluß herbeiführ-ren hilft: den Rettungseinsatz ohne Erfolg abzubrechen.

Für Soldaten, die im Rettungsdienst stehen, gibt es eine besondere Genugtu-ung: nämlich im Frieden wie im Krieg den gleichen Auftrag zu haben – Men-schenleben zu retten. Dazu ist ihnen Technik an die Hand gegeben worden, mit der die Wahrscheinlichkeit, auch unter schwierigsten Umständen Erfolg zu haben, außerordentlich hoch geworden ist. Das Quentchen Glück, das man trotz allem braucht, ist jedoch heute und in Zukunft nicht kalkulierbar.

Ulrich A. Hundt
Flottillenadmiral*

---

* Erster Admiral der Bundeswehr aus dem Bereich des SAR-Dienstes der Marineflieger, derzeit Kommandeur Zentrum Innere Führung.

Auftrag, Organisation und Mittel

Search and Rescue (SAR)

Nach Beendigung des Zweiten Weltkrieges nahm der Überseeflugverkehr der zivilen Fluggesellschaften beträchtlich zu. Ein weltweites Luftverkehrsnetz wurde bald zur Selbstverständlichkeit.

Seit Bestehen der Luftfahrt hatte es schon immer Unfälle gegeben. Auch bei der ständig fortschreitenden Technik waren Flugunfälle – sei es durch technisches oder auch durch menschliches Versagen – nicht auszuschließen. So war es nicht überraschend, daß man sich noch während des Zweiten Weltkrieges international um die Schaffung eines Rettungsdienstes bemühte. Dieser sollte überall und jederzeit in der Lage sein, bei Flugzeugabstürzen unverzüglich und unbürokratisch helfend einzugreifen.

Zugleich wurde angestrebt, die verschiedenen Rettungsdienste, die bisher nur in begrenzter Zahl auf nationaler Ebene bestanden hatten, weltweit auszubauen und zu standardisieren.

Nach jahrelangen Bemühungen wurde schließlich am 7. Dezember 1944 auf Betreiben der obersten Zivilluftfahrtbehörde, der International Civil Aviation Organization (ICAO) in Chikago ein Abkommen getroffen, in dem sich alle Unterzeichnerstaaten vertraglich verpflichteten, für ihr Territorium SAR-Einheiten zur Rettung von in Luftnot geratenen Luftfahrzeugen und deren Besatzungen, gleich welcher Nationalität, aufzustellen.

In Artikel 25 des Abkommens heißt es: »Jeder Vertragsstaat verpflichtet sich, für in seinem Hoheitsgebiet in Luftnot geratene Luftfahrzeuge die Hilfsmaßnahmen zu treffen, die ihm tunlich erscheinen. Jeder Vertragsstaat wirkt bei der Suche nach vermißten Luftfahrzeugen an aufeinander abgestimmten Maßnahmen mit, die aufgrund dieses Abkommens jeweils empfohlen werden.« Der erste Schritt für ein weltweites SAR-System war damit getan.

SAR – diese drei Buchstaben sind Name und Auftrag zugleich. Sie stehen für »Search and Rescue« – Suchen und Retten.

Alle westlichen sowie viele neutrale und blockfreie Staaten, haben die »Konvention von Chikago« unterzeichnet. Mit dem am 7. April 1956 verkündeten Beitritt der Bundesrepublik Deutschland zur ICAO, in der 146 Staaten zusammengeschlossen sind, ergab sich zwangsläufig die Verpflichtung, einen entsprechenden Rettungsdienst für den Luftnotfall aufzubauen, um den sich aus dem Abkommen ergebenden Auftrag zu erfüllen.

Zu diesem Zeitpunkt verfügte weder die Deutsche Gesellschaft zur Rettung Schiffbrüchiger noch eine andere zivile Organisation über die erforderlichen Einsatzmittel.

Der Aufbau eines Rettungsdienstes auf ziviler Basis, ähnlich der britischen Coast Guard, hätte einen erheblichen Kostenaufwand zur Folge gehabt. Daher beschloß die Bundesregierung, nach dem Muster der meisten Unterzeichnerstaaten des Abkommens zu verfahren und die Streitkräfte mit dieser Aufgabe zu betrauen. Die im Aufbau befindliche Bundeswehr erhielt den Auftrag, einen Such- und Rettungsdienst gemäß der internationalen Verpflichtung unter gleichzeitiger Absicherung der eigenen Streitkräfte aufzubauen.

Der Rettungsdienst der Bundeswehr sollte somit einen doppelten Auftrag erfüllen: Zum einen als Teil des nationalen SAR-Dienstes der Bundesrepublik Deutschland die Verpflichtung gegenüber der ICAO wahrnehmen und zum anderen im Rahmen seiner Aufgaben den Einsatz der Streitkräfte unterstützen.

So wurde am 1. Januar 1958 auf Anordnung des Bundesministers der Verteidigung die Marine-Seenotstaffel in Kiel-Holtenau aufgestellt.*

Neben dem personellen und materiellen Aufbau erhielt die Staffel den Auftrag, die Seenotbereitschaft mit Seenotflugzeugen und Flugsicherungsbooten der Marine sicherzustellen.

Die Personalstärke der Staffel wurde festgelegt auf 21 Offiziere, 192 Unteroffiziere und 135 Mannschaften.

Im Jahre 1981 wurden die Aufgaben des militärischen Such- und Rettungsdienstes durch den Bundesminister der Verteidigung in einer Grundsatzweisung** neu definiert:

1. Aufgabe des SAR-Dienstes ist die Suche nach überfälligen, vermißten oder abgestürzten Luftfahrzeugen ohne Rücksicht auf deren Nationalität oder sonstige Zugehörigkeit, Rettung der Insassen, Hilfeleistung für diese und Transport der Überlebenden zur ärztlichen Betreuung.
2. Darüber hinaus leistet der militärische SAR-Dienst den Streitkräften Hilfe und Unterstützung in anderen Notfällen an Land und auf See. Er ist auf die Lebensrettung des Personals der Bundeswehr und der verbündeten Streitkräfte ausgerichtet, wird aber nicht nur darauf beschränkt.
3. Sofern militärische Erfordernisse und technische Durchführungsmöglichkeiten nicht entgegenstehen, leistet der militärische SAR-Dienst daneben Hilfe für den zivilen Bereich, wie in Fällen dringender Nothilfe.

Für den SAR-Dienst der Marine waren Amphibienflugzeuge vom Typ Grumman ALBATROS, Hubschrauber vom Typ Bristol SYCAMORE und Flugsicherungsboote vorgesehen.

Es sollte aber noch einige Zeit vergehen, bevor die ersten SAR-Mittel für den zukünftigen Such- und Rettungsdienst der Marine bereitgestellt werden konnten.

---

* siehe Anhang, Anlage 1
** Neufassung vom 28. September 1981 siehe Anhang, Anlage 1a

4

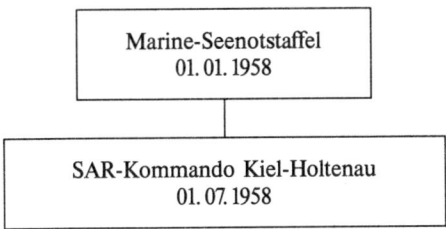

Marine-Seenotstaffel
01. 01. 1958

SAR-Kommando Kiel-Holtenau
01. 07. 1958

Die Personalstärke der Marine-Seenotstaffel betrug am 1. Januar 1958 195 Stellen.
Bis zum 1. April 1958 sollte die im Aufstellungsbefehl genannte Endstärke von

21 Offizieren
192 Unteroffizieren
135 Mannschaften und
56 Zivilbediensteten erreicht werden.

Zunächst stand kein SAR-Mittel in besonderem Bereitschaftsstatus. Einsätze
wurden nur auf besondere Anforderung durchgeführt.

Das erste SAR-Mittel der Staffel war das Flugsicherungsboot FL 4. FL 4 (W 60),
ex »Falke« wurde als Flugsicherungsboot KL 908 von der Kröger-Werft in Warne-
münde gebaut. Nach 1945 war das Boot von den westlichen Alliierten als Flug-
sicherungs-Patrouillenboot übernommen worden. 1951 erfolgte die Übergabe an
den Bundesgrenzschutz (See).

Nach Umbau und Grundüberholung wurde das Boot am 18. Juli 1952 als Schul-
boot »Falke« bei der BGS Schulflottille in Dienst gestellt.

1956 erfolgte die Übergabe an die Bundesmarine. Am 1. Juli 1956 Indienststellung als »Falke« bei der Marineschule Mürwik. Ab 1. Januar 1958 in Dienst bei der
Marine-Seenotstaffel als Flugsicherungsboot FL 4 (W 60).

Am 14. Juni 1957 begann in Memmingen im Allgäu die Ausbildung der ersten
Hubschrauberpiloten für den Marine-Seenotdienst. Fast auf den Tag genau ein
Jahr, bis zum 8. Juni 1958 dauerte es, bis sich die Hubschrauberpiloten mit ihrem
neuen Fluggerät vertraut gemacht hatten.

Eine gute Woche später wurden drei der ausgebildeten Piloten, Korvettenkapitän Hugo Bock, Hauptbootsmann Arno Buchhammer und Oberbootsmann
Heinz Lehmann sowie der englische Fluglehrer Commander Brown nach England in Marsch gesetzt, um die ersten Maschinen vom Typ Bristol SYCAMORE
von Western Supermare nach Deutschland zu überführen.

Am 18. Juni 1958, um 20.50 Uhr GMT, landeten die vier Maschinen SC + 201,
SC + 202, SC + 203 und SC + 204 kurz vor Sonnenuntergang in Kiel-Holtenau.

Von Januar bis April 1959 wurden dann von einem amerikanischen Flugkapitän
die Amphibienflugzeuge Grumman ALBATROS SC + 101 bis SC + 105 nach
Kiel überführt.

Die Flugzeugführer, die sich ausschließlich aus ehemaligen, erfahrenen Piloten des Zweiten Weltkrieges zusammensetzten, wurden in der Zeit vom 12. Juni 1959 bis 7. Juli 1959 bei der 1717th Flying Training Squadron in Mobile Alabama auf den neuen Flugzeugtyp umgeschult. Der erste Flug einer ALBATROS erfolgte anläßlich der Kieler Woche 1959.

So langsam konnte das »SAR-Geschäft« bei der Marine-Seenotstaffel in Kiel-Holtenau beginnen. Aber aller Anfang war schwer, und in allen Bereichen mußte zunächst improvisiert werden. So stand als einziges Schleppfahrzeug ein alter DEMAG-Kran zur Verfügung. Ausreichendes Werkzeug war nicht vorhanden, es mußte aus eigenen Beständen ergänzt werden. Die Hubschrauber waren ohne die unbedingt notwendige Funkausrüstung geliefert worden. So erstand man leihweise von der Flotte ein Funkgerät und baute es jeweils in die zum Einsatz bestimmte Maschine ein.

Nur zögernd lief der SAR-Dienst an. Zunächst waren es nur einige Krankentransporte, die auf Anforderung durchgeführt wurden.

Von Ende 1958 an wurde jede Woche ein Hubschrauber von Montag bis Freitag auf dem Fliegerhorst Schleswig in Bereitschaft gehalten.

Am 16. Juli 1959 wurde aus der Marine-Seenotstaffel die Marine-Dienst- und Seenotgruppe* gebildet, die sich nunmehr aus der Seenotstaffel, der Dienststaffel, der Flugbetriebsstaffel, der Technischen Staffel und der Horststaffel zusammensetzte. Das gesamte Rettungssystem der Bundesmarine stand noch in den ersten Anfangsstadien. Nur wenige Dienststellen wußten zu dieser Zeit überhaupt, daß bei der Bundesmarine SAR-Mittel zur Verfügung standen.

Die Angehörigen der damaligen Seenotstaffel hatten keine klaren Anweisungen. Sie waren darauf angewiesen, nach eigenen Vorstellungen selbständig zu handeln. Ein einwandfrei über alle Stationen funktionierendes Alarmierungssystem war noch nicht vorhanden, die Fernmeldeverbindungen waren unzureichend.

Von einer SAR-Organisation, wie sie heute besteht, war man noch weit entfernt. Ebenso war die Zusammenarbeit zwischen den Seenotfliegern und den Rettungsbooten der Deutschen Gesellschaft zur Rettung Schiffbrüchiger völlig unzureichend geregelt.

Welche Schwierigkeiten in den Anfängen des Such- und Rettungsdienstes überwunden werden mußten, verdeutlicht ein Flugzeugabsturz, der sich am 11. November 1959 ereignete. Der Ablauf dieses Luftnotfalles zeigt die Vielfalt der mangelnden Koordination innerhalb des deutschen Rettungssystems und die zahlreichen Probleme während der Aufbauphase (siehe Kapitel »Hawker ›Hunter‹« überfällig, Seite 41).

---

* Gliederung und Verwendung von 1961 siehe Seite 7

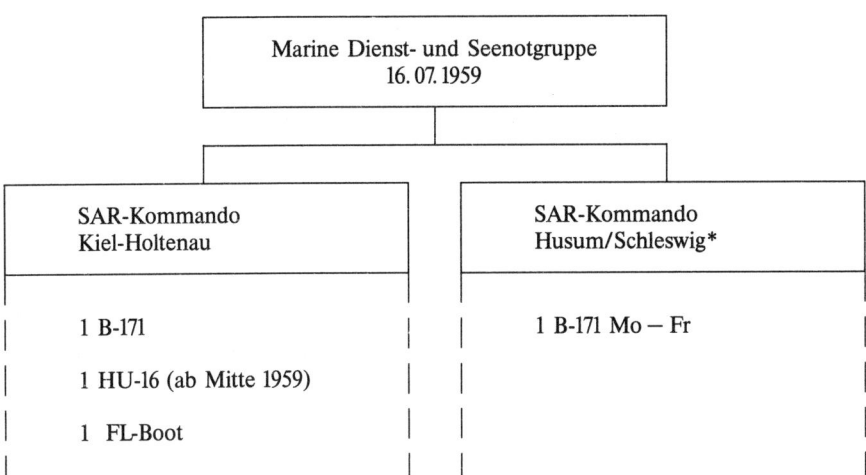

```
                 ┌─────────────────────────────────────┐
                 │  Marine Dienst- und Seenotgruppe     │
                 │            16. 07. 1959              │
                 └─────────────────────────────────────┘
              ┌──────────────────┴──────────────────┐
    ┌──────────────────┐            ┌──────────────────────┐
    │  SAR-Kommando     │            │  SAR-Kommando         │
    │  Kiel-Holtenau    │            │  Husum/Schleswig*     │
    └──────────────────┘            └──────────────────────┘

      1 B-171                          1 B-171 Mo — Fr

      1 HU-16 (ab Mitte 1959)

      1 FL-Boot
```

*Die Bereitschaft wurde zunächst unregelmäßig und je nach Bedarf in Schleswig oder in Husum gegangen.

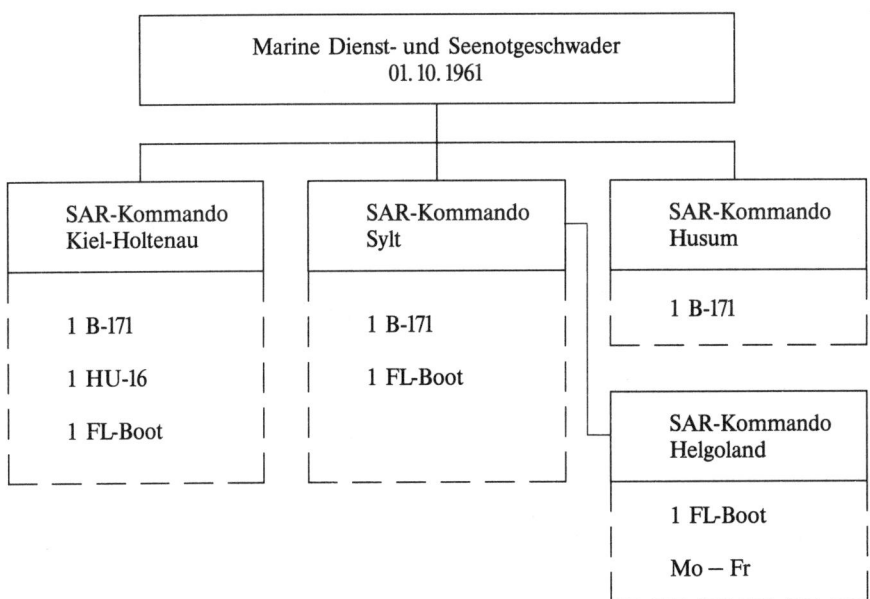

```
                 ┌─────────────────────────────────────┐
                 │  Marine Dienst- und Seenotgeschwader │
                 │            01. 10. 1961              │
                 └─────────────────────────────────────┘

  ┌──────────────────┐  ┌──────────────────┐  ┌──────────────────┐
  │  SAR-Kommando     │  │  SAR-Kommando     │  │  SAR-Kommando     │
  │  Kiel-Holtenau    │  │  Sylt             │  │  Husum            │
  └──────────────────┘  └──────────────────┘  └──────────────────┘

     1 B-171               1 B-171               1 B-171

     1 HU-16               1 FL-Boot
                                               ┌──────────────────┐
     1 FL-Boot                                 │  SAR-Kommando     │
                                               │  Helgoland        │
                                               └──────────────────┘

                                                  1 FL-Boot

                                                  Mo — Fr
```

Hubschrauber – das ideale Rettungsmittel

Die Entwicklung des Hubschraubers reicht weiter zurück, als allgemein bekannt ist.

Schon Leonardo da Vinci (1452 – 1519) hatte sich mit dem Problem des Drehflüglers befaßt und Skizzen angefertigt. Am 29. September 1907 gelang den Franzosen Louis Bréguet und Professor Richet der erste Flugversuch mit einer Drehflügelkonstruktion, dem »Gyroplane No 1«. Von vier Assistenten gehalten und gestützt, erreichte der »Gyroplane No 1« eine Höhe von ganzen 1,5 Metern.

Die Auszeichnung, den ersten Hubschrauber gebaut zu haben, der sich senkrecht im freien Flug erhob, fiel ein paar Wochen später dem Franzosen Paul Cornus zu. Seine Maschine hatte zwei Rotoren mit einem Durchmesser von 20 Fuß. Der Antrieb erfolgte über einen Riemen von einem 24-PS-Motor. Allerdings erhob sich auch dieses Fluggerät nicht höher als 1,5 Meter über den Boden.

Fast zehn Jahre des Experimentierens vergingen, bis die beiden Österreicher Petroczy und Professor Karmann im Jahre 1916 einen Drehflügler entwickelten, mit dem zahlreiche Flüge bis in Höhen von etwa 150 Fuß und einer Flugdauer bis zu einer Stunde durchgeführt wurden. Der Hubschrauber hatte zwei hölzerne Rotoren mit einem Durchmesser von 20 Fuß, die von einem 120-PS-Motor angetrieben wurden.

Trotz der vielen technischen Erfolge dieser Zeit kam die Entwicklung des Hubschraubers im Gegensatz zu der des Flugzeuges nur langsam voran. In den ersten 25 Jahren dieses Jahrhunderts wurden zwar viele Hubschrauber gebaut, aber alle Maschinen zeigten noch große technische Mängel. Stabilität und Kontrolle schienen die Hauptprobleme der weiteren Entwicklung zu sein.

Erst im Jahre 1937 kam der große Durchbruch des Drehflüglers. Die deutsche Entwicklung der Focke-Achgelis GmbH, die »Fw-61«, brach alle internationalen Rekorde und setzte völlig neue Maßstäbe.

Der mit zwei Rotoren an seitlich angebrachten Holmen ausgestattete Hubschrauber wurde von einem 160-PS-Sternmotor angetrieben und erreichte eine Geschwindigkeit von ca. 76 Knoten. Die Manövrierfähigkeit der »Fw-61«, die man als ersten betriebsreifen Hubschrauber bezeichnen kann, war ebenfalls überragend, sie wurde von Flugkapitän Hanna Reitsch bei einer eindrucksvollen Demonstration einem großen Publikum in der Berliner Deutschlandhalle vorgeführt.

Ein weiterer sehr erfolgreicher deutscher Hubschrauberkonstrukteur war Anton Flettner. Nach vielen Jahren des Experimentierens stellte er im Mai 1939 mit der »Fl-265« einen Hubschrauber vor, der mit zwei gegenläufigen, ineinanderkämmenden Rotoren ausgestattet war. Insgesamt wurden sechs Maschinen dieses Typs gebaut.

8

Im Kriegsjahr 1941 folgte als Weiterentwicklung die »Fl-282 Kolibri«. Die »Kolibri« war als Bordhubschrauber konzipiert und dafür vorgesehen, deutsche Konvois in der Ägäis und im Mittelmeer vor feindlichen U-Booten zu schützen.

Die Leistung dieses Hubschraubertyps, von dem bis zum Ende des Zweiten Weltkrieges 24 Exemplare fertiggestellt wurden, war für damalige Verhältnisse überragend:
Er erreichte eine maximale Geschwindigkeit von 100 Knoten. Die Gipfelhöhe betrug mehr als 13 000 Fuß, die Reichweite fast 200 Meilen. Mit dem Zusammenbruch des Deutschen Reiches war die aussichtsreiche Weiterentwicklung auf diesem Gebiet in Deutschland beendet.

Die USA und andere Länder jedoch trieben die Hubschrauberentwicklung bis zum heutigen Stand der Technik voran. Nach einer Unterbrechung von 30 Jahren hatte Igor Sikorsky in den USA im Jahre 1940 wieder mit der Konstruktion eines Hubschraubers begonnen. Seine »VS-300«, ein Ein-Rotor-Hubschrauber, brach im Mai 1941 mit 1 Std. 32 Min. 26 Sek. den bis dahin von der deutschen »Fw-61« gehaltenen Flugdauerweltrekord.

Die »VS-300« wurde der »Ahnherr« einer ganzen Hubschraubergeneration.

Aus dem Prototyp der »VS-300« wurde ein Jahr später die Sikorsky »R-4B« entwickelt. Diese Maschine erfüllte alle bis dahin gestellten Erwartungen, und die Massenproduktion begann. Bald darauf befaßten sich auch andere Firmen damit, Hubschrauber ähnlicher Konstruktion zu bauen.

Als bei einer Vorführung für die Armee im Jahre 1941 eine Gruppe von Coast Guard Offizieren ein Fluggerät zu sehen bekam, das vorwärts, rückwärts und seitwärts fliegen und sogar in der Luft stehenbleiben konnte, reifte der Entschluß, diese Neuentwicklung für die Küstenwache einzuführen.

Die Coast Guard Männer erkannten sofort den Wert, den diese Maschine für den Seenotrettungsdienst bieten würde. Das war es, worauf sie so lange gewartet hatten, um den Traum vom »fliegenden Rettungsboot« verwirklichen zu können.

Auf dem Coast Guard Fliegerhorst »Floyd-Bennet-Field« in New York wurde ein Helicopter-Trainingsprogramm aufgestellt, und es dauerte nicht lange, bis hier Hubschrauberpiloten der amerikanischen Marine, der Armee und der Coast Guard ausgebildet wurden.

Wohl waren die Hubschrauber der damaligen Zeit, was Nutzlast und Reichweite anbelangte, noch unzureichend, dennoch wurden schon bald einige Einsätze geflogen, die mit keinem anderen Rettungsmittel möglich gewesen wären. Der erste Aufsehen erregende Hubschraubereinsatz erfolgte im September 1946.

In der Nähe von Gander/Neufundland war ein Verkehrsflugzeug der belgischen Fluggesellschaft SABENA abgestürzt. In dem unwegsamen Gelände gelang es den Rettungsmannschaften trotz aller Mühe nicht, zu der Absturzstelle vorzudringen. Hier konnte nur ein Hubschrauber helfen, aber auf Neufundland stand keine Maschine zur Verfügung. So wurde die US Coast Guard alarmiert, die sich sofort bereit erklärte, einen Hubschrauber zur Verfügung zu stellen.

Bei der Coast Guard Station in Brooklyn wurde ein Hubschrauber demontiert und dann mit einem Transportflugzeug nach Neufundland gebracht. Von hier aus flog die Hubschrauberbesatzung zur Unfallstelle. Sie fand 18 Überlebende vor, die alle gerettet werden konnten.

In den folgenden Jahren wurden immer wieder neue Hubschrauber-Typen entwickkelt, getestet und geflogen. Die US Coast Guard hatte klar erkannt, daß der Hubschrauber das ideale Seenotrettungsmittel war, und bemühte sich daher in Verbindung mit der Industrie, einen leistungsfähigen, allen Wetterlagen gewachsenen Seenotrettungs-Hubschrauber zu schaffen. Immer neue Techniken wurden angewandt, um den Hubschrauber als Rettungsmittel zu vervollkommnen.

In den Werkhallen der Firma Sikorsky wird Besuchern, die sich nicht recht vorstellen können, wie ein Hubschrauber überhaupt fliegen kann, immer wieder schmunzelnd folgende Erklärung über den Hubschrauber gegeben: »Aerotechnischen Versuchen zufolge ist die Hummel wegen Form und Gewicht ihres Körpers im Verhältnis zur Gesamtflügelfläche außerstande zu fliegen. Aber sie weiß das nicht, und so summt sie eben munter drauflos. Und so eine Hummel ist auch der Hubschrauber.«

Der Hubschrauber unterscheidet sich von den üblichen Flächenflugzeugen schon rein äußerlich durch seine grundsätzlich anders geartete Bauweise.

Während beim Flächenflugzeug der Auftrieb durch die Tragflächen, der Vortrieb durch Propeller oder Strahltriebwerke und die Steuerung durch besondere Steuerflächen bewirkt werden, sind diese Funktionen beim Hubschrauber allein in den Drehflügeln, dem Rotor, vereinigt.

Durch diese komplizierte Technik ist der Hubschrauber in der Lage, Flugmanöver durchzuführen, wie sie mit einem Starrflügler unmöglich wären.

Die Flugeigenschaften – wie senkrechtes Starten und Landen, Langsamflug, Seitwärts- und Rückwärtsflug, Schwebeflug am Ort und Drehung um 360 Grad – machen den Hubschrauber zu einem ausgezeichneten Mittel für Rettungsaufgaben an schwer zugänglichen Stellen, insbesondere auf See und im Gebirge. Hubschrauber können einen oder zwei oder auch mehrere Rotoren haben. Die gebräuchlichste Art, sie anzutreiben, war vor wenigen Jahren noch der Wellenantrieb, bei dem der Rotor über ein Getriebe von einem Kolbentriebwerk in Bewegung gesetzt wurde. In jüngster Zeit setzt sich jedoch immer mehr der Antrieb durch Gasturbinen durch.

Beim Wellenantrieb, einerlei ob durch Kolben- oder durch Turbinentriebwerke, wird eine beträchtliche Kraft auf den Rotor übertragen, die sich als Drehmoment auf den Rumpf abstützt. Dadurch will sich der Rumpf entgegen dem Rotordrehsinn drehen.

Diese unerwünschte Bewegung des Rumpfes wird durch eine Gegenkraft verhindert. Bei einrotorigen Hubschraubern erfolgt der Ausgleich durch den Heckrotor, der einen Seitenschub erzeugt und somit das Drehmoment ausgleicht. Bei zweirotorigen Hubschraubern genügt die Gegenläufigkeit der beiden Rotoren, um eine Drehung des Rumpfes zu verhindern. Die Rotorblätter erzeugen den Auftrieb. Gleichzeitig wird mit ihnen der Hubschrauber gesteuert. Sie haben, wie die Fläche eines Starrflügelflugzeuges, ein Profil und können in der Blattform verschieden sein. Man unterscheidet zwischen Rechteck-, Trapez- und Doppeltrapezform. Die aerodynamisch günstigste Form hat das Doppeltrapezblatt. Aus wirtschaftlichen Gründen wird jedoch das billigere Rechteckblatt bevorzugt.

Der Einstellwinkel der Rotorblätter, d. h. der Winkel zwischen Profilsehne und Rotornormalebene, sowie der Anstellwinkel – das ist der Winkel zwischen der Profilsehne und der anströmenden Luft – sind von entscheidender Bedeutung für den Auftrieb.

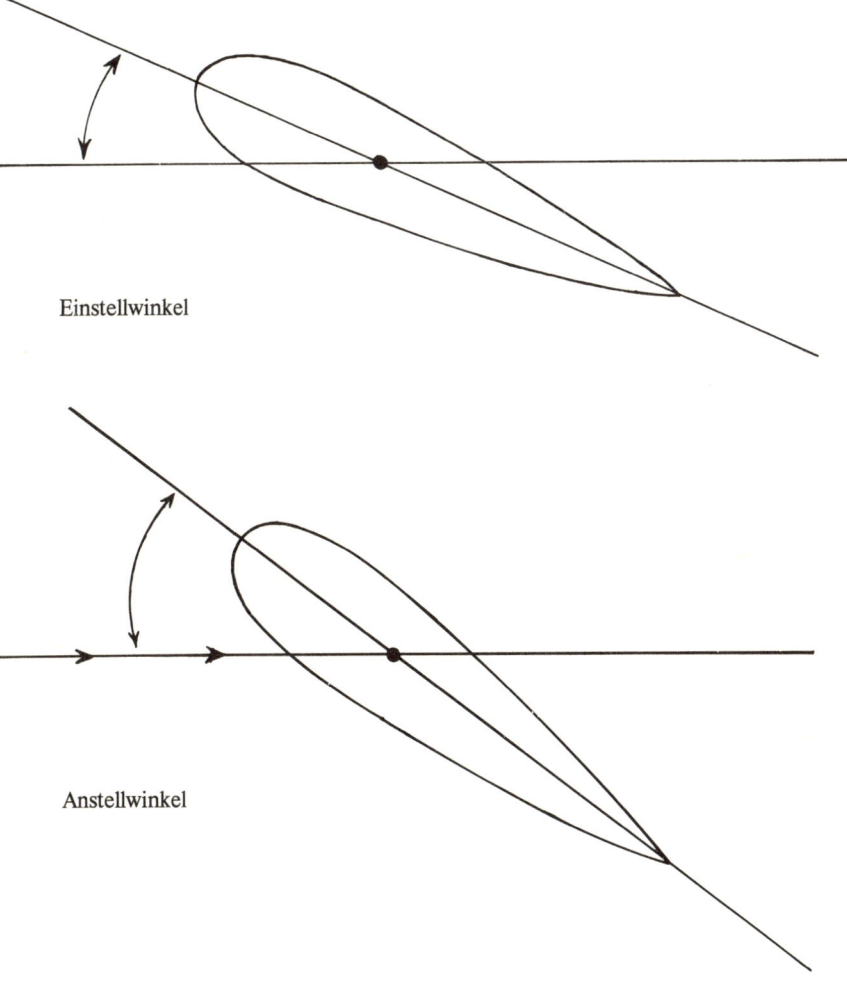

Einstellwinkel

Anstellwinkel

Mit zunehmenden Anstellwinkel wächst der Auftrieb, bis er etwa bei 14 Grad seinen größten Wert erreicht hat. Wird der Anstellwinkel darüber hinaus vergrößert, so nimmt der Auftrieb durch Abreißen der Strömung rasch ab.

Die Geschwindigkeit ist eine weitere wesentliche Größe für den Auftrieb. Diese Geschwindigkeit ist aber an jeder Stelle des Blattes anders. Sie nimmt von innen nach außen zu. Aus diesem Grund ist auch der Auftrieb an den äußeren Blattpartien wesentlich größer als innen. Da der Widerstand ebenfalls im Quadrat der Geschwindigkeit anwächst, werden auch die bremsenden Kräfte nach außen sehr groß.

Da beide Kräfte, Auftrieb und Widerstand, nun über einen großen Hebelarm angreifen, würde das zu erheblichen Biegebelastungen führen. Um diese herabzusetzen und um Auftrieb und Widerstand gleichmäßiger zu verteilen, hat man dem Blatt eine negative Verwindung von ca. 6 Grad gegeben.

Im Schwebeflug muß der nach oben gerichtete Schub gleich dem nach unten gerichteten Gewicht sein.

Schwebeflug

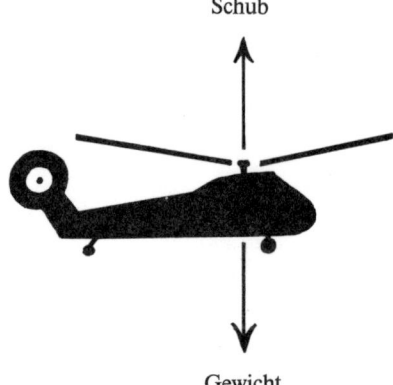

Schub

Gewicht

Während beim Starrflügelflug die Anströmung der Tragflächen durch die Vorwärtsfahrt hervorgerufen wird, werden die Rotorblätter durch die Drehbewegung des Rotors angeströmt. Außer der Anströmung aus der Drehebene wirkt aber gleichzeitig noch eine weitere Anströmung von oben auf das Blatt. Wie bei einem Ventilator wird durch die Drehung des Rotors Luft von oben nach unten bewegt. Schwebt ein Hubschrauber in Bodennähe, so kann die durch den Rotor von oben nach unten bewegte Luft nicht so ungehindert abfließen wie in größerer Höhe. Die Luftmassen werden gestaut, und der Hubschrauber kann mit weniger Leistung schweben als in größerer Höhe. Der Bodeneffekt ist etwa bis zu einer Höhe, die dem Rotordurchmesser entspricht, wirksam.

Um in den Horizontalflug überzugehen, ist eine Zugkraft notwendig, die den Hubschrauber vorwärts beschleunigt und die nach Erreichen der gewünschten Geschwindigkeit groß genug ist, den entstehenden Fahrtwiderstand zu überwinden. Diese Zugkraft wird durch Neigen der Rotorebene nach vorne vom Rotor erzeugt.

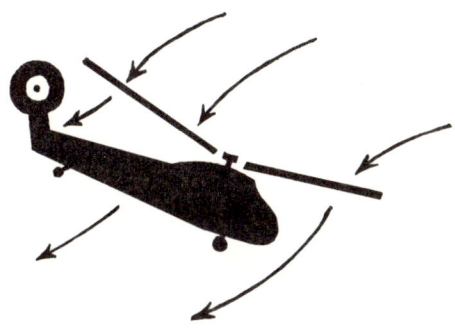

Vorwärtsflug

Geht der Hubschrauber aus dem Schwebeflug mit Bodeneffekt in den Vorwärtsflug über, so stellt sich zunächst ein spürbarer Auftriebsverlust ein. Die Ursache dafür ist, daß der Rotorstrahl nicht mehr so stark abgebremst wird, da er nach hinten frei abfließen kann. Bei einer Geschwindigkeit von etwa 20 Knoten nimmt der Auftrieb wieder zu. Der Hubschrauber hat nun den Übergangsauftrieb oder Fahrtauftrieb erreicht.

Diese bessere Auftriebsleistung tritt hauptsächlich dadurch ein, daß dem Rotor ständig nicht beschleunigte Luft zugeführt wird, d. h. die durch den Rotor nach unten beschleunigte Luftmasse größer wird.

Die vertikale Bewegung des Hubschraubers wird dadurch erreicht, daß man den sogenannten Rotorblattverstellhebel (Collective Pitch) hebt oder senkt. Dadurch wird bewirkt, daß sich der Anstellwinkel aller Rotorblätter des Hauptrotors gleichzeitig und gleichmäßig verändert. Bei jeder Änderung des Anstellwinkels verändert sich zugleich auch die erforderliche Leistung des Triebwerkes.

Um den gewünschten Anstellwinkel mit der erforderlichen Motorleistung zu koordinieren, also abstimmen zu können, ist am Rotorblattverstellhebel ein Gasdrehgriff angebracht. In den Hubschraubern der heutigen Zeit wird dem Piloten diese Tätigkeit jedoch von einem Kraftstoffcomputer abgenommen, der mit dem Blattverstellhebel gekoppelt ist und somit konstant bei jedem Flugmanöver die gleiche Motordrehzahl hält.

13

Horizontale Flugbewegungen werden mit dem Steuerknüppel ausgeführt. Wird der Steuerknüppel in die gewünschte Richtung gedrückt, so wird über ein kompliziertes Gestänge und eine Taumelscheibe bewirkt, daß die gesamte Rotorebene in die entsprechende Richtung geneigt wird. Durch die Neigung der Rotationsfläche des Hauptrotors wird ein Teil des Auftriebes auf den Horizontalschub übertragen.

Wir haben bis jetzt Rotorblattverstellhebel, Gasdrehgriff und Steuerknüppel kennengelernt. Was noch übrigbleibt sind die Pedale, die den Anstellwinkel des Heckrotors steuern. Der Heckrotor hat nicht nur die Aufgabe, das Drehmoment aufzuheben, d. h. zu verhindern, daß der Hubschrauber in eine Drehbewegung um seine eigene Achse gerät; er dient auch bis zu einem gewissen Grad zur Richtungskontrolle. Durch den Heckrotor wird eine Horizontalkraft erzeugt, die bewirkt, daß sich der Hubschrauber in Richtung des Heckrotorschubes bewegt. Als Ausgleich dieser Kraft wird eine entgegengesetzte Schubkraft erforderlich. Dieses Problem wird ganz einfach dadurch gelöst, daß man den Hauptrotor um etwa zwei Grad in die entsprechende Richtung neigt.

Die Pedale im Cockpit gleichen denen der Flächenflugzeuge. Sie sind über Seilzüge an die Blattwinkelverstellvorrichtung des Heckrotors angeschlossen. Mit den Pedalen kann somit die Schubkraft des Heckrotors verändert und der Rumpf der Maschine in die gewünschte Richtung gedreht werden.

Bei einem Triebwerksausfall ist ein Hubschrauber durchaus noch in der Lage, eine Notlandung durchzuführen. Der Hubschrauberführer muß autorotieren, d. h. der Hubschrauber wird zu einem Tragschrauber, bei dem der Rotor durch den Fahrtwind angetrieben wird.

Diese Eigenschaft, daß ein laufender Rotor durch den Fahrtwind in Rotation gehalten werden kann, ermöglicht die Autorotation.

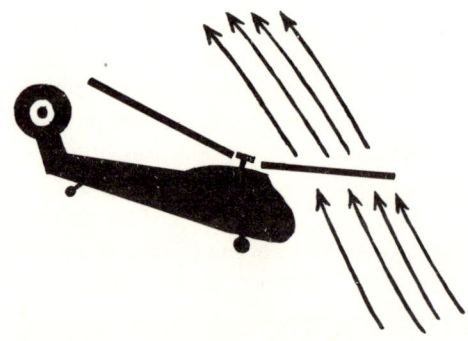

Autorotation

Bei laufendem Triebwerk saugt der Rotor die Luftmassen von oben nach unten durch die Rotorebene. Bei Ausfall des Triebwerkes geht der Hubschrauber sofort in den Sinkflug über. Dadurch wird der Rotor von unten nach oben angeströmt. Die effektive Anströmrichtung, die sich aus der Anströmung aus der Drehebene und der Durchtrittsgeschwindigkeit zusammensetzt, trifft jetzt schräg von unten auf das Blatt.

Würden nur antreibende Kräfte entstehen, so müßte die Drehzahl jetzt ständig weiter aufbauen. Tatsächlich entstehen aber durch die unterschiedliche Anströmgeschwindigkeit aus der Drehebene sowohl antreibende als auch bremsende Kräfte. Durch zu langsames Sinken oder zu große Vorwärtsfahrt während der Autorotation können die bremsenden Kräfte überwiegen. Daraus würde ein Drehzahlabfall resultieren.

Eine abfallende Drehzahl kann durch einen »Flare« wieder aufgebaut werden. Während dieses Manövers wird der Hubschrauber aufgerichtet und der Anstellwinkel des Rotors erhöht. Die von unten nach oben durchströmende Luft trifft nun fast senkrecht auf die Blätter. Die antreibenden Kräfte nehmen zu, und die Drehzahl baut auf.

Die Vorwärtsgeschwindigkeit wird bei diesem Manöver in Drehzahl umgesetzt. Ein Aufbauen der Drehzahl ist also nur bei einer Autorotation mit Vorwärtsfahrt möglich.

Bei der senkrechten Autorotation treten erheblich höhere Sinkgeschwindigkeiten auf als bei der Autorotation mit Vorwärtsfahrt. Außerdem ist ein Aufbauen der Drehzahl durch einen »Flare« in diesem Flugstadium nicht möglich. Darüber hinaus ist es äußerst schwierig, den richtigen Zeitpunkt des Abfangens abzuschätzen. Aus diesen Gründen ist es geboten, senkrechte Autorotationen möglichst zu vermeiden.

Beim Laien herrscht oft die Vorstellung, daß ein Hubschrauber, angefangen vom senkrechten Starten, einfach alles kann. Das ist jedoch ein Irrtum. Gerade das senkrechte Starten ist eines der gefährlichsten Flugmanöver.

Beim Fliegen ohne Vorwärtsfahrt in sehr niedrigen Höhen – bis zu etwa 10 Metern – kann der Hubschrauber bei Motorausfall durch sofortiges Ziehen am Rotorblattverstellhebel abgefangen werden. Oberhalb dieser Höhe muß der Hubschrauber zunächst in den Sinkflug übergehen, damit eine Durchströmung des Rotors von unten nach oben erfolgen kann und die Drehzahl somit erhalten bleibt.

Der dabei auftretende Höhenverlust ist so groß, daß unter ca. 150 Metern Flughöhe eine sichere Landung nicht mehr gewährleistet ist.

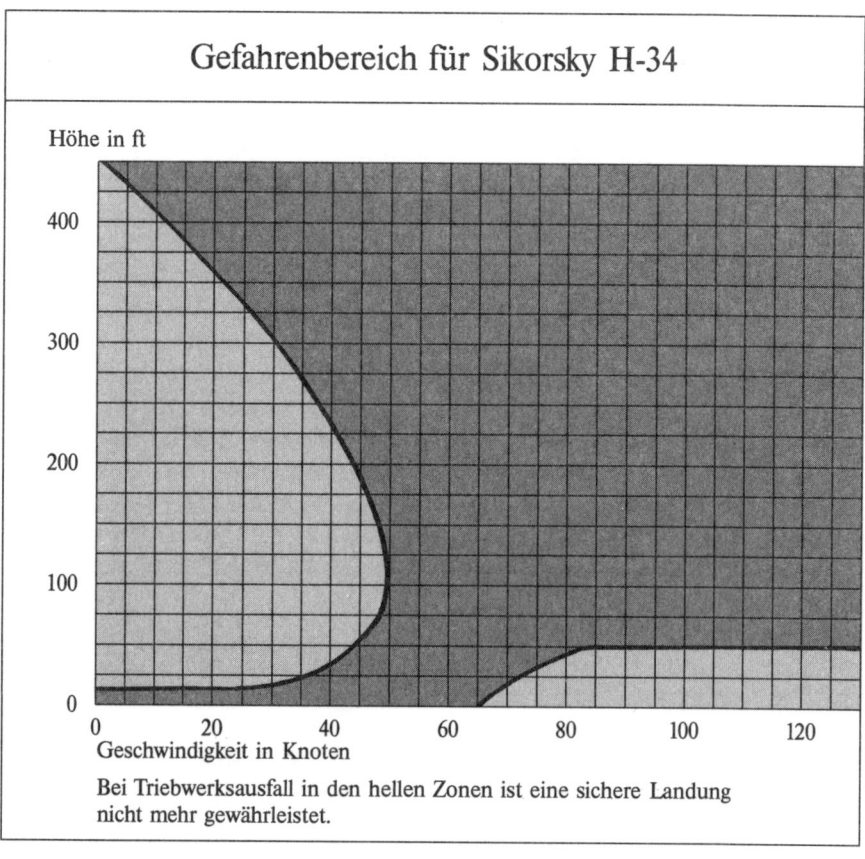

Gefahrenbereich für Sikorsky H-34

Höhe in ft

400

300

200

100

0

0   20   40   60   80   100   120

Geschwindigkeit in Knoten

Bei Triebwerksausfall in den hellen Zonen ist eine sichere Landung nicht mehr gewährleistet.

Für andere Hubschrauber-Typen gelten ähnliche Werte. Quelle: Flughandbuch Sikorsky H-34

Eine weitere hubschraubertypische Gefahrensituation ist das sogenannte Wirbelringstadium oder »Settling with power«. Dieser Gefahrenzustand kann bei schnellem senkrechten Sinkflug mit Motorleistung auftreten.

Der auf die ruhende Luft auftreffende Strahl wird abgebremst und zur Seite gelenkt. Durch die hohe Sinkgeschwindigkeit ist aber der Hubschrauber bereits so weit gesunken, daß nun die abgelenkte Luft wieder in den Rotor eingesaugt wird und somit ein Teil des Rotors in verwirbelter Luft arbeitet. Das führt zu Auftriebsverlusten und gleichzeitig dazu, daß der Hubschrauber schwerer zu steuern ist. Durch den Auftriebsverlust nimmt die Sinkgeschwindigkeit weiter zu, und der Zustand verschlimmert sich. Obendrein beginnt der Hubschrauber jetzt unkontrolliert zu schaukeln, da die Verwirbelung ja nicht gleichmäßig am ganzen Rotor, sondern nur stellenweise auftritt und in Drehrichtung mit dem Rotor wandert.

Gegensteuern ist wegen der verminderten Steuerbarkeit wirkungslos. Die einzige Möglichkeit, aus diesem äußerst gefährlichen Zustand herauszukommen, ist die, dem Rotor unverwirbelte Luft zuzuführen. Das kann nur durch das sofortige Einleiten einer Autorotation oder aber, beim frühzeitigen Erkennen des Wirbelringstadiums, durch Aufnehmen von Vorwärtsfahrt erfolgen.

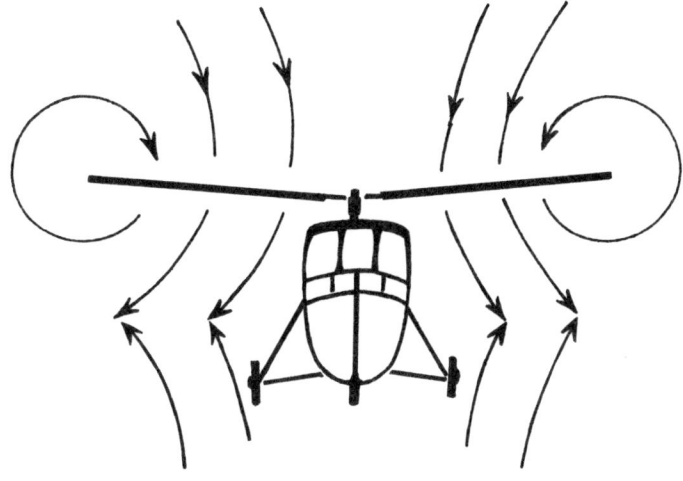

Wirbelringstadium

Aus dieser kurzen Beschreibung wird deutlich, daß die korrekte und exakte Handhabung eines Hubschraubers außer technischem Wissen sehr viel Fingerspitzengefühl erfordert. Jede Änderung der Fluglage bedingt eine koordinierte Handhabung der Steuerorgane durch den Piloten am Blattverstellhebel, am Gasdrehgriff, am Steuerknüppel und an den Pedalen.

Ein Hubschrauberpilot hat im wahrsten Sinne des Wortes »alle Hände voll zu tun«.

Das »Arbeitspferd« H-34

Die Bristol SYCAMORE war leistungs- und ausrüstungsmäßig, vor allen Dingen was die Navigationsmöglichkeiten über See anbelangt, aus heutiger Sicht denkbar schlecht für den SAR-Dienst der Marine geeignet.

Obwohl mit den Maschinen in den ersten Jahren eine beachtliche Anzahl von Rettungseinsätzen erfolgreich durchgeführt werden konnte, war doch klar, daß die SYCAMORE nur als Übergangslösung betrachtet werden mußte.

Der Hubschrauber, der die Bristol SYCAMORE ablöste, kam aus der bewährten Sikorsky-Familie und trug die Typenbezeichnung S-58. Die S-58, als Rettungshubschrauber bekannter unter der Nato-Typenbezeichnung H-34, war ursprünglich von der US Navy in Auftrag gegeben worden. Die Gutmütigkeit und die Robustheit dieses Hubschraubers waren ausschlaggebend für seine weltweite Verbreitung. Wieviele S-58 gebaut wurden, konnte selbst der Konstrukeur, Mr. Igor Sikorsky, nicht mehr übersehen. Allein von Fremdfirmen wurden nahezu 2 500 Maschinen in Lizenz hergestellt.

Für die Anschaffung dieses unkomplizierten Fluggerätes bei der Bundesmarine gab es weitere Gründe: Die H-34 hatte gegenüber der SYCAMORE fast die 3fache Triebwerksleistung. Der alte Hubschrauber hatte Platz für 3 Passagiere; in der H-34 konnten 12 Passagiere befördert werden, was bei größeren Seenotfällen von ausschlaggebender Bedeutung sein konnte. Ein weiteres, nicht zu unterschätzendes Plus für die Sicherheit der Besatzung bei Überseeflügen bot die Notschwimmeranlage des Hubschraubers. In die Radnaben des Fahrwerkes waren große, aufblasbare Ballons eingebaut, um den Hubschrauber im Falle einer Notwasserung bis zu einem gewissen Seegang schwimmfähig zu halten.

Mit der nicht blindflugtauglichen Bristol SYCAMORE war keine genaue Positionsbestimmung über See möglich. Die technische Ausstattung der H-34 sollte auch dieses Problem, zumindest im küstennahen Bereich, lösen.

Die Bundeswehr beschaffte eine größere Anzahl von Hubschraubern für alle drei Teilstreitkräfte. Die Maschinen der Bundesmarine wurden in drei verschiedenen Versionen geliefert:

   − als H-34 G III für den Such- und Rettungsdienst
   − als UH-34 G für den Minensuch- und -räumeinsatz und
   − als SH-34 J für die UBoot-Jagd.

Die Ausbildung dieser »zweiten Generation« von Hubschrauberpiloten hatte schon wesentlich länger gedauert und war bedeutend umfangreicher, als die der SYCAMORE-Flieger.

Nach einem sehr strengen Auswahlverfahren und gesundheitlichen Eignungs-
tests, bei denen schon erheblich gesiebt wurde, begann sie mit einer 5—8 mona-
tigen Sprachausbildung beim Fluganwärterregiment in Uetersen.

Nachdem diese Hürde passiert war, folgte ein fliegerischer Grundlehrgang auf
dem kleinen Sportflugzeug Piper L 4 bei der Motorflug GmbH in Koblenz bzw.
Baden-Oos, der knapp drei Monate dauerte.

Von gut 120 Bewerbern, die sich für die Hubschrauber-Ausbildung gemeldet
hatten, blieben schließlich 14 Mann übrig, die seit Oktober 1963 in Kiel-Holtenau
auf den Zulauf »ihrer« Hubschrauber warteten.

Im Sommer 1964 trafen die ersten Maschinen des neuen Typs in Kiel-Holtenau
ein. Aus der ehemaligen Seenotstaffel war inzwischen das Marinefliegergeschwader 5 geworden, eine Einheit, die ihre vornehmste Pflicht darin sieht, Menschenleben zu retten.

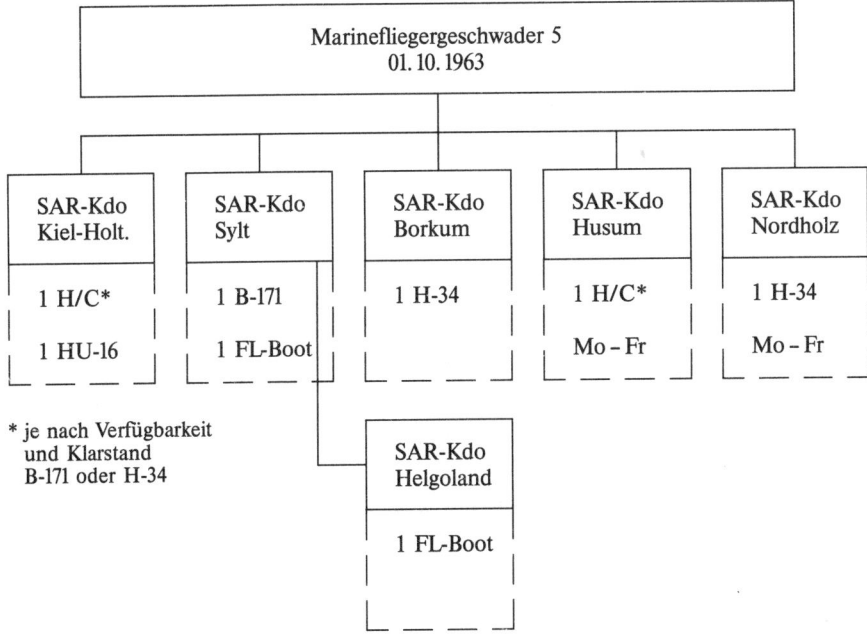

In Husum wurde die SAR-Bereitschaft mit Ablauf des Jahres 1968 eingestellt.

Das SAR-Kommando Nordholz war 1964, vor Errichtung der Außenstelle Borkum, und von 1969 bis 1972, nach Auflösung der Bereitschaft in Husum, mit einer
H-34 besetzt.

RCC Glücksburg

Während der ersten Jahre wurden die SAR-Einsätze der Marine in der Regel durch den Geschwader-Gefechtsstand des Marinefliegergeschwaders 5, der als Nebenaufgabe die Funktion einer SAR-Unterleitstelle (Rescue Coordination Sub Centre, RSC) wahrnahm, eingeleitet und – soweit es mit den vorhandenen Telefon- und Funkverbindungen möglich war – kontrolliert und geleitet.

Die für das gesamte Bundesgebiet zuständige SAR-Leitstelle (Rescue Coordination Centre, RCC) saß, weitab vom aktuellen Geschehen, in Hannover. Ihr war die SAR-Unterleitstelle einsatzmäßig unterstellt. Die SAR-Leitstelle selbst unterstand der Luftwaffengruppe Nord in Münster.

Mit dem weiteren Ausbau des SAR-Dienstes und mit ständig steigenden Einsatzzahlen wurde es erforderlich, die Umgliederung und Neuordnung gemäß der ICAO-Bestimmungen in Angriff zu nehmen.

Im Zuge der flugsicherungsmäßigen neuen Aufteilung des Luftraumes über der Bundesrepublik Deutschland in die Fluginformationsgebiete (Flight Information Region, FIR) Bremen und Düsseldorf wurden auch die neuen SAR-Bereiche festgelegt. Durch eine Verwaltungsvereinbarung zwischen dem Bundesminister der Verteidigung und dem Bundesminister für Verkehr wurde die Zusammenarbeit auf dem Gebiet des Such- und Rettungsdienstes für Luftfahrzeuge geregelt.

Nach dieser Vereinbarung wurde die Bundesanstalt für Flugsicherung beauftragt, den Alarmdienst zu übernehmen. Die Beteiligung ziviler Stellen am SAR-Dienst und die Ausrüstung dieser Stellen mit zusätzlichem, erforderlichen Gerät wurde ebenfalls der Zuständigkeit des Bundesministers für Verkehr, dem auch die Bundesanstalt für Flugsicherung untersteht, übertragen.

Auf Weisung des Bundesministers der Verteidigung erhielt im Jahre 1966 der Befehlshaber der Flotte den Auftrag, eine SAR-Leitstelle beim Flottenkommando in Glücksburg für das Gebiet des Landes Schleswig-Holstein, der Freien und Hansestadt Hamburg, für die Seegebiete der Nord- und Ostsee innerhalb des Fluginformationsgebietes Bremen sowie für die Ostfriesischen Inseln einzurichten.

Ein weiteres RCC, unter Führung der Luftwaffe, sollte in Porz-Wahn,* zuständig für das übrige Gebiet der Bundesrepublik aufgebaut werden.

Im Oktober 1967 war die befohlene Umgliederung mit der Aufnahme des Dienstbetriebes der SAR-Leitstelle Glücksburg beendet.

---

* Wurde im März 1976 nach Goch am Niederrhein verlegt; Aufnahme des Dienstbetriebes RCC Goch am 1. April 1976

1 170 mal war der SAR-Dienst der Marine bis zu diesem Zeitpunkt alamiert worden. Bei 1 092 Einsätzen war Hunderten von Menschen Hilfe geleistet worden.

Die besondere geographische Lage des verhältnismäßig kleinen SAR-Bereiches Glücksburg, in dem reger Luft- und Seeverkehr herrscht, macht eine hohe Abdeckung mit reaktionsschnellen Einsatz- und Führungsmitteln erforderlich.

Neben dem Flughafen Hamburg-Fuhlsbüttel und einer ganzen Reihe von regionalen Verkehrs- und Sportflugplätzen liegen die militärischen Fliegerhorste Kiel-Holtenau, Schleswig-Jagel, Hohn, Eggebek, Leck und Husum sowie die Fliegerhorste Nordholz, Jever und Wittmund, deren Anflugverfahren häufig über See führen, innerhalb des Glücksburger Verantwortungsbereiches. Mehrere Luftstraßen kreuzen sich über der Nordsee, und ein großer Teil des Ausbildungsflugbetriebes mit Strahlflugzeugen der Luftwaffe und der Marineflieger findet hier statt. Darüber hinaus treffen sich in der Deutschen Bucht einige der meistbefahrenen Schiffahrtsrouten der Welt. Für Hilfeleistung bei Seenotfällen allerdings zeichnet der Bundesminister für Verkehr verantwortlich. Die seit 1865 bestehende *Deutsche Gesellschaft zur Rettung Schiffbrüchiger* hat für ihn den Seenotrettungsdienst vor den deutschen Küsten übernommen. Der militärische Such- und Rettungsdienst und die DGzRS arbeiten sowohl im Seenot- wie auch im Luftnotfall eng und problemlos zusammen. So unterstützt die DGzRS mit ihrer Rettungsflotte den militärischen SAR-Dienst bei der Suche nach einem über See abgesprungenen Piloten ebenso wie es umgekehrt als Selbstverständlichkeit angesehen wird, für einen Seenotfall einen SAR-Hubschrauber einzusetzen, wenn dies zweckmäßig erscheint.

Konkurrenzdenken ist fehl am Platz. Es geht einzig und allein darum, schnell und optimal Hilfe zu leisten – zum Wohle der Betroffenen.

Der militärische Such- und Rettungsdienst im SAR-Bereich Glücksburg hat aufgrund der allgemeinen Durchführungsbestimmungen, die von den Mitgliedstaaten der ICAO angenommen worden sind, folgende Aufgaben zu erfüllen:

1. Durchführung des Such- und Rettungsdienstes für Luftfahrzeuge gemäß ICAO-Abkommen.

2. Durchführung des Such- und Rettungsdienstes einschließlich des Seenotdienstes gemäß der Grundsatzweisung für den militärischen Such- und Rettungsdienst.

3. Hilfeleistung und Unterstützung im zivilen Bereich, sofern die militärischen Aufgaben und die Ausrüstung der militärischen SAR-Mittel dies zulassen:

   – bei Katastrophen
   – zur Rettung von Menschenleben aus Gefahr (dringende Nothilfe), z. B. Transport lebensgefährlich Verletzter oder Erkrankter, wenn geeignete Transportmittel im zivilen Bereich nicht ausreichend oder nicht rechtzeitig verfügbar sind.

Angrenzende SAR-Bereiche

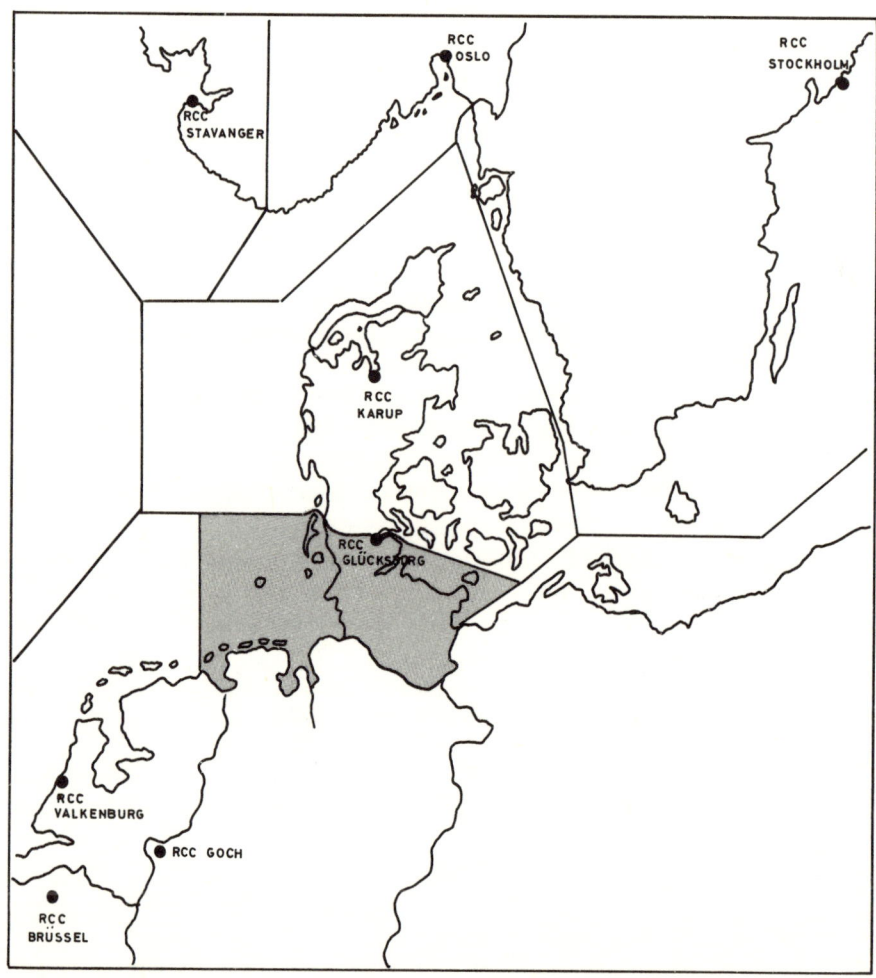

Dem Befehlshaber der Flotte sind im Rahmen seiner Verantwortung alle Rettungseinrichtungen Ersten und Zweiten Grades für die Dauer eines SAR-Einsatzes unterstellt.

Organisation des SAR-Dienstes der Marine (Stand 1967)

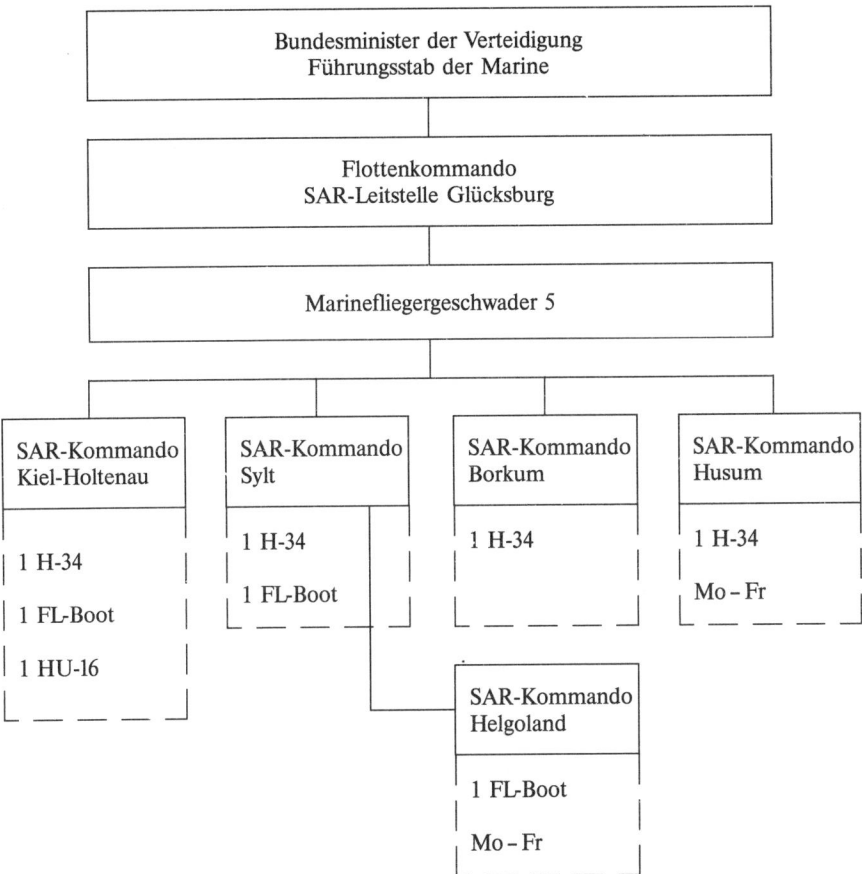

Als Rettungseinrichtungen Ersten Grades gelten die Bundeswehreinheiten, die für SAR-Aufgaben ausgebildet und ausgerüstet sind. Sie stehen im SAR-Bereich Glücksburg mit drei Hubschraubern und einem Amphibienflugzeug sowie mit zwei Flugsicherungsbooten in ständiger Bereitschaft. (Stand 1967)

Bei größeren SAR-Einsätzen können lageabhängig darüber hinaus als SAR-Mittel Zweiten Grades angefordert werden: Einheiten der Bundeswehr, des Bundesgrenzschutzes und der verbündeten Streitkräfte, Kräfte der Polizei, der örtlichen Feuerwehren, des Technischen Hilfswerkes und der Deutschen Gesellschaft zur Rettung Schiffbrüchiger. Weiterhin die Handelsschiffahrt, die zivile Luftfahrt sowie andere Organisationen soweit sie für SAR-Aufgaben geeignet sind und deren Hilfe unbedingt zur Durchführung von Such- und Rettungsaktionen erforderlich erscheint.

Die Durchführung aller sich aus dem Auftrag ergebenden Maßnahmen liegt in den Händen der zuständigen SAR-Leitstelle. Sie ist als SAR-Einrichtung Ersten Grades rund um die Uhr besetzt. Hier laufen alle Fäden zusammen. Über Telefon, Fernschreiber oder Funk gehen die Hilferufe ein. Im See- und Luftnoteinsatz erfahrene Marineoffiziere, die eine spezielle Ausbildung bei der US Coast Guard in New York erhalten haben, prüfen die eingehenden Meldungen, werten sie aus und leiten die entsprechenden Maßnahmen ein, die ihnen nach der gegebenen Lage als erforderlich und geeignet erscheinen.

Für die SAR-Wache im RCC ist es einerlei, wer um Hilfe bittet: Allen wird nach besten Kräften geholfen, Soldaten und Zivilpersonen gleichermaßen. Im einzelnen bestehen die Aufgaben der SAR-Leitstelle aus:

1. Alarmierung und Einsatz der im SAR-Bereich Glücksburg bereitgestellten SAR-Mittel 1. und 2. Grades.

2. Einsatzleitung, Koordinierung und Abschluß von SAR-Operationen.

3. Anforderung von Kräften der Bundeswehr, des Bundes, der Länder, der verbündeten Streitkräfte, benachbarter SAR-Leitstellen, ziviler Organisationen sowie Koordinierung ihres Einsatzes.

4. Übertragen der örtlichen Einsatzleitung an eine dafür geeignete Dienststelle oder Einheit.

5. Koordinieren mit benachbarten SAR-Leitstellen, wenn SAR-Operationen sich über den eigenen Bereich hinaus auf andere SAR-Bereiche erstrecken bzw. ausdehnen können. Unterstützen von SAR-Operationen benachbarter SAR-Leitstellen auf deren Ersuchen.

6. Koordinieren von Such- und Rettungsmaßnahmen mit der Deutschen Gesellschaft zur Rettung Schiffbrüchiger.

7. Koordinieren von Hilfs- und Unterstützungsmaßnahmen mit der Einsatzleitstelle der Polizei (Innenministerium Schleswig-Holstein).

8. Durchführung von regionalen SAR-Übungen und

9. Teilnahme an überregionalen SAR-Übungen auf NATO-Ebene.

Überleben in Seenot

»Starfighter nordwestlich von Helgoland ins Meer gestürzt! Pilot durch SAR-Hubschrauber gerettet!«

Eine Schlagzeile, wie man sie in ähnlicher Form seinerzeit immer wieder in der Presse fand.

Beim Einsatz der heutigen, hochmodernen fliegenden Waffensysteme werden die Besatzungen oftmals bis an die Grenzen der menschlichen Leistungsfähigkeit gefordert. Flugunfälle sind dabei nicht auszuschließen.

Da ein großer Teil des Übungsflugbetriebes der Bundeswehr über See stattfindet, gehört es zur Selbstverständlichkeit, die fliegenden Besatzungen optimal auf einen eventuellen Notfall vorzubereiten. So wurde die Marine Mitte der 60er Jahre damit beauftragt, eine zentrale Ausbildungsstätte für das Überleben auf See zu schaffen.

Im November 1969 nahm die Marinefliegerlehrgruppe in Nordholz den Ausbildungsbetrieb auf. Seither wird dort das Überleben in Seenot trainiert. Das fliegende Personal der gesamten Bundeswehr wird in regelmäßigen Abständen in Nordholz geschult. Mehr als 20 000 Angehörige von Heer, Luftwaffe und Marine haben bis jetzt den »Sea-Survival-Lehrgang« mit Erfolg durchlaufen.

Ziel des Lehrganges ist es, die Besatzungen durch eine praxisbezogene theoretische Ausbildung und durch intensives Training an den verschiedensten Rettungsgeräten in der Wasserübungshalle wie auch auf offener See auf einen möglichen Notfall vorzubereiten und somit die Voraussetzungen für ein erfolgreiches Durchstehen einer Notsituation auf See zu schaffen.

Die Grundvoraussetzungen für ein Überleben in Seenot bestehen aus reaktionsschnellem Handeln und der richtigen, situationsbedingten Verhaltensweise. Das Überleben hängt vom Durchhaltewillen ab.

Hinzu kommt die sichere Beherrschung des Rettungsgerätes, die nur durch ständiges Training erreicht werden kann.

Eines ist so wichtig wie das andere. Auch die besten Rettungsgeräte können nur dann wirksame Hilfe bringen, wenn man mit deren Handhabung vertraut ist.

Bei jeder Notsituation über See ist es zunächst von entscheidender Bedeutung, die panikauslösenden Faktoren in den Griff zu bekommen: den Schrecken des Absturzes, das Treiben in der eiskalten See, die trostlose Einsamkeit, die Dunkelheit der Nacht und die aufkommende Todesangst.

Während der theoretischen Ausbildung werden diese physischen Momente durch den Fliegerarzt angesprochen. Zugleich werden Wege gezeigt, die eigenen Reaktionsweisen zu erkennen und gegebenenfalls zu korrigieren.

25

Weiterhin wird der Lehrgangsteilnehmer mit dem Aufbau und der Funktion seiner persönlichen Ausrüstung wie Schwimmweste, Kälteschutzanzug, Fallschirm, Schlauchboot und Rettungsinsel vertraut gemacht. Darüber hinaus werden die Funktionen der flugzeugeigenen Rettungsgeräte wie Schleudersitz und Rettungsinsel erläutert und die Handhabung der mitgeführten Signalmittel theoretisch und praktisch vermittelt.

Der Theorie folgt die Praxis. In der Wasserübungshalle werden die im Notfall auf den Piloten einstürmenden Ereignisse vom Absprung mit dem Fallschirm, dem Verhalten in der Luft bis zum Besteigen des Schlauchbootes simuliert und geübt. Am sogenannten Wasserfalltrainer erfolgt die Wasserlandung mit dem Fallschirm.

Bei Windstille besteht im echten Notfall die Möglichkeit, daß sich die Fallschirmkappe über dem Piloten auf der Wasseroberfläche ausbreitet. Eine Gefahrensituation, die bei falscher Verhaltensweise dazu führen kann, daß sich der Pilot in den 28 Fangleinen des Fallschirmes verstrickt und dadurch bewegungs- und handlungsunfähig wird.

Nach der Wasserlandung wird deshalb in Begleitung eines Sicherheitstauchers eine auf der Wasseroberfläche ausgebreitete Fallschirmkappe unterquert.

Herrscht beim Ausstieg starker Bodenwind, wird es dem abgesprungenen Piloten nicht sofort gelingen, sein Gurtzeug abzulegen. Er wird infolgedessen von der aufgeblähten Fallschirmkappe durch's Wasser geschleift. In der Wasserübungshalle wird diese Situation mit dem Schlepptrainer simuliert. Die erforderlichen Bewegungsabläufe und Handgriffe bis zum Öffnen des Gurtschlosses und dem Abwerfen des Gurtzeugs müssen wie im Schlaf beherrscht werden. Um dem Piloten auch für eventuelle Nachtlandungen die erforderliche Sicherheit zu geben, wird daher die Übung auch mit verbundenen Augen durchgeführt.

Nachdem auch diese Situation gemeistert ist, wird das Besteigen eines 1-Mann-Schlauchbootes, das Befreien aus einem gekenterten Schlauchboot und das Wiederaufrichten dieses Bootes geübt.

Bei den bisher gezeigten Ausbildungsabschnitten standen die physischen Belastungen des Lehrgangsteilnehmers im Vordergrund. Einen wesentlichen Einfluß auf die Durchführung der einzelnen Notverfahren hat jedoch die zu Anfang auftretende psychische Belastung eines Absturzes über See. Um diese Belastung möglichst gering zu halten und um dem Piloten Selbstvertrauen zu geben, wurde das sogenannte »Dilbert-Dunker-Training« in die Ausbildung eingebaut.

Der Dilbert-Dunker ist eine Cockpit-Attrappe, die aus drei Metern Höhe auf einer schiefen Bahn mit etwa 30 km/h auf der Wasseroberfläche aufschlägt und dann um 180 Grad nach vorne kippt. Der Lehrgangsteilnehmer muß sich, mit dem Kopf nach unten hängend, in zwei Metern Wassertiefe aus dem Gerät befreien und auftauchen.

Bei vielen Lehrgangsteilnehmern werden dabei die einfachsten Bewegungsabläufe durch Angst und Orientierungsverlust so stark gestört, daß der Sicher-

26

heitstaucher eingreifen muß. Der zweite Versuch verläuft in den meisten Fällen erfolgreich.

Mit dem Aufwinschen aus einer Rettungsinsel schließt die Ausbildung in der Wasserübungshalle ab.

Auf offener See, zwischen Cuxhafen und der Insel Neuwerk, wird am nächsten Tag unter Beweis gestellt, was in der Halle gelernt wurde.

Von einem Schlepper aus erfolgt bei jedem Wetter, ausgenommen bei Eisgang, der Absprung. Es gilt, noch in der Luft die Schwimmweste zu aktivieren, sich nach dem Eintauchen in der See bei etwa acht Knoten Geschwindigkeit des Schleppers aus dem Gurtzeug zu befreien, das Schlauchboot klarzumachen und zu besteigen — und auf den SAR-Hubschrauber zu warten!

Aus Seenot mit Sea King*

Zunächst herrschte einiges Hin und Her über die Beschaffung des Nachfolge-musters für die H-34, die im Jahre 1975 außer Dienst gestellt werden sollte. Im Gespräch waren anfangs die Sikorsky CH-53 wie auch die Bell UH-1D, die bereits beim Heer und bei der Luftwaffe eingeführt waren.

Die Bell UH-1D kam in die engere Auswahl. Vergleichsuntersuchungen erga-ben jedoch, daß dieser Hubschrauber nicht die erwarteten Vorteile bringen würde, und die bereits eingeleitete Beschaffung von 27 Maschinen wurde gestoppt. Um alle Unklarheiten auszuräumen und um eine klare Linie zu schaffen, wurde im September 1968 vom Inspekteur der Marine eine »taktische Forderung« für das Nachfolgemuster der H-34 erlassen. Die wesentlichsten Merkmale des neu zu beschaffenden Hubschraubers sollten sein:

— große Reichweite
— Flugregelautomatik
— zwei Triebwerke
— Transportkapazität für 12 Tragen oder 24 Sitze
— uneingeschränkte Blindflugfähigkeit
— Nachtbergefähigkeit über See und
— Radar für Suchen und Navigation

In intensiver und monatelanger Arbeit wurde eine ganze Reihe von Hubschrau-bertypen untersucht: eine 2motorige Bell, die französische Super Frelon, die SA 330 sowie die gesamte Baureihe der S-61 mit ihren amerikanischen, engli-schen, dänischen und kanadischen Varianten wie auch die Sikorsky CH-53 in ver-schiedenen Versionen wurden auf ihre Eignung für die gestellten Aufgaben der Marine überprüft.

Parallel zu dieser Vergleichsuntersuchung, die zunächst das Ergebnis brachte, daß ein Hubschrauber der S-61-Familie am geeignetsten wäre, wurde auch das SAR-Konzept der Marine durch den Inspekteur geändert und im Herbst 1968 durch den Staatssekretär gebilligt.

Das neue Konzept sah vor, daß der zu beschaffende Hubschrauber alle bisheri-gen SAR-Einsatzmittel wie Amphibienflugzeuge, Flugsicherungsboote und H-34-Hubschrauber ablösen sollte. Die der Vergleichsuntersuchung folgende, eingehende Prüfung ergab, daß die von der britischen Firma Westland Helicopter Ltd. in Lizenz gebaute Version der Sikorsky S-61 mit der Bezeichnung Sea King MK 41 die gestellten Forderungen am besten erfüllte. Im Juni 1969 fiel dann die

---

* siehe hierzu auch Anhang, Anlage 5

endgültige Entscheidung zugunsten der Sea King als dem bestgeeignetsten Hubschrauber für die SAR-Aufgaben der Marine.

Damit konnte die Arbeit zur Beschaffung eines der komplexesten fliegenden Waffensysteme der Bundeswehr beginnen.

Bereits im Sommer 1971 lief die Ausbildung an: Bei der Herstellerfirma für das technische und bei der Royal Navy für das fliegende Personal.

Korvettenkapitän Klaus Kobusch, damals Staffelkapitän der Hubschrauber-Staffel in Kiel-Holtenau, schreibt in dem Marine-Magazin »Flotte«, Ausgabe 4/74 über die fliegerische Ausbildung:

»Am äußersten Südwestzipfel der ›grünen Insel‹, in der Landschaft Cornwall, liegt die Royal Naval Air Station Culdrose – im Sprachgebrauch der britischen Marine ›HMS Seahawk‹ genannt. In unmittelbarer Nähe dieses Fliegerhorstes, der wohl die größte Hubschrauberbasis Europas ist, liegen an Cornwalls wild zerklüfteter Küste die Städte und Orte wie St. Austel, Penzance, St. Ives und Falmouth, die in der Sommersaison Touristen wie Magnete anziehen. Der Golfstrom schafft ein fast subtropisches Klima und läßt sogar Palmen und Pinien gedeihen. Die wunderschönen Strände und Ausflugsorte werden jedoch äußerst selten von deutschen Hubschrauberbesatzungen besucht, die in Culdrose den Umschulungslehrgang auf dem Sea King MK 41 absolvieren.«

Norddeutsche Journalisten bekamen auf Einladung des Flottenkommandos im Oktober 1973 einen kleinen Vorgeschmack von der Härte der Royal-Navy-Ausbildung. »Engel der Lüfte«, im »Fegefeuer von Culdrose« wurde Schlagzeile.

Lieutenant Commander D. Mallock – Chef der ausländischen Trainingseinheit – bezeichnet seither nicht ohne Stolz seine Staffel als »Inferno-Squadron«. Denn die deutschen Umschüler, die auf eine Tradition von etwa 3 000 Such- und Rettungseinsätzen zurückblicken, gehen bei ihm und seinen Fluglehrern in die Lehre und haben ihre Lorbeeren, die sie mit der alten Sikorsky H-34 geerntet haben, zu vergessen.

Das zu erreichende Ausbildungsziel lautet: Start der Sea King-Crew des nachts bei schlechtesten Wetterbedingungen ins Einsatzgebiet – über See, das zu suchende Objekt finden – einen automatischen Anflug (transition) durchführen – die Überlebenden aufwinschen und sie sicher zum Zielpunkt fliegen.

Aus diesem Ausbildungsauftrag geht hervor, daß nicht nur eine reine Typenumschulung angestrebt ist, sondern, daß eine operative Ausbildung nach dem »Royal Naval Standard« erreicht werden soll.

Die Problematik der zehnwöchigen Ausbildung besteht aber nicht nur darin, das Waffensystem Sea King MK 41 zu beherrschen und dieses operativ einsetzen zu können, sondern darin, daß vier verschieden ausgebildete Flieger lernen müssen, als Crew zusammenzuarbeiten.

Die 43 Piloten wurden bisher unterschiedlich ausgebildet. Manche haben ihre »Grundausbildung« auf Flächenflugzeugen gemacht, andere haben gleich mit der Hubschrauberschulung begonnen; ein paar sind bei der Luftwaffe, andere bei den Heeresfliegern ausgebildet worden.

Blindfluglehrgänge wurden sowohl beim Heer als auch bei der Luftwaffe oder im Ausland (US Navy oder US Army) absolviert. Die Bordmechaniker, die zugleich Luftretter sind, »entstammen« den verschiedenen Fachrichtungen der Marine und der Marineflieger.

Die SAR-Operationsoffiziere gehörten bisher nicht zur Sikorsky-Crew. Sie bilden für den Sea King-Hubschrauber eine völlig neue Fachrichtung. Auch sie haben die verschiedensten Voraussetzungen für ihr neues Metier. Zum Beispiel Tactical coordinators, Bordnavigations-Funker Albatros/Atlantic oder Ortungs- und Radarspezialisten.

88 Luftfahrzeugbesatzungsangehörige unterschiedlicher Dienstgrade und Bildungsgänge durchlaufen bis November 1974 die Ausbildung in Culdrose.

Ausbildungsabschnitte sind eine etwa 14tägige Ground School, ein 50-Stunden-Flugprogramm und eine 27-Stunden-Flugsimulatorenausbildung.

Die Helicopter Ground School beinhaltet in den Fächern Triebwerkskunde, Zellenkunde und Elektrik ein Unterrichtsprogramm, das seinesgleichen sucht.

Die Umschüler müssen einen dicken »Wälzer« fast auswendig lernen, der sich Air Crew Manual (Flughandbuch) nennt.

Die Gentlemen (Fluglehrer) bitten immer dann zur Kasse, wenn es dem Flugschüler besonders gut geht und wenn zum Beispiel Heimatzeitungen an Stelle von dienstlichen Vorschriften studiert werden.

Ein gar nicht lustiges »Quiz«, das knallhart zensiert wird, hat schon manchen Piloten, Bordmechaniker oder SAR-Operator fest auf englischen Boden zurückgebracht.

Dem fliegerischen Ausbildungsprogramm gehen gewisse Drills voraus, die zum berühmten »Royal Naval Standard« gehören.

Man übt Überleben im Wasserbassin gleich neben der Flugzeughalle oder läßt sich am Boden aus dem Cockpit fallen, um zu überprüfen, ob die Fensteröffnung groß genug ist, einem voll ausgerüsteten Piloten im Notfall den Ausstieg zu ermöglichen.

Die Piloten werden zu Beginn der Fliegerei am meisten gefordert, denn sie müssen nach etwa 4 bis 5 Flugstunden in der Lage sein, zum ersten Mal »Solo« zu gehen. Vorher wird ihnen das Dasein durch simulierte Notsituationen nötigerweise erschwert. Selbst die deutschen Fluglehrer, die mittlerweile zum Stab der britischen Ausbildungseinheit gehören, sind schon wahre Weltmeister im Ziehen von kleinen Sicherungsknöpfen, die den Ausfall von Instrumenten zur Folge haben. Daß sie dabei genauso harmlose Gesichter machen wie ihre englischen Kollegen – versteht sich. Bei gravierenden Fehlern werden die Flugschüler mit Karikaturen im Fluglehrerraum verewigt. »Hydraulik-Meier« und »Generator-Schulze« sind dann ausgesprochene Kosenamen.

Jeder deutsche Besatzungsangehörige, der gewillt ist, die professionelle Berufsauffassung seiner englischen Ausbilder nachzuvollziehen und bereit ist, von morgens 8 Uhr bis Mitternacht zu arbeiten, liegt in Culdrose richtig.

Fünf Flugstunden pro Tag und zwei Simulatorenstunden sind keine Seltenheit. Im Sommer gehören Nachtflüge, die bis morgens um 2 Uhr dauern, zur Tagesordnung.

Bevor die Schüler im Waffensystem Sea King MK 41 »kostspielige Geräusche« verursachen können, werden Notsituationen im Simulator geübt, der aus einem Pilotencockpit und einem Cockpit für die Crew im Rückraum besteht. Auch der SAR-Operator darf dort einen Schiffskontakt auf dem Radarschirm übersehen und das Schiff rammen, während die Piloten einen Systemfehler mit fünf weiteren selbstinduzierten Fehlern kompensieren können und abstürzen dürfen.

Das alles wird so lebensnah dargestellt, daß die Royal Navy nicht zu Unrecht sagt, der Simulator habe sie vor etlichen Abstürzen bewahrt.

Trotz der harten Ausbildungsabschnitte bleiben den deutschen Umschülern Gelegenheiten als Botschafter ihres Landes Kontakte zur Zivilbevölkerung zu pflegen.

Das ergibt sich automatisch, weil alle Deutschen in privaten Unterkünften wohnen, da der Unterkunftsbereich auf dem Fliegerhorst neu erstellt wird.

Inzwischen hat man die Gastfreundschaft der Bewohner Cornwalls kennen und schätzen gelernt.

Besonders nach zwei spektakulären SAR-Einsätzen hat sich das Verhältnis zur Royal Navy und zur einheimischen Bevölkerung gefestigt.

Der Autor hat selbst erlebt, daß deutsche Hubschrauberflieger auf der Straße angesprochen wurden und bestätigt bekamen, daß »ganz Cornwall stolz auf sie ist«.

Bleibt zu hoffen, daß sich die bewiesene Effektivität von Mensch und Material auf norddeutsche Regionen übertragen läßt... Jemand sagte einmal: »Die Royal Navy hat sie in den Sattel gehoben – reiten müssen sie allein.«

Soweit zur Ausbildung auf einem der modernsten Rettungshubschrauber der westlichen Welt.

Die Sea King MK 41, eine modifizierte Version des britischen U-Jagd-Hubschraubers Sea King MK 1, entstammt der jetzt schon fast legendär gewordenen Sikorsky-S-61, die für die US-Navy als U-Jagd-Hubschrauber entwickelt worden war und heute in Dutzenden von Varianten weltweit im Einsatz ist.

Die Besatzung besteht aus vier Mann: Pilot, Copilot, SAR-Operationsoffizier und Bordmechaniker. Die lange Flugausdauer von sechs Stunden macht es erforderlich, daß alle Funktionen doppelt besetzt sind: Die Steuerung durch Pilot und Copilot, die Navigation durch SAR-Operationsoffizier und Copilot und die Rettung durch Bordmechaniker und SAR-Operationsoffizier.

Im allgemeinen wird die Sea King landgestützt verwendet. Durch ihr vollautomatisches Faltsystem für die Hauptrotorblätter, das der Pilot vom Cockpit aus bedient, ist es jedoch auch möglich, die Maschine bordgestützt auf Hubschrauberträgern, auf Zerstörern oder auf Fregatten einzusetzen.

Durch die beiden Rolls Royce-Gnôme H 1400-Turbinentriebwerke mit je 1400 PS Wellenleistung und die Zellenkonstruktion mit gekieltem Bootsrumpf bietet die Maschine vor allen Dingen bei ausgedehnten Überseeflügen ein erhebliches Maß an Sicherheit für die Besatzung.

Eine bekannte deutsche Illustrierte hat vor einiger Zeit die Sea King MK 41 als millionenschwere Fehlbeschaffung bezeichnet, da der Hubschrauber seinem eigentlichen Zweck, nämlich der Wasserlandung, überhaupt nicht gerecht werde! Zwar wurden noch vor etwa 15 Jahren Wasserlandungen von den Amerikanern erprobt, dann aber aufgrund der sich immer weiter entwickelnden Hubschrauber-Technik eingestellt. Jede Wasserlandung zur Aufnahme eines Schiffbrüchigen oder Verletzten würde nur unnütze Zeitverzögerung bedeuten. Der Windenrettung ist eindeutig der Vorzug zu geben.

Der Bootsrumpf dient ausschließlich der Sicherheit der Besatzung bei eventuellen Notwasserungen. Die Fahrwerksgondeln dienen hierbei als Stützschwimmer. Eingebaute, aufblasbare Notschwimmer in den Fahrwerksgondeln erhöhen die Stabilität des Hubschraubers auf dem Wasser zusätzlich.

Die überaus leistungsfähige, elektronische Ausrüstung, bestehend aus integrierter Navigationsausrüstung mit Radar, Decca und Doppler sowie den konventionellen Funknavigations- und Anflughilfen ADF (Automatic direction finding equipment/Automatisches Peilgerät), VOR (VHF omnidirectional radio range/ UKW Drehfunkfeuer), TACAN (Tactical air navigation-system/Taktisches Flugnavigations-System), ILS (Instrument landing system/Instrumenten-Landesystem) und zwei voneinander unabhängigen Sekundär-Radarsystemen, ermöglicht exakteste Navigation.

Das Decca ist ein Navigationsgerät zur Standortbestimmung, das auf Hyperbelausstrahlung arbeitet. Ein Haupt- und zwei Nebensender strahlen eine Kennung aus. Eine Kreuzpeilung – auf dem Decca-Anzeigegerät sichtbar gemacht – ergibt bis auf etwa 30 Meter Genauigkeit den Standort.

Auch der Doppler ist ein Navigationsgerät zur Positionsbestimmung. Dabei werden vom Hubschrauber elektromagnetische Wellen nach vorn, nach hinten und nach einer Seite abgestrahlt. Aus den von der Wasseroberfläche zurückgeworfenen Echos lassen sich Frequenzänderungen messen, aus denen von einem Computer die Geschwindigkeit über Grund und die seitliche Versetzung errechnet wird. Der Computer überträgt die Signale auf das Radarbild, so daß auf dem Bildschirm jederzeit die augenblickliche Position abgelesen werden kann.

Der absolute »Knüller« der Sea King MK 41 ist eine computergesteuerte Flugregelanlage. Dieses Wunderwerk der Technik ermöglicht den vollautomatischen Übergang vom Geradeausflug zum stationären Schwebeflug. Dadurch ergibt sich über See eine fast unbeschränkte Einsatzmöglichkeit, auch bei Nacht und bei schlechtester Sicht.

Die vollautomatischen »Transitionen« vom Marschflug in den Schwebeflug und umgekehrt werden ermöglicht durch die Integration des Dopplers mit dem Automatischen Flugregelsystem (AFCS). Die AFCS-Anlage übernimmt die Stabilisierung des Hubschraubers um alle drei Achsen sowie die Einhaltung des Steuerkurses und der Flughöhe. In Verbindung mit dem Doppler, der die erforderlichen Informationen liefert, wird somit im Schwebeflug die Position des Hubschraubers exakt eingehalten. Zur Aufnahme Schiffbrüchiger ist es dabei nicht mehr erforderlich, daß der Bordmechaniker als »Windenfahrer« den Piloten an den zu Bergenden »heranspricht«. Mit einem kleinen Steuerknüppel neben der Ladeluke kann er den Hubschrauber bei eingeschalteter Automatik mit maximal acht Knoten Geschwindigkeit selbst direkt über einen zu rettenden Schiffbrüchigen steuern.

Die Aufnahme von Schiffbrüchigen aus dem Wasser, aus Booten oder von Schiffen erfolgt mit der elektrohydraulischen Rettungswinde. Das 75 Meter lange Windenseil ist für eine Belastung von ca. 260 kg ausgelegt. Die vorher eingegebene Höhe (in der Regel 40 Fuß, d. h. 12,2 m) wird bei Windenrettungen – von einem Radarhöhenmesser gesteuert – von der Automatik gehalten. Der Start nach durchgeführter Bergung erfolgt wiederum auf Knopfdruck vollautomatisch.

Selbstverständlich kann der Pilot jederzeit – insbesondere bei Gefahrensituationen – die Kontrolle über den Hubschrauber übernehmen und seinen Bordmechaniker wie auch die automatische Flugregelanlage ausblocken beziehungsweise »überdrücken«.

Die sehr umfangreichen Navigationseinrichtungen ermöglichen es der Sea King nicht nur selbst Suchen durchzuführen, sondern auch die Führung anderer Flugzeuge und Schiffe bei einem Seenoteinsatz zu übernehmen. Eine große Hilfe für die Koordinierung bei Rettungseinsätzen bietet das Radar. Jede Sea King ist darüber hinaus mit einem sogenannten Transponder ausgerüstet. Dieses elektronische Gerät strahlt ein kodiertes Abfragesignal aus. Das Antwortsignal des Empfängers wird auf einem Bildschirm sichtbar gemacht. Mit solchen Transpondern ausgerüstete Flugzeuge oder Schiffe, die an einer Suchaktion beteiligt sind, können auf dem taktischen Sichtgerät des führenden SAR-Operationsoffiziers klar identifiziert und somit geführt werden. (siehe hierzu auch Kapitel »Feuertaufe im Kanal«, Seite 172)

Marinefliegergeschwader 5

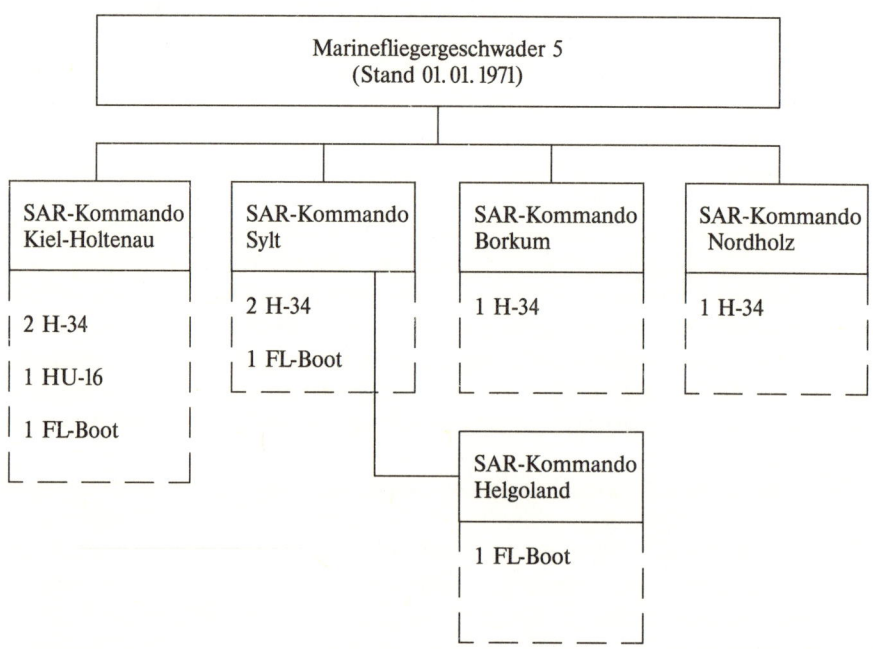

Marinefliegergeschwader 5
(Stand 01.01.1971)

SAR-Kommando
Kiel-Holtenau

2 H-34

1 HU-16

1 FL-Boot

SAR-Kommando
Sylt

2 H-34

1 FL-Boot

SAR-Kommando
Borkum

1 H-34

SAR-Kommando
Nordholz

1 H-34

SAR-Kommando
Helgoland

1 FL-Boot

Bereitschaftszeiten:

1 H-34 Kiel und Sylt (SAR I)	täglich von 06.30 Uhr bis 1/2 Std. nach Sonnenuntergang − 15-min-Bereitschaft nachts − 60-min-Bereitschaft
1 H-34 Kiel und Sylt (SAR II)	Montag bis Freitag von 07.00 – 16.00 Uhr − 60-min-Bereitschaft
H-34 Borkum	täglich von 06.30 Uhr bis 1/2 Std. nach Sonnenuntergang − 15-min-Bereitschaft
H-34 Nordholz	Montag bis Freitag von 07.00 – 16.00 Uhr − 15-min-Bereitschaft
HU-16 Kiel	Montag bis Freitag 30 Min. vor Sonnenaufgang bis 30 Min. nach Sonnenuntergang − 60-min-Bereitschaft außerhalb dieser Zeit − 3.00-Std.-Bereitschaft
FL-Boote	In Kiel und auf Helgoland 24-stündige Bereitschaft, einsatzklar in 30 Minuten List/Sylt: Montag bis Freitag 07.00 bis 16.00 Uhr einsatzklar in 30 Minuten

Das Geschwader verfügte mit Stand vom 1. Januar 1971 über

    22 Sikorsky H-34

    5 Grumman ALBATROS und

    6 Flugsicherungsboote

Die Personalstärke bestand aus 1217 Soldaten und 455 Zivilbediensteten

Am 30. September 1971 wurde die ALBATROS außer Dienst gestellt. Damit ging das vor knapp 60 Jahren begonnene Kapitel der Seefliegerei in Deutschland zu Ende.

Bereits im Jahre 1912 waren in der Danziger Bucht die ersten erfolgreichen Wasserstarts und -landungen mit den ALBATROS-Doppeldeckern »D 1« und »D 2«, den Vorläufern der späteren Flugboote durchgeführt worden.

Die Entwicklung ging zügig voran. Aus Wasserflugzeugen mit Schwimmern wurden schließlich die Flugboote. Die Firma Dornier war hierbei richtungsweisend.

Weltweite Aufmerksamkeit erregte im Jahre 1936 ein Seenoteinsatz, bei dem durch holländische Besatzungen 90 Schiffbrüchige eines im Sturm gekenterten Passagierdampfers mit Dornier-Walen gerettet werden konnten.

Das während des Zweiten Weltkrieges entwickelte Flugboot »Do 24« wurde zu *dem* Seenotflugzeug schlechthin. An allen Fronten haben sich die Flugboote bewährt. Tausende von Menschen wurden von ihnen in Sicherheit gebracht.

Noch viele Jahre nach dem Kriege, bis 1971, waren einige »Do 24« beim spanischen Seenotdienst im Einsatz.

Nach der Niederlage Deutschlands war an Flugzeugbau nicht zu denken. Für den neu zu schaffenden Seenotdienst wurden amerikanische ALBATROS-Amphibienflugzeuge angeschafft.

Spätere Anläufe, an die ehemals erfolgreiche Flugbootentwicklung anzuknüpfen, schlugen fehl. Die fortgeschrittene Hubschraubertechnik hatte dem Flugboot wie auch dem Amphibienflugzeug den Rang abgelaufen.

Nach Außerdienststellung wurden die Amphibienflugzeuge von dem inzwischen in den Ruhestand getretenen Fregattenkapitän Schätz, dem ehemaligen Kommandeur der Fliegenden Gruppe des Marinefliegergeschwaders 5 nach Amerika überführt.

Als Langstreckensuchflugzeug wurde die SAR-Bereitschaft fortan von einem in Nordholz stationierten Seefernaufklärer Breguet ATLANTIC übernommen.

Die Breguet ATLANTIC (BR 1150) ist ein mit zwei Turboprob-Triebwerken ausgestattetes Seeaufklärungs- und UJagdflugzeug, das in Zweitfunktion für SAR-Aufgaben eingesetzt wird.

Die Maschine, als deutsch-französisches Gemeinschaftsprojekt entwickelt, ist seit Januar 1966 beim Marinefliegergeschwader 3 »Graf Zeppelin« im Einsatz. 12 Offiziere und Portepee-Unteroffiziere bilden die Besatzung: 2 Flugzeugführer,

2 Flugzeugoperationsoffiziere, 1 Bordmechaniker, 1 Funker und 6 Flugzeugortungsunteroffiziere.

Die ATLANTIC ist besonders für weiträumige Suchen über See geeignet. (Eine Breguet des MFG 3 hält den Dauerflugrekord für Maschinen der Bundeswehr mit über 20 Stunden reiner Flugzeit.) Anders als mit der ALBATROS ist es mit der ATLANTIC nicht möglich, auf See niederzugehen und einen Schiffbrüchigen aufzunehmen.

Dafür ist die Maschine mit dem sogenannten Lindholm-Rettungsgerät ausgerüstet.

Die Lindholm-Kette, wie sie auch genannt wird, besteht aus drei Behältern, die durch Schwimmleinen miteinander verbunden sind. Der mittlere Behälter enthält eine Zehn-Mann-Rettungsinsel, die beiden anderen Behälter enthalten eine identische Seenotausrüstung mit allem, was für ein Überleben in Seenot notwendig ist. Eine ATLANTIC kann bis zu drei Lindholmketten mitführen. Beim Abwurf des Gerätes werden die drei nebeneinander in der Laderaumabwurfbrücke hängenden Behälter im Reihenabwurf aus der Aufhängung gelöst. In festgelegter Abwurffolge fällt der 1. Versorgungsbehälter, der Behälter mit der Rettungsinsel und der 2. Versorgungsbehälter.

Stabilisierungsschirme stabilisieren den Fall und vermindern die Wucht des Aufpralls.

Die Rettungsinsel wird nach dem Aufschlagen auf dem Wasser automatisch aktiviert.

Der Abwurf erfolgt nach einem genau festgelegten Verfahren in der Art, daß die Kette durch Wind und Seegang auf den Schiffbrüchigen zugetrieben wird. Seine endgültige Rettung erfolgt dann durch Hubschrauber oder Schiffe, die durch die ATLANTIC herangeführt werden.

Organisation des militärischen Such- und Rettungsdienstes

(Stand: April 1975)

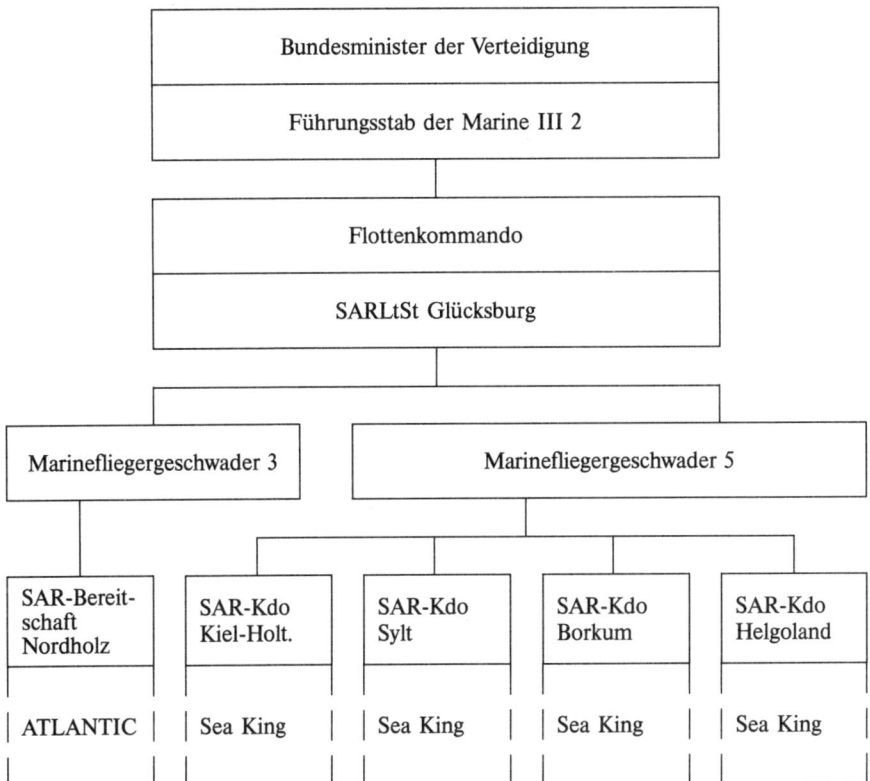

Die Hubschrauber stehen täglich von 07.30 Uhr bis 1/2 Stunde nach Sonnenuntergang in 15-Minuten-Bereitschaft. Außerhalb dieser Zeit 01.00-Std-Bereitschaft. Die Breguet ATLANTIC steht täglich in 3-Std-Bereitschaft.

Suchen und Retten

Hawker »Hunter« überfällig

Erst nach 23.00 Uhr wurde die Marine-Seenotstaffel in Kiel-Holtenau am 11. November 1959 vom Marineabschnittskommando Nordsee in Wilhelmshaven darüber in Kenntnis gesetzt, daß schon seit Stunden ein Flugzeug der Royal Air Force (RAF) überfällig war.

Die Maschine vom Typ Hawker »Hunter 6« war um 15.00 Uhr vom Fliegerhorst Jever zu einem Übungsflug über die Nordsee gestartet. Gegen 16.00 Uhr hatte sich der Pilot zuletzt über Funk gemeldet. Eine Routinemeldung, mit keinerlei Hinweisen auf irgendwelche technische Schwierigkeiten. Seit diesem letzten Funkspruch fehlte von der Maschine jede Spur.

Die britische »Hunter« war also schon mehr als sieben Stunden überfällig, bevor die Marine-Seenotstaffel in Kiel-Holtenau alarmiert wurde.

Unmittelbar nach der Alarmierung leitete der diensthabende Offizier die Meldung zunächst an den Kommandeur der Marine Dienst- und Seenotgruppe weiter. Dieser wiederum meldete sofort ein Ferngespräch nach Westerland an. Von einer dort stationierten Einheit der RAF ließ er sich bestätigen, daß die »Hunter« tatsächlich überfällig war.

Nach diesem Gespräch war eindeutig klar, daß ein Notfall vorlag; aber noch war es nicht so weit, daß eine Suchaktion nach der »Hunter« und ihrem Piloten, der, falls er nicht mit seiner Maschine auf Tiefe gegangen war, mit größter Wahrscheinlichkeit irgendwo in der Nordsee treiben mußte, eingeleitet wurde. In dem Kurzbericht der Marine Dienst- und Seenotgruppe über den Seenotfall »RAF Hunter 6« ist das weitere Geschehen nach 23.30 Uhr festgehalten: »Nach Kenntnis der Lage rief der Kommandeur der Marine Dienst- und Seenotgruppe den deutschen Verbindungsoffizier bei der Royal Air Force in Jever an, um Einzelheiten der Notmeldung zu erfragen. Als ungefähre Absturzposition wurden die Koordinaten 54 Grad 01 Minuten Nord und 06 Grad 50 Minuten Ost angegeben.«

Eine Position also, die etwa zwanzig Seemeilen nördlich der Insel Juist lag, und von mehreren Seenotrettungskreuzern der Deutschen Gesellschaft zur Rettung Schiffbrüchiger in zwei bis drei Stunden erreichbar gewesen wäre.

Um Mitternacht jedoch, acht Stunden nach dem vermutlichen Absturz, war noch nicht einmal bekannt, ob die Kreuzer der DGzRS, die »von irgend jemandem alarmiert worden waren«, überhaupt ausgelaufen waren.

Ein Anruf bei dem auf Borkum stationierten Seenotrettungsboot »Hermann Apelt« ergab, daß die Besatzung zwar von dem Unfall wußte und an Bord in Bereitschaft war, aber noch keinen Auslaufbefehl erhalten hatte.

Der Kommandeur der Marine-Dienst- und Seenotgruppe bat daraufhin den Vormann des Rettungsbootes, direkt mit der Royal Air Force in Jever Kontakt aufzunehmen.

Bei einem weiteren Telefongespräch mit der Zentrale der DGzRS in Bremen wurde auf Wunsch der Royal Air Force der sofortige Einsatz des in Helgoland stationierten Seenotrettungskreuzers »Theodor Heuss« erbeten.

Von Koordination konnte keine Rede sein. Niemand hatte die Fäden in der Hand. So war es nicht verwunderlich, daß die Zentrale der DGzRS erstaunt mitteilte, daß die »Theodor Heuss« längst ausgelaufen war und die Suche bereits aufgenommen hatte.

Da es zweckmäßig erschien, auch Schiffe der Bundesmarine zur Suche einzusetzen, bat der Kommandeur der Marine-Dienst- und Seenotgruppe den Befehlshaber der Seestreitkräfte der Nordsee, eventuell verfügbaren Einheiten einen entsprechenden Einsatzbefehl zu erteilen.

Mittlerweile waren mehr als neun Stunden vergangen, seit sich die vermißte »Hunter« zuletzt gemeldet hatte.

Noch in der Nacht wurden zwei ALBATROS-Besatzungen in Alarmbereitschaft versetzt. Um 05.00 Uhr morgens waren die beiden Amphibienflugzeuge klar zum Start. Beim ersten Morgengrauen sollten sie die Suche aufnehmen.

Eine Viertelstunde später jedoch, kurz bevor sich die beiden Flugzeuge in Bewegung setzen wollten, rief der deutsche Verbindungsoffizier bei der RAF aus Jever an und gab durch: »Um Zusammenstöße bei der Suchaktion in der Luft zu vermeiden, ALBATROS noch nicht starten lassen!«

Aus den zur Verfügung stehenden Unterlagen ließ sich nicht mehr ermitteln, welche und wieviele Sucheinheiten die Engländer eingesetzt hatten. Dennoch war durch die Entscheidung, die beiden ALBATROS nicht starten zu lassen eine Situation entstanden, wie sie heute nur verständnisloses Kopfschütteln zur Folge haben würde. Da standen zwei Suchflugzeuge bereit, und die eigens für diese Aufgabe ausgebildeten Besatzungen erhielten keine Starterlaubnis.

Auf ebensoviel Unverständnis stieß die Ablehnung der Engländer, zwei Flugsicherungsboote zur Suche einzusetzen.

Gegen 01.00 Uhr morgens hatte die Marine-Dienst- und Seenotgruppe der Einsatzleitung in Jever angeboten, zwei mit Sarah-Geräten* ausgerüstete Flugsicherungsboote von Kiel aus in Marsch zu setzen. Auf ausdrücklichen Wunsch der Engländer war der Einsatz der Boote unterblieben. Begründet worden war die Ablehnung damit, daß die Batterie des Notsenders ohnehin erschöpft sei, wenn die Boote dreizehn Stunden später am vermutlichen Unfallort eintreffen würden.

Kostbare Zeit ging verloren, ohne daß etwas geschah. Auf wiederholtes Drängen der Seenotflieger erteilte der Einsatzleiter in Jever schließlich um 07.00 Uhr morgens seine Zustimmung zum Start der beiden ALBATROS! Den Besatzungen wurde ein genau abgegrenztes Suchgebiet zugewiesen.

---

* Gerät zur Ortung von Notsendern, die in den Schwimmwesten von über See fliegenden Besatzungsmitgliedern mitgeführt werden.

42

Endlich konnte man etwas tun, nachdem man schon stundenlang untätig herumgesessen und seine Dienste »wie Sauerbier« angeboten hatte.

Kurze Zeit später schon röhrten die Triebwerke der schweren Amphibienflugzeuge auf, und die Maschinen setzten sich langsam in Richtung Ablauframpe in Bewegung. Aber mit dem Start sollte es wieder nichts werden. Noch bevor die beiden ALBATROS ins Wasser gelangten, trieb plötzlich eine dichte Nebelbank von See her in die Kieler Förde herein. Schlagartig ging die Sicht auf 400 bis 500 Meter zurück. Der Nebel wurde immer dichter, und ein Wasserstart auf der Förde war somit ausgeschlossen. Die Gefahr, bei der doch recht langen Anlaufstrecke bis zum Abheben mit einem Wasserfahrzeug zu kollidieren, war viel zu groß, und die Startbahn auf dem Oberland des Fliegerhorstes war noch nicht fertiggestellt.

Nun rächte es sich bitter, daß man nicht schon vorher einen Einsatzbefehl erteilt hatte.

Wieder hieß es also abwarten. Stunde auf Stunde ging dahin.

Jetzt auf einmal begann den Engländern die Zeit unter den Nägeln zu brennen. Wiederholt wurde der Einsatz der beiden Suchflugzeuge gefordert, aber immer noch lag dichter Nebel über der Kieler Förde, der einen Start völlig unmöglich machte.

In Kiel besann man sich nun darauf, daß zur Zeit auf dem Landungsboot »Krokodil« eine Bristol SYCAMORE der Marine-Seenotstaffel stationiert war. »Krokodil« operierte im Seegebiet nördlich Wangerooge, in der Nähe des vermutlichen Absturzgebietes. Der Befehlshaber der Seestreitkräfte der Nordsee, dem diese Einheiten unterstellt waren, stimmte dem Vorschlag der Marine-Dienst- und Seenotgruppe zu, den Hubschrauber und auch das Landungsboot zur Suche einzusetzen.

Heute würde ein Hubschrauberpilot über Funk ein bestimmtes Suchgebiet zugewiesen bekommen und sich dann auf dem schnellsten Wege und ohne Zeitverzug in dieses Gebiet begeben, um die Suche aufzunehmen. Nicht aber so im Jahre 1959.

Der Pilot des Rettungshubschraubers, Oberbootsmann Heinz Lehmann, erhielt den Auftrag, zunächst zu einer Lagebesprechung nach Jever zu fliegen. Bei der dortigen Einsatzleitung wurden ihm verschiedene Einzelheiten und einige Positionen mitgeteilt, auf denen man den abgestürzten »Hunter«-Piloten, der nun schon etwa 17 Stunden in der eiskalten Nordsee treiben mußte, vermutete. Anschließend flog Lehmann auftragsgemäß wieder zurück zu seinem Landungsboot, bei dem er um 10.20 Uhr eintraf. Nach der Landung des Hubschraubers nahm »Krokodil« Kurs auf das zugewiesene Suchgebiet, das nach etwa vier Stunden Marschfahrt gegen 14.00 Uhr erreicht wurde. Jetzt erst startete der Hubschrauber, der das Suchgebiet in 20 Minuten hätte erreichen können, und nahm die Suche auf.

Auch »Krokodil« reihte sich bei den anderen, bereits vor Ort befindlichen Einheiten mit in die Suche ein.

Streifen für Streifen wurde abgesucht, und Stunde auf Stunde ging dahin. Nicht das geringste Anzeichen von der vermißten Maschine und ihrem Piloten war zu entdecken.

Mehr als 24 Stunden waren seit dem Absturz vergangen, als die RAF gegen 17.00 Uhr nun doch um den Einsatz der in der Nacht zuvor strikt abgelehnten Flugsicherungsboote nachsuchte.

Von der »erschöpften Batterie« des Notsenders in der Schwimmweste des »Hunter«-Piloten war keine Rede mehr.

Kurz nach 18.00 Uhr passierten »FL 5« und »FL 8« zum Marsch durch den Nord-Ostsee-Kanal die Holtenauer Schleuse.

Die Dämmerung brach herein, und die Nacht senkte sich auf die Nordsee nieder. Nach stundenlanger, erfolgloser Suche war Oberbootsmann Lehmann bei Einbruch der Dunkelheit wieder auf »Krokodil« gelandet. Die Aussicht, noch zu einem Erfolg zu gelangen wurde immer geringer, bis gegen 20.00 Uhr ein erster Hoffnungsschimmer aufkeimte. Ein Suchflugzeug der RAF hatte im Raum Helgoland einen Sarah-Impuls aufgefangen.

Leider war das Signal zu schwach, um eingepeilt werden zu können. Da die beiden Flugsicherungsboote, als die einzigen Seefahrzeuge mit Sarah-Empfängern, erst gegen Morgen eintreffen würden, wurde Lehmanns SYCAMORE an Bord des Landungsbootes zur elektronischen Suche eingesetzt. Über mehrere Stunden wurde der Sarah-Empfänger des Hubschraubers in kurzen Zeitabständen ein- und ausgeschaltet, während das Landungsboot vor Helgoland in der nachtschwarzen See die von der Einsatzleitung in Jever vorgeschlagenen Suchkurse ablief. Trotz aller Mühe konnte kein weiterer Impuls ausgemacht werden.

Im Laufe der Nacht kam schlechtes Wetter auf. Der Wind nahm zu, und der Seegang in der Nordsee wurde immer rauher und ungemütlicher.

Kurz nach fünf Uhr morgens wurde den beiden Flugsicherungsbooten, die zwei Stunden zuvor Feuerschiff »Elbe I« passiert hatten und nur noch wenige Meilen vom Operationsgebiet entfernt waren, vom Befehlshaber der Seestreitkräfte der Nordsee ein Suchgebiet zugewiesen. Die kleinen Boote, die lediglich für den Einsatz in der Ostsee konzipiert waren, hatten hart gegen den immer grober werdenden Seegang anzukämpfen. Dennoch nahmen sie gegen 06.00 Uhr die Suche auf. Zur gleichen Zeit forderte die RAF erneut den Einsatz der beiden ALBATROS.

Trübe und grau dämmerte der Morgen. Die zweite Nacht war dahingegangen. Von dem »Hunter«-Piloten fehlte nach wie vor jede Spur.

Das Ersuchen der RAF, die beiden Amphibienflugzeuge zur Suche einzusetzen, wurde nun immer dringlicher. Aber immer noch lag Nebel über der Kieler Förde; darüber, in 600 Fuß Höhe, hing eine dichte, geschlossene Wolkendecke.

Während der Vormittagsstunden verschlechterte sich das Wetter in der Nordsee dermaßen, daß ein Start des Hubschraubers von dem in der groben See heftig stampfenden Landungsboot aus völlig unmöglich wurde. Aus dieser Situation heraus entschloß man sich in Kiel-Holtenau einer »besonders ausgewählten

ALBATROS-Besatzung« die Starterlaubnis zu erteilen. Der Nebel hatte sich mittlerweile etwas gelichtet, die Sichtweite auf der Förde betrug knapp 800 Meter.

Nach dem geglückten Start erreichte das Amphibienflugzeug gegen 10.15 Uhr das befohlene Suchgebiet.

Das Landungsboot »Krokodil« hatte indessen wegen der schlechten Wetterlage das Operationsgebiet nördlich der Insel Juist verlassen, und »FL 5« und »FL 8« brachen nun, nach Ankunft der ALBATROS, die Suche ab, da auch sie dem immer rauher werdenden Seegang nicht mehr gewachsen waren.

Immer wieder von schweren, von achtern auflaufenden und über das ganze Deck schäumenden Seen eingedeckt, kämpften sich die Boote mit Ostkurs auf die Elbmündung zu.

Ungeachtet der hochgehenden See kämmte »Play-Maid 67« unermüdlich ihr Suchgebiet ab. Bestand überhaupt noch Hoffnung? Die Männer in der ALBATROS gaben sich keinen Illusionen hin. Viel zu viel Zeit war schon seit dem Absturz vergangen.

Gegen 14.00 Uhr passierten die beiden Flugsicherungsboote, die sich nur vier Stunden an der Suche beteiligen konnten, in der rauhen See heftig stampfend und ständig von schweren Brechern überspült, das Feuerschiff »Elbe 1« mit Kurs auf Cuxhaven.

Eine Stunde später verließ schließlich auch »Play-Maid 67« das Suchgebiet und flog nach Kiel zurück.

Bei Einbruch der Dunkelheid, mehr als 48 Stunden nach dem vermutlichen Absturz, wurde der Fall »Hawker Hunter 6« wegen der Wetterlage und der verstrichenen Zeit als hoffnungslos abgeschlossen. Der Befehlshaber der Seestreitkräfte der Nordsee erklärte die Suchaktion für beendet.

Die große Flut

Im Laufe der Zeit wurde der Rettungsdienst der Marine immer weiter ausgebaut und verbessert. Um das Gebiet der Nordsee besser abdecken zu können und um die zeitraubenden Anflugstrecken zu verkürzen, wurde im Oktober 1961 die bis dahin von Montag bis Freitag in Schleswig in Bereitschaft stehende Maschine wieder nach Husum zurückverlegt. Zugleich wurde auf dem Fliegerhorst Westerland am 15. Oktober 1961 die erste feste Außenstelle des Marine-Dienst- und Seenotgeschwaders, wie die Marine-Dienst- und Seenotgruppe seit 1. Oktober 1961 hieß, eingerichtet.

Immer häufiger kam es vor, daß die SAR-Hubschrauber zur Hilfeleistung angefordert wurden. Sie waren inzwischen zu unentbehrlichen Helfern an der Nord- und Ostseeküste geworden. Obwohl die Bristol SYCAMORE verglichen mit heutigen Vorstellungen, insbesondere wegen der unzureichenden Navigationsausrüstung denkbar schlecht für den Überseeflug geeignet war, konnten mit diesem Hubschraubermuster doch schon bald beachtliche Erfolge erzielt werden.

In den ersten vier Jahren nach der Aufstellung im Jahr 1958 flogen die Besatzungen der Marine-Seenotstaffel 121 Einsätze. Sie haben dabei nicht nur die 18köpfige Besatzung des in Seenot geratenen Dampfers »Silona« in Sicherheit gebracht, sondern konnten auch vielen lebensgefährlich erkrankten Menschen durch schnellen Transport ins Krankenhaus das Leben retten.

Die Bezeichnung »SAR« war inzwischen in der Küstenregion zu einem wohlbekannten Begriff geworden. Der große Durchbruch des Hubschraubers als hervorragendes Rettungsmittel und seine Anerkennung bei der breiten Bevölkerung sollte allerdings erst noch kommen.

Viele werden sich noch an jene furchtbaren Tage im Februar 1962 erinnern, als eine Flutkatastrophe von bis dahin unvorstellbaren Ausmaßen in der Nacht vom 16. auf den 17. Februar 1962 über die deutsche Nordseeküste hereinbrach.

Schon während des Vormittagshochwassers hatte sich bei heftigem Nordweststurm vor den Stränden der Ostfriesischen Inseln eine hohe Brandung aufgebaut, und die nordfriesischen Halligen hatten »landunter« gemeldet.

Heulend und fauchend jagte der Sturm mit rasender Geschwindigkeit über die Nordsee herein und hemmte den Rücklauf des Wassers während der Ebbzeit.

Schon am Nachmittag wurden vom Deutschen Hydrographischen Institut die ersten Sturmflutwarnungen durchgegeben. Man rechnete mit einer gewaltigen Sturmflut, aber daran, daß es zur Katastrophe kommen könnte, dachte zu dieser Zeit noch niemand.

Von der ungeheuren Gewalt des tosenden Nordweststurmes, der inzwischen Orkanstärke erreicht hatte, wurde die Nordsee aufgewühlt und förmlich umgepflügt. Gewaltige, meterhohe Brecher warfen sich gegen die Strände und Deiche, und unaufhaltsam stieg das Wasser.

Gegen Mitternacht riß eine riesige Flutwelle eine über 30 Meter lange Bresche in den Außendeich vor Cuxhaven. Damit begann für die Bewohner dieser Stadt die schlimmste Nacht seit Menschengedenken. Luftschutzsirenen heulten auf und rissen die Wenigen, die die Nerven dazu gehabt hatten, sich überhaupt hinzulegen, aus den Betten. Katastrophenalarm!

Alle paar Minuten unterbrachen die Rundfunkanstalten ihre Programme und gaben Informationen und Warnungen für die Bevölkerung durch. Bangend und hoffend saßen die Menschen vor ihren Radios.

Die Katastrophe war nicht mehr aufzuhalten. Der bisher größten Sturmflut unseres Jahrhunderts waren die Deiche nicht mehr gewachsen. Die kleinen Flußdeiche entlang der Unterweser und der Unterelbe brachen, und die Nordsee ergoß sich ins Land. Aus den gefährdetsten Gebieten mußten im Laufe der Nacht noch über 10 000 Menschen evakuiert werden.

Kilometerweit wurde das Land an der Küste überflutet. Von Wiesen und Äckern, von Dörfern und Straßen ergriff die Nordsee Besitz.

Und die Flut rollte weiter, elbaufwärts, Richtung Hamburg, wo bereits um 23.00 Uhr in schlimmer Erwartung vom Senat der Hansestadt der Ausnahmezustand verhängt worden war.

Dann brachen die Deiche im Alten Land. Unaufhaltsam war die Flut im Vormarsch. Finkenwerder wurde überschwemmt. Mit ungebrochener Kraft jagte der wütende Orkan die Flutwelle elbaufwärts. Deichbruch auch in den Vierlanden, und schließlich brach der Deich vor Wilhelmsburg. Schäumend und rauschend ergoß sich eine schmutziggraue, fast zwei Meter hohe Flutwelle in die Stadt. Hier, in Hamburg-Wilhelmsburg wirkte sich die Katastrophe am verheerendsten aus. Unzählige Wilhelmsburger wurden von der durch die Straßen schießenden Flutwelle in den Betten überrascht. Verschiedene Wohnhäuser stürzten ein, und ganze Laubenkolonien wurden davongeschwemmt.

Um Hilfe schreiend, oft nur mit dem Allernotwendigsten bekleidet, flüchteten die Menschen auf die Dächer ihrer Häuser. Die im schrillen Diskant jaulenden Orkanböen ließen die Hilferufe ungehört verhallen.

Alle verfügbaren Kräfte der Polizei und der Feuerwehr waren alarmiert worden und schon seit Stunden im pausenlosen Einsatz. Bald schon zeichnete sich ab, daß bei den verheerenden Ausmaßen, die die Katastrophe annahm, weitere Hilfskräfte dringend erforderlich wurden. Noch im Laufe der Nacht von Freitag auf Samstag stellte die Bundeswehr aus verschiedenen Einheiten rings um Hamburg 1 000 Soldaten zum Katastropheneinsatz zur Verfügung.

Der anbrechende Morgen zeigte mit erschreckender Deutlichkeit das ganze Ausmaß der furchtbaren Flutkatastrophe. Der Stadtteil Hamburg-Wilhelmsburg war am ärgsten betroffen. Möbel, Kisten, Hausrat, Kartons trieben durch die überfluteten Straßen. Weit über 10 000 Keller standen unter Wasser. Von der Flut beschädigte und eingestürzte Häuser, aufgerissene, vom Wasser überspülte Straßen und weggeschwemmte Laubenkolonien bestimmten das Stadtbild von Wilhelmsburg.

Über die furchtbaren Geschehnisse der vergangenen Nacht berichtete das Hamburger Abendblatt:

»Schon um 23.00 Uhr gestern Abend wurde der Ausnahmezustand verhängt. Mit unheimlicher Geschwindigkeit stieg die Flut. Eine halbe Stunde vorher, gegen 22.30 Uhr, hatte sie schon 2,60 Meter über Mittelhochwasser erreicht. Doch das Wasser kletterte weiter, unaufhaltsam. Schmutziggraue Flut schoß als donnernder Wasserfall in unzählige Kellerlöcher, stieg in die untersten Stockwerke der Häuser.

In Neumühlen spülte die Flut über Parkplätze voller Wagen, über Kais, durch die riesigen Hallen am Fischereihafen und schließlich über die Elbchaussee. Die Fleete quollen über. Das Wasser kannte kein Erbarmen. Es schäumte über die Schutzwälle hinweg, ergoß sich in die Häuser. Abgestellte Autos versanken in den Fluten. Wellen brachen sich an den Geschäftshäusern des Alten Walls.

Um 01.40 Uhr fällt die Straßenbeleuchtung im größten Teil der Innenstadt aus, unzählige Telefone verstummen. Auch die Fernsprechnetze von Polizei und Feuerwehr brechen zusammen. Die Verständigung ist nur noch über Funk möglich.

Währenddessen steht eine riesige glutrote Wand über dem Grasbrook. In ganz Hamburg ist der flackernde Feuerschein zu sehen. Das Gaswerk Grasbrook löscht die Öfen, um Explosionen zu verhindern.

Die Hiobsbotschaften überschlagen sich: Deichbrüche in Kirchwerder, Neuenfelde, bei Cranz und Neugraben, in den Vierlanden und auf der Wilhelmsburger Insel. Ein grausames Inferno bricht über Laubenkolonien und Kleingartenvereine herein. Schlauchboote der Bundeswehr und Schwimmwesten werden angefordert. Über Funk verlangt man Rettungsschwimmer. Gegen 03.30 Uhr erreicht das Chaos seinen Höhepunkt: neue Kurzschlüsse, Polizeiwagen mit Flackerlicht und dicke Qualmwolken aus überfluteten Heizungskellern. In der Innenstadt bricht der letzte Rest des noch funktionierenden Telefonverkehrs zusammen.«

Aber nicht nur in Hamburg, sondern entlang der ganzen Unterelbe bis nach Cuxhaven hin war Katastrophenalarm ausgelöst worden. Draußen auf der Nordsee war die Hölle los. Der mit furchtbarer Gewalt tobende Nordwest hatte die gesamte Deutsche Bucht in einen wahren Hexenkessel verwandelt. Viele Schiffe waren von der ungeahnten Heftigkeit des Unwetters überrascht worden. Die Notmeldungen überschlugen sich. Vor der Elbmündung trieb das pakistanische Schiff »Yousufbaksa« mit Maschinenschaden hilflos in der groben See und drohte querzuschlagen und zu kentern.

Vor der dänischen Küste funkte der griechische Frachter »Treis Iearcai« auf dem Elbe-Esbjerg-Weg SOS, als durch schwere Brechseen und herabstürzende Ladebäume die Luken zerschlagen wurden. Tonnenweise stürzten die Wassermassen bei jeder überkommenen See in die Laderäume.

Vor der Insel Langeoog trieben das deutsche Küstenmotorschiff »Antje Olt-mann« und das niederländische Küstenmotorschiff »Tempo D« mit Maschinen-schaden. Schlepperhilfe war dringend erforderlich, um die drohende Strandung auf einer der gefährlichen Untiefen, die der ostfriesischen Inselkette vorgelagert sind, zu verhindern.

Die Zahl der eingetretenen Seenotfälle ließ sich kaum übersehen, da ständig neue Notmeldungen eingingen.

Die an der Nordseeküste stationierten Seenotrettungskreuzer der Deutschen Gesellschaft zur Rettung Schiffbrüchiger und verschiedene Hochseeschlepper waren pausenlos im Einsatz.

In der Elbmündung, in Höhe von Brunsbüttel, geriet das schwedische Motorschiff »Silona« in Seenot und sandte einen dringenden Hilferuf in den Äther. Da bereits alle infrage kommenden Seenotrettungskreuzer anderweitig im Einsatz waren, alarmierte die Küstenfunkstelle Elbe-Weser-Radio, die den Notruf aufgefangen hatte, die Marine-Seenotstaffel in Kiel-Holtenau. Unverzüglich starteten zwei SAR-Hubschrauber und nahmen, gegen den schweren Nordweststurm ankämp-fend und immer wieder von heftigen Orkanböen geschüttelt, Kurs auf die Elb-mündung.

Mit mehreren waagemutigen Anflügen gelang es den Rettungsfliegern trotz des Sturmes und der Unberechenbarkeit der See, die das manövrierunfähige Schiff unkontrollierbar hin- und herwarf, alle 18 Besatzungsmitglieder abzubergen.

Das gesamte Küstengebiet an der Nordsee war inzwischen zum Katastrophen-gebiet erklärt worden, und in aller Eile traten die Katastrophenstäbe zusammen.

In Hamburg hatte in den frühen Morgenstunden der damalige Innensenator Hel-mut Schmidt die Leitung und Koordinierung der Rettungsaktionen in den Über-schwemmungsgebieten in und um Hamburg übernommen. Für die Wehrbe-reiche I (Schleswig-Holstein) und II (Niedersachsen) wurde vom Verteidigungs-ministerium Katastrophenalarm ausgelöst. Alle Bundeswehreinheiten im Nord-deutschen Raum standen zum Katastropheneinsatz bereit und warteten auf Ab-ruf. Noch hatte man zwar kein genaues Lagebild, dennoch zeichnete sich schon jetzt ab, daß man auf den Einsatz von Hubschraubern keinesfalls würde verzichten können.

Um 07.30 Uhr wurde die Heeresfliegerwaffenschule in Bückeburg durch ihre vorgesetzte Kommandobehörde alarmiert und beauftragt, alle verfügbaren Hub-schrauber startklar zu machen und auf Abruf bereitzuhalten.

Die großen Tore der Hangars wurden aufgeschoben, und in kürzester Zeit stan-den 7 Hubschrauber vom Typ Sikorsky S-58 und 5 Hubschrauber vom Typ Vertol* auf dem weiten Hallenvorfeld in Bückeburg.

---

* Umgangssprachlich auch als »Fliegende Banane« bekannt

In den Staffeln wurden die Besatzungen zusammengestellt. Nach Wetterbriefing und Einsatzbesprechung warteten die Piloten und Bordmechaniker ungeduldig auf den Startbefehl. Aus pausenlosen Meldungen im Rundfunk gewannen sie ihren ersten Eindruck von der Katastrophe und damit die Gewißheit, daß ihre Hilfe dringend erforderlich war. Die größte Bewährungsprobe für die Hubschrauber der Bundeswehr im Rettungsdienst stand bevor.

Zwei SAR-Hubschrauber der Marine waren indessen schon seit Sonnenaufgang mit der Versorgung der Halligen, von denen nur noch die auf den höhergelegenen Warften stehenden Häuser aus der tobenden Wasserwüste herausragten, beschäftigt. Lebensmittel und Trinkwasser waren die vordringlichsten Güter, die transportiert werden mußten.

Beim Anflug eines Behelfslandeplatzes hinter dem Deich bei Cäcilienkoog wurde ein Hubschrauber von einer besonders harten Sturmböe gepackt und bekam mit dem Heckrotor Bodenberührung. Alle drei Rotorblätter brachen ab wie Streichhölzer. Nur durch Umsicht und Geistesgegenwart des Piloten konnte größerer Schaden verhindert werden.

Um 11.00 Uhr wurde in Bückeburg der Startbefehl erteilt. Der unter dem Befehl von Major Dr. Tiedgen stehende Verband der 5 Vertol wurde beauftragt, zur Durchführung von Rettungs- und Versorgungsflügen für die Ostfriesischen Inseln und das Gebiet um den Jadebusen zunächst nach Wittmundhaven zu verlegen. Der Sikorsky-Verband sollte ausschließlich im Hamburger Raum, wo die Hilfe am dringendsten erforderlich war, eingesetzt werden. Das dumpfe Dröhnen der Triebwerke vermischte sich mit dem Heulen des Sturmes. Hinzu kam das sausende Geräusch der anlaufenden Rotoren. Dann hoben die Hubschrauber ab, einer nach dem anderen. In einer langen Reihe zogen die sieben S-58 in Richtung Hamburg davon.

In den Hubschrauberhallen und Docks wurde mit Hochdruck gearbeitet. Jeder verfügbare Mechaniker wurde eingesetzt, um anstehende Kontrollen durchzuführen, um technische Fehler zu beheben, um defekte Geräte auszuwechseln. Das Ziel lag klar auf der Hand und spornte die Soldaten an, ihr Bestes zu geben. Jede flugklare Maschine wurde im Katastrophengebiet dringend benötigt.

Kurz nach 13.00 Uhr traf der Sikorsky-Verband in Hamburg ein. Der Anblick, der sich den anfliegenden Hubschrauber-Besatzungen bot, übertraf deren schlimmste Erwartungen.

Unter der Einsatzleitung von Major Küster wurde sofort mit den Rettungsflügen begonnen. Und immer noch herrschten Windgeschwindigkeiten von über 100 km/h, mit denen die Piloten zu kämpfen hatten.

In aller Eile wurden von Pionier-Einheiten im Bereich des Einsatzstabes Süd 17 provisorische Hubschrauberlandeplätze eingerichtet, die von den Maschinen mit Geretteten und Evakuierten angeflogen werden konnten. Bei schlechtesten Wetterbedingungen, unter Mißachtung vieler Sicherheitsbestimmungen und unter Einsatz des eigenen Lebens waren die Hubschrauber bis zum Einbruch der

Dunkelheit im Einsatz. Bei Tagesanbruch, am nächsten Morgen wurden die Rettungsflüge wieder aufgenommen.

Weitere Maschinen trafen aus Bückeburg ein, SAR-Hubschrauber der Marine-Seenotstaffel, Hubschrauber der Luftwaffe, der US Army und US Air Force nahmen Kurs auf Hamburg.

Während der Nacht war unter der Leitung des Kommandeurs der Flugzeugführerschule »S« in Faßberg, Oberstleutnant Naumann, in Zusammenarbeit mit dem Inspektionschef der Heeresfliegerwaffenschule in Bückeburg, Major Drebing, ein Einsatzstab gebildet worden, von dem die im Morgengrauen beginnenden Hubschraubereinsätze planmäßig und nach Prioritäten geordnet gesteuert werden sollten.

Immer mehr Hubschrauber trafen über dem Stadtgebiet der schwer von dem Unwetter heimgesuchten Hansestadt ein. Alle eintreffenden Einheiten unterstellten sich sofort der örtlichen Einsatzleitung.

Bei der Einsatzleitung herrschte Hochbetrieb, auf den eingerichteten Behelfslandeplätzen ein ständiges Kommen und Gehen. Auf jedem Landeplatz hatten die vom Panzergrenadier-Bataillon 172 in Hamburg-Rahlstedt gestellten Arbeitskommandos bei der Be- und Entladung der Hubschrauber den ganzen Tag über alle Hände voll zu tun.

Von der ersten Morgendämmerung bis zum Einbruch der Nacht waren die Hubschrauberbesatzungen fast pausenlos in der Luft. Ein belegtes Brot zwischendurch, ein Teller Eintopf aus der Gulaschkanone, und schon kam der nächste Einsatzbefehl.

Unzählige Menschen wurden von den Dächern ihrer Häuser abgeborgen, Kranke und Verletzte, vom Wasser Eingeschlossene wurden durch die Hubschrauber gerettet. Frischwasser wurde transportiert, Verpflegung, Medikamente und Wolldecken. Als die hereinbrechende Dunkelheit den weiteren Einsatz der Hubschrauber über dem Stadtgebiet von Hamburg unterband, wurden die zu Kontrollen anstehenden Maschinen nach Bückeburg geflogen. Während der Nachtstunden wurden vom technischen Personal die erforderlichen Arbeiten durchgeführt, und mit Anbruch des folgenden Tages befanden sich die Maschinen bereits wieder im Einsatz.

Am Montag, dem 19. Februar, war nach einem furchtbaren Wochenende die größte Gefahr gebannt. Jetzt trat die Versorgung der vom Wasser eingeschlossenen Bevölkerung in den Vordergrund.

In Zusammenarbeit mit dem zivilen Katastrophen-Einsatzstab wurden vier Versorgungsstützpunkte gebildet, von denen die Hubschrauber die benötigten Güter abholten und gemäß der Anforderungen an die eingeschlossenen Menschen verteilten. Und die Anforderungen kamen – pausenlos!

Kindernahrung, Trinkwasser, Streichhölzer und Benzin wurden knapp. Der Apotheke am Wilhelmsburger Bahnhof gingen die Medikamente aus. Kampfschwimmer der Bundeswehr wurden angefordert und mußten durch Hubschrauber eingeflogen werden. Ärzte wurden dringend benötigt.

Immer neue Anforderungen ergingen an die »Einsatzleitung Hubschrauber«. Durch die überall herumliegenden Tierkadaver drohte Seuchengefahr. Die Kadaver mußten auf trockenen Plätzen zusammengetragen und mit Chlorkalk behandelt werden. Doch Chlorkalk fehlte. Er mußte eingeflogen werden. Sieben Tonnen wurden mit Hubschraubern nach Fuhlsbüttel gebracht. Weitere vierzehn Tonnen sollten in den nächsten Tagen folgen.

Die Berichte und Beobachtungen der Hubschrauberbesatzungen wurden bei der Einsatzleitung gesammelt und an den zivilen Katastrophenstab weitergeleitet. Nur dadurch war es möglich, ein umfassendes Lagebild zu gewinnen.

In der Nacht von Freitag auf Samstag war die Flutkatastrophe über Hamburg hereingebrochen. Am Dienstag, dem 20. Februar, berichtete das Hamburger Abendblatt: »Christoph Schlüter von der Heeresfliegerstaffel in Celle ist einer von den hunderten von Bundeswehrsoldaten, die auch gestern nach wenigen Stunden Schlaf über 12 Stunden Hubschraubereinsätze von Fuhlsbüttel in die Hamburger Katastrophengebiete flogen. Noch immer blickt er aus übernächtigtem Gesicht bei jedem Flug konzentriert auf die Wasserwüste südlich der Elbe. Wo muß Hunger gestillt werden? Wo regt sich etwas?

Der unmittelbare Ausblick aus der Luft ist noch viel grauenhafter, als man von Berichten und Fotos ahnen kann: Häuser, Zäune, Hausrat liegen, nachdem sie jetzt vom Wasser teilweise freigegeben worden sind, wie von einer Riesenfaust zusammengeschlagen, zerschmettert, durcheinandergewirbelt da.«

Es wäre müßig, über die Taten eines einzelnen zu berichten. Der Einsatz der Hubschrauber muß als Ganzes gesehen werden. Insgesamt 94 Maschinen verschiedenster Typen waren während jener Tage in Hamburg im Einsatz.

Den unter Einsatz des eigenen Lebens durchgeführten Rettungsflügen waren keine Grenzen gesetzt. Durch den selbstlosen Einsatz aller Soldaten ist das Ansehen der Bundeswehr im norddeutschen Raum und darüber hinaus im ganzen Bundesgebiet erheblich gestiegen.

Die Hubschrauber als Rettungsmittel der Bundeswehr hatten ihre größte Bewährungsprobe bestanden.

Aus dem Aktenmaterial der Behörde für Inneres der Hansestadt Hamburg über die Sturmflutkatastrophe 1962 geht hervor, welche Leistungen die eingesetzten Hubschrauberbesatzungen vollbracht hatten:

»Die Hubschrauber sind ein unentbehrlicher Bestandteil der Führung gewesen. Sie waren ein fast nie versagendes technisches Hilfsmittel, um Verbindung zu halten, um Übersicht über Gefahrenherde und Brennpunkte zu bekommen, um schwierige Einzelaktionen zur Rettung von Menschen in Lebensgefahr zu ermöglichen, um die Menschen in abgeschnittenen Ortsteilen und Häusern schnell zu versorgen, um große Gebiete zu überwachen und über ihnen aufzuklären und zu erkunden. Auf der Suche nach im Wasser treibenden Menschen, lebenden und toten, erhielten die die Wasserflächen absuchenden Bootsbesatzungen durch die

Hubschrauber wertvolle Hilfe. Sie leiteten die Boote dorthin, wo sie lohnende Einsatzziele ausgemacht hatten.

Ohne nennenswerte Unterbrechungen standen sie täglich von der Morgendämmerung bis zum Dunkelwerden, selbst bei Orkan mit Windgeschwindigkeiten von mehr als 100 km/h im Einsatz. Es spricht für die Wendigkeit der Maschinen und das fliegerische Können der Piloten, daß es nicht einen einzigen Unfall auf den rund zwanzig improvisierten Hubschrauberlandeplätzen gab.

Allein in den Tagen vom 17. bis 20. Februar 1962 wurden etwa 2 350 Einsätze mit nahezu 1 000 Flugstunden registriert, bei denen 1 167 Menschen aus unmittelbarer Lebensgefahr gerettet worden sind und 920 Tonnen Bedarfsgüter aller Art – wie Lebensmittel, Kohlen, Viehfutter, Kerzen, Trinkwasser, Gummibekleidung, Heizöl, Wäsche, Babynahrung, Petroleum, Wolldecken, warme Mahlzeiten, belegte Brote, Desinfektionsmittel, Medikamente, Maschinen, Spirituskocher und vieles mehr – in das Katastrophengebiet geflogen wurden.

Der Hubschraubereinsatz fand bei der Bevölkerung und der Presse uneingeschränkte Anerkennung. Die Piloten wurden als ›rettende Engel‹ bezeichnet und geehrt.«

Die schwerste Sturmflut seit 1825 hatte mehr als 300 Menschenleben gefordert.

Neben den Hubschrauberbesatzungen standen über 25 000 Soldaten der Bundeswehr gemeinsam mit Männern des Deutschen Roten Kreuzes, des Technischen Hilfswerkes, der Feuerwehren, der Polizei und vielen freiwilligen Helfern mehrere Tage und Nächte im Einsatz.

Eisnotstand auf den Halligen

Ein Jahr nach der verheerenden Sturmflutkatastrophe trat wiederum ein Ereignis ein, bei dem nur durch den Einsatz von Hubschraubern sehr schlimme Folgen vermieden werden konnten. War es im Februar 1962 die Flut, die über die Deiche hereinbrach, so war es im Januar 1963 die ungewöhnliche Härte des Winters, die die Bevölkerung Norddeutschlands attackierte. Bei einer schon wochenlang anhaltenden Kältewelle erstarrte die Hallig- und Inselwelt an der deutschen Nordseeküste in Eis und Schnee. Die Bewohner der Halligen und Inseln, seit Generationen mit den Unbilden der Natur vertraut, hatten sich zwar reichlich mit Vorräten für den Winter eingedeckt, aber nach wochenlanger Isolation vom Festland schwanden die Vorräte dahin. Von Tag zu Tag wurde die Versorgungslage schwieriger.

Am Montag, dem 14. Januar 1963, erklärte der Landrat des Kreises Husum bei einer Lagebesprechung mit Vertretern des Deutschen Roten Kreuzes und der Bundeswehr den Eisnotstand. Die Lage machte es erforderlich, umgehend geeignete Maßnahmen zu ergreifen. Die vom Eis eingeschlossene Bevölkerung mußte mit dem Allernötigsten versorgt werden.

Bereits am darauf folgenden Tag wurden für die Insel Pellworm und die am schlimmsten betroffenen Halligen Hooge, Süderoog und Nordstrandischmoor ein Hubschrauber-Notdienst, eine Luftbrücke über das Eis eingerichtet.

Um die größte Not zu lindern, flogen SAR-Hubschrauber der Marine an diesem ersten Tag des Eisnotstandes insgesamt neun Einsätze in das betroffene Gebiet. Weitere Einsatzflüge sollten bei Bedarf folgen.

Drei Tage später, am Freitag, war es soweit. Bei unverändert grimmiger Kälte konnte mit keiner Entschärfung der Lage gerechnet werden; ganz im Gegenteil, die Eislage verschärfte sich von Tag zu Tag. Lebensmittel wurden knapp, und dringend benötigte Medikamente mußten ausgeliefert werden. Auf dem Husumer Postamt hatten sich mehrere hundert kg von Postgütern aller Art angesammelt, die bisher nicht an die vom Eis Eingeschlossenen ausgeliefert werden konnten.

Bei stark diesigem Wetter und zeitweiligem heftigen Schneetreiben nahmen mehrere SAR-Hubschrauber die Versorgungsflüge auf.

Den ganzen Tag über waren die Hubschrauberbesatzungen mit ihren Maschinen im Einsatz. Siebzehn Flüge, bei denen über 3 000 kg Lebensmittel und annähernd 60 kg Post befördert wurden, waren die Bilanz dieses zweiten Tages. Hinzu kam ein Schwerkranker, der von der Insel Pellworm zum Husumer Krankenhaus gebracht wurde.

Ein Journalist, der an einem der Versorgungsflüge teilgenommen hatte, berichtete am Samstag, dem 10. Januar 1963 in der »Nordfriesische Westküstenrundschau« über seine Eindrücke:

54

»Vor den Deichen an der Festlandsküste bei Husum hat sich dichtes Packeis meterhoch zusammengeschoben. Von einem Hubschrauber der Bundeswehr aus, der zu einem Versorgungsflug gestartet ist, bietet sich auf dem Wattenmeer ein bizarres, arktisches, winterliches Bild. Dichtes Treibeis herrscht. Riesige Eisschollen treiben träge dahin. Der Hafen von Pellworm ist zugefroren. Fischkutter liegen still und verlassen am Kai vertäut. Wochenlang hatte man hier keine Post erhalten, bis die Bundeswehr mit ihren Hubschraubern einsprang. Schon bei der letzten Sturmflut im Februar vergangenen Jahres waren die Hubschrauber für die Halligbewohner die erste Hilfe. Sie waren für sie ein Zeichen, daß man die Menschen hier draußen in der tobenden Wasserwüste nicht vergessen hat.«

Abgesehen von Rundfunk und Fernsehen stellten die SAR-Hubschrauber für die vom Eis eingeschlossenen Halligbewohner zur Zeit die einzige Verbindung mit der Außenwelt dar.

Immer wieder tobten während des Wochenendes heftige Schneeschauer über Norddeutschland hinweg. Die Quecksilbersäule stand unverändert weit unter Null. Fast ständig waren Eisbrecher und Schlepper im Einsatz, um in der zugefrorenen Kieler Förde zumindest die Fahrrinne zum Nord-Ostsee-Kanal freizuhalten.

Am Montag, dem 21. Januar, sind die Hubschrauber wieder unterwegs. Die Einsatzflüge sind für die Besatzungen fast schon zur Routine geworden. Bei eisiger Kälte werden die Maschinen in Husum beladen; dann geht es hinaus, über die vor der Küste aufgetürmte Packeisbarriere und das grönländisch anmutende, kaum wiederzuerkennende Wattenmeer. Bei jeder Landung werden die SAR-Flieger von der Bevölkerung als Freunde und Helfer in der Not freudig begrüßt. Die Maschinen werden entladen, und schon geht es wieder zurück zum Festland, um neue Fracht zu übernehmen.

Am späten Nachmittag, kurz vor Einbruch der Dunkelheit landen die beiden eingesetzten Maschinen in Kiel-Holtenau. Bei insgesamt 14 Einsatzflügen hatten sie wieder 2 000 kg Lebensmittel, 1 350 kg Post und mehrere Rollen von Feuerwehrschläuchen, die dazu benötigt wurden, das Trinkwasser aus den Zisternen heraufzupumpen, transportiert.

Eine volle Woche schon sind die SAR-Hubschrauber der Marine-Seenotstaffel fast ausschließlich mit der Versorgung der Halligen und Inseln beschäftigt, und noch ist kein Ende der furchtbaren Kältewelle abzusehen.

Am Freitag, dem 25. Januar, wird wieder ein Hubschrauber zum Eisnotdienst eingesetzt. Von acht Uhr morgens bis zum späten Nachmittag ist die SYCAMORE im Pendelverkehr zwischen Husum, der Insel Pellworm und der Hallig Hooge damit beschäftigt, Lebensmittel, Post und Medikamente zu transportieren. Wie üblich wird der Hubschrauber auch auf den Rückflügen mit Post, die zum Festland muß, vollgepackt. Auch einen Patienten, der dringend ins Husumer Krankenhaus eingeliefert werden muß, findet die Hubschrauberbesatzung an diesem Tag wieder am Landesplatz vor. Ohne viele Worte wird die Maschine ent-

55

laden und mit dem Kranken der Rückflug über das im Eis erstarrte Wattenmeer angetreten.

Eine weitere Bristol SYCAMORE startet gegen 09.00 Uhr in Kiel-Holtenau, um ein dringend benötigtes Ersatzteil zu dem in der Eckernförder Bucht vor Anker liegenden Schulschiff »Deutschland« zu bringen. Der Pilot nimmt nicht direkten Kurs auf die Eckernförder Bucht. Der Kieler Förde folgend fliegt er zunächst hinaus auf die offene Ostsee, Richtung Kieler Leuchtturm. Es ist ein frostklarer Morgen mit guter Sicht. In niedriger Höhe brummt der Hubschrauber über das Eis. Unter der Maschine, in der offenen Fahrrinne, treiben mächtige Eisschollen. Beiderseits der Fahrrinne liegen mehrere, vom Eis eingeschlossene Schiffe.

Querab von Laboe entdeckt die Hubschrauberbesatzung plötzlich einen dunklen Fleck auf dem Eis. Beim Näherkommen glauben die SAR-Flieger ihren Augen nicht trauen zu können. Mit dem Oberkörper auf einer Eisscholle liegend, die beiden Beine im eisigen Wasser hängend, treibt unter ihnen ein Mann in der Förde. Ist er tot? Nein, er bewegt sich, winkt zu ihnen herauf. Sofort wird der Mann mit der Rettungswinde an Bord geholt und auf schnellstem Wege zur Universitätsklinik nach Kiel gebracht.

Später erfahren die Rettungsflieger, daß es sich um einen Seemann handelte, der in der vergangenen Nacht zu Fuß über das Eis zu seinem eingefrorenen Schiff zurückgehen wollte. Etwa zehn Stunden hatte der Mann auf dem Eis gelegen, und nur seiner Bärennatur und der zufälligen Entdeckung durch die Hubschrauberbesatzung war es zuzuschreiben, daß er mit dem Leben davonkam.

Dienstag, 29 Januar 1963: Der Hubschrauber der SAR-Außenstelle Westerland wird wieder zu Versorgungsflügen herangezogen. Von 08.00 Uhr morgens bis zum Einbruch der Dämmerung ist Hauptbootsmann Krüger damit beschäftigt, mit seiner Bristol SYCAMORE Lebensmittel, Medikamente und Post zur Insel Pellworm zu transportieren. Auch die Kranken fehlen nicht. An diesem Tage sind es gleich zwei Frauen, die ins Krankenhaus geflogen werden müssen.

Die Lage an der schleswig-holsteinischen Westküste wird immer bedrohlicher. Nicht das geringste Zeichen von Entspannung deutet sich an. Die größten Sorgen bereitet den Insulanern der zur Neige gehende Trinkwasservorrat, der in spätestens drei Wochen erschöpft sein würde.

Darüber hinaus droht den Bauern auf Pellworm ein nicht unerheblicher finanzieller Verlust. Auf der Insel lagern bereits über 5 000 kg Butter, die darauf warten, zum Festland, zum Verbraucher gebracht zu werden.

Gibt es Butter im Überfluß, so sind indessen in ganz Norddeutschland Braunkohle und Eierbriketts empfindlich knapp geworden.

Nach Angabe der Meteorologen ist zu erwarten, daß die »sibirische Kältewelle« weiterhin anhält. In der Nacht zum 31. Januar sinkt im Hochsauerland die Quecksilbersäule bis auf minus 25 Grad. In Berlin wird bei minus 36,5 Grad die kälteste Nacht seit sechs Jahren registriert.

Die Schiffahrt hat bei der sich immer weiter verschärfenden Eislage mit großen Schwierigkeiten zu kämpfen. Täglich werden neue Eislageberichte herausgege-

56

ben, für die die ALBATROS-Flugboote des Marine-Dienst- und Seenotgeschwaders bei ihren täglichen Eisaufklärungsflügen an Nord- und Ostsee wertvolle Beiträge liefern.

Am 31. Januar gerät im Oeresund, südwestlich der Insel Saltholm, das deutsche Motorschiff »Orion II« in Seenot und funkt SOS. Vergebens versuchen ein Hafeneisbrecher und ein Bergungsschlepper an den im Eis eingeschlossenen und vom starken Eisgang schwer beschädigten Havaristen heranzukommen. Das Schiff muß aufgegeben werden. Die siebenköpfige Besatzung wird durch einen dänischen SAR-Hubschrauber abgeborgen.

Während der letzten 14 Tage sind die Hubschrauber und Amphibienflugzeuge des Marine Dienst- und Seenotgeschwaders zu unentbehrlichen Helfern in der Not geworden:

Tag für Tag sind die Flugzeuge in der Luft, um an der Nord- und Ostsee Eisaufklärung zu fliegen. Die Hubschrauberbesatzungen kennen keine Müdigkeit, wenn es darum geht, die vom Eis eingeschlossenen und von der Außenwelt abgeschnittenen Hallig- und Inselbewohner mit lebensnotwendigen Gütern zu versorgen; fast täglich sind sie vom frühen Morgen bis zum späten Nachmittag unterwegs. Zum Leidwesen der Hubschrauberpiloten hält das schon seit einigen Tagen herrschende schlechte Wetter mit miserablen Flugsichten weiterhin an. Damit bringt jeder Flug noch zusätzliche Gefahren mit sich.

19. Februar 1963: Schon über vier Wochen besteht die »Luftbrücke über das Eis«. Im Einsatzbericht der Seenotstaffel steht wie schon so oft: »Versorgungsflüge zu den Halligen. Lebensmittel und Post für Hooge und Pellworm. Wetter: Wind aus Nordost, Wolkenuntergrenze 600 Fuß, Sicht 1,5 bis 4 km, Schneeschauer.«

Mit Versorgungsflügen und Krankentransporten geht der Februar zu Ende, und es wird März. Zwar hat sich die Lage bei langsam steigenden Temperaturen schon etwas entspannt, aber dennoch sind die Hubschrauber als Transportmittel noch unentbehrlich.

Am 2. März geht um 09.28 Uhr bei der SAR-Außenstelle Westerland ein alarmierender Notruf von der Insel Amrum ein. Ein 12jähriges Mädchen mit einer Blinddarmentzündung muß schnellstens zur Operation ins nächstgelegene Krankenhaus auf die Nachbarinsel Föhr gebracht werden. Ein Einsatzflug, bei dem keine Zeit zu verlieren ist.

Der Meteorologe hatte bei Dienstbeginn von sehr schlechten Sichten gesprochen, aber im Augenblick ist das Wetter mit einer Flugsicht von knapp drei Kilometern noch einigermaßen annehmbar.

Wenige Minuten nach der Alarmierung sitzt Bootsmann Gerhard Hahl in seiner Bristol SYCAMORE und läßt das Triebwerk warmlaufen. Dann beginnt der Rotor zu drehen.

Entlang der immer noch mächtigen Eisbarriere, die sich am Weststrand von Sylt aufgeschoben hat, fliegt der Hubschrauber kurze Zeit später mit Südkurs auf Amrum zu. Die Sicht wird immer schlechter; etwa zwei Meilen südlich von Hörnum geht sie auf wenige hundert Meter zurück. Unter normalen Umständen Grund genug, sofort umzukehren und den Rückflug anzutreten, aber Hahl fliegt weiter. Ein junges Menschenleben steht auf dem Spiel.

Um 10.00 Uhr landet die SYCAMORE auf dem vorgesehenen Landeplatz auf Amrum. Der Krankenwagen steht schon bereit. Ein paar Minuten nur dauert es, dann hebt die Maschine mit dem kranken Kind an Bord wieder ab.

Mit besorgten Gesichtern sehen der Fahrer und der Sanitäter des Krankenwagens hinter dem gespenstisch im Nebel verschwindenden Hubschrauber her.

Langsam und vorsichtig tastet sich Hahl in niedriger Höhe hinüber zum Strand und folgt dann der Dünenkette nach Norden. Die Sichtweite beträgt kaum 200 Meter.

An der Nordspitze der Insel, als er auf's offene Wasser hinaus muß, geht der Pilot noch tiefer, um keinesfalls den Sichtkontakt zur Wasseroberfläche zu verlieren. Mit geringer Geschwindigkeit, um plötzlich auftauchende Hindernisse rechtzeitig erkennen zu können, hält Hahl mit seiner nicht blindflugtauglichen Maschine auf die Insel Föhr zu.

Trotz aller Mühe gelingt es den Rettungsfliegern nicht, den offiziellen Landeplatz auf Föhr zu finden, so daß sie schließlich nach vierzig Minuten Flugzeit für eine Strecke, die unter normalen Bedingungen in zehn Minuten zurückgelegt werden kann, auf einer Wiese am Stadtrand von Wyk/Föhr landen. Ein sofort herbeigerufener Krankenwagen bringt das Kind eilends zum Krankenhaus, wo schon alles für die Operation vorbereitet ist.

Die folgenden Tage sind wieder mit Versorgungsflügen ausgefüllt, bis schließlich die Eisdecke bei ständig steigenden Temperaturen aufreißt und der Eisnotstand am 8. März 1963 für beendet erklärt werden kann.

Wochenlang waren die SAR-Hubschrauber der Marine-Seenotstaffel im Einsatz. In der Zeit vom 15. Januar bis zum 8. März 1963 wurden insgesamt 170 Einsätze zu den Halligen und Inseln geflogen. 22 800 kg Lebensmittel und Medikamente sind in diesen Wochen eingeflogen worden, 1 300 kg Post wurden transportiert, und 25 Personen konnte durch schnellen Transport ins Krankenhaus geholfen werden.

Mit diesem, sich über knapp acht Wochen erstreckenden Einsatz sind die Marineflieger zum unvergeßlichen Freund für die Insel- und Halligbewohner vor der deutschen Nordseeküste geworden.

SAR-Außenstelle Borkum

Im Oktober 1961 war auf dem Fliegerhorst Westerland/Sylt die erste SAR-Außenstelle eingerichtet worden. Seit dieser Zeit wurde von dort aus mit gutem Erfolg operiert.

Im Januar 1965 wurde auf Borkum, der am weitesten im Westen gelegenen Insel der ostfriesischen Inselkette, die zweite feste Außenstelle des Marinefliegergeschwaders 5 eingerichtet und mit einer H-34 besetzt.

Mit Bedacht und aus gutem Grund wurde gerade diese Insel für die Stationierung eines SAR-Hubschraubers ausgewählt. Schon vor hundert Jahren waren auf dem berüchtigten Borkum-Riff unzählige Schiffe gestrandet. Heute führt hier einer der meistbefahrenen Schiffahrtswege der Welt vorbei. Darüber hinaus herrscht reger Flugverkehr über der Nordsee. Mehrere Tiefflugrouten der über See fliegenden Jet-Verbände der Marine und der Luftwaffe kreuzen die Deutsche Bucht.

Bald schon sollte sich herausstellen, daß Borkum der ideale Standort für einen SAR-Hubschrauber war.

Der Verfasser gehörte in den Jahren 1965 bis 1968 als Hubschrauberpilot zum Stammpersonal der SAR-Außenstelle.

Bereits am 14. Februar 1965, knapp drei Wochen nach Aufnahme des Bereitschaftsdienstes und des Flugbetriebes wurde von Borkum aus der erste einer ganzen Serie spektakulärer Rettungseinsätze geflogen.

Kurz vor 15.00 Uhr wurden wir alarmiert: Norwegischer Frachter »Jodelta«, etwa zwanzig Meilen nordwestlich »Borkum-Riff-Feuerschiff« in Seenot. Schiff hat schwere Schlagseite und droht zu sinken! Besatzung besteht aus elf Mann und muß so schnell wie möglich abgeborgen werden! lautete unser Einsatzbefehl.

Die Wetterbedingungen waren alles andere als ermutigend: Heftiger Nordweststurm, Stärke zehn, mit orkanartigen Böen fegte über die Nordsee herein. Die Sicht betrug nur zwei bis vier Meilen und ging bei häufigen Regen-, Schnee- und Graupelschauern auf eine halbe Meile und weniger zurück. Die Wolkenuntergrenze lag bei knapp 600 Fuß und wurde während der immer wieder auftretenden Schauer fast bis auf den Boden heruntergedrückt. Dazu herrschte draußen ein gewaltiger Seegang mit Wellenhöhen bis zu sieben Metern.

Es war meine Aufgabe, mich um die Flugvorbereitung zu kümmern, während meine Kameraden, Hubert Struck, der Erste Pilot, und Karl-Heinz Bernhard, der Bordmechaniker, rasch ihre Kälteschutzanzüge überzogen und dann nach draußen eilten, um die Maschine für den Einsatz klarzumachen.

In aller Eile trug ich die Position des Havaristen in die stets bereitliegende Seekarte ein. Dann nahm ich den Kurs aus der Karte und berechnete den Vorhaltewinkel.

Als ich kurze Zeit später das Gebäude verließ, prallte ich gegen den Sturm wie gegen eine Mauer. Einen Augenblick blieb ich stehen und sah hinaus in den peitschenden Regen und das niedrige, jagende Gewölk, dann sprintete ich über das Vorfeld auf den Hubschrauber zu, dessen Neun-Zylinder-Sternmotor gerade mit dumpfem Röhren ansprang.

Kurz bevor die Betriebstemperaturen erreicht waren, hörte es zum Glück auf zu regnen, und die unberechenbaren Böen ließen etwas nach, so daß uns das Einkuppeln des Rotors keine allzugroßen Schwierigkeiten bereitete.

Um 15.25 Uhr waren wir startklar. Vorsichtig zog Hubert den Pitch* nach oben und machte die Maschine leicht. Wir hoben ab. Der Sturm schüttelte uns hin und her, und es bereitete meinem Kameraden sichtlich Schwierigkeiten, die Maschine auf der Stelle zu halten.

Nochmals wurden die Instrumente überprüft: Öldruck, Kraftstoffdruck, Getriebetemperatur, alles war o.k. Auch die Steuerung arbeitete einwandfrei.

Mit der höchstzulässigen Drehzahl schafften wir es gerade noch, über die unseren Landeplatz säumenden, wild vom Sturm gepeitschten Bäume hinwegzukommen.

Nachdem wir 500 Fuß Höhe erreicht hatten, gingen wir auf Kurs. Dicht über uns hing eine undurchdringliche, jagende Wolkendecke. Unter uns warfen sich hohe, schaumgekrönte Wogen donnernd auf den Strand. Wolkenfetzen huschten an uns vorbei und zwangen uns, Höhe aufzugeben. Ich schaltete den Radar-Höhenmesser ein. In zweihundert Fuß Höhe, knapp siebzig Meter über der aufgewühlten See, jagten wir mit Höchstgeschwindigkeit auf die Unfallposition zu.

Kurz nachdem wir »Borkum-Riff-Feuerschiff« passiert hatten, zwang uns ein heftiger Regenschauer noch tiefer zu gehen. Es war, als hätte jemand am Himmel einen riesigen Wasserhahn aufgedreht: kein Regen mehr, sondern eine wahre Sintflut, die waagerecht auf uns zustürzte. Die Sicht ging schlagartig auf etwa einhundert Meter zurück. Nur noch wenige Meter unter uns brachen sich die haushohen Wellen.

Die unberechenbaren und harten Böen machten uns sehr zu schaffen. Um so schnell wie möglich aus dem tobenden Schauer herauszukommen, bogen wir neunzig Grad nach Backbord vom Kurs ab. Nach knapp fünf Minuten hatten wir es geschafft. Das Unwetter zog achteraus in Richtung Festlandküste davon.

Ein Blick auf die Instrumente zeigte uns, daß die Maschine in einwandfreiem Zustand war. Einige Sorgen jedoch bereitete uns der hohe Kraftstoffverbrauch. In einer knappen halben Stunde hatten wir bis jetzt schon 250 Liter Sprit durch den Auspuff gejagt.**

Um gegen den verheerenden Sturm überhaupt vorwärts zu kommen, mußten wir alles aus der Maschine herausholen, was nur möglich war. Aber selbst damit kamen wir nur äußerst langsam voran. Die einzige Möglichkeit, ein paar Liter

---

* Rotorblattverstellhebel
** Verbrauch bei normaler Reisegeschwindigkeit ca. 290 l/h

Kraftstoff einsparen zu können, ergab sich dadurch, daß wir die Heizung abstellten. Das Thermometer zeigte eine Außentemperatur von +2° Celsius an. Bei den Füßen anfangend, stieg langsam die Kälte in meinem Körper hoch. Nicht anders erging es meinen beiden Kameraden.

Angestrengt starrte ich hinaus auf die tobende See. Von der »Jodelta« noch keine Spur. Doch halt, war da nicht etwas? Ich schnappte mir das Fernglas. Einen Augenblick später hatte ich die Stelle wieder. Es gab keinen Zweifel. Deutlich konnte ich noch zwei Masten ausmachen, die im nächsten Moment von einem auf uns zutobenden Schneeschauer verschluckt wurden. Wenig später hatte uns der Schauer erreicht und nahm uns jegliche Sicht. Trotz des Unwetters beschlossen wir, den Kurs beizubehalten. Langsam und vorsichtig tasteten wir uns in einhundert Fuß Höhe durch diese wirbelnde, weiße Hölle. Nach meinen Berechnungen mußte das Schiff genau auf unserem Kurs liegen, und wir hofften, den Havaristen vor uns zu haben. Einige Minuten vergingen, dann tauchten die Umrisse eines größeren Frachters aus dem grauweißen Dunst vor uns auf. Das Schiff lag beigedreht und arbeitete schwer in der hochgehenden See. Von Schlagseite keine Spur. An Bord war kein Mensch zu sehen.

»Sieht nicht so aus, als ob man hier unsere Hilfe erwartet«, meinte Hubert skeptisch. Auch mir kamen Zweifel. Sollte es sich doch nicht um die »Jodelta« handeln, und es hatte fast den Anschein, dann würde die Durchführbarkeit unserer Aufgabe von Minute zu Minute fraglicher werden. Mit der verbliebenen Kraftstoffmenge konnten wir uns höchstens noch eineinhalb Stunden in der Luft halten.

Wenn uns beim Rückflug auch der Sturm zugute kommen würde, so mußten wir doch mit 20 Minuten Flugzeit rechnen.

Während wir langsam das Schiff umflogen, um irgendwelche Hinweise über den Namen und die Nationalität zu finden, tobte der Schneeschauer mit unverminderter Heftigkeit.

Als wir das Heck des Dampfers umflogen, hatten wir Gewißheit: Es war weder die »Jodelta«, noch war es ein Norweger. Name und Heimathafen waren in kyrillischer Schrift geschrieben. Es mußte sich um einen Russen handeln. Unsere Befürchtungen hatten sich damit bestätigt.

Die Besatzung der »Jodelta« bestand angeblich aus elf Mann. Wenn wir für die Abbergung der Schiffbrüchigen 50 Minuten zugrunde legten, so mußten wir in spätestens 15 Minuten das Schiff gefunden haben und mit der Rettungsaktion beginnen, wenn wir noch heil nach Hause kommen wollten.

Obgleich jede Minute kostbar war und möglicherweise über Leben und Tod der Schiffbrüchigen entscheidend sein konnte, beschlossen wir, so lange bei dem Russen zu bleiben, bis der Schauer vorübergezogen war und die Sichtverhältnisse die Aufnahme der Suche ermöglichen würden. Unter den augenblicklichen Wetterbedingungen hätte es uns passieren können in 100 Meter Entfernung an dem Havaristen vorbeizufliegen, ohne ihn zu bemerken.

Gottlob wurde es schon nach wenigen Minuten wieder heller. Genau so schnell wie er gekommen war, war der Spuk vorbei. Die Sicht besserte sich schlagartig.

In nordwestlicher Richtung flogen wir auf dem berechneten Kurs, gegen den Sturm anboxend, weiter hinaus auf See. Die Sicht betrug etwa eineinhalb bis zwei Meilen. Jetzt kam es darauf an, in dem heulenden Inferno des tobenden Sturmes und der schäumenden See so schnell wie möglich das havarierte Schiff zu finden.

Wie mochte wohl den Seeleuten jetzt zumute sein, fragte ich mich. Wir alleine waren ihre einzige Hoffnung, noch lebend aus dieser Orkanhölle zu entkommen. Mehrere Seenotrettungskreuzer, die auch auf den Hilferuf der »Jodelta« hin ausgelaufen waren, hatten schon längst wieder kehrt gemacht, nachdem sie erfahren hatten, daß ein Hubschrauber zur Rettung der Schiffbrüchigen unterwegs war.

Unter uns tobte die See. Wenige Meter unter dem Fahrwerk brachen sich sie sieben bis acht Meter hohen Wellenkämme. Gischt und Spritzwasser wurden vom Sturm emporgewirbelt und setzten sich an den Cockpitscheiben ab.

Immer wieder suchte ich mit dem Glas die See ab, bis ich endlich die Umrisse von zwei dicht beieinander liegenden Schiffen ausmachen konnte.

Drei Minuten später hatten wir die Unfallstelle erreicht. Mit etwa 50 Grad Schlagseite trieb die »Jodelta« hilflos in der äußerst groben und hochgehenden See. Immer wieder knallten gewaltige Brechseen gegen die hoch aufragende Steuerbordseite und setzten das gesamte Oberdeck unter Wasser.

Nur noch ein Rettungsboot an Steuerbordseite hing in den Davits. Dicht zusammengedrängt stand die Besatzung auf dem gefährlich schief stehenden Brückendeck des Achterschiffes.

Ein anderes Schiff, der britische Frachter »Sandpiper« hielt sich luvwärts in unmittelbarer Nähe des Havaristen für den äußersten Notfall zu sofortiger Hilfeleistung bereit. Allem Anschein nach hatte die »Sandpiper« auch Öl abgelassen, um die Wellen zu beruhigen.

Einen Augenblick beobachteten wir das Verhalten des Havaristen, um Klarheit darüber zu erlangen, auf welche Art und Weise wir die Schiffbrüchigen am zweckmäßigsten abbergen konnten.

Das Schiff schlingerte sehr stark. Immer wieder wurde es von hohen Brechern eingedeckt. Fortwährend änderte die »Jodelta« ihre Lage. Hoch auf einem Wellenberg sitzend, sackte sie im nächsten Augenblick fast zehn Meter in die Tiefe, hinein ins nächste Wellental.

Lange konnte der Todeskampf der »Jodelta« nicht mehr dauern. Der einzige Platz, auf dem sich die Seeleute noch aufhalten konnten, war das noch einigermaßen durch die Aufbauten geschützte Brückendeck.

»Es gibt keine andere Wahl für uns«, sagte Karl-Heinz Bernhard. »Wir müssen die Leute von dort wegholen, wo sie jetzt stehen.«

Langsam manövrierten wir an die »Jodelta« heran. Unsere Höhe betrug nun im Durchschnitt 60 Fuß. Bedingt durch den hohen Seegang waren es mal 40 und dann wieder 80 Fuß, die unser Radarhöhenmesser anzeigte. Fast hatten wir das Schiff erreicht, als es wieder von einem riesigen Wellenberg auf den Rücken genommen und uns entgegengeschleudert wurde.

Hubert Struck reagierte, der Situation entsprechend, blitzschnell und zog ruckartig am Pitch. Gequält heulte das Triebwerk auf, und die Maschine machte einen Satz in die Höhe. Trotz der Kälte stand uns der Schweiß auf der Stirn. Karl-Heinz Bernhard kauerte an der geöffneten Schiebetür und ließ das Seil der Rettungswinde mit der daran befestigten Schlinge auslaufen. Ständig gab er uns dabei Richtung und Entfernung zum Schiff durch. Die Maschine schüttelte und bockte unter der Gewalt der Orkanböen, und Struck hatte alle Mühe, die erforderlichen Steuermanöver richtig und schnell auszuführen.

»Schlinge pendelt zwei Meter über dem Brückendeck!«

So gut wie möglich versuchte der Bordmechaniker uns zu dirigieren. Unmittelbar über dem Havaristen, ohne Sicht und ohne einen Anhaltspunkt, nach dem wir uns hätten richten können, waren wir ausschließlich auf seine Angaben angewiesen. Links neben uns, eingehüllt in sprühende Gischt, stampfte schwer die »Sandpiper«. Trotz des Unwetters waren einige Besatzungsmitglieder mit Ölzeug und umgelegten Schwimmwesten an Deck gekommen. An die Leereling festgeklammert, beobachteten die Männer gespannt unseren Kampf mit den enthemmten Elementen.

Ich sah seitlich aus dem Fenster, als gerade der achtere Mast der »Jodelta« zu uns hochschoß. Die Mastspitze war nur noch wenige Meter unter uns, als das Schiff zur Ruhe kam und wieder in ein Wellental abfiel.

»Sie haben die Schlinge auf dem Brückendeck wahrgenommen!« meldete unser Bordmechaniker unmittelbar darauf. »Der erste Mann versucht, sich die Schlinge umzulegen! Es klappt nicht! Zwei andere kommen ihm zu Hilfe!«

Unaufhaltsam lief die Uhr, und der Kraftstoff wurde immer weniger.

Eile war geboten. Schon die nächste Sturmböe konnte uns oder aber der nächste Brecher das Schiff versetzen, und ein erneuter Anflug wäre erforderlich.

»Er hat sich die Schwimmweste vom Leib gezerrt und greift nach der Schlinge!« fuhr unser Bordmechaniker fort. »Seine Kameraden geben Zeichen, ihn nach oben zu ziehen. Ich lasse das Seil einlaufen! Seil strafft sich! Verdammt! Der Sturm reißt dem Seemann die Beine weg! Er wird gegen die Reling geschleudert und darüber hinweggewirbelt!«

Mir stockte der Atem. Durch das geöffnete Schiebefenster beobachtete ich, wie der Seemann, am Seil hängend, vom Sturm hin und her geschleudert wurde. Unter ihm brodelte die See; heimtückisch, kalt und gefährlich.

Die Seilwinde lief weiter ein, als Karl-Heinz mit vor Aufregung zitternder Stimme rief: »Er hängt nur mit einem Arm in der Schlinge!«

Mit lief ein kalter Schauer über den Rücken. Hoffentlich würde das gutgehen und der Mann die nötigen Kraftreserven aufbringen, um sich in der Schlinge zu halten. Ein Abrutschen würde seinen sichern Tod bedeuten. Nur noch drei Meter trennten ihn von der offenstehenden Tür des Hubschraubers. Drei Meter Zwischen Leben und Tod.

Der eiserne Wille des Seemannes zu überleben war entscheidend. Wenige Augenblicke später war der Mann an Bord und in Sicherheit.

Dieses erste Manöver hätte keine zwei Minuten länger dauern dürfen, denn schon wieder trieb ein dicker Schauer auf uns zu. Die »Sandpiper«, die ich gerade noch etwa 150 Meter neben uns liegen sah, war bereits von dem herantobenden Schneeschauer verschluckt worden.

Ich setzte einen Funkspruch an unsere Bodenstelle auf Borkum ab und meldete: »Haben den ersten Mann an Bord. Müssen die Rettungsaktion wegen eines vorüberziehenden Schauers kurzfristig unterbrechen.«

»Würdest du die Steuerung mal übernehmen?« bat mich Hubert Struck. »Mir sind die Füße von der Kälte fast abgestorben.« Ich übernahm die Maschine und versuchte seitlich versetzt unmittelbar beim Schiff zu bleiben, wie wir es vorhin auch bei dem Russen gemacht hatten. Dieses Vorhaben mußte ich aber schnellstens wieder aufgeben. Während sich der Russe mit dem Bug gegen die See hielt, wurde die »Jodelta« unbarmherzig und unberechenbar von den aus nordwestlicher Richtung heranlaufenden Brechseen eingedeckt und umhergeworfen. Darüber hinaus betrug die Sicht kaum noch fünfzig Meter. Die Gefahr einer Kollision mit einem der beiden Schiffe war viel zu groß. Kurz entschlossen zog ich die Maschine hoch und nahm Fahrt auf. Einen Augenblick später waren wir aus dem Schauer heraus. Während wir nun hier, zur Untätigkeit gezwungen, unsere Vollkreise drehten, saß Hubert neben mir und machte Freiübungen, um das Blut wieder zum Zirkulieren zu bringen. Indessen sank der Zeiger unseres Kraftstoffvorratsmessers langsam, aber unbarmherzig immer tiefer. Ich machte meinen Kameraden darauf aufmerksam und bat ihn, unsere Restflugzeit zu ermitteln.

Das Ergebnis war erschreckend: Noch genau 45 Minuten! »Wir müssen auf Sparflug gehen! Es bleibt uns keine andere Wahl.« Struck schob den Kraftstoffgemischhebel von »rich« auf »normal« zurück und schaltete eine der beiden Kraftstoffpumpen ab.

Noch mehr als zuvor mußte ich nun meine ganze Aufmerksamkeit auf die Fluglage des Hubschraubers richten und vor allen Dingen darauf achten, beim Kurvenflug keine zu große Schräglage einzunehmen. Wenn uns eine der immer wieder auftretenden harten Böen von unten erfassen würde, wäre keine Leistungsreserve mehr vorhanden, um diesen Stoß abzufangen und auszugleichen.

Der Sturm dauerte mit unverminderter Heftigkeit an. Es war ein grandioses, vorher noch nie erlebtes Schauspiel, das uns die Natur hier bot. Wir hörten nichts von dem Rauschen der See und dem Donnern der Brecher, nichts von dem in allen Tonlagen pfeifenden und heulenden Sturmgetöse: Nur das dumpfe Dröhnen des Triebwerkes war in unseren Ohren.

Die letzten Ausläufer des Schauers zogen an uns vorüber. Vorsichtig und behutsam leitete ich eine Linkskurve ein und flog, Höhe aufgebend, auf die Stelle zu, wo wir die »Jodelta« verlassen hatten. Mit rasender Geschwindigkeit schob uns der Sturm vor sich her. Dann entdeckten wir, viel weiter südlich als von uns vermutet, die verschwommenen Umrisse des Havaristen und des anderen Schiffes in dem milchiggrauen Dunst. Hubert Struck übernahm wieder den Steuerknüppel. Es war unumgänglich, von jetzt an wieder mit voller Leistung zu fliegen. Ich wartete bis zum letzten Augenblick. Erst unmittelbar vor Erreichen des Schiffes schob ich den Gemischhebel nach vorne und schaltete die Kraftstoffpumpe ein.

Beim ersten Anflug auf die »Jodelta« hatten wir erhebliche Schwierigkeiten, die Rettungsschlinge auf das Brückendeck zu manövrieren. Viel zu viel Zeit war darüber hingegangen; und Zeit hatten wir nicht, jede Minute war kostbar.

Jetzt versuchten wir es auf eine andere Art. Schon während des Anfluges ließ Karl-Heinz das Seil auslaufen. Das Ende des Seiles mit der daran befestigten Rettungsschlinge behielt er an Bord. Dann, direkt über dem Schiff, warf er die Schlinge ab – genau auf das Brückendeck zwischen die dort wartenden Seeleute. Es klappte beim ersten Versuch.

»Ein Mann hat sich die Schlinge umgelegt«, meldete er. »Diesmal richtig unter beide Arme. – Die Winde läuft ein! – Seil strafft sich. – Mann ist frei von Bord! Ich hole ihn nach oben!«

Einen Moment später hatten wir den zweiten Schiffbrüchigen sicher im Hubschrauber untergebracht.

Während des Aufwinschens ließen wir uns, um vom Schiff freizukommen, nach achtern abtreiben. Aus einer Entfernung von knapp 100 Metern erfolgte sogleich der nächste Anflug. Wieder klatschte die Rettungsschlinge aufs Brückendeck, und der nächste Mann trat die luftige Reise nach oben an. Zügig holten wir auf diese Art und Weise ein Besatzungsmitglied nach dem anderen von dem sinkenden Schiff.

Neun Mann hatten wir bereits an Bord, als die geretteten Seeleute unserem Bordmechaniker zu verstehen gaben, daß der Kapitän und der Erste Offizier nicht abgeborgen werden wollten. Wir vermochten das kaum zu glauben. Diese Entscheidung war bar jeder Vernunft. Es war zwar äußerst schwer abschätzbar, aber dennoch hatten wir den Eindruck gewonnen, daß das Schiff jetzt schon tiefer im Wasser lag, als bei unserer Ankunft und daß es erheblich schwerfälliger die achterlich auflaufenden und über das Deck hereinbrechenden Seen abschüttelte.

Obgleich unsere Kraftstoffsituation schon fast die äußerste Grenze des Vertretbaren erreicht hatte, beschlossen wir, um alle Zweifel auszuräumen, doch noch einen Anflug zu machen.

Die Schlinge klatschte aufs Brückendeck, doch keiner der beiden dort unten stehenden Männer machte Anstalten, sich den Gurt umzulegen. Sie winkten zu uns herauf und zeigten mit den Armen in Richtung Küste. Das war eindeutig. Ein Irrtum war ausgeschlossen.

Was mochte in diesen Männern jetzt vorgehen? Die sichere Rettung vor Augen, machten sie keinen Gebrauch davon. Durchnäßt und unterkühlt, müde und erschöpft hatten sie aus eigenem Antrieb heraus beschlossen, auf dem Schiff auszuharren. Wieviel Willenskraft und Gottvertrauen mußten dazugehören, einen solchen Entschluß zu fassen!

Hätte es sich um ein japanisches Schiff gehandelt, so wäre diese Entscheidung leicht zu erklären und auch zu begreifen gewesen, denn erst im Jahre 1970 wurden japanische Kapitäne von der Vorschrift des § 12 des japanischen Seegesetzes befreit, mit der ihnen praktisch auferlegt war, mit dem sinkenden Schiff unterzugehen; aber es handelte sich nun mal um keinen Japaner.

Wir konnten nichts weiter tun, als den beiden Norwegern die Daumen zu drükken und zu hoffen, daß der Sturm bald abflauen würde.

Ich übernahm wieder die Führung des Hubschraubers, zog eine letzte Kurve über dem Schiff und flog dann mit Südkurs auf die Küste zu. Nur Südkurs! Alles andere war unwichtig. Den genauen Kurs nach Borkum würden wir ohnehin nicht bestimmen können, da wir keine Vorstellung hatten, wie weit das Schiff und somit auch wir von Sturm und Seegang von der Ausgangsposition vertrieben worden waren.

Eine Kreuzpeilung mit Landfunkstellen zur Positionsbestimmung konnten wir nicht durchführen, da wir uns zu weit über See befanden und außer mit unserem Kontrollturm in Borkum keine Verbindung mehr hatten. Die Hauptsache war, erst einmal die Küste zu erreichen. Wenn uns dann der Kraftstoff ausgehen sollte, konnten wir uns überall hinsetzen.

Mit Höchstgeschwindigkeit jagten wir, vom Sturm getrieben, über die immer dunkler und bedrohlicher aussehenden Wellenkämme. Aus den Augenwinkeln heraus bemerkte ich plötzlich ein rotes Flackern. Alarmiert huschten meine Augen über das Instrumentenbrett. Alle Temperaturen waren im Betriebsbereich. Öldruck, Kraftstoffdruck, Ladedruck: alles war o.k. Halt, da war es wieder.

»Die Kraftstoffwarnleuchte brennt!« stellte ich fest. »Wir haben noch Sprit für eine halbe Stunde.«

Nach unserer Schätzung standen wir zu diesem Zeitpunkt noch etwa zwanzig Meilen über See. Rein rechnerisch mußten wir es schaffen, unseren Ausgangspunkt zu erreichen, wenngleich die Kraftstoffwarnleuchte nur einen groben Anhalt gab. Der Kraftstoff konnte ebensogut 40 Minuten ausreichen, wie auch schon nach 20 Minuten zu Ende gehen.

Die Sicht verschlechterte sich zusehends. Es wurde immer dunkler.

Da, vor uns ein Blitzen! Jetzt wieder. Sollte das schon der Borkumer Leuchtturm sein? Es wäre mehr Glück, als wir zu hoffen wagten.

Einen Augenblick später erreichten wir einen weiten Sandstrand. Das war nicht Borkum. Dort kannten wir schon jede Düne. Wir flogen über den Strand hinweg und erlangten schon nach kurzer Zeit die Gewißheit, daß es sich nur um die holländische Insel Terschelling handeln konnte.

Nun, da wir wieder Orientierungspunkte hatten, fühlten wir uns bei weitem nicht mehr so verlassen, wie noch vor wenigen Minuten. Jetzt konnte nicht mehr allzuviel passieren. Ich ging auf Ostkurs und bald schon konnte ich in der Ferne die bekannte Blinkfolge des Borkumer Leuchtturmes ausmachen.

Inzwischen war die Nacht hereingebrochen.

Während ich mich auf den Landeanflug konzentrierte, sah ich im Scheinwerferlicht mehrere Krankenwagen am Landeplatz stehen, die wir vorsorglich über Funk angefordert hatten. Ein Mann vom Bodenpersonal winkte mich ein.

Dann waren wir sicher an Deck. Wir konnten aufatmen und mit uns die neun geretteten Norweger. Die Erde hatte uns wieder. Ein Blick auf die Stoppuhr zeigte, daß wir uns noch maximal 14 Minuten in der Luft hätten halten können.

Nachdem wir das Triebwerk abgestellt hatten, kletterten Hubert Struck und ich steifgefroren, aber zufrieden aus dem Cockpit. Von den geretteten Seeleuten war schon nichts mehr zu sehen.

Am nächsten Tag erfuhren wir, daß die »Jodelta« gegen ein Uhr nachts gesunken war. Der Kapitän und der Erste Offizier konnten glücklicherweise von einem niederländischen Seenot-Rettungsboot, das gegen 22.00 Uhr bei Nachlassen des Sturmes sofort ausgelaufen war, im letzten Moment gerettet werden.*

---

* siehe Anhang, Anlage 2

SOS von allen Seiten

Den schweren und langanhaltenden Sturmperioden, die sich im Februar und im Oktober 1967 jedesmal zu vollem Orkan mit gewaltigem Seegang gesteigert hatten, waren vor allem in der Nordsee zahlreiche Schiffe und viele Seeleute zum Opfer gefallen.

Stärker noch als alle Hilfmittel der Retter, stärker auch als alle moderne Technik erwiesen sich in einzelnen Fällen die Naturgewalten. So auch in der Unheilsnacht zum 24. Februar 1967, in der mehr als 80 Seeleute in der Nordsee umkamen und in der auch die erfahrene und bewährte Besatzung des Seenot-Rettungskreuzers »Adolf Bermpohl« nach zunächst geglückter Rettungsfahrt auf See blieb.

Der Verfasser war an diesem verhängnisvollen Tag als Pilot eines Rettungshubschraubers im Einsatz und hat den verheerenden Orkan, der sich aus dem seit Tagen über die Nordsee fegenden, schweren Nordweststurm entwickelt hatte, hautnah miterlebt.

Seit um 11.55 Uhr die letzte Sturmwarnung von Norddeich-Radio durchgekommen war, herrschte für uns erhöhte Alarmbereitschaft.

Es schien so, als gäbe es an diesem Tage keinen Funkspruch, der nicht mit dem Wort »Mayday« begann.

Bei den Küstenfunkstellen herrschte Hochbetrieb.

Um 12.36 Uhr übermittelte Norddeich-Radio auf 2 182 Kilohertz, der internationalen Not- und Anruffrequenz, einen »Mayday-Ruf« des holländischen Küstenmotorschiffes »Zaanborg«, das sich in der Westerems befand und Hilfe benötigte. Unmittelbar darauf meldete das deutsche Küstenmotorschiff »Fortuna«, daß es in der Nähe der angegebenen Position stehe und bot seine Hilfe an.

Auch der Lotsendampfer »Emden« teilte mit, daß er Kurs auf den Havaristen nehmen wolle.

Obwohl schon zwei Schiffe Kurs auf die »Zaanborg« nahmen, entschloß sich der Vormann des auf Borkum stationierten Seenot-Rettungskreuzers »Georg Breusing«, auch noch auszulaufen. Er teilte dies der Küstenfunkstelle mit und erhielt daraufhin die genaue, eingepeilte Position des Havaristen.

Zunächst lief der Rettungskreuzer mit zwölf Knoten Fahrt, die aber schon bald bei zunehmender See reduziert werden mußte.

Gegen 14.00 Uhr erreichte »Georg Breusing« den Havaristen. Das Schiff hatte seine Decksladung fast vollständig verloren und steuerte mit Schlagseite sehr schwer und schlecht vor der See.

»Georg Breusing« blieb bis zum Eintreffen des Lotsendampfers »Emden«, der die »Zaanborg« bis zu ihrem Zielhafen Delfzijl begleiten wollte, als Sicherung bei dem Havaristen und trat nach dessen Ankunft wieder den Rückmarsch nach Bor-

kum an. Sturm und Seegang nahmen noch immer an Stärke zu. Auf den Nordsee-
inseln wurden Windgeschwindigkeiten bis zu 148 km/h gemessen, und in den
Strommündungen herrschte ein Seegang, wie er seit langem nicht mehr beobachtet worden war.

Ich saß vor den Funkgeräten in unserem Kontrollturm und hörte mir an, was
sich draußen auf See abspielte.

An der Mole von Dagebüll geriet das Küstenmotorschiff »Oste« in Schwierigkeiten. Der Seenot-Rettungskreuzer »Ruhr-Stahl« lief sofort von Amrum aus, um
der »Oste« zu Hilfe zu eilen.

Gerade eben erreichte die »Ruhr-Stahl« ein noch dringenderer Hilferuf. Das
Fahrgastschiff »Kapitän Christiansen« meldete, daß es im Wattenmeer zu stran-
den drohe. Der Seenot-Kreuzer änderte daraufhin seinen Kurs. In einem schwierigen und riskanten Manöver gelang es ihm, den Havaristen auf den Haken zu nehmen und in den Hafen von Wyk auf Föhr einzuschleppen. Danach ging es sofort
wieder hinaus, um der »Oste« beizustehen. Aber »Ruhr-Stahl« kam zu spät. Es
gelang nicht mehr, eine Leinenverbindung herzustellen. Das Schiff strandete an
der Mole. Glücklicherweise kam von der Besatzung niemand zu Schaden. Die
Seeleute konnten sich mit einem Sprung an Land in Sicherheit bringen.

Inzwischen war auch das deutsche Küstenmotorschiff »Else Fries« etwa zwölf
Meilen nordwestlich der Tonne »Westerems« in Seenot geraten. Der Hochseeschlepper »Danzig« eilte zu Hilfe.

Um 14.37 Uhr funkte der deutsche Fischkutter »J.C. Wrieden«: »Mayday! Mayday! Mayday! Fischkutter ›J.C. Wrieden‹ Benötige dringend Hilfe! Position 15
Meilen Nord-nord-ost von Tonne ›P 6‹!«

Drei Minuten später nahm der einsatzbereit im Hafen von Helgoland liegende
Seenot-Rettungskreuzer »Adolf Bermpohl« mit dem Havaristen Funkverbindung
auf und lief aus.

Mittlerweile war auch der Seenot-Rettungskreuzer »Ruhr-Stahl« schon wieder
im Einsatz. Er befand sich auf der Suche nach dem vermißten Küstenmotorschiff
»Ikone«.

Die »Ikone« wurde nicht gefunden. Lediglich ein Lukendeckel, als letztes Über-
bleibsel des Schiffes, konnte von den Rettungsmännern geborgen werden.

Deprimierend wirkte eine weitere Funkmeldung: »Das dänische Küstenmotorschiff ›Ilse Priess‹ ist mit sechs Mann Besatzung gesunken!«

Um 15.10 Uhr meldete der Fischkutter »Hondo«: »Stehe dreißig Meilen nördlich von ›P 6‹ und laufe mit Höchstgeschwindigkeit zur Position der ›J.C. Wrieden‹!«

Die Hilfsbereitschaft kannte keine Grenzen. Trotz eigener Schwierigkeiten, bei
Orkan und einer Sturmsee mit Wellenhöhen von sieben bis acht Metern, versuchte jeder, dem anderen, dessen Not noch größer war, beizustehen und Hilfe zu leisten. Ein zehn Minuten später eingehender Funkspruch ließ uns aufhorchen.
Norddeich-Radio übermittelte einen weiteren Notruf: »Deutsches Küstenmotor-

schiff ›Gemma‹, 300 BRT, Position zweieinhalb Meilen östlich der Tonne ›Westerems‹ braucht dringend Hilfe! Besatzung besteht aus elf Mann und will das Schiff verlassen!«

Während meine Kameraden schon die Vorbereitungen zum Start treffen, setze ich mich mit dem Vormann des Seenot-Rettungskreuzers »Georg Breusing« in Verbindung und informiere ihn über den Notfall. »Könnt ihr auslaufen?« frage ich.

»Wir haben gerade festgemacht. Draußen steht eine fürchterliche See. Es würde eine Ewigkeit dauern, bis wir den Havaristen erreichen. Nein, wir laufen nicht aus! Es ist aussichtslos!« bekomme ich von Wilhelm Eilers zur Antwort.

»Gut, dann müssen wir eben versuchen, die Besatzung der ›Gemma‹ zu retten.«

»Könnt ihr bei dem Wetter überhaupt fliegen?«

»Es wird schon gehen«, sage ich. »Wir müssen es auf einen Versuch ankommen lassen.«

»Ich wünsche euch viel Glück! Werde für alle Fälle eure Frequenz schalten und euren Flug überwachen. Wenn ihr in Schwierigkeiten geraten solltet, laufe ich aus! Auf Biegen und Brechen!«

»Danke. Es ist beruhigend für uns, das zu wissen«, antworte ich und lege auf.

Heftige Orkanböen jagen über den Hubschrauber-Landeplatz und bereiten uns erhebliche Schwierigkeiten beim Einkuppeln des Rotors.

Ich rufe unsere Bodenstelle und bitte um Startfreigabe.

»›Pedro 33‹, ihr Start ist freigegeben. Wetter: Wind 270 Grad mit 50 bis 60 Knoten, Spitzenböen bis 80 Knoten. Wolkenuntergrenze 1 000 Fuß. Sicht 2 – 4 Meilen, in Regenschauern um eine Meile«, kommt die nicht sehr verheißungsvolle Antwort. Es folgt eine letzte Überprüfung der Instrumente, dann heben wir ab. In niedriger Höhe jagen wir wenige Minuten später über die kochende See.

»Mayday! Mayday! Mayday!« tönt es in höchster Not wieder aus dem Kopfhörer. »Deutsches Küstenmotorschiff ›Ruhr‹ – Position ›JE 11‹ – benötige dringend Hilfe – Schiff droht zu sinken – Rettungsboot zerschlagen!«

Dann ist Stille im Äther. Nur das Heulen und Orgeln des Orkans übertönt zeitweise den Motorenlärm.

Jetzt meldet sich die »Georg Breusing« auf unserer Frequenz und teilt uns mit, daß die »Gemma« von Norddeich-Radio aufgefordert worden sei, die Antennen zu kappen, um uns die Übernahme der Besatzung zu erleichtern.

Das ist also der Grund, warum es uns nicht gelingt, Funkverbindung mit dem Havaristen herzustellen. Das Kappen der Antennen ist keineswegs in unserem Sinne, da uns dadurch die Möglichkeit genommen wird, das Schiff anzupeilen und im Zielflug direkt anzufliegen. Aber was soll's, wir müssen damit fertig werden.

In niedriger Höhe jagen wir über die kochende See. Wild peitscht der Orkan Gischt und Regen vor sich her. Die Sicht wird immer schlechter.

Regungslos sitze ich in der Maschine und starre angestrengt hinaus auf die gischtende Wasserwüste. In dem fahlgrauen Dunst ist weit und breit kein Schiff zu sehen.

70

Immer wieder von schweren Orkanböen geschüttelt, suchen wir schon zwanzig Minuten nach dem Havaristen.

Es ist genau 16.14 Uhr, als Norddeich-Radio einen weiteren Notruf übermittelt. Der holländische Fischkutter »Burgemeester van Kampen«, acht Meilen nördlich von Helgoland, meldet Wassereinbruch im Schiff und bittet dringend um Hilfe. »Adolf Bermpohl« läßt sich die Meldung wiederholen. Aus dem nun folgenden Gespräch, das ich gespannt verfolge, ergibt sich, daß der holländische Fischkutter dringender die Hilfe des Seenot-Rettungskreuzers benötigt, als der deutsche Fischkutter, zu dem »Adolf Bermpohl« eigentlich unterwegs ist. Außerdem kann sich die »J.C. Wrieden« nach eigenen Angaben noch selbst helfen, und andere Schiffe, die Kurs auf sie genommen haben, befinden sich bereits in der Nähe. Daraufhin meldet der Seenot-Rettungskreuzer, daß er Kurs auf den holländischen Fischkutter nehmen werde.

Schließlich meldet sich »Georg Breusing« wieder und teilt uns mit, daß er über Kurzwelle mit der »Gemma« in Verbindung stehe. Um uns die Suche zu erleichtern, hat Vormann Eilers den Kapitän des Havaristen aufgefordert, rote Notraketen abzufeuern.

Zum wiederholten Male überprüfe ich die Instrumente: Ladedruck, Öldruck, Temperaturen – alles ist o.k.

»Rechts voraus rote Leuchtkugeln!« meldet da plötzlich unser Bordmechaniker.

Wir gehen in eine leichte Rechtskurve, dann sehen wir in etwa drei Meilen Entfernung die unklaren Konturen eines Schiffes. Eine Notrakete nach der anderen steigt grellrot in den grauvergangenen Himmel.

Endlich haben wir den Havaristen erreicht. Ungeheuere Wellenberge von sieben bis acht Metern Höhe rollen ununterbrochen auf das Schiff zu, reißen es in die Höhe und schmettern es dann wieder ins nächste Wellental hinein. Der größte Teil der Ladeluken ist schon von der See zerschlagen und vom Orkan davongetragen worden. Ständig eingedeckt von sprühender Gischt, steht die Besatzung eng zusammengedrängt auf einem mittschiffs über das ganze Deck verlaufenden Laufsteg.

Von dort, wo sie jetzt stehen, können wir sie unmöglich abbergen. Unser Bordmechaniker beugt sich aus der Maschine und gibt den Seeleuten durch Handzeichen zu verstehen, daß wir sie vom Achterschiff aus wegholen wollen.

Wir lassen die Maschine etwas abfallen. Dann hat der Bordmechaniker das Wort: »Noch zwanzig Meter voraus! Voraus, – noch fünfzehn Meter! – Etwas höher! – Gut so. Noch zehn Meter voraus!«

Aus dem Cockpit heraus haben wir keine Sicht, keinen Anhaltspunkt, nach dem wir uns richten könnten. Einzig und alleine nach den Angaben unseres Kameraden steuern wir die Maschine praktisch blind über den Punkt, von dem aus die Abbergung erfolgen soll.

»Noch voraus! Noch weiter! – Noch fünf Meter! Gut so. Und halten! – Schlinge läuft weiter aus. Noch drei Meter über dem Schiff. – Schlinge wird mit dem Bootshaken angenommen – ist an Deck. Der erste Mann legt sich die Schlinge um. – Ist fest. Ich ziehe an. Mann ist frei von Deck. – Seil läuft weiter ein. – Noch fünf Meter unter der Maschine. Noch drei Meter. Habe den Mann vor der Tür und nehme ihn an Bord!«

Trotz des verheerenden Sturmes ging die Abbergung ziemlich glatt. Wir hatten gerade den zweiten Mann an Bord, als »Adolf Bermpohl« meldete, daß er bei dem niederländischen Fischkutter »Burgemeester van Kampen« eingetroffen sei. Eine Übernahme der Schiffbrüchigen in der wilden See schien schier unmöglich. Der Vormann des Rettungskreuzers machte deshalb den Vorschlag, langsam vorauszudampfen und den Fischkutter sicher nach Helgoland zu geleiten.

Wir fahren fort mit der Rettungsaktion, doch mit einem Ohr verfolge ich, was sich dort draußen vor Helgoland abspielt. »Burgemeester van Kampen« meldet auf den Vorschlag des Rettungskreuzers, daß er nicht mehr drehen könne. Er sei manövrierunfähig.

Auch ein zweiter Rettungsvorschlag, mit dem Kreuzer achtern an den Kutter heranzustoßen, eine Leine hinüberzuschießen und die Leute einzeln durch die See zu ziehen, läßt sich nicht verwirklichen. Durch die stundenlangen Strapazen, bei vier Grad Wassertemperatur, völlig erschöpft und unterkühlt, haben die Holländer nicht mehr die Kraft, den Weg durch's Wasser anzutreten.

Um 17.32 Uhr haben wir acht Mann an Bord des Hubschraubers. Zwei Männer stehen noch auf dem Achterschiff und nehmen gerade die Schlinge wahr. Ein Seemann hält die Schlinge fest, während der andere einen Niedergang hinunterhastet und im Inneren des Schiffes verschwindet. Was soll das bedeuten? Wir werden unruhig. Jede Minute ist kostbar. Lange kann es nicht mehr dauern, bis die Nacht hereinbricht. Darüber hinaus reicht unser Kraftstoff höchstens noch für eine halbe Stunde. Unser Bordmechaniker gibt dem Mann durch Handzeichen zu verstehen, daß er sich beeilen und die Schlinge umlegen soll. Er winkt zurück. Anscheinend versteht er nicht. Jetzt tauchen zwei Leute aus dem Schiff auf. Sie klammern sich an der Reling fest und bewegen sich, mühsam gegen den Sturm ankämpfend, auf das Achterschiff zu. Gischt und Schaumflocken werden vom Orkan über Deck der »Gemma« gepeitscht.

»Die Männer haben das Achterschiff erreicht. Einer von ihnen legt sich die Rettungsschlinge um«, meldet unser Bordmechaniker ruhig und sachlich. »Ich ziehe an. – Hoch!« brüllt er plötzlich. »Der Mann ist im Wasser!«

Gequält heult das Triebwerk auf, als Hubert ruckartig am Pitch reißt. Die Maschine macht einen Satz in die Höhe. Mit kräftigem Ruck strafft sich das Seil, und der Seemann hängt wild hin und her pendelnd zwischen der brodelnden See und dem Hubschrauber. Aus unerfindlichen Gründen war er, nachdem er sich die Rettungsschlinge umgelegt hatte, auf die Reling geklettert und ins Wasser gesprungen. Glücklicherweise war er nicht aus der Schlinge gerutscht.

Nachdem wir um 17.45 Uhr den letzten Schiffbrüchigen abgeborgen haben, treten wir den Rückflug nach Borkum an.

Zehn Minuten bevor wir landeten, hörte ich noch, wie »Adolf Bermpohl« mitteilte, daß das Tochterboot zur Rettung der niederländischen Fischer ausgesetzt

Bristol SYCAMORE an Deck des Landungsbootes »Krokodil«.

Versorgung der Halligen.

»SC + 101« kehrt vom Einsatz zurück.

Mit der Bristol SYCAMORE wird ein Verletzter von einem Schnellboot abgeborgen.

»FL 9« im Seegebiet vor Helgoland.

Blick in die Brücke eines
Flugsicherungsbootes KL 906

Hamburger Flutkatastrophe
1962. Hubschrauber der Heeresflieger holen Menschen
von den Dächern ihrer Häuser.

Versorgungsflug im überschwemmten Gebiet. Im Vordergrund ein durchbrochener Deich.

Übungswinschen mit einem Schlauchboot in der Kieler Förde.

Küstenmotorschiff »Gemma«. Aufgenommen einen Tag nach der Abbergung der Besatzung.

Küstenmotorschiff »Gemma« als »Geisterschiff«.

SAR-Hubschrauber der Luftwaffe vom Typ Bell UH-1D bei der Aufnahme eines Piloten aus einem 1-Mann-Schlauchboot.

Eine ALBATROS »ankert« in der Kieler Bucht.

Wasserstart in der Kieler Förde.

SAR-Außenstelle Borkum.

Auf dem Fliegerhorst Nordholz wird der Bereitschaftshubschrauber aufgetankt.

Ostasien-Expreß-Frachter »Bavaria«.

Die letzten 3 Besatzungs-
mitglieder werden von der
»Emmanuel M« abgeborgen.

Alarmstart.

werden sollte. Bei dem Gedanken daran sträubten sich mir die Haare. Ich hatte gesehen, was hier draußen los war, und war froh, bald wieder festen Boden unter den Füßen zu haben.

Bei unserer Landung stand schon ein Krankenwagen bereit, um die Schiffbrüchigen zu übernehmen und ins Inselkrankenhaus zu bringen.*

Etwa eine halbe Stunde später ging ich hinüber zum Hafen, um mich bei Vormann Eilers für die Unterstützung während unseres Einsatzes zu bedanken. Außerdem interessierte mich, was inzwischen aus den holländischen Fischern geworden war.

Von Wilhelm Eilers erfuhr ich, daß um 18.19 Uhr von der »Adolf Bermpohl« eine Meldung durchgekommen war, nach der die drei Fischer fünf Meilen nördlich Helgoland geborgen worden waren. Die Besatzung sei vollständig, und »Adolf Bermpohl« laufe langsam vor dem Tochterboot her zurück nach Helgoland. Wegen der groben See könne das Tochterboot nicht wieder aufgenommen werden.

Vormann Eilers machte ein ernstes Gesicht. Ich konnte mir gut vorstellen, was in seinem Kopf vorging, nachdem ich selbst die See heute von ihrer schlimmsten Seite kennengelernt hatte. Die Anfrage, ob der Seenotfall »Burgemeester van Kampen« aufgehoben werden könne, war kurz nach der Übernahme der Schiffbrüchigen durch das Tochterboot »Vegesack« mit einem »ja« beantwortet worden. Ruhig und normal, fast routinemäßig hatte sich dieser Funkspruch angehört. Danach war Funkstille eingetreten, was durchaus der allgemein geübten Praxis entsprach. Über eine Stunde war währenddessen vergangen, seit sich »Adolf Bermpohl« zuletzt gemeldet hatte. Jetzt wurde man stutzig. Ab 19.27 Uhr wurde der Rettungskreuzer fortwährend gerufen. Aber die »Adolf Bermpohl« antwortete nicht mehr. Immer wieder wurde der Kreuzer gerufen – die ganze Nach hindurch – vergeblich.

Allmählich wurde es zur Gewißheit, daß etwas Furchtbares passiert sein mußte.

Man stand vor einem Rätsel. Ein Seenot-Rettungskreuzer der modernsten Bauserie, kentersicher und unsinkbar, konnte doch nicht einfach verschwunden sein.

Bei Tagesanbruch wurden alle verfügbaren Einheiten alarmiert und ungeachtet des immer noch herrschenden Sturmes eine umfangreiche Suchaktion gestartet. Seenot-Rettungskreuzer und Seenot-Rettungsboote liefen aus. In Kiel starteten Amphibienflugzeuge mit Kurs auf die Deutsche Bucht. Mehrere Handelsschiffe, durch die immer wieder von den Küstenfunkstellen ausgestrahlte Suchmeldung alarmiert, schlossen sich den Sucheinheiten an.

Zwischen den Schiffahrtswegen zur Elbe und Eider wurde der Kreuzer schließlich als Geisterschiff in der kochenden See entdeckt. Von der Besatzung und von dem Tochterschiff fehlte jede Spur.

---

* siehe Anhang, Anlage 3

Viele Stunden lang suchte der in Westerland stationierte SAR-Hubschrauber am 25. und 26 Februar bei miserabelster Sicht erfolglos über der Deutschen Bucht nach den vermißten Seeleuten.

Wrackteile und antreibende Tote kündeten später von den Tragödien, die sich auf See ereignet hatten.

Die in vielen Stürmen erprobte Besatzung des Seenot-Rettungskreuzers »Adolf Bermpohl« wie auch die drei holländischen Seeleute, die sich schon gerettet glaubten, gehören zu den 80 Männern, die allein bei diesem Orkan in der Nordsee ihr Leben verloren.

Das Schicksal der vier Rettungsmänner und der drei bereits geretteten Fischer wird nie genau zu klären sein. Beobachtungen und spätere Untersuchungen ergaben mit an Sicherheit grenzender Wahrscheinlichkeit, daß sich eine ungeheuere Grundsee über beiden Booten aufgetürmt und auf sie niedergebrochen sein muß. In diesem Moment muß der Rettungskreuzer mit vernichtender Gewalt auf das Tochterboot geschmettert worden sein. Die Seeleute wurden außenbords gerissen und unter Wasser gedrückt. Erst Monate später gab die See einige der Männer zurück.

Der Sturm hatte im gesamten Bundesgebiet, besonders aber an der Küste schwere Schäden hinterlassen. Dächer waren abgedeckt, Bäume entwurzelt, Telefonmasten wie Streichhölzer geknickt, Fensterscheiben zerbrochen und unzählige Autos waren beschädigt worden. Der Verkehr war teilweise zum Erliegen gekommen.

Das war der Stand der Dinge, als wir am 27. Februar, drei Tage nach dem verheerenden Sturm, den Auftrag erhielten, das Tochterboot der »Adolf Bermpohl« zu suchen, das zuletzt etwa drei Meilen nordöstlich der Tonne »P 12« gesichtet worden war.

Bei mäßig bewegter See und leichtem Südwest-Wind flogen wir hinaus auf die Nordsee, Richtung »P 12«.

In 800 Fuß Höhe kreuzten wir den nördlich der Ostfriesischen Inseln verlaufenden Hauptschiffahrtsweg. Links von uns zogen vier Schnellboote der Bundesmarine durch die grün schimmernde See. Weit voraus entdeckte ich mit dem Fernglas den Seenot-Rettungskreuzer »H.H. Meier«, der sich ebenfalls an der Suche nach dem vermißten Tochterboot »Vegesack« beteiligen sollte.

Zehn Minuten später nahmen wir nördlich der Tonne »P 12« in dem uns zugewiesenen Seegebiet die Suche auf.

Bereits bei unserem zweiten Suchstreifen entdeckten wir drei ziemlich dicht beisammen liegende Fischkutter. Das war ungewöhnlich.

Wir flogen hin, und stellten fest, daß die Fischer gerade dabei waren, die kieloben treibende »Vegesack«, das Tochterboot des verunglückten Kreuzers, aufzurichten.

Damit hatte sich unser Auftrag eigentlich erledigt, aber mit dem Heimflug sollte es noch nichts werden. Unser neuer Auftrag lautete: »Fliegen Sie zur Position

54 Grad 22 Nord, 07 Grad 58 Ost und suchen Sie dort, im Umkreis von fünf Meilen nach Leichen!«

Ich bestätigte den Funkspruch, griff nach meiner Seekarte und suchte die angegebene Position heraus.

»Zehn Meilen nördlich Helgoland. Kurs drei fünf fünf!«

Unter uns zog die »H.H. Meier« mit einer weißen Hecksee durch das blaugrün schimmernde Wasser. Die Männer auf dem Turm des Rettungskreuzers winkten zu uns herauf.

In fünfhundert Fuß Höhe überflogen wir kurz darauf die Insel Helgoland. Wie Bauklötzchen in einem Sandkasten schmiegten sich die bunten Häuser an den roten Felsen. Nur ein Schiff lag auf der Reede vor Anker. Noch hielten die Insulaner ihren Winterschlaf.

Um 10.15 Uhr erreichten wir die befohlene Position und setzten in 300 Fuß Höhe einen Expanding Square Search* mit einer Track spacing** von einer halben Meile an.

Nach einer Stunde erfolgloser Suche verließen wir das Seegebiet nördlich von Helgoland und flogen nach Nordholz, um aufzutanken.

Dann ging es wieder hinaus auf See. Streifen für Streifen kämmten wir ab, bis abermals der Kraftstoff zur Neige ging. Da wir uns während des Verlaufes des zweiten Suchabschnitts immer weiter nach Norden bewegt hatten, beschlossen wir diesmal, auf Sylt zu tanken.

Nachdem wir schon den ganzen Tag unterwegs gewesen waren, landeten wir um 16.00 Uhr in Westerland. Wir tankten die Maschine auf und begrüßten dann unsere Kameraden, die bei der SAR-Außenstelle Westerland ihren Dienst als Rettungsflieger versahen.

Für eine Tasse Kaffee und eine Zigarette ließen wir uns Zeit. Dann mußten wir weiter. Es ging auf den Abend zu, und wir wollten noch bei Tageslicht zurück nach Borkum. – »Also, dann bis zum nächstenmal!« sagten unsere Westerländer Fliegerkameraden und schüttelten uns die Hände. Es sollte kein nächstes Mal geben. Wenige Tage nach unserem kurzen Besuch stürzten sie ab . . .

---

* siehe Anhang, Anlage 4
** Abstand zweier benachbarter Suchkurse

Ein schwarzer Tag ...

Knapp drei Wochen waren mittlerweile vergangen, als die Besatzung der SAR-Außenstelle Westerland am 16. März 1967 den Auftrag erhielt, südwestlich der Insel Amrum, in Höhe des Jungnamensandes, nach Schiffbrüchigen der letzten Sturmperiode Ausschau zu halten.

Steifer Nordwest, mit Windgeschwindigkeiten bis zu 40 Knoten, fegte über die Deutsche Bucht. Die Sichtverhältnisse lagen bei 8 bis 12 Meilen. Bei häufigen Regenschauern wurde ein Sichtrückgang bis zu etwa drei Meilen registriert.

Um 16.02 Uhr startete der SAR-Hubschrauber, Kennzeichen »WE + 552«, mit der Besatzung: Oberbootsmann Hoffmann, Hauptbootsmann Parlowski, Bootsmann Nicolaisen und dem Hauptgefreiten Tenten als zusätzlichem Ausguck.

Mit Westkurs flog die »WE + 552« in 500 Fuß Höhe über den nördlichen Stadtrand von Westerland hinweg und drehte dann nach Süden ab, um das befohlene Einsatzgebiet anzufliegen. Ruhig und gleichmäßig brummte das Triebwerk. Alle Instrumente zeigten die normalen Temperaturen und Drücke an. Nichts deutete auf eine Störung hin.

Zur Linken zog die langgestreckte Dünenkette der Insel Sylt vorbei, nach rechts dehnte sich, soweit das Auge reichte, die mit weißen Schaumkronen bedeckte Nordsee.

Kurz bevor »WE + 552« das Einsatzgebiet erreichte und mit der Suche beginnen konnte, passierte es. »Haben Triebwerks-Störung! – Position drei Meilen westlich von Amrum! – Versuchen die Insel zu erreichen!« meldete Oberbootsmann Hoffmann plötzlich mit hastiger Stimme.

Der Flugsicherungslotse auf dem Westerländer Kontrollturm, der den Funkspruch auffing, rief sofort zurück, aber »WE + 552« meldete sich nicht mehr.

Mit dem um 16.22 Uhr ausgestrahlten Notruf lief die umfangreichste Suchaktion an, die bis dahin jemals vom SAR-Dienst der Marine durchgeführt worden war.

Um 16.28 Uhr erhielt der in Husum stationierte SAR-Hubschrauber, der sich zu dieser Zeit auf einem Übungsflug befand, über Funk den Befehl, sofort in Richtung Amrum zu fliegen und die Suche nach der, wie man annahm, notgewasserten »WE + 552« aufzunehmen.

Das Flugsicherungsboot »FL 9« wurde aus dem Schießgebiet List/Sylt, in dem es Sicherungsaufgaben wahrzunehmen hatte, abberufen und zur Suche eingesetzt.

Während all diese Aktivitäten anliefen, saß ich mit meinen Kameraden Hubert Struck und Jürgen Kunze noch gemütlich und nichts Böses ahnend bei einer Tasse Kaffee in unserem Bereitschaftsraum in Borkum.

Um 16.32 Uhr wurden wir durch die Meldung aufgeschreckt: »Westerländer Hubschrauber drei Meilen westlich Amrum notgelandet! Sofort starten!«

76

Diese Nachricht traf uns wie ein Schock. Daß wir anderen helfen, ist klar, aber daß einer von uns selbst in Not geraten könnte, damit hatten wir nicht gerechnet.

Aber waren unsere Kameraden überhaupt in Not? Im Stillen rechneten wir fest damit, daß die Maschine, auf ihrer Notschwimmeranlage treibend, in der See schwimmen würde.

Dessen ungeachtet stürzten wir die Treppen hinunter, sprinteten über das Vorfeld und kletterten in unsere Maschine. Das Triebwerk sprang an. Die Temperaturen hatten gerade das unterste Limit erreicht, dann hoben wir ab. Acht Minuten nach der Alarmierung befanden wir uns bereits in der Luft.

Inzwischen war auch der Seenot-Rettungskreuzer »Ruhr-Stahl« aus Wittdün/ Amrum ausgelaufen. Die Küstenfunkstelle Norddeich-Radio strahlte eine PAN-Meldung* für alle Schiffe in der Nordsee aus, die fortan in regelmäßigen Abständen wiederholt wurde: »An alle Schiffe! Hubschrauber um 16.30 Uhr drei Seemeilen westlich von Amrum notgelandet! Bitte halten Sie Ausschau!«

Mit der höchstzulässigen Geschwindigkeit jagten wir über die mit weißen Schaumkämmen bedeckte See.

Nordöstlich von Spiekeroog hörten wir über Funk, daß gerade der erste Hubschrauber im Suchgebiet eingetroffen war. Jeden Moment rechneten wir von diesem Zeitpunkt an mit der Meldung: Maschine gefunden! Besatzung wohlauf! – Aber wir warteten vergeblich.

Ein Flugzeug nach dem anderen wurde nun eingesetzt. Um 16.52 Uhr startete in Westerland ein mit abwerfbaren Schlauchbooten ausgerüstetes Transport- und Verbindungsflugzeug vom Typ Do 27. Sechs Minuten später hob in Kiel-Holtenau die Bereitschafts-ALBATROS mit dem Rufzeichen »Dumbo 30« von der Startbahn ab und nahm Kurs auf die Nordsee.

Der Marinefliegerhorst Nordholz bot seine Hilfe an und schickte um 17.07 Uhr einen Seefernaufklärer vom Typ Breguet ATLANTIC in die Luft.

Die benachbarte, dänische SAR-Leitstelle in Karup bot ihre Hilfe an und stellte einen ihrer schweren, mit zwei Turbinentriebwerken ausgerüsteten SAR-Hubschrauber vom Typ Sikorsky S-61 zur Verfügung.

Die von allen Seiten einlaufenden Hilfsangebote wurden dankbar angenommen. Man wollte nichts unversucht lassen. Alles nur Menschenmögliche sollte getan werden, um die abgestürzte Besatzung zu suchen und zu retten.

Um 17.18 Uhr traf »Dumbo 30« im Unfallgebiet ein und übernahm sofort die Einsatzleitung und Koordinierung der Suche vor Ort. Kurz darauf reihte sich die von Nordholz kommende ATLANTIC in die Suche ein.

Um 17.45 Uhr trafen wir, zusammen mit dem Kieler SAR-Hubschrauber im Seegebiet westlich von Amrum ein und nahmen sofort nach Anweisung von »Dumbo 30« die Suche auf. Von Norden her, dicht über dem Wasser fliegend, näherte sich zur gleichen Zeit die dänische S-61. Kurz zuvor hatte die Fregatte

---

* Eine Dringlichkeitsmeldung, durch die auf Notlagen bzw. Gefahrensituationen aufmerksam gemacht wird.

»Lübeck« gemeldet: »Stehe 7,5 Meilen nordwestlich von Helgoland! Laufe mit Höchstfahrt zur Unfallposition, um mich an Suche zu beteiligen!«

»Dumbo 30«, als On Scene Commander, mit vier Hubschraubern und einer Breguet ATLANTIC unter seiner Kontrolle, hatte das Suchgebiet zunächst ziemlich klein gehalten, um eine möglichst hohe Entdeckungswahrscheinlichkeit zu erzielen.

Nachdem die intensive Suche in dem zuerst angegebenen Gebiet erfolglos blieb, mußte das abzusuchende Seegebiet zwangsläufig erweitert werden, wobei man jetzt schon die Möglichkeit mit in Rechnung stellte, daß die bei dem Notruf der vermißten Besatzung angegebene Position nicht unbedingt stimmen mußte. Bei der Eile, in der der Notruf abgesetzt worden war, war es durchaus denkbar, daß sich der Pilot versprochen oder verschätzt hatte.

Von diesen Überlegungen ausgehend, wurde ein Hubschrauber von »Dumbo 30« beauftragt, das Gebiet entlang der Küstenlinie von Amrum bis drei Meilen seewärts abzusuchen. Dem leistungsfähigeren und schnelleren dänischen SAR-Hubschrauber mit dem Rufzeichen »Trepan 02« wurde das nördlich daran angrenzende Gebiet bis zur Süspitze der Insel Sylt bis acht Meilen seewärts zugewiesen, und die anderen beiden Maschinen sollten sich um das Gebiet südlich des Hindenburgdammes und um Föhr bis nach Amrum hin kümmern.

Unabhängig davon flogen die Breguet ATLANTIC und die Grumman ALBATROS, höhenmäßig über den Hubschraubern gestaffelt, das Gesamtgebiet überdeckend, ihre Suchstreifen.

Eine um 17.58 Uhr eingegangene Meldung, nach der gegen 16.20 Uhr in Höhe der Rantumer Loranstation ein Hubschrauber mit südwestlichem Kurs beobachtet worden sei, veranlaßte die Einsatzleitung, das Suchgebiet noch weiter nach Norden hin auszudehnen. »FL 9« erhielt den Auftrag, den Strandabschnitt zwischen Westerland und Hörnum abzusuchen.

Angespannt auf die bewegte See hinunterstarrend saßen Hubert Struck und ich im Cockpit unserer Maschine.

Wir konnten es einfach nicht fassen, daß einer unserer Hubschrauber spurlos verschwunden sein sollte. Irgendwo mußten unsere Kameraden in der See treiben, selbst wenn der Hubschrauber untergegangen sein sollte, was langsam bei uns zur Gewißheit wurde. Wir mußten sie finden, und das bald, denn in Kürze würde die Nacht hereinbrechen. Die Wetterverhältnisse waren so, daß eine einwandfreie Sichtsuche gewährleistet war, wenn diese auch durch den hohen Seegang, der treibende Objekte im Wasser schwer erkennen ließ, etwas eingeschränkt war.

Gegen 18.00 Uhr wurden die Flugplatzleiter von Westerland und Husum angewiesen, ihre Plätze über die normale Betriebszeit hinaus geöffnet zu halten, um ein Betanken der Suchflugzeuge zu ermöglichen. Eine kurz vorher eingegangene Anfrage von Husum, ob weitere Suchflugzeuge benötigt würden, wurde bejaht.

78

Um 18.22 Uhr starteten daraufhin eine Do 27, eine Piaggio und eine Fiat G 91 in Husum und nahmen Kurs auf das Suchgebiet. In Kiel erhielt zur gleichen Zeit eine weitere Hubschrauberbesatzung den Auftrag, sofort nach Westerland zu verlegen. Ein Suchgebiet nach dem anderen wurde von den Hubschraubern, Flugzeugen und Schiffen systematisch abgekämmt. Erfolglos —

Bereits zwei Stunden waren seit dem Absturz vergangen, und trotz des massierten Einsatzes von 5 Hubschraubern, 6 Flugzeugen verschiedener Typen, eines Seenot-Rettungskreuzers, eines Flugsicherungsbootes und der Fregatte »Lübeck« war bis jetzt nicht die geringste Spur von der notgelandeten, beziehungsweise abgestürzten Maschine entdeckt worden.

Langsam begannen wir zu zweifeln. Wir hegten die Befürchtung, daß unsere Kameraden den Absturz nicht überlebt hatten. Trotzdem gaben wir die Hoffnung nicht auf.

Die Dämmerung brach herein. Es wurde Nacht. Die Flugzeuge mußten die Suche abbrechen. Eine Maschine nach der anderen meldete sich beim On Scene Commander ab und trat den Heimflug an. Lediglich »Dumbo 30« blieb im Gebiet.

Alle Hubschrauber des Marinefliegergeschwaders 5 erhielten über Funk die Genehmigung, so lange zu bleiben, wie sie es selbst für richtig hielten; und keiner flog zurück, bevor er nicht durch den zur Neige gehenden Kraftstoff dazu gezwungen wurde. Nur wenige Meter über der See kämmten wir mit dem Landescheinwerfer das letzte uns zugewiesene Gebiet ab. Wir wußten nur zu gut, daß die Chance, jetzt noch etwas zu finden, sehr gering war, aber selbst die geringste Chance durften wir nicht ungenutzt vorübergehen lassen.

Nach Einbruch der Dunkelheit übergab »Dumbo 30« die Einsatzleitung vor Ort an die Fregatte »Lübeck« und ging auf größere Höhe, um mit elektronischer Suche zu beginnen.

Ein Hubschrauber nach dem anderen mußte dann wegen des immer geringer werdenden Kraftstoffvorrates das Suchgebiet verlassen.

Schon kurz vor Einbruch der Nacht hatten alle SAR-Hubschrauber mit Ausnahme von »Trepan 02«, der dänischen S-61, die Anweisung erhalten, nach Beendigung der Suche nach Westerland zu fliegen und sich am nächsten Morgen wieder im Suchgebiet einzufinden.

Wie ein magisches Auge flammte die Kraftstoffwarnleuchte an unserem Instrumentenbrett auf und zwang uns, den Rückflug anzutreten. Bedrückt und niedergeschlagen, in Gedanken an unsere Kameraden, mit denen wir manche frohe Stunde erlebt hatten, nahmen wir Kurs auf den Fliegerhorst Westerland. Als wir um 19.15 Uhr in Westerland landeten, kamen uns die Frauen und Kinder unserer vermißten Kameraden auf dem in gleißendes Scheinwerferlicht getauchten Hallenvorfeld entgegengelaufen.

Der Hoffnungsschimmer in ihren Augen schwand dahin, als sie unsere ernsten Mienen sahen. Ohne eine Frage an uns zu richten, wandten sie sich ab und gingen stumm und in sich gekehrt zurück in die Halle.

Noch drei weitere Maschinen landeten nach uns, und jedesmal, wenn das Motorengeräusch eines anfliegenden Hubschraubers ertönte, rannten die Frauen und Kinder nach draußen. Umsonst . . .

Gegen 20.00 Uhr gab auch der Seenot-Rettungskreuzer »Ruhr-Stahl« auf, und kurz danach landete die Breguet ATLANTIC in Nordholz. Dann brach auch »FL 9« die Suche ab und lief in den Hafen von Hörnum ein.

Einsam flog »Dumbo 30« indes noch über zwei Stunden lang Streifen für Streifen mit elektronischer Suche ab. Bis auf eine gelegentliche Positionsmeldung herrschte absolute Ruhe im Funk. Still und wortlos saßen die Männer im Cockpit ihrer ALBATROS.

Unter ihnen, in völliger Dunkelheit lag die Nordsee. Ab und zu sichteten sie die Lichter der Fregatte »Lübeck«, eines Fischkutters oder eines kleineren Küstenmotorschiffes, aber vergebens warteten sie darauf, den Impuls eines Notsenders aufzufangen.

Um 22.30 Uhr, nach fast sechs Stunden erfolgloser Suche landete schließlich auch »Dumbo 30« wieder in Kiel.

Nur noch die Fregatte befand sich jetzt im Operationsgebiet. Ein weiteres Schiff der Bundesmarine sollte im Laufe der Nacht zur »Lübeck« stoßen und mit der Fregatte zusammen die Suche während der ganzen Nacht fortsetzen.

Den vier in Westerland eingefallenen Hubschrauberbesatzungen wurden noch im Laufe des Abends die Suchgebiete für den nächsten Morgen zugewiesen. Zwei weitere Besatzungen erhielten den Auftrag, um 05.20 Uhr in Kiel zu starten. Ihre Hubschrauber, die zu einer 25-Stunden-Kontrolle heranstanden, sollten noch im Laufe der Nacht klargemacht werden.

Stumm, einfach nicht begreifend, daß wir unsere Kameraden nicht gefunden hatten, saßen wir über unseren Seekarten und trugen die Koordinaten der Gebiete ein, die wir bei Anbruch des Tages absuchen sollten. Dann packten wir unsere Sachen zusammen und legten uns hin. Keiner von uns hatte noch Lust auf ein Bier in die Messe zu gehen, wie das sonst üblich war.

Um 03.30 Uhr begann es sich auf dem Fliegerhorst Westerland bereits wieder zu regen. Lichter flammten auf. Die großen Hallentore wurden aufgeschoben. Das technische Personal begann damit, die erforderlichen Vorflugkontrollen an den Hubschraubern durchzuführen.

Dann wurden die vier Maschinen in die frische Morgenluft auf das Hallenvorfeld hinausgeschoben.

Dumpf dröhnend, die noch nächtliche Stille durchbrechend, sprangen kurz nach 05.00 Uhr die Triebwerke an. Die Rotoren begannen zu drehen.

Um 05.19 Uhr, bei noch stockdunkler Nacht, hob die erste Maschine ab. In kurzen Zeitabständen folgten die anderen. In loser Formation flogen wir mit Südkurs ins Einsatzgebiet. Kurz vor sechs Uhr traf »Dumbo 30« über der Unfallstelle ein und übernahm wieder die Kontrolle über die vier Hubschrauber, die bereits in den ihnen zugewiesenen Gebieten mit der Suche begonnen hatten.

Wenige Minuten später nahmen auch die beiden aus Kiel kommenden Maschinen die Suche auf. Auch die dänische S-61 fand sich wieder zur Unterstützung ein. Langsam wurde es Tag, die Breguet ATLANTIC reihte sich in die Suche ein.

In einer Höhenstaffelung von 200 bis 1 000 Fuß kämmten die Maschinen Streifen für Streifen der zugewiesenen Suchgebiete ab.

Fünf Minuten nach sechs meldete »FL 9« die Sichtung eines Objektes. Der nächststehende Hubschrauber, der von »Dumbo 30« zur angegebenen Position beordert wurde, stellte fest, daß es sich nur um Treibgut handelte. Ein anderer Hubschrauber, der den Strandabschnitt vor Amrum absuchte, sichtete ebenfalls ein in der See treibendes Objekt, das sich beim Näherkommen als Strohballen entpuppte.

Wieder ein anderer Hubschrauber markierte vier Meilen westlich von Rantum einen in der See treibenden Gegenstand mit einem Smoke-marker. Auch hier war es wieder nur Treibholz, das die Aufmerksamkeit der Rettungsflieger erweckt hatte. Immer wieder wurden treibende Gegenstände gesichtet, markiert und untersucht. Doch immer wieder hieß es: Fehlanzeige!

Der Treibstoff ging langsam zur Neige. Ab 08.05 Uhr verließ eine Maschine nach der anderen das Einsatzgebiet in Richtung Westerland, um nach dem Auftanken mit einem neuen Suchauftrag zurückzukehren.

Auch die Breguet ATLANTIC mußte das Suchgebiet verlassen, nachdem der Pilot eine Unregelmäßigkeit eines der beiden Triebwerke festgestellt hatte. Er meldete sich bei »Dumbo 30« ab und versprach, so schnell wie möglich mit einer anderen Maschine zurückzukehren.

Ergebnislos hatte inzwischen auch die Feuerwehr von Amrum den gesamten Weststrand der Insel abgesucht.

Um 08.25 Uhr stellte die Luftwaffe drei Hubschrauber zur Verfügung. Die Piloten erhielten die Anweisung, nach Husum zu fliegen, dort aufzutanken und dann ins Einsatzgebiet zu kommen, wo ihnen von »Dumbo 30« ihre Suchgebiete zugewiesen werden sollten.

Ein weiteres Hilfsangebot des Bundesgrenzschutzes, der sich ebenfalls mit Hubschraubern an der Suche beteiligen wollte, wurde dankend abgelehnt. Jetzt schon bestand eine derartige Konzentration von Hubschraubern und Suchflugzeugen auf engstem Raum, daß die Flugsicherheit nur noch durch Höhenstaffelung aufrecht erhalten werden konnte.

Nach und nach trafen alle Hubschrauber wieder voll aufgetankt im Operationsgebiet ein und verteilten sich auf die ihnen neu zugewiesenen Suchgebiete.

Auch eine Breguet ATLANTIC kehrte von Nordholz zurück und nahm dort, wo sie vor etwa 1½ Stunden abgebrochen hatte, wieder die Suche auf.

Langsam ging der Vormittag dahin. Leichter Regen setzte ein und die bis dahin guten Flugsichten gingen zurück.

Die in den frühen Morgenstunden noch häufig durch den Äther schwirrenden Sichtmeldungen waren zurückgegangen, und die tieffliegenden Hubschrauberbesatzungen hatten es sich angewöhnt, treibende Gegenstände erst zu identifizieren, um den Funkverkehr möglichst gering zu halten und um nicht immer wieder falsche Hoffnungen zu wecken.

Eine kurz vor 11.00 Uhr abgesetzte Meldung der Breguet ATLANTIC ließ alle Sucheinheiten elektrisiert aufhorchen: »Sind auf Position 54 Grad 27 Minuten Nord, 08 Grad 11 Minuten Ost! Wir glauben, eine Schwimmweste mit Fliegerhelm gesichtet zu haben, sind uns aber nicht ganz sicher. Erbitten Helicopter-Unterstützung! Haben Gegenstand mit einem Smoke-marker und einem Farbbeutel markiert!«

Sofort erteilte »Dumbo 30« den beiden am nächsten stehenden Hubschraubern den Befehl, zu der angegebenen Position zu fliegen und das Objekt zu untersuchen.

Wenige Minuten später war der erste Hubschrauber an der betreffenden Stelle und fand Oberbootsmann Hoffmann. Kopfüber hing er in seiner Schwimmweste – tot.

Von dem dänischen Hubschrauber »Trepan 02« wurde unser verunglückter Kamerad aus der See gefischt und sofort nach Westerland gebracht.

Dann wurden verschiedene Ausrüstungsgegenstände und kleinere Wrackteile der abgestürzten Maschine in der Nähe der Fundstelle gesichtet: Ein nicht aufgeblasenes Schlauchboot trieb in der See, eine Helmtasche, eine Mütze. Einige Teile wurden von Hubschraubern aufgenommen, andere von einem Beiboot der Fregatte »Lübeck«.

Abwechselnd verschwanden einige Maschinen, tankten auf und kamen wieder. Um 12.30 Uhr fand ein Hubschrauber den zweiten Mann. Es war der Hauptgefreite Tenten. Auch er war tot.

Bei zunehmender Wetterverschlechterung mit Sichtrückgang und absinkender Wolkendecke waren »Dumbo 30« und die Breguet ATLANTIC gezwungen, gegen 13.30 Uhr das Suchgebiet zu verlassen und den Heimflug anzutreten. Die Hubschrauber aber und die Schiffe blieben da und suchten weiter, bis zum Einbruch der Nacht. Vergeblich . . .

Noch volle drei Tage wurde die Suchaktion, wenn auch mit verminderten Kräften, ohne das geringste Ergebnis zu erzielen, fortgesetzt.

Nicht einmal das Wrack des Hubschraubers, nach dem ein Vermessungsschiff fast eine Woche lang gesucht hatte, konnte geortet werden. Erst Jahre später fand es ein Fischer in seinem Netz.

Vom Sturm überrascht

Seit Tagen schon wehte es stark aus Südwest. Randstörungen eines Sturmtiefs über dem Nordmeer überquerten in zügiger Westdrift in rascher Folge die Deutsche Bucht. In einer gut ausgeprägten Frontalzone folgten an diesem Wochenende neue Störungen nach. Es herrschten steife, in Böen stürmische Winde.

Für die Deutsche Bucht wurde Sturmwarnung gegeben: »Südwest bis West, Stärke 10, rechtsdrehend mit Orkanböen. Westteil mittlere Nordsee: Gefahr Nord bis Nordwest, 8 bis 9!«

Am Samstagvormittag erreichte der Sturm seinen Höhepunkt. Mit rasender Geschwindigkeit fegte er über die Nordsee. Orkanartige Böen fetzten Gischt und Spritzwasser von den sich auftürmenden Wellenbergen.

Eine gewaltige Sturmböe erfaßte das Dach des gerade im Rohbau fertiggestellten neuen Seglerheimes am Hafen und schleuderte es davon. Dachziegel wirbelten wie welke Blätter durch die Luft.

Der Borkumer Hafen war überfüllt. Viele Fischkutter und kleinere Küstenmotorschiffe hatten schon am Vortage, als die Sturmwarnung von allen Küstenfunkstellen und Radiostationen ausgestrahlt worden war, im Borkumer Hafen Schutz gesucht. Auch am Morgen des 17. Oktober 1967 liefen noch einige Schiffe ein. Hier waren sie vor dem Toben des Sturmes sicher und konnten in aller Ruhe abwarten, bis sich das Wetter wieder beruhigen würde. Diejenigen, die jetzt noch auf See waren, hatten alle Hände voll zu tun, um den Sturm sicher zu überstehen. Eines dieser Schiffe, die vom Sturm überrrascht wurden, war das niederländische Küstenmotorschiff »Exodus«. Mühsam kämpfte sich das in Amsterdam beheimatete Schiff durch die hochgehende, aufgewühlte See. Wahre Sturzbäche ergossen sich bei jedem überkommenden Brecher über das Deck des tief im Wasser liegenden, mit Eisen beladenen Schiffes.

Der Kapitän hatte gerade die Lukenabdeckungen kontrolliert. Im Windschatten des Ruderhauses stehend, warf er einen besorgten Blick über das Vorschiff. Sein Ölzeug triefte vor Nässe. Mit dem Handrücken wischte er über sein nasses Gesicht. Gerade als er die Tür des Ruderhauses öffnen wollte, durchschnitt ein peitschender Knall das Heulen des Sturmes und das rauschende Dröhnen der Brecher. Die Persenning von Luke 2 war an einer Stelle gerissen. Der Sturm faßte darunter, blähte sie wie einen Luftballon und zerfetzte sie.

Ein eisiger Schreck durchfuhr den Kapitän. Seine Gedanken jagten. Bei dem herrschenden Unwetter war es unmöglich, eine neue Persenning anzubringen. Das Schiff hatte Eisen geladen. Wenn es vollschlug, würde es absacken wie ein Stein.

Die Frau und die beiden Kinder mußten so schnell wie möglich in Sicherheit gebracht werden. Er eilte ins Ruderhaus und nahm die Position aus der Karte. »Mayday! Mayday! Mayday! Küstenmotorschiff ›Exodus‹, Position 53 Grad 33 Minuten Nord, 06 Grad 57 Minuten Ost! Lukenabdeckung verloren! Übernehmen Wasser! Bitten um Abbergung von Frau und zwei Kindern!« sandte er seinen Notruf in den Äther.

Mit einer schäumenden Bugwelle verläßt der Seenot-Rettungskreuzer »Georg Breusing« kurz darauf den Borkumer Hafen. Unmittelbar nach Passieren der Hafenausfahrt schiebt der Vormann die Leistungshebel für die drei Antriebsdiesel nach vorne. Mit Höchstfahrt prescht der Kreuzer, dem Hilferuf der »Exodus« folgend, durch die hochgehende See.

Eine Viertelstunde später wird die SAR-Außenstelle Borkum von der SAR-Leitstelle alarmiert. Innerhalb weniger Minuten ist unser Hubschrauber startklar. In unseren unförmigen Kälteschutzanzügen, vollgepackt mit Notsignalen, Farbbeuteln, dem Notsender und der dazugehörigen Batterie, klettern wir ins Cockpit unserer H-34. Ich selbst sitze als verantwortlicher Pilot hinter dem Steuerknüppel. Die Rotorblätter schlagen im Sturm auf und nieder. Langsam beginnen sie zu drehen. Zügig beschleunige ich den Rotor. Der Hubschrauber schüttelt und bockt. Endlich sind die Betriebstemperaturen erreicht. Eine letzte Überprüfung der Instrumente: Alles im »Grünen Bereich«. Wir können los.

In Schwebeflughöhe, direkt über dem Landeplatz, wird die Maschine fast augenblicklich ein paar Meter vom Sturm nach achtern abgetrieben. Die Nadel des Fahrtmessers am Instrumentenbrett tanzt zwischen den Markierungen von 40 und 80 Knoten mit wilden Ausschlägen hin und her.

Mit der höchstzulässigen Leistung starte ich den Hubschrauber. Nur zögernd nimmt die Maschine Vorwärtsfahrt auf und gewinnt langsam an Höhe. Immer näher kommen die am Rande des Landeplatzes stehenden Bäume. Ganz knapp ziehe ich darüber hinweg.

Unten tauchen die neuerrichteten Kasernenanlagen auf.

Ein Blick auf den Fahrtmesser: Der Zeiger des Instruments steht auf 80 Knoten Geschwindigkeit, dabei macht die Maschine kaum Vorwärtsfahrt. Ich führe mehr Gas zu und erhöhe die Drehzahl. Lieber die Maschine etwas übertouren, als rückwärts fliegen. Die Umstände sind ohnehin gefährlich genug. Bei einem Triebwerkschaden in niedriger Höhe mit wenig Fahrt gibt es kaum eine Rettung für einen Hubschrauber und seine Besatzung.* Mit der höchstzulässigen Leistung schaffen wir es, gegen den Sturm anzukommen. Ganz behutsam leite ich eine Rechtskurve ein. Nur zögernd gehorcht der Hubschrauber dem Steuer. Nach einer Drehung von neunzig Grad faßt uns der Sturm mit ungeheuerer Wucht voll von der Seite. Schlagartig fällt der Fahrtmesser auf Null zurück. Mit rasender Geschwindigkeit wird der Hubschrauber vom Orkan davongetragen.

---

* siehe Zeichnung, Seite 16

Nur ruhig bleiben, keine hastige Steuerbewegung. Vorsichtig lege ich den Knüppel nach rechts. Langsam durchwandert die Kompaßrose 360 Grad, 045 Grad, 090 Grad. Wir haben es geschafft. Mit dem Sturm im Rücken jagen wir über die kochende See.

Winfred Weiß, auf dem Copiloten-Sitz neben mir, studierte die Karte. »Geh mal auf 120 Grad. Wir müßten den Dampfer schon jeden Moment in Sicht bekommen.«

Ich bringe die Maschine auf den gewünschten Kurs und bitte meinen Kameraden, die internationale Not- und Anruffrequenz auf dem Funkgerät zu rasten.

Links voraus taucht eine Insel auf.

»Verdammt! Das ist Juist! Wir sind schon viel zu weit! Dreh um! Wir müssen weiter südlich zurückfliegen«, sagt Weiß und versucht, den Kurs zur Position des Havaristen aus der Karte zu nehmen.

Bis es mir endlich gelingt, die Maschine gegen den Wind um 180 Grad zu drehen, sind wir weit von unserer Flugroute abgetrieben worden.

Winni Weiß gibt seine Bemühungen auf. Die Maschine wird von den einzelnen Sturmböen so durcheinandergeschüttelt, daß es unmöglich für ihn ist, die Karte ruhig auf den Knien zu halten. Unter uns jagt der Sturm Gischt und Wellen vor sich her. »Da vorn fährt die ›Breusing‹«, meldet sich Günter Kroll, unser Bordmechaniker plötzlich von unten.

Im gleichen Moment sehe ich den Rettungskreuzer auch. Wir nehmen Funkverbindung auf und erfahren, daß es noch eine gute Stunde dauern wird, bis die »Georg Breusing« den Havaristen erreicht. Dann schalten wir auf eine andere Frequenz um und rufen das in Not befindliche Schiff. »Küstenmotorschiff ›Exodus‹, Küstenmotorschiff ›Exodus‹, hier Rettungshubschrauber ›Pedro 33‹. Bitte melden!«

Gespannt lauschen wir in die Kopfhörer. Da, ein Knacken. Undeutlich und verstümmelt kommt die Antwort von dem Kümo.

»›Exodus‹ von ›Pedro 33‹. Sie sind sehr schlecht zu verstehen. Wir sind unterwegs zu Ihnen. Bitte senden Sie fünf Sekunden Dauerton, damit wir Sie anpeilen können«, sagt Weiß und stellt das Peilgerät auf Empfang.

»Daaaaa«, ertönt das Peilzeichen der »Exodus«. Die Nadel auf dem Radiokompaß wandert herum. Auf 290 Grad richtet sie sich aus. Peilung zwo – neun – null. Genau der Kurs, den wir anliegen haben.

Angestrengt starre ich hinunter auf die gischtende Wasserwüste und versuche den grauen Dunst, der uns umgibt, mit den Augen zu durchdringen. Die Sicht ist ziemlich schlecht geworden. Höchstens noch zwei Kilometer.

Weiß spricht schon wieder mit dem Kümo. »›Exodus‹ von ›Pedro 33‹. Wir haben Sie gepeilt und fliegen Sie aus 110 Grad an. Werden in wenigen Minuten bei Ihnen sein.«

Nur bruchstückweise können wir die Antwort des Havaristen aufnehmen: »... Zeit ... kommen ... Lage ... mei ... Schiff kritisch viel Wasser ... beeilen ...«

In fünfhundert Fuß Höhe fliegen wir über die aufgewühlte, kochende See. Die Gewalt der Orkanböen schüttelt den Hubschrauber zum Gotterbarmen. Selbst unsere beiden Bordmechaniker haben sich, was sie sonst nie taten, auf ihren Sitzen im Laderaum festgeschnallt.

Plötzlich stutze ich. War da nicht etwas? Ja, das mußte die »Exodus« sein. Ich nehme Gas weg und leite den Sinkflug ein. Schwer und unbeholfen liegt der Kümo beigedreht in der aufgewühlten See. Von jedem Brecher, der auf das Vorschiff der »Exodus« einschlägt, müssen sich Unmengen von Wasser in die weit offenstehende achtere Ladeluke ergießen.

Das achtern stehende Ruderhaus ist eingehüllt in Gischt und Schaum.

Achtzig Fuß über dem Havaristen bringe ich die Maschine zum Stehen. Im Windschatten des Ruderhauses steht ein Mann und winkt zu uns herauf.

Günter Kroll, gesichert durch einen breiten Haltegurt, beugt sich aus der Ladeluke und winkt zurück. Auf den ersten Blick sieht er, wie das Winschmanöver am besten durchzuführen ist. Vom Vorschiff aus ist es unmöglich. Die übergehenden Wassermassen würden jede Person, die sich dorthin wagte, sofort von Deck spülen. Vom Dach des Ruderhauses ginge es, wäre aber zu umständlich für eine Frau und für Kinder. So bleibt als einzige Möglichkeit das Achterschiff. Durch die Aufbauten vom Sturm geschützt, ist hier der relativ sicherste Platz.

Günter Kroll drückt auf den Knopf der Intercom-Sprechanlage. »Der Mast und die Antennen müssen weg, dann können wir es vom Achterschiff aus versuchen.«

Ich nicke nur. Bin jetzt vollauf damit beschäftigt, den Hubschrauber auf der Stelle zu halten.

Winni Weiß verliert keine Zeit. »Exodus‹ von ›Pedro 33‹. Hören Sie mich?«

Ein unverständliches Knarren aus dem Kopfhörer ist die Antwort.

»Exodus‹ von ›Pedro 33‹. Übernahme kann nur vom Achterschiff aus erfolgen. Bitte kappen Sie ihre Antennen und klappen Sie den Mast bei!«

Wieder knarrt und pfeifft es im Kopfhörer, es ist unmöglich, etwas zu verstehen.

Unten allerdings scheint man uns verstanden zu haben. Ein Mann kommt an Deck und macht sich, ständig eingedeckt von Spritzwasser und fliegender Gischt, an der Mastverstrebung zu schaffen.

Nur mit Mühe kann ich den Hubschrauber, der immer wieder von schweren Sturmböen geschüttelt wird, auf der Stelle halten. Die Steuerbordverstrebung ist lose. Wie eine Angelrute wird der Mast vom Sturm gebogen. Am Ruderhaus arbeitet sich der Mann zur Backbordseite hinüber. Der Sturm fetzt und zerrt an seinem Ölzeug.

Jetzt ist er an der Backbord-Mastverstrebung angelangt. Ein ungeheuerer Druck muß auf dieser Stahltrosse lasten. Mit einer Hand klammert sich der Mann an der Reling fest, mit der anderen bemüht er sich, die Verstrebung zu lösen. Nach ein paar Minuten hat er es endlich geschafft. Knallend löst sich die Stahltrosse. Mit berstendem Krachen schmettert der Sturm den Mast auf das Achterschiff. Der über das Schiff hinausragende Teil knickt ab wie ein Streichholz.

Die Antennen brauchen nicht mehr gekappt zu werden. Sie sind von dem fallenden Mast mitgerissen worden.

Jetzt kann es losgehen.

Weiß greift zu dem Schaltbrett über sich und legt einen der vielen kleinen Hebel um. »Winde ist eingeschaltet!«

»Ein paar Fuß tiefer gehen!« kommt dann die Anweisung von unserem Bordmechaniker. »Noch tiefer, noch ein paar Fuß! So ist es gut. Diese Höhe halten.«

So präzise, wie es unter den vorherrschenden Wetterbedingungen nur möglich ist, versuche ich die Maschine nach den Angaben des Bordmechanikers über das Schiff zu bringen.

Ein Blick auf den Radarhöhenmesser zeigt, daß wir uns genau sechzig Fuß über der tosenden See befinden. Diese Höhe muß ich halten, solange kein entgegengesetztes Kommando kommt. »Etwas nach rechts. Fünfzehn Meter! Noch zehn Meter! Noch fünf! – Langsamer werden! – Gut so! Stehen genau über dem Achterschiff!«

Vorher hatte ich die »Exodus« noch rechts unter uns in der See liegen sehen und den Hubschrauber danach ausrichten können. Jetzt, direkt über dem Schiff, habe ich keinen Anhaltspunkt mehr. Wohin ich auch sehe, überall türmen sich schmutziggraue, kalte Wogen.

Von den sich brechenden Wellenkämmen fetzt der Sturm Gischt und Schaum. Die Cockpitscheiben werden trüb, von Salzkristallen verklebt.

Weiß schaltet die Scheibenwischer ein, aber auch das bringt nicht viel. Es wird nur noch schlimmer, da nun alles verschmiert.

»Stehen goldrichtig so«, meldet nun Günter Kroll. »Ich lasse das Seil mit der Rettungsschlinge auslaufen! Seil läuft aus! – Wird vom Sturm abgetrieben. – Müssen weiter voraus! Zehn Meter Voraus! Ja, so ist's gut! Noch fünf Meter. Paß auf, laß die Mühle nicht nach links abfallen! Eine kleine Idee nach rechts! – So ist es prima. – Muß das Seil auf doppelte Länge ausfahren, so weit wird es vom Sturm abgetrieben. Die Schlinge ist noch drei Meter über dem Schiff. Jetzt ist sie an Deck. Der Kapitän nimmt die Schlinge wahr. Nun können wir wieder zurück. Aber schön langsam! – Stop! Stehen genau über dem Dampfer! Der Kapitän geht mit der Schlinge in den Windschatten des Ruderhauses. Die Tür geht auf! Im Türrahmen erscheint ein Kind. Der Kapitän bemüht sich, dem Kind die Schlinge umzulegen. – Wenn das man gutgeht!«

Einen Augenblick stockt er, dann fährt er fort: »So geht das nicht! Kann das nicht verantworten. Wenn die Kleine aus der Schlinge rutscht, ist sie rettungslos verloren.«

Durch puren Zufall haben wir gerade bei diesem Einsatz einen zweiten Bordmechaniker dabei, so daß mir die Entscheidung leichtfällt. »Zieh die Schlinge ein! Wir müssen Gerd nach unten schicken.«

Kroll legt den Schalter der Winde nach oben. Langsam läuft das Stahlseil ein und rollt sich auf der außen am Hubschrauber angebrachten Trommel auf.

Der Kapitän der »Exodus« ist immer noch bemüht, seiner Tocher die Rettungsschlinge umzulegen. Als er bemerkt, daß das Seil schon wieder eingezogen wird, scheint er nervös zu werden. Ob er denkt, die Rettungsaktion wird aus irgendwelchen Gründen abgebrochen? Fast hat es den Anschein. Das Kind beginnt zu weinen. Wütend zerrt der Mann an der Schlinge, die bereits einen Meter über dem Achterschiff hängt. In seiner Verzweiflung hebt er das Kind hoch und versucht, noch auf diese Weise seine Tochter in die Rettungsschlinge zu schieben.

»Hoch!« ruft der Bordmechaniker.

Gasgeben und ziehen ist eins. Unwillig heult das Triebwerk auf, doch fast augenblicklich reißen die 1 600 PS den Hubschrauber etwa zwanzig Fuß in die Höhe.

Gerd Schäfer hat sich inzwischen die Winschhose übergezogen, eine Art Hosenboje aus starkem Segeltuch, mit kräftigen Gurten verstärkt.

»Gleich habe ich die Schlinge oben, dann können wir einen zweiten Versuch starten«, meldet Kroll ins Cockpit. »Können die Winschhöhe schon wieder einnehmen.«

Vorsichtig drücke ich die Maschine nach unten, bis ich sechzig Fuß anliegen habe.

»Ich bringe Gerd außenbords«, meldet sich unser Bordmechaniker einen Augenblick später. »Winde läuft ab. – Sind etwas nach achtern abgetrieben worden. Eine Idee voraus, etwa sieben Meter! Aber langsam. – So läßt es sich schon bedeutend besser winschen. Nun wird die Schlinge jedenfalls nicht mehr so weit abgetrieben. Gerd hängt fünf Meter über dem Schiff. Wir müssen immer noch voraus. – Verflixt, jetzt fängt er an zu pendeln!«

Wachsam sitze ich hinter dem Steuerknüppel. Mit höchster Konzentration versuche ich die Anweisungen des Bordmechanikers so exakt wie möglich zu befolgen. Beruhigend klingt seine Stimme durch den Kopfhörer. Praktisch fliegt er die Maschine. Ich bin nur noch ausführendes Organ. Doch plötzlich schweigt er. »Was ist los?« rufe ich ins Mikrofon.

Kroll antwortet nicht. Was soll das bedeuten? Unruhe erfaßt mich. Es wird doch nichts passiert sein?

Die letzte Meldung besagte, daß unser Kamerad etwa fünf Meter über dem Schiff ins Pendeln kam. Mehr als dreißig Sekunden ist die Sprechverbindung zu Günter Kroll nun schon unterbrochen. Meine Gedanken überschlagen sich. Fieberhaft überlege ich, welche Entscheidung zu treffen sei.

Ist Kroll außenbords gefallen? Ist Schäfer schon an Deck der »Exodus« angelangt? – Oder pendelt er noch über dem Schiff am Seil hin und her?

Irgendetwas muß geschehen. Instinktiv reiße ich die Maschine in die Höhe und lasse sie nach Backbord abfallen. Jetzt sehe ich rechts unten den Havaristen liegen. Gerd Schäfer ist noch nicht an Deck, stelle ich aufatmend fest.

In Gedanken hatte ich ihn schon auf dem Achterschiff der »Exodus« liegen sehen.

Das Schiff ständig im Auge behaltend, verhalte ich den Hubschrauber erst einmal auf der Stelle und warte. –

»Ich bin wieder dran!« höre ich nach weiteren unendlich langen Sekunden die vertraute Stimme des Bordmechanikers.

Vorsichtig und ohne weitere Zwischenfälle dirigiert er nun den Hubschrauber über das Schiff.

Fünf Minuten später haben wir die Frau und die beiden Kinder des Kapitäns übernommen und können den Heimflug antreten. Der Sturm tobt noch immer mit unverminderter Gewalt. Weit hinten können wir von Zeit zu Zeit die schemenhaften Umrisse des langsam näherkommenden Seenot-Rettungskreuzers ausmachen. Der Kapitän der »Exodus« steht auf dem Achterschiff und winkt ein letztes Mal zum Hubschrauber herauf. Er will mit seinem Matrosen an Bord bleiben und auf die »Georg Breusing« warten. Langsam nehmen wir Fahrt auf und gehen auf Höhe. Weiß informiert unseren Kontrollturm über die gelungene Abbergung; dann ruft er noch den Seenot-Rettungskreuzer und unterrichtet ihn über die Lage bei dem Havaristen.

Eine Stunde und fünf Minuten nach dem Start setzen wir wieder auf unserem Landeplatz auf.

Während wir noch das Triebwerk abstellen, hilft Günter Kroll seinen Passagieren aus der Maschine und setzt sie in den vorgefahrenen Krankenwagen.

Unbeholfen und steif klettern wir wenig später aus dem Cockpit. Als wir etwa zwanzig Minuten später in unserem Bereitschaftsraum sitzen, berichtet Günter Kroll, was draußen bei der Abbergung geschehen war.

»Als Gerd ins Pendeln kam, beugte ich mich aus der Ladeluke, um die Pendelbewegungen am Seil abzubremsen. Dabei blieb ich dummerweise mit meinem Helm an einer Verstrebung seitlich an der Luke hängen. Plötzlich war die Verbindung zu euch unterbrochen. Der Steckkontakt der Intercom-Anlage war herausgerissen. Ich ging schnell nach hinten, um mir den Ersatz-Helm zu holen. Als ich wieder nach vorne kam, stockte mir der Atem. Eine riesige Welle hatte die »Exodus« auf den Rücken genommen. Gerd pendelte mit großem Schwung auf das Schiff zu.«

»Ja, ich kann wirklich von Glück sagen, daß ich noch heile Knochen habe«, warf Gerd Schäfer ein. »Ich zog beide Beine bis unters Kinn an. Buchstäblich in letzter Sekunde zog die Maschine hoch, und haarscharf zischte ich über das Ruderhaus hinweg. Hättet ihr nicht hochgezogen, so wäre ich vierkant dagegengebrummt. Heute abend können wir Geburtstag feiern.«

Es war noch einmal gutgegangen. –

Am späten Nachmittag traf auch die »Exodus« in Begleitung des Rettungskreuzers wohlbehalten im Borkumer Hafen ein.

Gestrandet auf Scharhörnriff

Schwere Sturmböen orgelten über die Deutsche Bucht herein, als der 4 663 BRT große, griechische Frachter »Emmanuel M« in der Nacht zum 4. Dezember 1967, auf der Reise von Rostock nach Rotterdam, die Brunsbütteler Schleuse verließ.

Mit bedenklichem Gesicht stand der in Brunsbüttel zugestiegene Lotse neben dem griechischen Kapitän auf der Brücke und starrte hinaus auf das aufgewühlte Wasser.

Vergebens hatte er versucht, den Kapitän davon zu überzeugen, daß es aufgrund der äußerst schlechten Wetterverhältnisse das Vernünftigste wäre, in der Elbmündung, auf der Brunsbütteler Reede, zu ankern und das Abflauen des Sturmes oder doch zumindest das Tageslicht abzuwarten.

Kapitän Chatzimichalis sah die Lage nicht so ernst und bestand darauf, seine Reise fortzusetzen. Er ahnte nicht, daß er diesen Entschluß noch bitter bereuen würde.

Eine halbe Stunde nach der Einfahrt in das Elbfahrwasser peitschte ein schwerer Regenschauer über das Schiff. Achteraus verschwanden die Lichter von Brunsbüttelkoog.

Mühsam kämpfte sich das 18 Jahre alte Schiff durch die aufgewühlte Nordsee, und mit jeder Meile, die die »Emmanuel M« hinter sich brachte, wurde der Seegang bösartiger.

Der dichte Regen, den der Sturm herantrieb, fuhr fast waagerecht über Deck und Brücke. Es war ein Wetter, bei dem man keinen Hund vor die Tür jagen würde. Aber es sollte noch schlimmer kommen in dieser Nacht.

Wegen des schweren Unwetters lagen die Lotsenversetzboote »Commodore Ruser« und »Kapitän Hilgendorf« weit zurückgezogen in der Elbmündung. Aus diesem Grund mußte der Lotse schon in Höhe des Feuerschiffes »Elbe II«, das gegen vier Uhr morgens erreicht wurde, den griechischen Frachter verlassen. Kapitän Chatzimichalis hatte ein ungutes Gefühl, als der Lotse sein Schiff verließ. Vielleicht wäre es doch besser gewesen, vor Brunsbüttel zu ankern, aber dafür war es nun zu spät. Das Wetter wurde immer schlechter, der Seegang immer steiler. Mit einem 24stündigem Druckfall, der bis zu 40 Millibar erreichte, zog eines der gefürchteten Nordmeersturmtiefs rasch südostwärts. Mit seinem Kern von weniger als 960 Millibar lag es zur Zeit dicht vor der mittelnorwegischen Küste. Unter Auslösung von stürmischen, böigen Winden überquerte eine Warmfront den größten Teil Norddeutschlands.

Das Schiff hatte hart gegen den groben Seegang anzukämpfen, und jedesmal, wenn der Bug krachend in ein Wellental schlug, lief ein Zittern durch jeden Zentimeter des Rumpfes, bis sich der Bug wieder hob und sich vom Druck der tonnenschweren, schäumenden Wassermassen freikämpfte.

Gegen fünf Uhr morgens, etwa eine Stunde nachdem der Lotse von Bord gegangen war, kam der Funker mit der Meldung auf die Brücke, daß noch mit einer weiteren Zunahme des Sturmes zu rechnen sei. Dabei war es jetzt schon schlimm genug.

Längst hatte Kapitän Chatzimichalis schon bereut, nicht dem Rat des Lotsen gefolgt zu sein. Die Meldung des Funkers auf weitere Wetterverschlechterung war ausschlaggebend für seinen folgenschweren Entschluß, nach Cuxhaven zurückzulaufen und dort das Abflauen des Sturmes abzuwarten. Ein Vorhaben, das in Unkenntnis der Tücken dieses gefährlichen Fahrwassers und des tobenden Nordweststurmes bei einem Seegang mit Wellenhöhen bis zu sechs Metern von vornherein zum Scheitern verurteilt war.

Weißschäumende Gischt hüllte jedesmal das gesamte Vorschiff ein, wenn der Bug bis über die Ankerklüsen in eines der riesigen Wellentäler hineinkrachte. Langsam und stetig nahm die »Emmanuel M« die Nase herum. Einen Augenblick später knallte ein gewaltiger Brecher gegen den hoch aufragenden Backbordbug des in Ballast fahrenden Schiffes. Schwere Brechseen brandeten über die Backbordseite herein und setzten das gesamte Oberdeck unter Wasser. Die »Emmanuel M« wurde zum Spielball der Wellen. Der Sturm hatte das Schiff an der Breitseite gepackt und ließ es nicht mehr los.

Auf der Brücke jagte ein Kommando das andere. Verzweifelt bemühten sich Kapitän und Besatzung das Schiff wieder unter Kontrolle zu bekommen, aber immer weiter wurde es von Sturm und Seegang auf die gefährlichen Sandbänke außerhalb des Fahrwassers zugetrieben.

Bleich, mit zusammengebissenen Zähnen, stand Kapitän Chatzimichalis neben dem Rudergänger. Schweißtropfen perlten über seine Stirn, liefen ihm in die Augen und in den Mund. Mit einer fahrigen Bewegung wischte er mit dem Handrücken über sein Gesicht.

»Ruder hart backbord! Volle Kraft zurück!« brüllte Chatzimichalis.

Der Rudergänger wirbelte das Steuerrad herum. Das Schiff bäumte sich auf, wurde von einer anrollenden Welle emporgehoben, holte stark schlingernd nach Steuerbord über, verharrte einen Augenblick und fiel dann quer zur See in das nachfolgende Wellental zurück.

Das verzweifelte Bemühen war vergeblich. Etwa eine halbe Meile vom flachen Wasser entfernt bekam die »Emmanuel M« erste Grundberührung. Dem ersten heftigen Aufsetzen, bei dem das gesamte Brückenpersonal durcheinandergewirbelt wurde, folgten in rascher Folge einige weitere Grundstöße. Einen Augenblick lag das Schiff fest, quer zur See, inmitten schwerster Brandung. Dann riß es sich wieder los.

Alle Versuche, das Schiff unter Kontrolle zu bekommen, schlugen fehl. Immer weiter und immer schneller trieb die »Emmanuel M« auf die Robbenplatte zu. Die gegen die Backbordseite donnernden Brechseen warfen das Schiff herum. Es lag nun genau mit dem Heck zur See. Immer wieder erfolgten heftige Grundstöße, die es in allen Fugen erzittern ließen. Die von achtern heranrollenden, schweren Grundseen fetzten nur so an den Bordwänden entlang.

Die Küstenfunkstelle Elbe-Weser-Radio fing den Notruf des Griechen, der dauernd nach Schlepperhilfe rief, auf und alarmierte unverzüglich die Seenotleitung der Deutschen Gesellschaft zur Rettung Schiffbrüchiger in Bremen und die SAR-Leitstelle in Glückburg.

Kurz darauf wurden bei dem Seenot-Rettungskreuzer »Arwed Emminghaus« an der Cuxhavener Kugelbake die Leinen losgeworfen. Die in Bereitschaft stehenden SAR-Hubschrauber in Kiel, Husum und Westerland erhielten Befehl, sich zum Einsatz klarzumachen.

Schon gleich nach der Einfahrt ins Elbfahrwasser wurde die »Arwed Emminghaus« fürchterlich von der See eingedeckt. Der Kreuzer machte die reinsten Bocksprünge. Jedesmal wenn der schnittige Bug eine der heranrollenden Wogen zerteilte, stieg die Gischt meterhoch und fetzte über den offenen Turm hinweg, auf dem sich der Vormann hinter die Klarsichtscheibe duckte. Nach einem wahren Höllenritt stoppte »Arwed Emminghaus« in der Nähe des Havaristen. Die starken Scheinwerfer des Rettungskreuzers rissen den gestrandeten Frachter aus der Dunkelheit.

Rings um den Griechen kochte die See. Immer wieder steilten gewaltige Grundseen hoch und brachen über das Achterschiff nieder.

Entgegen allen Erwartungen konnte sich der Kapitän nicht dazu durchringen, das Schiff zu verlassen. Er wollte zunächst das Eintreffen der angeforderten Schlepper abwarten, bat den Rettungskreuzer jedoch, für alle Fälle in der Nähe zu bleiben. Die Rettungsmänner sahen auf den ersten Blick, daß es nahezu aussichtslos war, das Schiff freizuschleppen, aber alles gute Zureden half nichts. Kapitän Chatzimichalis beharrte hartnäckig auf seiner Meinung.

Endlich trafen die beiden Hochseeschlepper ein und schon beim ersten Versuch stellte sich heraus, daß es völlig unmöglich war, an den Havaristen heranzukommen, um die Schlepptrosse zu übergeben.

Jetzt auf einmal, nachdem sich die Schlepper in tieferes Wasser zurückgezogen hatten, bat der griechische Kapitän um die Abbergung seiner Besatzung.

Mit eingeschaltetem Mastscheinwerfer tastete sich »Arwed Emminghaus« langsam und vorsichtig an den Havaristen heran. Der Kegel des Scheinwerfers strich über die aufgewühlte, tobende See und tauchte die hohen, weißen Schaumkronen in gleißende Helligkeit, während die tiefen Wellentäler in undurchdringlicher Dunkelheit blieben.

Dann stieß »Arwed Emminghaus« hinein in die Brandung. Der Seegang spottete jeder Beschreibung und das Echolot machte die wildesten Sprünge. Die von achtern über den Kreuzer hereinbrechenden Sturzseen rauschten schäumend über das Deck. Im Mast pfiff und heulte der Sturm.

In dem tosenden Durcheinander der kreuz und quer laufenden Seen bekam »Arwed Emminghaus« Grundberührung. Zwei, drei harte Stöße mußte der Kreuzer hinnehmen, dann gelang es dem Vormann durch schnelle und geschickte Manöver mit Ruder und Schraube wieder freizukommen.

92

Auch ein weiterer Versuch, an den hoch auf der Robbenplatte sitzenden Havaristen heranzuscheren, erwies sich als unmöglich. Die Hochwasserzeit war längst überschritten, der Wasserstand zu niedrig. Darüber hinaus prallten die ablaufende Flut und der tobende Nordwest nun voll aufeinander und bauten einen derart groben Seegang auf, daß an den Einsatz des in der Heckwanne des Kreuzers festgelaschten Tochterbootes überhaupt nicht zu denken war.

Von schweren Sturzseen eingedeckt, die oft bis hinauf zum Turm in den oberen, offenen Steuerstand kletterten, zog sich »Arwed Emminghaus« in tieferes Wasser zurück. Über UKW beruhigten die Rettungsmänner den griechischen Kapitän und beschworen ihn, auf keinen Fall eigene Rettungsboote auszusetzen. Die See würde sie zerschlagen, noch bevor sie die Wasseroberfläche erreicht hätten.

Trübe und grau dämmerte der Morgen, als die drei SAR-Hubschrauber aus Kiel, Husum und Westerland sternförmig auf den Havaristen zuflogen.

Die aus Kiel kommende Maschine traf als erste bei dem Havaristen ein, »hängte« sich über das Vorschiff und begann sofort mit der Abbergung der Besatzung. Problemlos wurden 24 Seeleute durch die drei Hubschrauber übernommen und nach Cuxhaven gebracht. Der Kapitän blieb mit fünf Mann an Bord zurück. Er hatte die Hoffnung noch immer nicht völlig aufgegeben und rechnete sich eine Chance aus, mit dem Nachmittagshochwasser freizukommen.

Den ganzen Tag über stand »Arwed Emminghaus« in unmittelbarer Nähe des Havaristen bereit, um notfalls sofort Hilfe leisten zu können.

Auf dem Marinefliegerhorst Nordholz wurde zusätzlich einer der drei SAR-Hubschrauber in Bereitschaft gehalten.

Kurz nach 15.00 Uhr war es soweit. Alle Freischleppversuche waren gescheitert. Seegang und Mahlsand konnten das Schiff jeden Augenblick auseinanderbrechen lassen.

Angesichts dieser bedrohlichen Lage entschloß sich Kapitän Chatzimichalis endlich, das Schiff aufzugeben. Über Funk wurde der bereitstehende SAR-Hubschrauber alarmiert, und bereits um 15.35 Uhr befanden sich die restlichen sechs Besatzungsmitglieder der »Emmanuel M« auf dem Flug zum Festland.

Fast drei Jahre lang lag der griechische Frachter auf einer Sandbank des Scharhörnriffs fest. Anfang Juli 1970 gelang, was niemand für möglich gehalten hätte: Die »Emmanuel M« wurde freigeschleppt und konnte somit ihren unfreiwilligen Liegeplatz in der Elbmündung verlassen.

Notraketen über der Nordsee

Drei Wochen nachdem der griechische Frachter »Emmanuel M« bei schwerem Nordweststurm auf Scharhörn-Riff gestrandet und die 30köpfige Besatzung durch drei SAR-Hubschrauber abgeborgen worden war, fegte »Rasmus« wieder über die Deutsche Bucht. Bei schwerer Sturmsee mit 5 – 6 Meter hohen Wellen und Orkanböen bis zu 135 km/h geriet der Hamburger Fischkutter »Adonis« am späten Nachmittag etwa 40 Seemeilen nordwestlich von Helgoland in Seenot und funkte SOS. »Ruderhaus zerschlagen! Wassereinbruch im Schiff! Gehen in die Rettungsinsel!« lautete der letzte Funkspruch der »Adonis«.

Unverzüglich wird von Norddeich-Radio die Deutsche Gesellschaft zur Rettung Schiffbrüchiger und die SAR-Leitstelle in Glücksburg alarmiert. Es ist schon später Nachmittag, und bald wird die Dunkelheit hereinbrechen. Von Helgoland läuft der nach seiner Unglücksfahrt im Februar grundüberholte Seenot-Rettungskreuzer »Adolf Bermpohl« aus. Der Fischkutter »Nixe«, im Seegebiet nördlich von Helgoland, meldet, daß er Kurs auf die Unfallstelle nehmen werde.

Es wird Stunden dauern, bis die Schiffe in der vom Orkan aufgepeitschten, hochgehenden See die Position der treibenden Rettungsinsel erreicht haben. Norddeich-Radio sendet eine Dringlichkeitsmeldung und bittet alle Schiffe, in dem angegebenen Seegebiet nach den Schiffbrüchigen Ausschau zu halten. Der über die Deutsche Bucht fegende Nordweststurm und die große Entfernung verbieten es, einen SAR-Hubschrauber des Marinefliegergeschwaders 5 einzusetzen.

Aber geholfen muß werden.

Schließlich einigt man sich bei der SAR-Leitstelle in Glücksburg nach Absprache mit der benachbarten, dänischen SAR-Leitstelle in Karup, eine Grumman ALBATROS aus Kiel und einen, mit zwei Turbinentriebwerken ausgestatteten dänischen SAR-Hubschrauber vom Typ Sikorsky S-61 auf See hinauszuschicken. Schon der Start des schweren Amphibienflugzeuges in Kiel-Holtenau ist mit erheblichen Schwierigkeiten verbunden. Der Kommandant der Maschine, Hauptbootsmann Willy Heinecke, spürt förmlich in seinen um das Steuersegment liegenden Händen die wütenden Orkanböen, die an seinem Flugzeug rütteln, während er auf das östliche Ende der Startbahn zurollt. Hier angekommen, versucht er auf die Startbahn einzukurven. Ein aussichtsloses Unterfangen, wie sich herausstellt.

Trotz geschickter Steuermanöver mit beiden Propellern schafft es der Pilot nicht, sein Flugzeug in Startrichtung zu drehen. Die schwere Maschine, vom Sturm an der Seite gepackt, versucht nach links auszubrechen. Nur mit Mühe gelingt es Heinecke, seine ALBATROS auf dem Taxi-way zu halten.

Kostbare Zeit geht verloren, bis endlich die Lichtkegel des über Funk angeforderten Schleppers in der hereinbrechenden Dunkelheit langsam auf das quer zur

Startbahn stehende Flugzeug zukriechen. Eine Schleppstange wird angebracht. Einige bange Minuten verstreichen, ehe das Flugzeug in Startrichtung bugsiert ist. Während des Schleppmanövers, das mit drehenden Luftschrauben unterstützt wurde, bestand jederzeit die Gefahr, daß der auf der Stelle drehende Reifen des Fahrwerks von der Felge springen konnte. Aber es ist gutgegangen.

Inzwischen herrscht völlige Dunkelheit. Im Cockpit der ALBATROS werden die Gashebel nach vorne geschoben. Dumpf brüllen die beiden Triebwerke auf und langsam setzt sich das Flugzeug in Bewegung. Immer schneller werdend stürmt die Maschine vorwärts, hebt schon auf halber Runway-Länge ab und verschwindet einen Augenblick später in der tief über dem Flugplatz dahinjagenden, dichten Wolkendecke.

Vom Kontrollturm kommt die Anweisung, bis auf 3 000 Fuß Höhe zu steigen und dann in nordwestlicher Richtung auf Kurs zu gehen. Routinemäßig wird die Anweisung bestätigt. Jetzt, nach geglücktem Start, ist die vorprogrammierte Hektik, die jedesmal in der Zeit zwischen Einsatzbefehl und take-off auszubrechen droht, vergessen. Im Cockpit kehrte Ruhe ein.

Mit Höchstgeschwindigkeit strebt »Dumbo 30«, immer wieder von schweren Böen geschüttelt, auf die deutsche Nordseeküste zu. Gleich nach dem Verlassen der Kontrollzone nimmt der Bordfunker Verbindung mit »Trepan 01«, dem vor etwa zwanzig Minuten gestarteten dänischen SAR-Hubschrauber auf und vereinbart einen Treffpunkt über See. Beide Maschinen, die ALBATROS wie auch die S-61, sind mit Decca-Navigationsgeräten ausgerüstet, so daß die technischen Voraussetzungen für ein Treffen über See bei Nacht und bei schlechter Sicht gewährleistet sind.

Im Verbandsflug wollen die deutschen und die dänischen Rettungsflieger dann von ihrem Rendezvous-point aus die Unfallstelle anfliegen.

Die Küstenlinie wird überflogen, und »Dumbo 30« gibt Höhe auf. Immer weiter dreht der Zeiger des Höhenmessers entgegen dem Uhrzeigersinn, bis bei etwa 1 500 Fuß die Wolkendecke durchstoßen wird. Unter Sichtflugbedingungen wird der Flug fortgesetzt, und schon zehn Minuten später sind rechts voraus die Navigationslichter und das rote Anticollisionlight der nach Westen fliegenden S-61 über der nachtschwarzen See auszumachen. »Dumbo 30« schließt an »Trepan 01« heran und verringert die Geschwindigkeit. In 1 000 Fuß Höhe fliegen das deutsche Suchflugzeug und der dänische Rettungshubschrauber durch die Nacht. An Backbord querab sind in der Ferne einige verschwindend kleine Lichter auszumachen. Dort liegt Helgoland. Voraus, in der endlosen Weite der hochgehenden See, in trostloser Finsternis treibt irgendwo eine winzige Rettungsinsel, in der drei Menschen sitzen, die auf Rettung warten.

Noch fünfunddreißig Meilen bis zur Unfallstelle, dann wird die Suche beginnen. Ruhig und gleichmäßig brummen die beiden Motoren. Im Cockpit der ALBATROS ist es angenehm warm. Nichts, außer dem Schütteln der Maschine, wenn sie von besonders harten Böen getroffen wird, deutet auf das Unwetter hin, das draußen tobt.

Der Bordfunker fragt gerade den dänischen Copiloten, für wieviel Flugzeit er noch Kraftstoff zur Verfügung habe, als dieser ihn hastig unterbricht: »Mayday! Mayday! Mayday! – Enginefailure! – In rapid descent!« – Triebwerksausfall! Verlieren schnell an Höhe!

Wie auf Kommando fliegen die Köpfe der deutschen SAR-Flieger im Cockpit der ALBATROS herum. Die Monotonie an Bord von »Dumbo 30« ist schlagartig höchster Alarmbereitschaft gewichen. An Steuerbord querab, wo gerade noch die blitzenden Navigationslichter von »Trepan 01« zu sehen waren, ist jetzt dunkle Nacht.

Eine Landung bei diesem Seegang und bei dieser Finsternis – schießt es dem Ersten Piloten durch den Kopf, – na dann gute Nacht.

Während Heinecke seine Maschine in einer steilen Rechtskurve herumzieht, um nach dem verschwundenen Hubschrauber Ausschau zu halten, wird vom Bordfunker bereits die SAR-Leitstelle über die Notlage informiert.

Da, tief unten sind die Lichter des Hubschraubers! Sitzt er bereits auf dem Wasser, oder ist er noch in der Luft?

Einen Augenblick später kann die ALBATROS-Besatzung erleichtert aufatmen, als die Dänen melden, daß es ihnen im letzten Moment gelungen ist, ihre Maschine dicht über dem Wasser abzufangen. Mit dem einen, auf vollen Touren laufenden Triebwerk konnten sie die Sinkgeschwindigkeit ihrer Maschinen so weit reduzieren, daß sie nur ganz kurz das Wasser berührten und dann sofort wieder in der Luft waren.

Glück im Unglück.

Langsam und mit äußerster Vorsicht gewinnt »Trepan 01« wieder an Höhe. Es bedarf keiner Frage, daß nun sofort der Rückflug angetreten werden muß. Eine nächtliche Windenrettung mit nur einem Triebwerk wäre selbst bei guter Wetterlage nicht durchführbar. »Dumbo 30« informiert die SAR-Leitstelle über die Lage und begleitet dann den Hubschrauber, bis dieser die Festlandküste erreicht hat.

Nun kann sich »Trepan 01« selbst helfen, falls das zweite Triebwerk auch noch Kummer machen sollte.

Die größte Gefahr, die eine Notwasserung des Hubschraubers bedeutet hätte, ist gebannt, und »Dumbo 30« kann sich wieder seiner eigentlichen Aufgabe zuwenden: der Suche nach einer kleinen Rettungsinsel, weit draußen auf See, in tiefer Dunkelheit, zwischen meterhohen Wellenbergen.

»Heading two eigth zero! Estimate position one eight one zero!« sagt der Navigator, nachdem sich der Bordfunker von »Trepan 01« verabschiedet und einen guten Heimflug nach Skrydstrup gewünscht hat. Kurs 280 Grad! Voraussichtliche Ankunftszeit an der Notfallposition 18.10 Uhr.

Wieder boxt »Dumbo 30« gegen den Sturm an.

Von der SAR-Leitstelle kommt die Meldung, daß inzwischen ein anderer dänischer SAR-Hubschrauber gestartet sei. Gleichzeitig wird die aufgrund der Verzögerung neu berechnete, wahrscheinliche Position des treibenden Schlauchbootes übermittelt. Kurz nach 18.00 Uhr erreicht »Dumbo 30« nach fast zwei Stunden Flugzeit die Ausgangsposition und setzt in 1 000 Fuß Höhe zu dem befohlenen Expanding Square Search* mit einer trackspacing (Suchstreifenbreite) von einer Meile an. Von den Schiffbrüchigen ist nichts zu sehen. Unter den SAR-Fliegern tobt die von der Nacht verhüllte See. Der Navigationsoffizier sitzt über den Radarschirm gebeugt, die beiden Piloten, der Bordfunker und der Bordmechaniker halten scharfen Ausguck. Sie alle wissen, daß es völlig unmöglich ist, die Rettungsinsel in der Schwärze der Nacht zu sichten, aber die Schiffbrüchigen, sollten sie noch am Leben sein, würden sich sicher bemerkbar machen, wenn sie ihrerseits das Dröhnen der Flugzeugmotoren oder die Navigationslichter der Maschine bemerken würden.

Ein Suchquadrat nach dem anderen, immer größer werdend als das vorhergehende, wird abgeritten. Es ist ermüdend und monoton. Ringsum herrscht totale Finsternis, nicht ein Stern ist am Himmel zu sehen, nicht ein Licht in der endlosen Weite der See, gut einhundert Kilometer von der Küste entfernt.

Zweifel und Fragen tauchen auf: Werden wir sie finden? Ob wohl die Positionsangabe stimmte, die sie durchgaben, als sie von Bord gingen? Hat die SAR-Leitstelle die Driftstrecke und das Suchgebiet richtig berechnet?

Immer wieder müssen sich die Männer an Bord der ALBATROS zwingen, nicht in ihrer Aufmerksamkeit nachzulassen. Weitersuchen! – Ein neues Quadrat, Seitenlänge 12 Meilen, wird begonnen.

»Da! Da vorne, ein Licht! – Links voraus!« ruft der Copilot plötzlich und unterbricht so das monotone Brummen der beiden Triebwerke.

Schlagartig herrscht gespannte Aufmerksamkeit an Bord. Heinecke zieht die Maschine herum und hält in die angegebene Richtung. »Wo? Ich sehe nichts!«

Trostlose Dunkelheit liegt über der See. »Navigator?« – »Sorry! Kein Radarecho! Nur die ›Bermpohl‹ in siebzehn Meilen Entfernung.«

Dann steigen plötzlich die Notraketen aus der Dunkelheit empor, drei oder vier Stück, grellrot heben sie sich in die pechschwarze Finsternis, beschreiben, vom Sturm getrieben, flache Bögen und landen verlöschend in der See. Die Schiffbrüchigen sind gefunden.

»Bordmechaniker! Marker klar zum Abwurf! – On top! Weg damit!«

Die Suchaktion ist erfolgreich abgeschlossen; jetzt kann die Rettungsaktion beginnen.

In 1 000 Fuß Höhe kreist »Dumbo 30« um die in der Nähe der Rettungsinsel abgeworfene Leuchtboje, während der Bordfunker die SAR-Leitstelle, Norddeich-Radio, den Seenot-Rettungskreuzer »Adolf Bermpohl« und »Trepan 04« informiert.

Zwanzig Minuten später ist »Trepan 04« zur Stelle. Geisterhaft tastet der Landescheinwerfer des Hubschraubers über die gischtende See. Dann reißt der grelle

---

* siehe Anhang, Anlage 4: Suchverfahren

Lichtschein die Rettungsinsel aus der Nacht. In dem nach unten gerichteten Scheinwerferlicht kann die Besatzung des Amphibienflugzeuges beobachten, wie vom Hubschrauber aus ein Mann nach unten gelassen wird.

Bei Windstärke 10 mit Orkanböen und einem Seegang mit Wellenhöhen bis zu sechs Metern gelingt es der dänischen Hubschrauberbesatzung innerhalb von nur acht Minuten alle drei Schiffbrüchigen aus der Rettungsinsel zu bergen.

»Adolf Bermpohl«, über die gelungene Rettung informiert, tritt die Rückfahrt nach Helgoland an.

Um jedes Risiko auszuschließen, begleitet »Dumbo 30« den dänischen SAR-Hubschrauber auf seinem Weg über die Nordsee bis nach Esbjerg.

Dann treten auch die Männer in der ALBATROS den Heimflug an.

Feuer an Bord

An Backbord querab fingerten die starken Lichtbündel des Borkumer Leuchtturmes durch die Dunkelheit der Nacht. Ruhig und bedächtig zog der 12 544 tdw große deutsche Ostasien-Express-Frachter »Bavaria« der Hamburg-Amerika-Linie auf der Ausreise nach Japan durch die von einem steifen Nordwest aufgeworfene See. Das Wetter war ziemlich rauh in dieser Nacht zum 7. März 1968, aber das war nichts Ungewöhnliches für diese Jahreszeit.

Auf der Brücke herrschte normaler Routinebetrieb. Die »Bavaria« hatte gerade die Tonne »HB« passiert, als plötzlich und unverhofft eine dumpfe Explosion das Schiff erschütterte und in allen Fugen erbeben ließ. Die Beleuchtung begann zu flackern, die Alarmglocke schrillte durch das Schiff.

Dann liefen die ersten Schadensmeldungen auf der Brücke ein: Feuer in den vorderen Laderäumen! – Mehrere Lukendeckel von der Explosion aufgerissen! – Soweit feststellbar kein Personenschaden!

Wenige Minuten nach der Explosion war die gesamte Besatzung des Frachters auf den Beinen.

Die »Bavaria« hatte Chemikalien geladen, die nicht mit Wasser in Berührung kommen durften. Um das Schlimmste zu verhindern, entschloß sich der Kapitän, beizudrehen und das Feuer zu bekämpfen. Auf der Brücke wurden die entsprechenden Befehle gegeben. Langsam drehte die »Bavaria« nach Steuerbord und verlangsamte die Fahrt.

Plötzlich entdeckte jemand die weißen Schaumreihen der Brandung. Ein sicheres Zeichen für flaches Wasser.

Bevor die Schiffsleitung noch entsprechend reagieren konnte, schob sich die »Bavaria« mit dumpfem Knirschen auf die Sandbank.

Aber das war das kleinere Übel. Zunächst mußte das Feuer bekämpft werden.

Der Erfolg blieb aus. Der Löschvorrat an Kohlendioxyd war schnell verbraucht, doch nach wie vor brannte es in den Laderäumen.

Die »Bavaria« lag fest, inmitten einer heftigen Brandung. Die Seen brandeten gegen das Vorschiff und wuschen darüber hinweg, und gerade darum bestand noch immer erhöhte Explosionsgefahr.

Angesichts der prekären Situation entschloß sich der Kapitän, den größten Teil der Besatzung so schnell wie möglich in Sicherheit bringen zu lassen.

Der Notruf wurde sowohl von dem Seenot-Rettungskreuzer »Georg Breusing« als auch von dem niederländischen Motorrettungsboot »Gebroeders Luden« von der Station Oostmahorn aufgefangen. Unmittelbar darauf wurden bei beiden Booten die Leinen losgeworfen.

Mit schäumender Bugwelle preschte »Georg Breusing« aus dem Borkumer Hafen und nahm bei Nordweststurm und rauher See Kurs auf den Havaristen.

Der Vormann des niederländischen Rettungsbootes, Zeemann, wählte, um Zeit zu sparen, den abkürzenden Weg durchs Kajgat. Vorsichtig manövrierte er sein Boot mit langsam drehenden Schrauben durch die Brandung hinaus in die Nordsee. »Gebroeders Luden« hatte kaum den Brandungsgürtel passiert, als ein gewaltiger Brecher herangerauscht kam und mit vernichtender Gewalt auf das Rettungsboot niederstürzte. Wie eine Sintflut brach die See über das Boot herein. Die tonnenschwere Wasserlast drückte »Gebroeders Luden« flach und platt auf die See und rollte darüber hinweg. Aufgrund der ernormen Schräglage von über 90 Grad wurden die Ölmangelsicherungen ausgelöst und die Motoren blieben stehen.

Wie ein Stehaufmännchen richtete sich das Rettungsboot wieder auf, als der Kaventsmann endlich vorübergerauscht war. Zum Glück war niemand von der Besatzung außenbords gegangen. Ohne lange zu überlegen, wurden die Maschinen wieder gestartet und die Fahrt fortgesetzt.

Gegen halb vier Uhr morgens erreichte »Gebroeders Luden« den auf der Sandbank festsitzenden, brennenden Frachter. Über UKW bat der Kapitän der »Bavaria« den niederländischen Rettungsbootsvormann zunächst 21 Personen, darunter vier weibliche Passagiere, von seinem Schiff abzubergen.

Einen Augenblick später schoß die »Gebroeders Luden« hinein in die Brandung. Drei Rettungsmänner standen mit umgelegten Sicherheitsleinen auf dem Vorschiff des Rettungsbootes bereit. Einzeln pflückten sie bei jedem Anlauf die auf einer Jakobsleiter nach unten kletternden Menschen von der Bordwand. Immer wieder schnappte »Gebroeders Luden« zu, wie ein Hund nach einem Bissen. Auf einer Welle reitend, schoß das Rettungsboot auf die »Bavaria« zu und stoppte unmittelbar vor der hochaufragenden Bordwand. Ein Sprung – beherztes Zupakken, und wieder war ein Mann in Sicherheit.

Äußerst schwierig gestaltete sich die Abbergung der vier Frauen. Ängstlich klammerten sie sich an der Jakobsleiter fest, wagten nicht den Sprung, selbst wenn sie sich nur hätten auf das Vorschiff des Rettungsbootes fallen lassen müssen. Immer wieder einen günstigen Moment abpassend, schrammte Vormann Zeemann mit seinem Boot an der Bordwand entlang. Über der Reling hängend griffen seine Männer zu.

Nach eineinhalbstündiger Schwerarbeit, bei der sie immer wieder von kräftigen Seen eingedeckt und unter Wasser gesetzt worden waren, hatten sie es geschafft: siebzehn Männer und vier Frauen waren übernommen worden.

Mit den 21 Geretteten an Bord fuhr »Gebroeders Luden« nach Oostmahorn zurück.

Der deutsche Seenot-Rettungskreuzer »Georg Breusing«, der inzwischen auch die Unfallstelle erreicht hatte, übernahm die Wache bei dem Havaristen. Fast 14 Stunden lag »Georg Breusing« in unmittelbarer Nähe des Frachters. Zunächst sicherte er den vergeblichen Abschleppversuch des Schleppers »Bugsier 26« und dann während des ganzen Tages den Einsatz der Marineflieger.

Morgens, gegen 07.30 Uhr, klingelte bei der SAR-Außenstelle in Borkum das Telefon. »Brennender Frachter 0,3 Meilen südlich der Tonne ›HB‹ auf Grund gelaufen. Benötigt dringend CO_2-Schaum zur Feuerbekämpfung«, lautete der Alarmspruch.

In diesem Augenblick lief eine Aktion an, die in ihrer Art bis heute einmalig ist. Um 08.10 Uhr startete der auf Borkum stationierte SAR-Hubschrauber mit einer Flasche CO_2-Schaum an Bord zu dem in den Emsmündung liegenden Schiff.

Die CO_2-Flasche, übrigens die einzige, die auf ganz Borkum vorhanden war, war auf einen fahrbaren Karren montiert und gehörte zur Ausrüstung der SAR-Außenstelle. Eigenartigerweise machte sich niemand an Land Gedanken über die besondere Art der Feuerlöschanlage an Bord der »Bavaria«.

In einem schwierigen Manöver gelang es schließlich, den unhandlichen Karren mit der Kohlendioxyd-Flasche zwischen die hohen Ladebäume des Schiffes abzuwinschen.

Die ganze Mühe war jedoch umsonst, wie sich kurz darauf herausstellte. Der Hubschrauber war kaum wieder auf Borkum gelandet, als sich erneut die Signalstelle meldete und mitteilte, daß die »Bavaria« mit der einen Flasche überhaupt nichts anfangen könne. Benötigt würden 80 Flaschen, die an die Feuerlöschanlage angeschlossen werden müßten.

Nun war guter Rat teuer. Eine Stunde lang wurde hin und her beraten. Es wurde der Vorschlag gemacht, das Kohlendioxyd aus Emden zu besorgen und durch einen Bergungsschlepper zu dem Havaristen hinausbringen zu lassen. Aber auch das war nicht durchführbar. Aufgrund seines Tiefganges würde der Schlepper nicht an die mit dem Vorschiff auf der Sandbank liegende »Bavaria« herankommen. Kostbare Zeit ging verloren.

Schließlich wandte sich die Reederei an die Bundeswehr und bat um Hilfe. Die Heeresfliegerwaffenschule in Bückeburg erklärte sich bereit, für den Transport der in Bremen bereitgestellten Kohlendioxyd-Flaschen nach Borkum zu sorgen. Die Weiterleitung zur »Bavaria« sollte durch SAR-Hubschrauber der Marine erfolgen. Nachdem die erforderlichen Absprachen getroffen worden waren, konnte die »Aktion Feuervogel« anrollen.

Bei der SAR-Außenstelle in Borkum war man indessen nicht untätig. Um die CO_2-Flaschen auf das Schiff abwinschen zu können, wurden passende Eisenringe geschmiedet und mit einer Öse versehen.

Um 12.05 Uhr verlegte »Pedro 33« hinüber zu dem kleinen Sportflugplatz der Insel. Hier war mittlerweile schon alles für den Großeinsatz vorbereitet: Feuerlöschfahrzeuge und Tankwagen standen bereit. Auch ein Arbeitskommando war schon eingetroffen. Kurze Zeit später kurvten die ersten Zubringermaschinen in die Platzrunde ein. Es waren mehrere Do 27. Mit jeweils zwei Flaschen an Bord, setzten sie zur Landung an.

Die Zubringermaschinen wurden entladen, die jeweils zwei Zentner schweren Stahlflaschen in den Hubschrauber verfrachtet. Der Bordmechaniker überwachte die Beladung und sorgte dafür, daß die Flaschen im Laderaum des Hubschraubers gut verstaut wurden.

12.30 Uhr. Eine letzte Überprüfung der Instrumente. Magnet-Check! Alles o.k. Mit sechs Flaschen an Bord hob »Pedro 33« ab und flog über die Insel hinaus auf die offene See.

Schon während des Fluges wurden die Ringe über die ersten Flaschen gezogen.

Nach 10minütigem Flug traf »Pedro 33« bei der brennenden »Bavaria« ein. Vorsichtig manövrierte der Pilot seine Maschine über das Vorschiff des Frachters. Es war Millimeterarbeit, die nun geleistet wurde. Die hohen Ladebäume gewährten nur sehr wenig Bewegungsfreiheit.

Fast vierzig Minuten hing »Pedro 33« wie festgenagelt über dem Schiff. Angespannt und konzentriert saßen die beiden Piloten im Cockpit, während der Bordmechaniker und ein Mann des Arbeitskommandos unten im Laderaum Schwerarbeit leisteten. Eine Flasche nach der anderen wuchteten sie an die offene Laderaumtür. Dann wurde der Haken in die Öse eingepickt, und mit einem Ruck wurde die schwere Flasche außenbords gehievt.

Schon nach der zweiten Flasche, die auf das Schiff abgewinscht wurde, begannen sich die Eisenringe zu verbiegen. Mit dem Hammer mußten sie gewaltsam auf die folgenden Flaschen aufgetrieben werden. Mit dieser mühsamen Methode würde es eine Ewigkeit dauern, alle 80 Flaschen abzuwinschen. Über Funk wurden stärkere Ringe bestellt, die sofort angefertigt und zum Flugplatz gebracht werden sollten.

Endlich waren alle sechs Flaschen an Bord der »Bavaria«. Knapp zehn Minuten später landete »Pedro 33« wieder auf dem Flugplatz, auf dem mittlerweile alle Zubringermaschinen eingetroffen waren. Es sah aus wie an einem Großflugtag. Mehrere Do-27, und Hubschrauber vom Typ Bristol SYCAMORE und Bell UH-1D standen auf den Abstellplätzen.

Während das Arbeitskommando noch mit der Beladung der Maschine beschäftigt war, kam ein Jeep vorgefahren und brachte die soeben fertiggestellten neuen Eisenringe.

Ohne Zeit zu verlieren startete »Pedro 33« mit der zweiten Ladung Kohlendioxyd.

Beim Anflug, unmittelbar vor Erreichen des Schiffes, wurde schon die erste Flasche, an der Seilwinde hängend, außenbords gewuchtet. Es gab einen Ruck, die CO_2-Flasche kippte nach vorn und – rutschte aus dem Ring. Wie ein Torpedo zischte sie etwa fünf Meter vor dem Bug der »Bavaria« in Wasser. Das hätte leicht schiefgehen können. Zum Glück war nichts passiert.

Im Laufe des Nachmittags fand sich der in Westerland stationierte SAR-Hubschrauber zur Unterstützung ein. Im Pendelverkehr wurden während der nächsten Stunden alle 80 Flaschen zu dem Havaristen hinausgebracht.

Über den ganzen Tag verteilt schwebte etwa sieben Stunden lang ständig ein Hubschrauber über dem brennenden Schiff. Sechs Tonnen CO_2-Schaum wurden ungeachtet weiterer Explosionsgefahr auf der »Bavaria« abgesetzt. Es war ein harter und anstrengender Tag für die Marineflieger von Borkum und Westerland; aber die Anstrengung hat sich gelohnt. Durch den Einsatz der beiden SAR-Hubschrauber und durch die Mitwirkung der Heeresflieger aus Bückeburg konnten Schiff und Ladung mit einem Gesamtwert von etwa 135 Millionen DM gerettet werden.

Das muß nicht sein!

Bedauerlicherweise kommt es immer wieder vor, daß als Folge leichtfertigen Verhaltens einzelner großangelegte Such- und Rettungsaktionen eingeleitet werden müssen, die vermeidbar gewesen wären.

Sicher wird nun mancher denken: Lieber zehnmal zu oft geflogen, als einmal zu wenig! Das ist im Grunde auch richtig, doch gibt es Situationen, wo die Rettungsflieger jedes Verständnis verlieren.

Wie leicht es vorkommen kann, daß sich ein Rettungshubschrauber auf einem unnötigen Einsatzflug befindet, während seine Hilfe an anderer Stelle dringender benötigt wird, hat sich vor einigen Jahren in tragischer Weise in Südengland gezeigt:

Durch einen »Spaßvogel« alarmiert, flog der für ein bestimmtes Gebiet zuständige SAR-Hubschrauber hinaus auf See und suchte nach abgetriebenen Schwimmern, die es überhaupt nicht gab. Zur gleichen Zeit ertranken an anderer Stelle zwei Menschen, die möglicherweise hätten gerettet werden können, wenn der Hubschrauber zur Verfügung gestanden hätte.

Drei Beispiele aus dem SAR-Bereich Glücksburg:

Für drei junge Männer, die auf einem Campingplatz an der Ostsee ihren Urlaub verbrachten, ging eine Ruderpartie tragisch zu Ende.

Obwohl ihnen von mehreren Einheimischen geraten worden war, bei diesem Wetter nicht hinauszufahren, ließen sie sich nicht belehren. Der aufgeblasene Schlauch eines Autoreifens, den sie als »Rettungsring« mitführten, gab ihnen die Zuversicht, daß sie damit genug für ihre Sicherheit getan hatten.

Obwohl zwei von ihnen Nichtschwimmer waren, schlugen sie alle Warnungen in den Wind und ruderten hinaus auf die Ostsee. Es war schon später Nachmittag, und das Wetter wurde immer schlechter. Wind kam auf, und Regenschauer peitschten über die unruhige See.

An Land wartete man vergeblich auf die Rückkehr des Bootes. Nachdem ein Schauer vorübergezogen war und die Sicht wieder besser wurde, beobachteten einige Leute vom Strand aus das kleine Boot weit draußen in der aufgerauhten See.

Ablandiger Wind, der inzwischen auf Stärke fünf bis sechs aufgefrischt hatte, und Strömung trieben das Boot immer weiter ab. Plötzlich war es von der Bildfläche verschwunden. Mit Ferngläsern suchte man die See ab, aber von dem Boot war nichts mehr zu entdecken.

Nun wurde Alarm geschlagen.

Langsam brach die Dämmerung herein.

Der Seenot-Rettungskreuzer »Hamburg« aus Burgstaaken und das Rettungsboot »H.H. Bunje« aus Grömitz liefen aus. Ein Schnellboot der Marine, das im
Fehmarn-Sund operierte, stellte sich für die Suche zur Verfügung. Aus Heiligen-
hafen liefen der Zollkreuzer »Faldern« und der Wasserschutzpolizei-Kreuzer
»Jupiter« aus.

Noch ehe eines der Schiffe die annähernde Position erreicht hatte, auf der das
Boot gekentert sein mußte, brach die Nacht herein. Die Dunkelheit erschwerte die
Suchaktion, die die ganze Nacht hindurch fortgesetzt wurde.

Im Laufe der Nacht wurde bekannt, daß einer der drei Bootsinsassen mit Mühe
und Not schwimmend den Strand erreicht hatte. Den anderen beiden, die ja
Nichtschwimmer waren, war es nach seinen Angaben gelungen, sich an dem Autoreifen festzuklammern und so über Wasser zu halten.

Die Seenotleitung der DGzRS rechnete sich noch eine Chance aus und forderte für den nächsten Morgen die Unterstützung eines SAR-Hubschraubers an.

In der ersten Morgendämmerung, um 04.00 Uhr, startete der Hubschrauber in
Kiel-Holtenau und nahm zwanzig Minuten später südlich von Fehmarn die Suche
auf. Das Wetter war schlecht: Windstärke fünf bis sechs, rauhe See. Häufige
Regenschauer schränkten die Sicht ein und zwangen die Hubschrauberbesatzung,
ziemlich tief über dem Wasser zu fliegen.

Streifen für Streifen kämmten die Marineflieger ab. Angestrengt und aufmerksam beobachteten sie die Wasseroberfläche, doch nichts kam in Sicht.

Die Zeit verging, und der Kraftstoff wurde immer weniger. Die Tanks der H-34
fassen 1000 Liter, das reicht für dreieinhalb Flugstunden.

Nach zweieinhalb Stunden, um 06.30 Uhr, entschloß sich der Pilot, die Suche
noch bis 07.00 Uhr fortzusetzen. Die verbliebene Kraftstoffmenge würde dann
gerade noch bis zurück nach Kiel ausreichen.

Wieder ging ein starker Schauer auf die See nieder. Die zugleich auftretenden
Sturmböen schüttelten den Hubschrauber, der den letzten Streifen des Suchgebietes abflog.

Der Copilot sah auf die Borduhr. »Noch fünf Minuten«, sagte er, »dann müssen
wir zusehen, daß wir nach Hause kommen.« Er hatte kaum ausgesprochen, als
die Besatzung ein in der See treibendes Paddel sichtete. Wo ein Teil treibt, ist
meist noch mehr zu finden.

Der Pilot riß die Maschine herum. »Wir dürfen das Ding nicht aus den
Augen verlieren! Mit Rauchtopf markieren!« gab er Anweisung an den Bordmechaniker.

Das Paddel wurde überflogen. In einem weiten Bogen kurvte die SAR-
Maschine herum und flog auf die brennende Rauchmarkierung zu. Dann begann die Hubschrauberbesatzung mit der Suche in der näheren Umgebung.

Der Pilot entschloß sich, noch einige Minuten zuzugeben. »Auch wenn wir erst
zehn nach sieben das Suchgebiet verlassen, müßten wir noch gut . . .«

»Da unten schwimmt etwas!« unterbrach ihn plötzlich der Copilot. »Sieht fast
aus wie eine Boje. – Nein! Los, runter! Da schwimmt ein Mann!«

In einer steilen Linkskurve steuerte der Pilot auf die Stelle zu, die ihm sein Kamerad angegeben hatte. Jetzt sah auch er den Schiffbrüchigen, der von einem Autoreifen über Wasser gehalten wurde.

Mit der Rettungsschlinge wurde der Mann aus der See geholt und wegen starker Unterkühlung sofort zum nächstgelegenen Krankenhaus nach Burg auf Fehmarn gebracht.

Bevor der Gerettete ins Krankenhaus eingeliefert wurde, erfuhren die SAR-Flieger von ihm, daß eine weitere Suche sinnlos sei. Leise fügte er hinzu: »Nachdem unser Boot gekentert war, habe ich meinen Kameraden noch lange Zeit über Wasser gehalten, bis ich einfach keine Kraft mehr hatte. Er ist dann von dem Rettungsring abgerutscht und vor meinen Augen ertrunken.«

Kurz nach Sonnenaufgang lag über dem Helgoländer Hafen noch friedliche Stille, als eine Gruppe junger Leute nach einer durchgefeierten Nacht mit viel Hallo auf die Landungsbrücke zumarschierte.

Ein zwanzigjähriger Bursche stand im Mittelpunkt des Interesses. Er hatte gewettet, daß es für ihn kein Problem sei, von der Hauptinsel zur Düne hinüberzuschwimmen. Die Distanz von etwa einem Kilometer zu überwinden sei für ihn eine Kleinigkeit, wie er immer wieder versicherte.

Für Helgoländer ist es kein Geheimnis, daß derartige Wettergebnisse in den letzten Jahren häufig das Leben der meist alkoholisierten Schwimmer gekostet hatten. Zumal bei starkem Ebbstrom, wie er an diesem Morgen herrschte, sollte man es sich wirklich überlegen, ob es sich lohnt, wegen einer Wette das Leben auf's Spiel zu setzen.

Die jungen Leute machten sich darüber keine Gedanken. Für sie war in diesem Moment nur von Interesse, ob der »große Schwimmer« tatsächlich ins Wasser springen oder ob er nur große Worte machen und im letzten Moment kneifen würde.

Der junge Mann kneift nicht. Er wollte seine Wette gewinnen, den anderen zeigen, was er für ein Kerl war.

Um 04.30 Uhr sprang er mit einem kühnen Satz von der Landungsbrücke aus ins Wasser und kraulte los. Schon nach hundert Metern wurde er vom Ebbstrom erfaßt. Mit aller Kraft schräg gegen die Strömung anschwimmend, kämpfte er sich vorwärts. Eine Weile beobachteten ihn seine Gefährten noch. Dann, als er ca. 200 Meter von der Insel entfernt war, verloren sie ihn aus den Augen.

Schlagartig trat nun die Ernüchterung ein, wurde allen klar, daß sie sich hier wohl auf eine Dummheit eingelassen hatten. Einer stellte sich auf einen Poller, um ein größeres Blickfeld zu haben. Der Schwimmer blieb verschwunden, war nicht mehr zu sehen.

Ernüchtert und ratlos standen sie herum. Was tun?

Einer hatte die Idee, die Wasserschutzpolizei zu benachrichtigen. In Sorge um ihren Kameraden trabten sie los.

Die Besatzung des Seenot-Rettungskreuzers »Adolf Bermpohl« lag noch in den Kojen, als kurz vor sechs Uhr das Telefon klingelte. Mit einem Satz war der Vormann auf den Beinen.

Von der Wasserschutzpolizei erfuhr er, was geschehen war.

Welch bodenloser Leichtsinn, fuhr es ihm durch den Kopf. Aber ob Leichtsinn oder nicht, darauf kam es jetzt nicht an.

Wenige Minuten nach der Alarmierung wurde die friedliche, morgendliche Stille im Helgoländer Hafen durch das dumpfe Röhren der Antriebsdiesel des Seenotkreuzers unterbrochen. Die Landanschlüsse für Strom und Telefon wurden gelöst, die Relingstreppe eingeholt. Über Funk wurde die Seenotleitung in Bremen informiert.

Dann lief »Adolf Bermpohl« aus und nahm die Suche auf. Zunächst lief der Kreuzer zur Landungsbrücke und suchte von dort aus die Strecke ab, die der Schwimmer zurücklegen wollte, bevor der Vormann mit einer systematischen Suche begann.

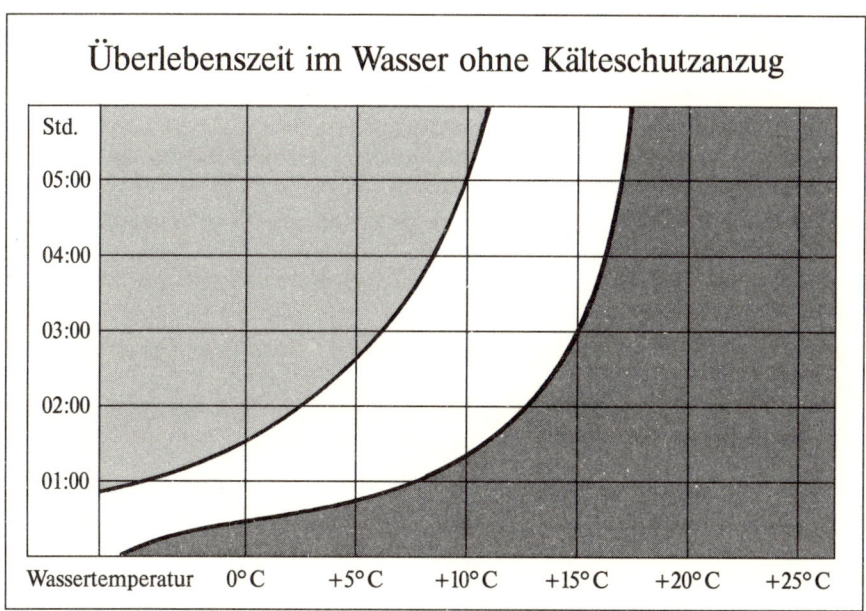

Überlebenszeit im Wasser ohne Kälteschutzanzug

Std.
05:00
04:00
03:00
02:00
01:00

Wassertemperatur 0°C +5°C +10°C +15°C +20°C +25°C

Dunkelgrau: Sichere Zone
Weiß: Mit 50 %iger Wahrscheinlichkeit Bewußtlosigkeit und infolgedessen
            Tod durch Ertrinken
Hellgrau: Tödlicher Bereich

Quelle: Search and Rescue Manual, Vol. 1, US Coast Guard

Ein Schwimmer ist in der offenen See nur sehr schwer auszumachen. Die einzelnen Suchstreifen dürfen selbst bei sehr guter Sicht nicht weiter als 200 bis 300 Meter auseinanderliegen. Das erfordert neben exakter Navigation der Sucheinheiten noch erheblichen Zeitaufwand, und gerade das ist es, was man sich bei der Suche nach einem Schwimmer nicht leisten kann.

Bei einer Wassertemperatur von 15–17 Grad beginnt schon nach drei Stunden das kritische Stadium der Unterkühlung.

Die Seenotleitung in Bremen entschloß sich aufgrund dieser Tatsache und auch im Hinblick auf die immer noch laufende Ebbströmung, die den Schwimmer möglicherweise mit hinausgetragen hatte, noch weitere Rettungsmittel zum Einsatz zu bringen.

So erhielt der auf Seeposition liegende, 30 Knoten schnelle 44 m-Kreuzer »Hermann Ritter« den Auftrag, sofort in Richtung Helgoland zu laufen und sich mit seinem Tochterboot an der Suche zu beteiligen. Gleichzeitig wurde die SAR-Leitstelle um Hubschrauber-Unterstützung gebeten.

Kurz vor 07.00 Uhr traf, von Borkum kommend, der SAR-Hubschrauber »Rescue 89 + 58« ein.

Während das Tochterboot der »Hermann Ritter« und »Adolf Bermpohl« noch immer das Gebiet zwischen der Hauptinsel und der Düne abkämmten, nahm der Hubschrauber weiter seewärts, in Stromrichtung, die Suche auf.

Auf Veranlassung der Seenotleitung war die Wasserschutzpolizei indessen dabei, die Helgoländer Düne, das Ziel des verwegenen Schwimmers, abzusuchen.

Alle Bemühungen blieben erfolglos. Nachdem das gesamte infrage kommende Gebiet mehrfach abgesucht worden war, und mit nahezu absoluter Sicherheit feststand, daß der leichtsinnige Feriengast nicht mehr auf der Wasseroberfläche zu finden sein würde, wurde schließlich kurz nach 08.00 Uhr die Suche eingestellt.

Da auch die Nachforschungen der Wasserschutzpolizei auf der Düne ergebnislos verlaufen waren, mußte man annehmen, daß der junge Mann in der Nordsee ertrunken war.

Gegen 10.00 Uhr war ein Polizeibeamter gerade dabei die Hinterlassenschaft des Verunglückten zusammenzupacken, als der Totgeglaubte plötzlich sein Hotelzimmer betrat und aus allen Wolken fiel, als er einen Polizisten dort vorfand. Er hatte tatsächlich die Düne erreicht. Ohne sich noch einmal bei seinen Gefährten auf der Hauptinsel bemerkbar zu machen, war er zu seiner Freundin ins Zelt gekrochen.

Daß durch sein leichtfertiges Verhalten eine sich über Stunden erstreckende Suchaktion ausgelöst worden war, konnte er nur schwer begreifen.

Kurz nach 22.00 Uhr wurde der Gefechtsstand des Marinefliegergeschwaders 5 von der SAR-Leitstelle alarmiert. »Auf der Flugstrecke zwischen der Insel Bornholm und Flensburg wird ein ziviles Sportflugzeug vom Typ Piper 28 vermißt«, sagte der Wachleiter des RCC. »Die letzte Position der Piper war dreißig Meilen westlich von Bornholm. Einsatzbefehl für ›Dumbo 30‹! So schnell wie möglich starten und Suche entlang der Flugstrecke aufnehmen.«

Eine halbe Stunde vor Mitternacht startete das Amphibienflugzeug mit seiner fünfköpfigen Besatzung zur Nachtsuche über der Ostsee.

Wenn Suchaktionen über See ganz generell schon ermüdende Angelegenheiten sind, so trifft das noch weit mehr für Suchen bei Nacht zu. Angestrengt starrten die Männer aus dem Flugboot hinunter auf die nachtschwarze See. Monoton und einschläfernd dröhnten die Motoren.

Nach dem Passieren der Enge von Fehmarn wichen zu beiden Seiten die Lichter der Küste zurück. Immer dunkler, immer einsamer wurde der Weg. Nachdem sie an Gedser vorbeigeflogen waren, waren sie allein. Nur ab und zu sichteten sie die Lichter eines Fischkutters oder einer Segeljacht, und hin und wieder zog ein Kümo unter ihnen durch die dunkle See.

Im Funk und im Intercom herrschte Ruhe. Keiner der Männer sagte etwas. Jeder hing seinen eigenen Gedanken nach.

Die Meldung des Navigators: »Erreichen in wenigen Minuten die Position, auf der sich die Piper zuletzt gemeldet hat, dreißig Meilen westlich Bornholm«, spornte die Männer zu erhöhter Aufmerksamkeit an.

Die Position wurde überflogen. Von der vermißten Maschine keine Spur – weder optisch noch als Radarecho, und auch keine rote Leuchtkugel, die als Notsignal aus der See in die Nacht emporgestiegen wäre. – Sie hatten nichts anderes erwartet.

Auf Anweisung des Kommandanten meldete der Funker an die SAR-Leitstelle: »Haben geplante Flugroute abgesucht! Suche blieb ohne Erfolg. Bitten um weitere Anweisung.«

Eine Maschine war abgestürzt, das mußte zumindest mit ziemlicher Sicherheit angenommen werden. Falls der Pilot der vermißten Maschine auf einem andern Flugplatz als dem im Flugplan angegebenen gelandet wäre, so hätte er sich selbstverständlich, so wie es den Regeln entspricht, bei seinem Zielflugplatz telefonisch gemeldet.

Von dieser Überlegung ausgehend und in der Hoffnung, vielleicht doch noch ein Menschenleben retten zu können, erteilte RCC der einsam über der Ostsee fliegenden ALBATROS den Befehl, noch einmal die Strecke in umgekehrter Richtung, bis nach Flensburg hin abzufliegen und dann, falls auch diese Suche erfolglos bleiben sollte, nach Kiel zurückzukehren, sofern keine neuen Erkenntnisse gewonnen würden.

Es tat sich nichts. Auch die weitere Suche blieb ohne Erfolg. Bei Tagesanbruch wurde der Kieler SAR-Hubschrauber eingesetzt und beauftragt, die gesamte Küstenlinie von Kiel bis nach Flensburg abzusuchen. Gleichzeitig wurde die dänische SAR-Leitstelle in Karup gebeten, einen Hubschrauber zum Absuchen der dänischen Küste zur Verfügung zu stellen.

Nach genau zwei Stunden erfolgloser Suche erhielten die beiden SAR-Hubschrauber von RCC Glücksburg folgenden bemerkenswerten Funkspruch:

»Suche sofort einstellen! Gesuchtes Flugzeug ist gestern um 18.00 Uhr, wiederhole, gestern, 18.00 Uhr in Wyk auf Föhr gelandet!« –

Sieben Stunden lang waren Suchflugzeuge in der Luft, um nach einem Piloten zu suchen, der es versäumt hatte, seine Landung auf einem anderen Flugplatz zu melden. Er wollte ja schließlich nach Flensburg und war über ganz Schleswig-Holstein geflogen, ohne es zu bemerken. Die Suchaktion, die Tausende gekostet hatte, wäre zu vermeiden gewesen, hätte der Betroffene sich nach den gültigen Bestimmungen und Regeln verhalten.

Luftnotfall über der Nordsee

»Mayday! Mayday! Mayday! – Mission one zero two seven! – Position ten miles northwest of Büsum! – Engine-failure! – Bailing out!«

In verschiedenen Publikationen wurde seinerzeit regelrecht »Buch geführt« über die Abstürze von Starfightern der Bundeswehr.

Viele Piloten kamen bei den Flugzeugabstürzen ums Leben. Diejenigen aber, die es noch schafften, sich mit dem Schleudersitz aus der Maschine herauszuschießen, waren in der Regel so gut wie gerettet.

Auch beim Absturz einer Fiat G-91 des Leichten Kampfgeschwaders 41 aus Husum am 6. April 1970 konnte der Pilot unversehrt aus der Nordsee geborgen werden.

Unmittelbar nach dem Notruf parkt LtzS Oertel, der Pilot des in Westerland stationierten SAR-Hubschraubers, nach einem einstündigen Übungsflug über der Nordsee seine Maschine vor dem Hangar.

Oberstabsbootsmann Buchhammer, der Copilot, bittet über Funk den Kontrollturm, die Frequenz verlassen zu dürfen.

Die Antwort des Kontrollturms läßt die drei Männer im Hubschrauber aufhorchen. »Keep your rotor running!«

Einen Augenblick später dann im Klartext: »Zehn Meilen nordwestlich Büsum Fiat G-91 abgestürzt! Pilot ist ausgestiegen. Auftrag von RCC: Den Piloten suchen und retten! – Startfreigabe vom Hallenvorfeld erteilt!«

Der Mechaniker, der vor der Maschine steht und darauf wartet, daß der Rotor abgebremst wird, zieht verdutzt den Kopf ein, als der Hubschrauber entgegen seiner Erwartung plötzlich abhebt, die Nase nach unten neigt und Geschwindigkeit aufnehmend in Richtung Strand über das Flugplatzgelände davonfliegt.

In 500 Fuß Höhe beendet LtzS Oertel den Steigflug und schwenkt nach Süden ein, auf die angegebene Absturzposition zu.

Der Copilot versucht indessen, eine Peilung des Notsenders vorzunehmen.

In Höhe von Hörnum wird »Pedro 32« angewiesen, Kontakt mit der regionalen Flugsicherungsstelle »Eider Control« aufzunehmen und auf 1 500 Fuß zu steigen.

Mit Höchstgeschwindigkeit jagt der Hubschrauber dicht unter einer geschlossenen Wolkendecke auf die Unfallposition zu. Mit Radar wird »Pedro 32« von der Bodenstelle geleitet.

Von weitem schon können die beiden Hubschrauberpiloten eine knappe halbe Stunde später eine Fiat G-91 und zwei Marine-Jagdbomber erkennen, die immer wieder eine bestimmte Position überfliegen: den in seinem Schlauchboot treibenden G-91-Piloten. Wenige Minuten später schwebt »Pedro 32« über dem Schlauchboot. Oberbootsmann Wuttke, der Bordmechaniker, fiert die Rettungsschlinge ab, und kurz darauf ist der Pilot der abgestürzten Fiat G-91 in Sicherheit. Binnen einer Dreiviertelstunde war der Pilot aus der See geholt worden.

Entschieden schneller noch ging es am 2. Oktober 1975, als eine Phantom über der Nordsee abstürzte.

Zur Zeit des Unfalles befand sich der Borkumer SAR-Hubschrauber mit der Besatzung Engels, Fischer, Hülsbeck und Balz auf einem Übungsflug im Seegebiet um Helgoland.

Unverhofft fing die Sea King-Besatzung die unverkennbaren Signale eines Notsenders auf. Sofort wurde der Sender eingepeilt und angeflogen.

Unmittelbar darauf kam von der SAR-Leitstelle der Hinweis auf den Absturz einer Phantom nordwestlich von Helgoland und der Auftrag, sofort die Suche nach der Besatzung aufzunehmen.

Der Hubschrauber indes war schon unterwegs zur Unfallposition. Eine konkrete Peilung lag an. Das »Target« war nicht zu verfehlen.

Der Pilot und der Kampfbeobachter des abgestürzten Flugzeuges rieben sich erstaunt die Augen. Sie waren gerade in ihre Schlauchboote geklettert und noch dabei, das Wasser auszuschöpfen, als schon eine Sea King angeflogen kam.

Mitten über der Deutschen Bucht hatten sie aussteigen müssen und nicht im Traum hätten sie damit gerechnet, innerhalb von 24 Minuten von einem SAR-Hubschrauber übernommen zu werden.

Aus der Brandung gerettet

Zögernd kroch die Morgendämmerung vom Festland her über das Wattenmeer, als der in Friedrichstadt beheimatete Fischkutter »Rudolf Kinau« am Morgen des 1. Juli 1970 in Hörnum die Leinen loswarf und tuckernd auf die Hafenausfahrt zuhielt.

Sein Ziel waren die Fanggebiete südwestlich von Amrum. Ein harter, arbeitsreicher Tag war für die Fischer angebrochen, die bei jedem Wetter ihrer mühsamen und kräfteraubenden Arbeit nachgingen: dem Krabbenfang in der Nordsee.

Kurz nach fünf Uhr rundete die »Rudolf Kinau« die Südspitze der Insel Sylt. Der kleine Kutter hatte hart gegen den rauhen Seegang anzukämpfen, den der seit Tagen wehende starke Westwind aufwarf.

Die Besatzung stand in dem kleinen Ruderhaus. Angestrengt starrten die beiden Männer hinaus auf die See. Etwa zwei Meilen südlich waren hin und wieder, wenn gerade einmal die über das Vorschiff stiebende Gischt etwas nachließ, noch weitere Lichter von Krabbenfischern auszumachen.

Schlingernd und stampfend bahnte sich der Kutter seinen Weg durch die rauhe Nordsee. In dem engen Fahrwasser zwischen Sylt und der Insel Föhr war es besonders kabbelig. Die hier herrschende starke Strömung machte die See unberechenbar. Langsam wurde es hell, und die Wellen verloren ihr furchterregendes Aussehen. Noch eine knappe halbe Stunde Anfahrweg, dann würde das heutige Fanggebiet erreicht sein, und die Arbeit konnte beginnen. Die beiden anderen Kutter, »Hauke« und »Holstein«, die eine halbe Stunde vor der »Rudolf Kinau« ausgelaufen waren, hatten bereits das Fanggebiet erreicht und brachten gerade ihre Netze aus.

An Amrum vorbei ritt »Rudolf Kinau« auf der von Westen heranrollenden Dünung hinter den beiden anderen Kuttern her. Der Schipper hatte sich gerade seine kurze Stummelpfeife angesteckt und paffte genüßlich vor sich hin, als ein plötzlicher Ruck den Kutter erzittern ließ. Einen Augenblick später erstarb das gleichmäßige Tuckern der Maschine.

Im Nu war die Besatzung auf's höchste alarmiert. Wahrscheinlich war irgendetwas in die Schraube geraten und hatte den Motor abgewürgt. Das konnte böse werden.

Alle Versuche, die Maschine wieder zu starten, schlugen fehl, und der Kutter trieb immer näher auf die gefährlichen Untiefen südwestlich von Amrum zu.

Aufgrund der Wetterlage war es völlig ausgeschlossen, außenbords zu gehen und die Schraube zu klarieren. So blieb nur das eine: so schnell wie möglich einen Notruf abzusetzen und Hilfe herbeizurufen.

Der Fischer warf einen kritischen Blick hinüber in Richtung der weißen Schaumkämme, dann beugte er sich über das Funkgerät. »Mayday! Mayday!

Mayday! Fischkutter ›Rudolf Kinau‹! Sind manövrierunfähig und treiben auf Landtief südwestlich von Amrum zu! Mayday! Mayday! Mayday!«

Dieser Funkspruch, auf der internationalen Not- und Anruffrequenz abgesetzt, veranlaßte die beiden Fischkutter »Hauke« und Holstein«, die nur wenige Meilen entfernt waren, sofort ihre Schleppfahrt abzubrechen, die Netze einzuholen und Kurs auf den Havaristen zu nehmen.

Der wachhabende Offizier bei der SAR-Leitstelle, der den Notruf ebenfalls empfangen hatte, alarmierte die SAR-Bereitschaft in Westerland.

Inzwischen torkelte der manövrierunfähige Kutter wie trunken über die rauhe See, der weißschäumenden Brandung entgegen, die nur auf ihn zu lauern schien.

Der Kapitän und sein Matrose wurden in der engen Kajüte hin und her geschleudert. Immer wieder rappelten sie sich hoch und hielten Ausschau nach der »Hauke« und der »Holstein«. Dann sahen sie hinüber zu der immer näher kommenden Untiefe. Der Schipper machte ein bedenkliches Gesicht.

»Nur keine Sorge! Wir holen euch schon!« hatte der Kapitän der »Hauke« auf den Notruf des Havaristen geantwortet. Aber es sah nicht so aus, als ob sie es noch schaffen würden, die »Rudolf Kinau« zu erreichen, bevor sie auf der Sandbank auflaufen und im schlimmsten Falle gleich von der gewaltigen Brandung zerschmettert werden würde.

Verzweifelt mühten sich Kapitän und Matrose ab, den Kutter vor Wind und Seegang zu bringen, um das Schlimmste zu vermeiden und in der Brandung nicht sofort querzuschlagen. So sehr sich auch die beiden anderen Fischkutter beeilen mochten, die See würde das Wettrennen gewinnen. Immer näher kam die Brandung. Die Besatzung der »Rudolf Kinau« erlangte die Gewißheit, daß der Kutter verloren war. Jetzt kam es nur noch darauf an, zumindest das eigene Leben zu retten.

Wieder rollte ein riesiger Wellenberg heran. Der Kapitän wirbelte das Steuerrad herum. Jetzt oder nie! Da, wirklich! Langsam drehte der Bug nach Backbord. Der Kutter schlingerte, erzitterte in allen Fugen und rauschte dann mit Braßfahrt hinein in die Brandung. Krachend schlug der Schiffsrumpf auf der Sandbank auf.

Buchstäblich in letzter Sekunde war es den Fischern gelungen, den Kutter mit dem Heck in die See zu bekommen. Eine Strandung quer zur See hätte unweigerlich ein Kentern und damit das sichere Ende der Besatzung zur Folge gehabt.

Zur gleichen Zeit, als »Rudolf Kinau« auf Landtief strandete, kletterte die Besatzung des SAR-Hubschraubers »Pedro 32« ins Cockpit. Ein paar Fehlzündungen, dann sprang donnernd das 1500 PS starke Triebwerk an. Kurze Zeit später waren die Betriebstemperaturen erreicht, und der Rotor konnte eingekuppelt werden. Es war kein leichtes Unterfangen, bei den kräftigen Böen, die immer wieder über das Hallenvorfeld fegten, doch alles ging glatt. Immer schneller drehte der Rotor, bis die Blattspitzen eine Geschwindigkeit erreicht hatten, die nahe an der Schallgrenze lag.

Bootsmann Wodack, der Bordmechaniker, ließ die hydraulisch betriebene Rettungswinde ein kurzes Stück auslaufen. Alles klar! Sie funktionierte.

114

Im Cockpit folgte eine letzte Überprüfung der Instrumente. Temperaturen und Öldruck waren o.k.

»Alle Instrumente im ›Grünen Bereich‹. Wir können los«, meinte Bootsmann Jürgen Clausen, der Copilot.

In niedriger Höhe flog die »Pedro 32« über das Kurzentrum von Westerland hinweg, wo die Kurgäste in ihren Appartements noch in tiefem Schlaf lagen.

Am Strand stand eine mächtige Brandung. Spritzwasser und schäumende Gischt wurden von dem steifen Westwind hoch über die Kurpromenade hinweggepeitscht.

Hauptbootsmann Klaus Bollbach, der Erste Pilot, schwenkte auf Südkurs.

Mit Höchstgeschwindigkeit jagte »Pedro 32« am Strand entlang der Unfallstelle entgegen. Es war ein faszinierendes Bild, das sich den Seenotfliegern bot. Vor der gesamten Westküste der Insel stand ein gewaltiger Brandungsgürtel. Brüllend und fauchend warfen sich weißhäuptige Brecher auf den Strand. In der Höhe von »Samoa« standen einige Strandkörbe, in den Sand eingespült, von Wasser umtost. Man hatte sie offenbar nicht mehr rechtzeitig in Sicherheit bringen können.

Bootsmann Clausen war es inzwischen gelungen, Funkverbindung mit dem havarierten Kutter herzustellen. Der Kapitän der »Rudolf Kinau« teilte mit, daß bereits ein anderer Fischkutter eine Leinenverbindung hergestellt habe, und daß sie gerade dabei seien, einen Freischleppversuch zu unternehmen.

Fünf Minuten später kam inmitten einer tosenden Brandung der Havarist in Sicht. Unbarmherzig schlugen mächtige Brechseen auf den hilflos daliegenden Fischkutter ein.

Ein Kutter lag in sicherem Abstand, während ein weiterer sich abmühte, die »Rudolf Kinau« freizuschleppen. Doch der Abschleppversuch war vergebens. Unmittelbar nach Ankuft des Hubschraubers mußte aufgrund des unberechenbaren Seeganges die Leinenverbindung gekappt werden. Mühsam entfernte sich der Fischkutter »Hauke« aus der gefährlichen Nähe des Havaristen. Jetzt war für die Rettungsflieger der Augenblick zum Eingreifen gekommen.

Die entfesselten Elemente vollführten mit dem jetzt quer zur See liegenden Fischkutter einen wahren Höllentanz. Krachend schlug der Rumpf immer wieder auf der Sandbank auf. Der Mast schlug wild hin und her und wurde zur größten Bedrohung für den Hubschrauber und seine Besatzung.

Behutsam und mit äußerster Konzentration manövrierte Klaus Bollbach den Hubschrauber über den Kutter. Der Radarhöhenmesser zeigte sechzig Fuß Höhe an; gerade genug, um nicht von dem peitschenden Mast aufgespießt zu werden. Der Bordmechaniker kauerte an der weit offenen Ladeluke und sah mit gemischten Gefühlen hinunter auf den in brodelnder Gischt liegenden Kutter. Die beiden Fischer klammerten sich krampfhaft am Mast fest, um nicht von den übergehenden Seen von Deck gespült zu werden.

Mit ruhiger Stimme gab Wodack seine Anweisungen: »Jetzt noch drei Meter voraus, dann stehen wir gut. Noch zwei Meter!« Er ließ das Stahlseil mit der Rettungsschlinge auslaufen. »Schlinge läuft ab! Hängt noch zwei Meter über dem

Kutter, noch einen Meter!« meldete er an den Piloten ins Cockpit. Gerade in dem Augenblick, als einer der Fischer nach der rettenden Schlinge greifen wollte, rollte ein besonders großer Brecher heran. Wie ein Stück Treibholz wurde der Kutter mit ungeheuerer Wucht emporgerissen. Der Mast zielte, wie zum vernichtenden Stoß bereit, auf den Hubschrauber.

Mit schreckgeweiteten Augen beobachtete Wodack den Vorgang. Im Bruchteil von Sekunden erfaßte er die Situation. »Hoch!« brüllte er.

Der Pilot reagierte verzugslos und riß die Maschine in die Höhe. Gequält heulte das Triebwerk auf.

In letzter Sekunde war »Pedro 32« dem Verderben entgangen. Krachend schlug der Kutter wieder auf der Sandbank auf. Jeden Augenblick konnte er vom Seegang in tausend Stücke geschlagen werden.

Ein zweiter Anlauf folgte. Wieder stand »Pedro 32« über der »Rudolf Kinau«. Die Rettungsschlinge pendelte vor dem Mast. Jetzt griff der Matrose danach. Es klappte. »Er hat die Schlinge gefaßt und umgelegt«, meldete Detlef Wodack. »Ich ziehe ihn hoch!«

Wenig später befand sich der Matrose an Bord des Hubschraubers. Vor Kälte und Erschöpfung zitternd, sank er auf einen Sitz.

Von Minute zu Minute verschlimmerte sich die Situation. Der Kutter lief voll Wasser. Das Ruderhaus war schon zu Bruch gegangen. Lange konnte der Todeskampf nicht mehr dauern.

Wieder schwebte der Hubschrauber über dem Wrack. Eine Armlänge von dem Kapitän entfernt pendelte die Rettungsschlinge vor dem Mast.

Mit beiden Armen hielt der Kapitän den Mast umklammert, und bevor er noch nach der rettenden Schlinge greifen konnte, wurde die »Rudolf Kinau« abermals von einer gewaltigen Brechsee eingedeckt. Mit Entsetzen registrierte der Bordmechaniker, daß sich das Seil mit der Rettungsschlinge um den Mast wickelte.

Höchste Gefahr für die Retter! Es gab nur eine einzige Möglichkeit, aus dieser gefährlichen Situation herauszukommen. Bootsmann Wodack handelte, ohne lange zu überlegen. Er griff nach oben, legte den entsprechenden Hebel um, und knallend wurde das Stahlseil von dem mit einer Sprengladung vorgetriebenen Meißel gekappt. Für den Hubschrauber war die Gefahr vorüber. Für den Schiffbrüchigen sah es schlecht aus.

Die drei Seenotflieger berieten kurz die Lage und beschlossen dann mit Hilfe eines Perlonseiles und der Ersatz-Schlinge einen weiteren Rettungsversuch zu wagen. Hilfe für den Kapitän durch die anderen beiden Fischkutter war unmöglich, und ein weiterer Hubschrauber stand nicht zur Verfügung.

Von dem bereits geretteten Matrosen, der stark unterkühlt war und unter Schockwirkung stand, war keine Hilfe zu erwarten; so kletterte der Copilot aus dem Cockpit nach unten in den Laderaum, um Wodack beim Aufhieven des Schiffbrüchigen behilflich zu sein.

Wieder schwebte »Pedro 32« über dem halb zerschlagenen Kutter. Bootsmann Wodack fierte die Ersatzschlinge ab. Jetzt kam es darauf an. Eine andere Möglichkeit, den Kapitän zu retten, gab es nicht mehr. Im Augenblick lag der Kutter verhältnismäßig ruhig. So klappte es auch gleich beim ersten Versuch. Der Kapitän griff nach der Schlinge und streifte sie über. Auch er schien zu ahnen, daß es seine letzte Chance war.

»Mann hängt in der Schlinge! Wir holen ihn ein«, meldete Bootsmann Wodack. Es war leichter gesagt, als getan. Groß, und kräftig gebaut, wog der Kapitän mindestens zwei Zentner. Wodack und Clausen holten die Leine steif. Mit übermenschlicher Anstrengung begannen sie zu ziehen. Der Schweiß perlte von ihrer Stirn. Knapp einen Meter hing der Schiffbrüchige über dem Wasser, als es passierte. Die überbeanspruchte Leine brach. Krachend flogen Clausen und Wodack an die Wand, das lose Ende der gebrochenen Leine in den Händen.

Jetzt ist es aus für ihn, dachte Bootsmann Clausen, als er den Kapitän in der brodelnden See treiben sah. Seine Schwimmweste und ein Rettungsring um den Bauch hielten ihn über Wasser. Die Rettungsschlinge lag noch um seinen Oberkörper. Nun war guter Rat teuer. Ein weiteres Seil war nicht mehr an Bord. Womit nur sollten sie den Unglücklichen aus der fürchterlich tobenden See holen?

Bootsmann Wodack hatte die rettende Idee. »Wir nehmen die Lastengurte! Zum Glück hat er noch die Rettungsschlinge um. Es müßte zu schaffen sein.«

»Okay! Dann aber nichts wie ran, bevor er völlig unterkühlt ist und den Gurt nicht mehr greifen kann!« gab der Pilot seine Zustimmung zu diesem mehr als zweifelhaften Versuch.

In fieberhafter Eile sammelten Clausen und Wodack alle verfügbaren Gurte, mit denen die SAR-Ausrüstung verzurrt war ein und knoteten sie zusammen.

Aufstäubende Gischt hüllte den Hubschrauber ein, als Bollbach bis unmittelbar über die Wasseroberfläche heruntergegangen war.

Der Bordmechaniker kauerte an der Ladeluke und ließ den notdürftig zusammengeknoteten Strick aus der Maschine baumeln. »Noch drei Meter voraus, noch zwei Meter, noch einen Meter! Stop! – Jetzt zwei Meter nach rechts. Halt! So stehenbleiben. Wir sind genau über dem Schwimmer. Er greift den Gurt. Jetzt hakt er sich ein! Ist fest! Wir holen ihn hoch!«

Zentimeter für Zentimeter wuchteten sie den schweren Mann aus der See, bis unter die Ladeluke, dann waren sie am Ende ihrer Kräfte.

Am Strand von Amrum schließlich wurde der völlig erschöpfte Kapitän der »Rudolf Kinau« endgültig an Bord genommen.

Zehn Minuten später landete »Pedro 32« mit den beiden Geretteten vor der Nordseeklinik in Westerland.

Ein Unglück kommt selten allein

Am Nachmittag des 23. Oktober 1970 verließ das Hamburger Küstenmotorschiff »Seeadler II« den finnischen Hafen Mäntyluoto. Das Wetter war schlecht.

Schwer stampfend bahnte sich das 1938 erbaute, nur knapp 47 Meter lange Schiff seinen Weg durch die rauhe Ostsee. Es herrschte Windstärke sechs bis sieben, und nach dem letzten Wetterbericht war noch mehr Wind zu erwarten.

Immer wieder wusch die See über die Decksladung hinweg, aber treu und brav schüttelte das Schiff die überkommenden Wassermassen jedesmal wieder ab. Die für Portsmouth bestimmte Holzladung war gut verzurrt.

Am 27. Oktober gegen 19.00 Uhr passierte die »Seeadler II« den Kieler Leuchtturm. Die Überfahrt durch die vom Wind aufgewühlte Ostsee war damit gut überstanden.

Die Nacht über dampfte »Seeadler II« unter Lotsenanweisung durch den Nord-Ostsee-Kanal und machte am nächsten Morgen um 05.40 Uhr hinter einem großen schwedischen Schiff in der Brunsbütteler Schleuse fest. Wenig später, als sich die Schleusentore öffneten, begann das Unglück der »Seeadler II« auf dieser Reise.

Als der schwedische Dampfer mit großer Schraubenkraft die Schleuse verließ und das Wasser aufwirbelte, brachen bei dem kleinen Hamburger Küstenmotorschiff alle drei Festmacherleinen. Es geriet unter den Steven eines ebenfalls in der Schleuse liegenden polnischen Dampfers. Durch den ziemlich unsanften Anprall krängte die »Seeadler II« so hart nach Backbord, daß sich die Decksladung verschob und ein Wassereinbruch durch die unverschlossenen Belüftungsrohre in die Backbord-Tanks erfolgte.

Damit war die Reise zunächst einmal unterbrochen. Mit etwa acht Grad Schlagseite blieb des Küstenmotorschiff liegen. Um das Schiff wieder auf einigermaßen ebenen Kiel zu bringen, ließ der Kapitän Tank I und Tank II an Steuerbord fluten. Ein paar Stunden vergingen, bis ein Beauftragter der Seeberufsgenossenschaft an Bord kam, um den Schaden zu überprüfen. Auf seine Anweisung hin wurden außer Tank II alle Tanks gelenzt, so daß das Schiff fast auf ebenem Kiel lag.

Am nächsten Tag wurde die Sicherung der Decksladung kontrolliert und nach einer Erneuerung der Halteleinen alles in Ordnung befunden. Nach einigen abschließend durchgeführten Rollversuchen stand der Weiterreise bis auf das Verschließen der Belüftungsrohre, durch die der Wassereinbruch erfolgt war, nichts mehr im Wege.

Nachdem diese Arbeit von der Besatzung provisorisch ausgeführt worden war - durch die hohe Decksladung war es nicht möglich, die Holzpfropfen zum Verschließen der Belüftungsrohre mit einem Hammer festzuschlagen - wurde die Reise fortgesetzt. Der Wetterbericht versprach nichts Gutes, aber schon zwei Tage waren bei dem unfreiwilligen Aufenthalt in Brunsbüttel verlorengegangen, und Zeit war Geld für den Kapitän, der gleichzeitig Eigner des Schiffes war. Zu seinem Ärger mußte er jedoch einsehen, daß das Wetter doch zu schlecht war, um sich mit dem kleinen Küstenmotorschiff in die Nordsee hinauszuwagen. So ankerte er denn, wenn auch widerstrebend, auf der Freiburger Reede und hoffte auf baldige Wetterbesserung.

Zwei Tage wartete er voll Ungeduld. Als dann noch immer keine Aussicht auf Wetterbesserung bestand, beschloß er, die Fahrt nach Portsmouth fortzusetzen. Der Wetterbericht meldete: »Westsüdwest, Stärke 5 mit starken Böen, auf Stärke 7 mit stürmischen Böen auffrischend.«

Gegen 10.00 Uhr wurde der Anker gelichtet. Kapitän Knoch hatte mit seinem Schiff schon manchen Sturm abgeritten; warum sollte es diesmal schiefgehen?

Gegen 14.30 Uhr passierte »Seeadler II« Cuxhaven und kurz nach 17.00 Uhr das Feuerschiff »Elbe I«. Von Stunde zu Stunde wurde das Wetter schlechter. Heulender Sturm pfiff um die Aufbauten, Brecher ergossen sich schäumend und gurgelnd über das Deck.

Als »Seeadler II« um 23.50 Uhr die Tonne »DB/5« passierte, mußte der Kapitän so weit mit der Fahrt heruntergehen, daß das Schiff gerade noch steuerfähig blieb. Vorsichtshalber ließ er die drei Besatzungsmitglieder, die ihre Unterkünfte in der Back hatten, nach achtern kommen.

Gegen 02.00 Uhr passierte das Schiff, bei Windstärke 8 in der groben See schwer stampfend, die Tonne »DB/4«. Ständig gingen schwere Brecher über. Der Wind nahm zu auf Stärke 9 mit orkanartigen Böen.

Endlich graute der Morgen. Die Decksladung wurde kontrolliert. Sie war noch gut verzurrt, und gab keinen Anlaß zur Sorge.

Gegen 11.00 Uhr passierte »Seeadler II« die Tonne »PE/2«. Es herrschte nun Weststurm mit Stärke 8 bis 9, begleitet von schweren Sturmböen bei grober und hochgehender See.

Rollend und stampfend kämpfte sich das über dreißig Jahre alte Schiff durch die sich immer höher auftürmenden Wellenberge. Um 11.25 Uhr, zwischen den Tonnen »PE/2« und »PE/1«, rollte ein besonders großer Brecher heran. Ein Ausmanövrieren war unmöglich. Mit ungeheurer Wucht krachte die gewaltige Brechsee auf das Deck des Küstenmotorschiffes nieder. Die elementare Gewalt der Wassermassen verschob die gesamte Decksladung nach Steuerbord. Die Deckslaststützen knickten ab wie Streichhölzer.

Bei der späteren Verhandlung vor dem Seeamt kam man zu den Schluß, daß das Schiff möglicherweise das schwere Wetter in der Nordsee hätte überstehen können, wenn nicht Wasser eingedrungen wäre. Weiter wurde in dem Seeamtsspruch festgestellt:

»Man muß annehmen, daß während des Arbeitens des Schiffes im schweren Seegang zunächst Wasser in die leeren Doppelbodenzellen und über die offene Back in die Vorpiek und in den Kettenkasten gelangt ist. Die dadurch entstandene starke Kopflastigkeit in Verbindung mit der erheblichen Tiefertauchung des

Schiffes über das Deck hinaus wird die ohnehin geringe Stabilitäts- und Schwimmreserve des Schiffes so weit abgebaut haben, daß die vorhandenen krängenden Momente das Schiff auf die Seite werfen konnten. Dabei gingen erhebliche Teile der Deckslast nach Steuerbordseite über, und das Schiff blieb mit großer Schlagseite liegen. Nunmehr werden die Wassermassen das Backdeck und teilweise auch das Poopdeck überflutet haben, so daß sich das Schiff nicht wieder aufrichten konnte, auch nicht, als erhebliche Teile der Deckslast verlorengingen.«

Soweit zu dem Spruch, den das Seeamt Bremerhaven am 14. Dezember 1970 in einer öffentlichen Sitzung verkündet hatte.

In dieser Situation, mit einer Schlagseite von 40 bis 45 Grad, blieb Kapitän Knoch gar keine andere Wahl, als einen Notruf abzusetzen.

Es war genau 12.38 Uhr, als viele Schiffe in der Nordsee und auch die deutschen Küstenfunkstellen von dem Notruf des Küstenmotorschiffes »Seeadler II« aufgeschreckt wurden.

Das Motorschiff »Alexa«, das in unmittelbarer Nähe der in der Notmeldung angegebenen Position stand, änderte sofort seinen Kurs, um dem Havaristen zu Hilfe zu eilen. Vier Minuten nach dem Notruf, der auch von dem Seenot-Rettungskreuzer »Georg Breusing« aufgefangen worden war, verließ dieser seinen Liegeplatz im Borkumer Hafen. Kurs Nordnordwest!

Eine gute Stunde würde es dauern, bis der Seenot-Rettungskreuzer die Zwanzig-Meilen-Distanz zur Unfallposition zurückgelegt haben würde. Und selbst wenn »Georg Breusing« noch rechtzeitig zur Stelle sein sollte, war es noch fraglich, ob bei diesem Wetter eine Rettung von Schiff zu Schiff überhaupt durchführbar war. In Absprache mit der DGzRS wurde aufgrund dieser Überlegungen von der SAR-Leitstelle auch der Borkumer SAR-Hubschrauber eingesetzt.

Um 12.55 Uhr nahm Leutnant zur See Weiß, der Erste Pilot, den Einsatzbefehl entgegen.

Wenige Minuten später mischte sich im Borkumer Hafengelände ein neuer Ton in das heulende Konzert des Sturmes: das Dröhnen des 1500 PS starken 9-Zylinder-Sternmotors der H-34.

Nachdem der Rotor eingekuppelt war, überprüfte der Bordmechaniker die Rettungswinde. Sie funktionierte.

Kapitänleutnant Fischer, der Copilot, rief den Kontrollturm und bat um Starterlaubnis. »Borkum Tower! ›Pedro 34‹ – request take-off instructions!« »Roger, ›Pedro 34‹, Wind two tree zero, 30 knots, gusting up to 40 knots. Cleared for take-off!« kam die Antwort vom Kontrollturm.

In zweihundert Fuß Höhe donnerte »Pedro 34« kurz darauf über die mit Sturmstreifen durchzogene Nordsee.

Nach einer Weile entdeckte die Hubschrauberbesatzung den Seenot-Rettungskreuzer. Immer wieder von schweren Brechern eingedeckt, kämpfte sich »Georg Breusing« durch die hochgehende See. »Nicht für Geld und gute Worte möchte ich mit denen da unten tauschen«, meinte Weiß. Der Copilot enthielt sich einer

Antwort. Zum wiederholten Male versuchte er stattdessen, Funkverbindung mit dem Havaristen herzustellen. »›Seeadler II‹, ›Seeadler II‹ von ›Pedro 34‹! Bitte kommen!«

»›Pedro 34‹, hier Küstenmotorschiff ›Alexa‹«, kam nun endlich eine Antwort. »Ich liege etwa 200 Meter in Luv des Havaristen. Eine weitere Annäherung ist aufgrund des Seeganges und einer Unmenge von Treibholz nicht möglich. Der Havarist hält sich noch mit der Schraube gegen die See. Vor einigen Minuten ist die Funkverbindung mit ihm zusammengebrochen.«

»Danke, das ist verstanden. Senden Sie bitte auf 2182 kHz einen Dauerton!«

Das mit dem Radiokompaß gekoppelte Peilgerät versetzte die Hubschrauberbesatzung nun in die Lage, den Havaristen, bzw. das Motorschiff »Alexa«, das in seiner umittelbaren Nähe lag, im Zielflug direkt anzufliegen. »Pedro 34« kam nur langsam voran. Immer wieder wurde der Hubschrauber von starken Sturmböen geschüttelt, und der Pilot hatte alle Mühe, die Maschine genau auf Kurs zu halten. Nach 45 Minuten Flugzeit für eine Strecke von nur zwanzig Meilen traf »Pedro 34« bei dem Havaristen ein. In dreihundert Fuß Höhe kreisend, verschaffte sich die Hubschrauberbesatzung zunächst einen Überblick über die Lage. Bei ca. 45 Grad Schlagseite machte der Havarist noch geringe Fahrt gegen den Wind. Einige Besatzungsmitglieder waren gerade dabei, mit einem Schweißbrenner das Ladegeschirr durchzutrennen. Die Männer schwebten in ständiger Gefahr, von den immer wieder überkommenden Seen über Bord gewaschen zu werden. Bei jedem überkommenden Brecher gingen Teile der Decksladung über Bord.

Schwerfällig schüttelte »Seeadler II« die überkommenden Wassermassen ab, und von Mal zu Mal dauerte es länger, bis das tief eintauchende Vorschiff wieder aus der See emporkam.

Der einzige Platz, von dem die Schiffbrüchigen abgeborgen werden konnten, war ein kleines Podest hinter dem mit Stahltrossen verspannten Mast. Das Ideale war es zwar nicht, aber das Vorschiff schied völlig aus, da der nicht mehr befestigte Ladebaum bei jedem Überholen wild über das ganze Deck fegte.

Vorsichtig manövrierte Winni Weiß den Hubschrauber über das schwer angeschlagene Schiff, und im Laufe einer gefahrvollen Viertelstunde wurden drei Besatzungsmitglieder abgeborgen.

Entgegen aller Erwartungen und aller guten Zureden weigerte sich der Kapitän, das Schiff aufzugeben und zu verlassen. Mit einem Matrosen zusammen entschied er, an Bord zu bleiben, um zu versuchen, mit eigener Kraft einen Hafen zu erreichen. Die »Alexa« erklärte sich für alle Fälle bereit, in der Nähe des Havaristen zu bleiben. Falls es erforderlich werden sollte, würde »Alexa« es übernehmen, den Hubschrauber erneut zu alarmieren.

Eine knappe Stunde später schon stiegen rote Leuchtkugeln von Deck der »Seeadler II« in den wolkenverhangenen Himmel empor. Der Notruf wurde von der »Alexa« sofort über Funk weitergegeben, und bereits sechs Minuten später war »Pedro 34« wieder in der Luft.

Wieder wurde mit Hilfe der »Alexa« die Unfallstelle im Funkpeilverfahren angeflogen. Die Situation, die die SAR-Flieger jetzt antrafen, hatte sich entschieden verschlechtert: Die Maschine war ausgefallen. Mit schwerer Schlagseite lag das Schiff quer zur See. Ständig wurde es von Brechern überrollt. Auch der zweite Ladebaum hatte sich aus seiner Verankerung gelöst und schlug wild hin und her.

Zwar war auch der Seenot-Rettungskreuzer inzwischen an der Unfallstelle eingetroffen, aber auch ihm war es völlig unmöglich, sich dem von wirbeldem Treibholz umgebenen Havaristen zu nähern. Hatte sich die Bergung der ersten drei Seeleute schon schwierig gestaltet, so war es doch gegen jetzt ein Kinderspiel gewesen.

Langsam flog der Pilot auf das Schiff zu. Mehr als die Hälfte der Decksladung war mittlerweile über Bord gegangen. Die von der brodelnden See umhergeworfenen Baumstämme verursachten einen wahren Hexenkessel rings um das Schiff.

»Stehen jetzt genau über dem Dampfer!« meldete Hauptbootsmann Mattscherodt, der Bordmechaniker. »Die Höhe halten! - Und einen Augenblick Geduld, ich kann jetzt nicht gleich werfen. Muß einen Augenblick abpassen, in dem das Schiff einigermaßen gerade liegt. - Stehen gut so! - Der Mast haut hin und her. Wenn der uns erwischt, sind wir geliefert! - Jetzt! - Ich werfe! - Getroffen!«

Leutnant zur See Weiß hörte das Heulen des Sturmes, das durch das Mikrofon des Bordmechanikers übertragen wurde.

Plötzlich ein Schrei: »Runter!«

Blitzschnell ließ der Pilot die Maschine zwanzig Fuß fallen.

»Der Mast!« schrie der Copilot.

»Höhe halten!« brüllte Mattscherodt. »Das Seil hat sich um den Mast gewickelt! - Noch fünf Fuß tiefer gehen! Schnell! - Keine Sorge, bin klar zum Kappen! Entweder ich bekomme das Seil frei, oder...«

Knallend schlug etwas gegen den Hubschrauber. Der Pilot zuckte zusammen.

»Höhe halten!« rief Mattscherodt wieder. »Das war nur die am Mast befestigte Peitschenantenne. - Zieh weg!« brüllte er dann plötzlich.

Weiß riß den Drehgasgriff auf und zog die Maschine nach oben. »Alles klar?« fragte er schnaufend, als er in sicherer Höhe war. »Au Backe, das wäre beinahe schiefgegangen«, keuchte Hauptbootsmann Mattscherodt. »Unter anderen Umständen hätte ich in dieser Situation das Seil gekappt. Aber ich mußte es darauf ankommen lassen.«

Nach zwanzig Minuten war es geschafft. Kapitän und Matrose der »Seeadler II« waren sicher im Hubschrauber untergebracht, und »Pedro 34« konnte den Heimflug antreten.

Die Besatzung der »Alexa« hatte die Rettungsaktion mit Spannung beobachtet. Nun, da alles glücklich zu Ende gebracht war, wurde die Hubschrauberbesatzung durch einen Funkspruch von der »Alexa« beglückwünscht: »Ein Hoch für die Hubschrauber! Das habt ihr wunderbar gemacht, Jungs!«

»Wenn die wüßten, wie ich geschwitzt habe«, sagte Leutnant zur See Weiß lächelnd und wischte sich mit dem Handrücken über die Stirn. Dann wandte er sich an seinen Copiloten. »Übernehmen Sie bitte die Steuerung. Ich muß mir auf den Schrecken erst einmal eine Zigarette anstecken.«

Eine knappe Stunde später landete »Pedro 34« mit den beiden Geretteten auf Borkum.

Leutnant zur See Weiß meldete an die SAR-Leitstelle: »Auftrag ausgeführt! Haben die fünf Leute von der »Seeadler II« abgeholt und nach Borkum gebracht.«

Kollision im Nebel

Der 26. November 1970 war ein Tag, an dem die Möven »zu Fuß« gingen. Dichter, wallender Nebel lag über der gesamten Deutschen Bucht. Bei geringer Luftbewegung bestand kaum Aussicht, daß sich das Wetter im Laufe des Tages bessern würde, und die Besatzung des Flugsicherungsbootes »FL 9«, das wie gewöhnlich während der Woche an seinem Liegeplatz im Helgoländer Hafen lag, richtete sich darauf ein, den Tag mit fälligen Instandhaltungs- und Reparaturarbeiten zu verbringen. Die sonst übliche Routine- und Kontrollfahrt mußte bei der herrschenden Wetterlage mit einer Sichtweite von kaum einer Bootslänge unterbleiben.

Im Hafen herrschte gespenstische Ruhe. Alle Geräusche wurden von dem dichten Nebel verschluckt.

Der Smutje wollte gerade damit beginnen, das Mittagessen vorzubereiten und klapperte mit seinen Töpfen herum, als die Besatzung von »FL 9« durch einen Anruf von der Signalstelle Helgoland jäh aus ihrer Ruhe aufgeschreckt wurde:

»Auf dem Schiffahrtsweg, in der Nähe der Jade-Tonne sind zwei Schiffe kollidiert. Ein Schiff sinkt! Die Besatzung geht in die Boote! Genaue Position 53 Grad 58 Minuten Nord, 07 Grad 41 Minuten Ost!« »53 Grad – 58 Nord, 07 Grad – 41 Ost! Verstanden. Wir laufen sofort aus.«

Johannes Hamann, der Kapitän des unter ziviler Besatzung fahrenden Flugsicherungsbootes warf den Hörer auf die Gabel zurück. Im Nu war die Besatzung alarmiert und eilte auf ihre Stationen. Mit dumpfem Dröhnen sprangen die beiden je 1 500 PS starken Maybach-Motoren an.

Wieder klingelte das Telefon. Von der SAR-Leitstelle Glücksburg wurde der Einsatzbefehl erteilt.

Der Landanschluß für Telefon und Strom wurde getrennt. Ein Mann sprang auf die Pier und warf die Leinen los. »FL 9« legte ab und war Sekunden später im dichten Nebel verschwunden. Kurs 207 Grad, 14,5 Meilen bis zur Unfallstelle.

Draußen auf See hatte sich indessen folgendes abgespielt: Das DDR-Motorschiff »Rhön« war mit dem in Piräus beheimateten griechischen Frachter »Kapa Trader«, der mit einer Ladung Asphalt von Albanien kommend, nach Polen unterwegs war, kollidiert. Urplötzlich war der Grieche vor dem Bug der »Rhön« aufgetaucht, schemenhaft und gespenstisch. Die Typhone der beiden Schiffe heulten auf. Auf der »Rhön« wurde »Äußerste Kraft zurück!« befohlen, aber es war zu spät. Mit berstendem Krachen bohrte sich der Bug des DDR-Schiffes in die Backbordseite der »Kapa Trader«. Rauschend strömte das Wasser durch ein gewaltiges Loch in die Bordwand ins Schiff, das augenblicklich schwere Schlagseite einnahm.

124

Ruckartig lösten sich die beiden Schiffe voneinander. Auf der »Rhön« wurde die Maschine gestoppt. Rasselnd rauschte der Anker aus der Klüse und klatschte in die See.

Die Griechen verließen panikartig ihr Schiff. Teils nur mit dem allernötigsten bekleidet, stürzten die Seeleute an Deck und sprangen über die Reling ins eiskalte Wasser. Der Funker hatte noch in aller Eile einen Notruf abgesetzt, dann verließ auch er fluchtartig seine Funkbude und sprang in die See.

Zwei Seeleute hatten eine Rettungsinsel ausgebracht, um die sich ein Teil der im Wasser treibenden Schiffbrüchigen sammelte, aber nur den wenigsten gelang es, die Rettungsinsel zu erreichen.

Ein Mann klammerte sich an der Ankerkette der »Rhön« fest, auf der nun ein Rettungsboot ausgeschwungen wurde. Fast im gleichen Augenblick, als das Rettungsboot des DDR-Motorschiffes das Wasser berührte, versank die »Kapa Trader« mit einem unheimlichen, gurgelnden Geräusch in der Tiefe. Nur wenige Minuten waren seit dem Zusammenstoß vergangen. Einige Wrackteile waren alles, was von dem griechischen Frachter übrigblieb.

Vom Rettungsboot der »Rhön« wurde zunächst der an der Ankerkette hängende Seemann übernommen. Sodann wurden die im Wasser treibenden Schiffbrüchigen einzeln aus der See gefischt.

Das Boot hatte gerade die abtreibende Rettungsinsel erreicht, um die letzten Schiffbrüchigen der »Kapa Trader« zu übernehmen, als plötzlich der Motor aussetzte. Mehrere Versuche, ihn wieder zu starten, schlugen fehl.

Von der »Rhön« aus erkannte man zwar das Dilemma, aber Hilfe zu leisten war in der Kürze der Zeit nicht möglich; das Schiff lag vor Anker, die Maschine war gestoppt.

Rettungsboot und Rettungsinsel, gerade eben noch schemenhaft erkennbar, verschwanden im dichten, wallenden Nebel.

Trotz des Nebels jagte »FL 9« mit über 20 Knoten Geschwindigkeit auf die Unfallstelle zu. Auf der Brücke herrschte gespannte Aufmerksamkeit. Obgleich die Männer nur zu genau wußten, daß es in jedem Fall zu spät sein würde, um zu reagieren, wenn plötzlich ein Hindernis vor ihnen auftauchen sollte, starteten sie dennoch hinaus in das milchig-weiße Nichts. Der schnittige Bug des Bootes zerteilte die glatte See und warf eine weißschäumende Bugwelle auf.

Achteraus verlief sich die Hecksee im Nebel.

Das Wohl und Wehe für Boot und Besatzung ruhte auf den Schultern von Heinrich Eckhoff. Mit höchster Konzentration beobachtete er das Radarbild. Eine ganze Reihe von Schiffen hatte sofort nach den Notrufen den Kurs geändert und lief nun auf die Unfallstelle zu. All diese Schiffe konnte Eckhoff als kleine, immer wieder aufleuchtende Pünktchen auf dem Radarschirm ausmachen. Aber nicht nur die Schiffe, jede Tonne registrierte er. »Stationäres Echo in fünf Meilen Entfernung! Das könnte die ›Rhön‹ sein!« meldete er an den Kapitän.

Johannes Hamann beugte sich über die Seekarte. »Das kommt hin. Die Position stimmt.« Noch fünf Meilen also bis zur Unfallstelle, noch eine knappe Viertelstunde.

Die Besatzung des Flugsicherungsbootes hatte keine leichte Aufgabe vor sich. Das Suchen einer Rettungsinsel und des kleinen Rettungsbootes in dieser Waschküche glich buchstäblich der Suche nach der gewissen Stecknadel im Heuhaufen. Und ohne Radar wäre es ein fast aussichtsloses Unterfangen.

Kurz vor Erreichen der Havarieposition, auf der die »Rhön« immer noch vor Anker lag und einen guten Anhaltspunkt im Radar bot, ging »FL 9« mit der Fahrt zurück.

Anhand der Strömungsverhältnisse hatte Kapitän Hamann inzwischen ausgeplottet, in welcher Richtung die Schiffbrüchigen zu suchen seien. Er ließ den entsprechenden Kurs einschlagen und ging auf »langsame Fahrt« zurück.

»FL 9« befand sich auf Suchkurs. Die gesamte Besatzung hielt scharfen Ausguck. Bei geringer Strömung und fast Windstille konnten Boot und Rettungsinsel noch nicht weit abgetrieben sein. Schon zehn Minuten später entdeckte Heinrich Eckhoff auf seinem Radarbild ein winziges Echo. Direkt voraus. Immer langsamer werdend, tastete sich »FL 9« durch den Nebel an den georteten Gegenstand heran.

Verschwommen tauchten die Umrisse des treibenden Beibootes und der daran angelaschten Rettungsinsel aus dem Nebel auf. »FL 9« hatte die »Nadel im Heuhaufen« gefunden!

Während der Funker über UKW dem ebenfalls ausgelaufenen Seenot-Rettungskreuzer »Adolf Bermpohl« meldete, daß Rettungsinsel und Rettungsboot gefunden seien, begann schon die Übernahme der Schiffbrüchigen.

Die Seeleute des Motorschiffes »Rhön« halfen, die zum Teil schon stark unterkühlten Griechen an Bord des Flugsicherungsbootes zu schaffen. Ein Seemann war völlig nackt, einer nur mit einem Pyjama bekleidet, und zwei Mann hatten nur eine Badehose an. Die Frau des griechischen Kapitäns brach an Deck des Flugsicherungsbootes schluchzend zusammen. Heinrich Eckhoff, der seinen Platz am Radarschirm verlassen hatte, konnte sie gerade noch auffangen. Auf seinen Armen trug er sie unter Deck.

Zitternd und zähneklappernd saßen bald alle 19 Schiffbrüchigen der »Kapa Trader« vollzählig in der überheizten Kabine des Flugsicherungsbootes.

Da außer Wolldecken keine wärmende Bekleidung an Bord war, verteilte die Besatzung eigene Wollsachen und Wäsche an die griechischen Seeleute. Ein Grieche war besonders stolz, als er in die Uniformbluse des Funkers, des einzigen Soldaten unter der 12köpfigen Besatzung, schlüpfen durfte.

Dann wurde heißer Kaffee serviert, Zigaretten wurden verteilt. Die fünf Matrosen des DDR-Motorschiffes »Rhön« weigerten sich hartnäckig, an Bord des Flugsicherungsbootes zu kommen und lehnten es ebenso ab, eine Schleppleine zu übernehmen. Vielmehr baten sie darum, von »FL 9« durch den Nebel zu dem nächstbesten Schiff gelotst zu werden.

126

Des Menschen Wille ist sein Himmelreich, dachte Kapitän Hamann und hielt mit kleinster Fahrtstufe auf das etwa eine halbe Meile entfernt liegende deutsche Küstenmotorschiff »Insa J« zu, während die Männer im Beiboot hinterherpullten.

Die »Insa J« nahm das Boot in Schlepp und brachte es zur »Rhön« zurück.

Mit voller Kraft lief »FL 9« in Richtung Helgoland. Über Funk wurden Krankenwagen und warme Bekleidung angefordert.

Die Seeleute der »Kapa Trader« hatten ihren Schock bald überwunden, und es dauerte nicht lange, bis aus der Kabine griechische Lieder erklangen.

Die ersten Glückwünsche zur Rettung der Schiffbrüchigen kamen über Funk von dem Seenot-Rettungskreuzer »Adolf Bermpohl«, der inzwischen die Untergangsstelle erreicht hatte und mitteilte, daß er so lange an der Position liegen bleiben wolle, bis das Wrack durch einen Tonnenleger mit Wracktonnen gekennzeichnet worden sei.

SOS – »Balka« in Seenot

Die Besatzung des kleinen dänischen Küstenmotorschiffes »Balka« hatte eine schlimme Nacht hinter sich. Weder der Kapitän noch einer seiner Männer hatte während dieser grausigen Novembernacht des Jahrs 1973 auch nur ein Auge zugemacht.

Immer wieder wuschen die Brecher über Deck. Selbst im Ruderhaus war das Heulen und Orgeln des schweren Nordweststurmes, der über die nachtschwarze Nordsee dahinbrauste und bis zu sechs Meter hohe Wellen aufwarf, unheimlich anzuhören. Nur undeutlich war das Vorschiff im Licht der Decksscheinwerfer zu erkennen. In halbstündlichem Rhythmus wurde der Rudergänger abgelöst. Es war ungeheuer schwierig, das Schiff auf Kurs zu halten. Die schweren Brecher, die von backbord achtern herangerauscht kamen, warfen es immer wieder aus seiner Bahn. Wenn einer dieser gewaltigen Roller mit seiner elementaren Gewalt gegen die Seite des kleinen Schiffes knallen würde, so könnte das für die »Balka« verheerende Folgen haben.

Bei diesem Unwetter hatte ein Schiff wie die »Balka« wahrlich nichts auf See zu suchen. Und wenn schon, dann war es das Sicherste, den Sturm beigedreht abzureiten. Schon mehrfach im Laufe dieser stürmischen Nacht hatte der Kapitän den Gedanken erwogen, beizudrehen. So wäre das Wetter am besten zu überstehen. Die Sache hatte nur einen gewaltigen Haken. Während des Drehens war es nicht auszuschließen, daß das Schiff von einem der irrsinnig hohen Wellenberge überrollt würde. Dieses nicht kalkulierbare Risiko wollte und konnte der Kapitän nicht eingehen. Immerhin bestand die Möglichkeit, daß sich der Seegang im Laufe der nächsten Stunden beruhigen würde. Das jedenfalls hoffte der Kapitän.

Endlich graute der Morgen und gab der Besatzung neue Hoffnung. Die Nacht war überstanden und man sah den kommenden Stunden mit Zuversicht entgegen. Doch je heller es wurde, desto deutlicher war zu erkennen, daß an eine Wetterbesserung vorerst nicht zu denken war. Soweit das Auge reichte, erstreckte sich die aufgewühlte See. Die von backbord achtern heranrollenden Wogen bildeten ein einziges brodelndes Durcheinander; krachend und donnernd hämmerten sie, die »Balka« einholend, pausenlos auf das Achterschiff. Weißschäumend gurgelten die Wassermassen über das Deck.

Statt nachzulassen, schien der Seegang noch zuzunehmen, und es wurde immer schwieriger, das Schiff auf Kurs zu halten. Jedesmal, wenn die See blindwütig auf das Schiff einschlug, lief die »Balka« aus dem Ruder.

Kurz vor acht Uhr waren voraus unter einem bleigrauen Himmel die verschwommenen Umrisse des »Weser-Feuerschiff« auszumachen. Zur gleichen Zeit etwa heulten fast überall an der deutschen Nordseeküste die Sirenen auf. Der zivile Bevölkerungsschutz wurde in Alarmbereitschaft versetzt. Lautsprecherwagen der Feuerwehr und der Polizei fuhren in besonders gefährdeten Gebieten herum und warnten die Bevölkerung vor der Gefahr des steigenden Hochwassers.

Der schwere Nordweststurm, der seit dem Vorabend über die Deutsche Bucht tobte, hatte fast die gesamte Küstenschiffahrt zum Erliegen gebracht.

Der Wasserstand war bereits bis 2,80 m über das mittlere Hochwasser gestiegen. Die nordfriesischen Halligen meldeten Landunter. In der Nähe von Itzehoe war bereits ein Sommerdeich gebrochen, und immer noch stieg die Flut.

Von der Insel Nordstrand kam die Meldung, daß siebzig Schafe ertrunken seien. Der Feuerwehr war es zwar gelungen, dreißig Tiere vor der Flut zu retten, aber immer noch wurden fünfzehn Schafe vermißt.

Der von Regen-, Hagel- und Graupelschauern begleitete Sturm erreichte in Böen volle Orkanstärke. Kein Wunder also, daß auf der Unterelbe etwa einhundert Schiffe lagen, die die Ausfahrt in die Nordsee scheuten. Den Fährverkehr zwischen Wischhafen und Glückstadt konnten diese Schiffe nicht stören; er war längst eingestellt worden.

Während hier, in relativ ruhigem Wasser, eine ganze Armada von Schiffen auf das Abflauen des Sturmes wartete, kämpfte sich die »Balka« durch die vom Sturm gejagten Wellen.

Etwa drei Meilen voraus war nun deutlich das auf- und niedertanzende, im groben Seegang an seiner Ankerkette zerrende »Weser-Feuerschiff« zu erkennen. An Steuerbord stand vor den Sänden, die den Ostfriesischen Inseln vorgelagert sind, eine ungeheuere Brandung.

Mit besorgtem Gesicht sah der Kapitän hinüber in Richtung Wangerooge. In diesen Hexenkessel hineinzugeraten, wäre alles andere als erfreulich. Schon hier draußen, außerhalb der Grundseezone war der Seegang stärker, als er es seinem Schiff eigentlich zumuten konnte.

Rollend und stampfend hatte die »Balka« die letzten Stunden überstanden. Die Männer im Ruderhaus, die sich ständig irgendwo festklammern mußten, um nicht in die nächste Ecke geschleudert zu werden, hofften, daß sie in etwa zwei Stunden die Elbmündung erreichen würden. – Eine trügerische Hoffnung! In den nächsten Minuten schon sollte das Unheil über die »Balka« hereinbrechen.

Es war genau 08.00 Uhr, als ein gewaltiger Roller herangerauscht kam. Mit vernichtender Gewalt krachte eine tonnenschwere Wasserlast auf das Achterschiff der »Balka« nieder. Taumelnd und in allen Fugen bebend legte sich das Schiff nach Steuerbord über. Verzweifelt wirbelte der Rudergänger das Steuerrad herum. Doch vergebens. Schon schlug der nächste Brecher zu. Mit schreckgeweiteten Augen mußten die Männer im Ruderhaus der »Balka« hilflos mit ansehen, wie in dem brodelnden Durcheinander auf dem Vorschiff unter Krachen und Splittern ihr einziges Rettungsboot von der See zerschmettert und die Trümmer über Deck gewaschen wurden.

Langsam kam unter den über Bord gurgelnden Wassermassen das Deck wieder zum Vorschein. Die Hoffnung des Kapitäns, daß sich das Schiff jetzt wieder auf-

129

richten würde, erfüllte sich nicht. Im Gegenteil, die Schlagseite wurde immer gößer. Als nur wenige Minuten später aufgrund der starken Schlagseite auch noch die Maschine ausfiel, galt es für den Kapitän, keine Sekunde Zeit zu verlieren. Mit einem Sprung war er am Funkgerät. »Mayday! Mayday! Mayday!« sandte er seinen dringenden Notruf in den Äther. »Dänisches Küstenmotorschiff ›Balka‹ auf Position 53 Grad 57 Minuten Nord, 07 Grad 49 Minuten Ost in Seenot! Haben schwere Schlagseite! – Rettungsboot verloren! – Nur noch eine Rettungsinsel an Bord! – Wollen das Schiff verlassen!«

Mit schwerer Schlagseite in der aufgewühlten Nordsee treibend, war die »Balka« hilflos dem Toben der Elemente ausgeliefert. In der gegenwärtigen Lage waren Schiff und Besatzung rettungslos verloren, wenn nicht schnellstens Hilfe nahte.

Immer und immer wieder von schweren Brechern eingedeckt, trieb das Schiff quer zur See auf die gefährliche Grundseezone der Nordergründe in der Außenweser zu. Die Besatzung konnte nur hoffen, daß rechtzeitig, bevor ihr Schiff strandete oder gar kenterte, was bei dem herrschenden Seegang auch nicht auszuschließen war, ein Seenot-Rettungskreuzer oder ein Rettungshubschrauber zur Stelle war.

Die Notmeldung der »Balka« war von verschiedenen Küstenfunkstellen aufgefangen worden.

Ein Schiff war in Not. Sofortige Hilfe war erforderlich. Mit dem Auffangen der Notmeldung wurden sofort alle erforderlichen Maßnahmen zur Rettung der Besatzung des in Seenot geratenen Schiffes eingeleitet.

Nicht nur die Küstenfunkstellen Norddeich-Radio und Elbe-Weser-Radio, sondern auch die in erhöhter Alarmbereitschaft sitzende Besatzung des auf Helgoland stationierten Seenot-Rettungskreuzers »Adolf Bermpohl« hatte den auf 2182 kHz ausgestrahlten Mayday-Ruf aufgefangen.

Der Notruf kam gerade in dem Moment durch, als ein freiwilliger Rettungsmann, der vom Vormann der »Adolf Bermpohl« aufgrund der außergewöhnlich schlechten Wetterlage gebeten worden war, die Besatzung des Kreuzers zu verstärken, in die Messe kam. »Du kommst gerade recht!« empfing ihn Max Prien, der Vormann. »Als ob ich es nicht wieder geahnt hätte. Es geht schon los! Geh nach oben, Dieter, und wirf die Leinen los. Wir laufen gleich aus.«

In Sekundenschnelle waren die Kaffeetassen vom Tisch geräumt. Die drei Männer, die vor wenigen Augenblicken noch gemütlich bei einer Tasse Kaffee zu einem Klönschnack am Tisch gesessen hatten, mußten hinaus, und sie wußten nur zu gut, was sie draußen erwarten würde. Im Windschatten der Felseninsel Helgoland lagen sie relativ geschützt vor dem schweren Nordweststurm an ihrem Liegeplatz im Hafen. Wenige Minuten nach dem Auslaufen aber würden sie aus dem Schutz der Insel heraus sein.

Es war keine Vergnügungsfahrt, die ihnen bevorstand. Die Feuerschiffe hatten eine Wellenhöhe von fünf bis neun Metern gemeldet. Ein Wetter also, bei dem der kentersichere Seenot-Rettungskreuzer wieder einmal zeigen konnte, was in ihm steckte, und daß er wie kein anderes Fahrzeug mit schwerstem Seegang fertig werden konnte.

Im Hinausgehen angelte sich der Vormann sein Ölzeug, das im Vorraum zur Zentrale griffbereit am Haken hing und stülpte sich den Südwester über den Kopf. Heulender Sturm, der in den Antennen pfiff und jaulte, und das Tosen der gewaltigen Brandung, die drüben vor der Düne stand, empfingen ihn, als er an Deck kam. Das Schrillen des Telefons konnte er bei diesem Lärm ebensowenig hören, wie das Dröhnen der Maschinen, die Rudi Martens, der Maschinist, soeben angeworfen hatte.

In der Zentrale nahm Helmut Landberg, der stellvertretende Vormann, den Hörer ab und meldete sich. »Seenotleitung Bremen. Wir haben gerade einen Notruf aufgefangen. Ein dänisches Küsten...« »Ich weiß Bescheid!« unterbrach Landberg seinen Gesprächspartner. »Haben den Notruf auch mitbekommen und wollen gerade auslaufen.« »Ihr sei ja wieder einmal schneller als die Polizei erlaubt.« »Bei dem Wetter sind wir hier auf alles gefaßt und sitzen immer auf dem Sprung.«

»Das ist ja prima. Gute Fahrt und viel Erfolg.«

»Danke. Werden unser Möglichstes versuchen«, sagte Landberg und legte auf.

»Das Wetter sieht wirklich nicht gut aus«, meinte zur gleichen Zeit der Bordmechaniker der auf Borkum stationierten Hubschrauberbesatzung, indem er den Hörer auf die Gabel zurücklegte. »Wir haben Sturmböen bis zu 60 Knoten. Die Sicht beträgt etwa sechs Kilometer. In Schauern soll sie auf 1,5 km zurückgehen.«

»Wie stark ist denn der Seegang?« fragte OLtzS Rövensthal, der Erste Pilot.

»Die mittlere Wellenhöhe beträgt sechs bis sieben Meter, aber das soll uns ja nicht weiter stören.«

»Uns nicht, aber möglicherweise kleinere Schiffe, die jetzt noch draußen auf See sind.«

»Ich kann mir kaum vorstellen, daß jetzt noch kleinere Schiffe unterwegs sind«, mischte sich LtzS Weiß, der Copilot, in das Gespräch ein. »Norddeich-Radio hat doch schon gestern Nachmittag die erste Sturmwarnung durchgegeben.«

Der HBtsm Borchert wollte etwas darauf erwidern, wurde aber durch das Klingeln des Telefons davon abgehalten. Als er hörte, daß der Anruf von der SAR-Leitstelle in Glücksburg kam, drückte er in alter Gewohnheit auf den Knopf, der den Lautsprecher einschaltete, damit seine beiden Kameraden gleich mithören konnten. »Ich habe einen Einsatzbefehl für euch«, kam die Stimme des wachhabenden Offiziers der SAR-Leitstelle aus dem Lautsprecher. »Dänischer Kümo ›Balka‹ auf Position 53-57 Nord, 08-02 Ost in Seenot. Das Schiff hat schwere Schlagseite und droht zu kentern. Holt so schnell wie möglich die Besatzung runter! Sind wahrscheinlich vier oder fünf Mann!«

»O.k. Verstanden! Sind schon so gut wie unterwegs«, sagte der Bordmechaniker, warf den Hörer auf die Gabel zurück und folgte seinen beiden Kameraden, die im Nebenraum bereits dabei waren, ihre Kälteschutzanzüge überzuziehen.

»Adolf Bermpohl« war zu diesem Zeitpunkt bereits seit zwanzig Minuten unterwegs. In den Knien federnd, um wenigstens die gröbsten Stöße abzufangen, stand der Vormann auf dem offenen Turm seines Rettungskreuzers.

Der Sturm wütete mit unverminderter Kraft. In tosenden Böen jagte er über die hochgehende See. Der Kreuzer war eingehüllt in eine Wolke von sprühender Gischt. Wie ein Wildpferd bockend preschte er trotz der meterhohen Wellen bei querlaufender See mit immerhin noch gut 18 Knoten Geschwindigkeit auf die Unfallstelle zu. In der Kombüse würde bei diesem Höllenritt bestimmt einiges zu Bruch gehen, aber darauf konnte Max Prien in dieser Lage keine Rücksicht nehmen. Was zählten da schon ein paar Teller und Tassen, wenn man sonst möglicherweise zu spät kam, um ein Menschenleben zu retten!

Noch knapp zehn Meilen trennten den Seenot-Rettungskreuzer von der »Balka«. Der Vormann kannte sein Revier wie seine Hosentasche. Er wußte nur zu gut, daß er den Havaristen erreichen mußte, bevor dieser auf die gefährlichen Untiefen der Nordergründe getrieben würde. Ein Schiff mit starker Schlagseite würde in der Brandung, die dort zu erwarten war, bestimmt nicht lange über Wasser bleiben. Möglicherweise war die »Balka« bereits jetzt schon gekentert. Obwohl im Fahrstand auf dem Turm Lautsprecher installiert waren, konnte er nichts vom Funkverkehr hören. Jedes Wort, das aus den Lautsprechern kam, wurde vom Sturm hinweggepeitscht, bevor es das Ohr des Vormannes erreichte.

Die heulenden Sturmböen in Verbindung mit dem Brausen der See vermengten sich zu einem gigantischen Konzert, bei dem auch nicht die Paukenschläge fehlten, wenn die riesigen Wellenberge gegen den Seenotkreuzer knallten.

Die Regenböe war nach Südosten davongezogen, und die Sicht wurde wieder besser. Achteraus waren jetzt deutlich die markanten Umrisse von Helgoland in der weiß-kochenden See zu erkennen.

Max Prien hatte sich nur kurz umgedreht. Der von Steuerbordachtern kommende Sturm nahm ihm den Atem. Schnell wandte er sich wieder nach vorne und drehte dem Sturm den Rücken zu. Mit einer Geschwindigkeit von fast 100 km/h jagte der Regenschauer auf die Wesermündung zu und gab den Blick in Richtung auf den Havaristen frei.

Angestrengt starrte der Vormann nach vorne. Täuschte er sich, oder war das, was seine Aufmerksamkeit erregt hatte, das havarierte Schiff. Er nahm eine Hand vom Steuerrad und wischte sich über das salzverkrustete Gesicht. Wenig später war er seiner Sache sicher. Etwa drei bis vier Meilen voraus lag die »Balka«. Jedesmal, wenn das Schiff von einer Woge auf den Rücken genommen wurde, waren Mast und Aufbauten deutlich zu erkennen.

»Adolf Bermpohl« lag gut auf Kurs. Nur eine kleine Idee mußte der Vormann nach Backbord vorhalten, um den Havaristen auf kürzestem Weg zu erreichen.

Prien zuckte zusammen, als sich ihm plötzlich eine Hand auf die Schulter legte. Bei dem höllischen Lärm, der ihn umgab, hatte er nicht gehört, daß Helmut Landberg auf den Turm gekommen war.

Den Sturm übertönend brüllte Landberg: »Da kommt der Hubschrauber!« Mit ausgestrecktem Arm zeigte er in südliche Richtung. Prien nickte.

Mit Höchstgeschwindigkeit jagte die silbrig glänzende, mit einem roten Streifen um den Rumpf versehene Maschine auf die »Balka« zu.

Bevor der stellvertretende Vormann nach oben auf den Turm gekommen war, hatte er in der Zentrale aufmerksam den Funkverkehr verfolgt. Sieben Minuten nach neun Uhr hatte sich der SAR-Hubschrauber über Baltrum gemeldet. Zweimal hatte der Pilot vergeblich die »Balka« gerufen, als sich Helgoland-Radio meldete: »›Rescue 82 + 04‹ von Helgoland-Radio! Ich höre Sie laut und klar. Stehe mit der ›Balka‹ auf 2182 in Verbindung. Wenn es recht ist, werde ich gerne etwas für Sie übermitteln.« »Das ist uns sehr recht. Vielen Dank. Bitte teilen Sie der ›Balka‹ mit, daß wir in etwa einer Viertelstunde das sind.« »Geht in Ordnung ›82 + 04‹!«

Einen Augenblick war Ruhe, dann meldete sich der Hubschrauber wieder: »Helgoland-Radio von ›Rescue 82 + 04‹. Können Sie uns mitteilen, wie viele Leute an Bord des Havaristen sind?« »Ja, kann ich. Die Besatzung besteht aus vier Mann.« »O.k., verstanden! Werden erst mal hinfliegen und uns die Sache ansehen. Wollen dann versuchen, die Besatzung abzubergen. Da wir keine Verbindung mit der ›Balka‹ herstellen können, möchten wir Sie bitten, weiterhin als Relaisstation zu fungieren, um dem Kapitän gegebenenfalls Anweisungen für die Abbergung zu übermitteln.« »Das machen wir.«

Jetzt griff Helmut Landberg zum Mikrofon. »›Rescue 82 + 04‹ von ›Adolf Bermpohl‹!« rief er den Hubschrauber.

Als sich OLtzS Rövensthal meldete, teilte Landberg ihm mit: »Wir sind ebenfalls unterwegs zur Unfallstelle. Werden ein paar Minuten nach euch eintreffen.« »Es ist beruhigend für uns, das zu wissen.«

Landberg nickte tiefsinnig. Das konnte er sich denken. Schon seit langem kannte er die Sorgen der Hubschrauberbesatzungen, die bei schlechtestem Wetter Rettungseinsätze über See flogen, obwohl ihre Maschinen nur ein Triebwerk besaßen. Sollte dieses eine Triebwerk bei einer Wetterlage wie sie heute herrschte, einmal ausfallen, dann war die Besatzung ohne fremde Hilfe verloren. Kein Wunder also, daß der Hubschrauberpilot die Anwesenheit des Rettungskreuzers begrüßte.

Inzwischen hatte sich »Adolf Bermpohl« dem mit beängstigender Schlagseite quer zur See treibenden Havaristen bis auf eine Meile genähert.

Helmut Landberg stand neben dem Vormann auf dem Turm und beobachtete den Hubschrauber, der einen Schlenker nach Süden machte und dann gegen den Wind anfliegend auf die »Balka« zuhielt. Von schweren Sturmböen geschüttelt, verharrte der Hubschrauber in geringer Höhe über dem Havaristen.

»Die sind sich scheinbar noch nicht schlüssig, wie sie rangehen sollen!« brüllte Landberg.

»Das wundert mich nicht!« rief der Vormann zurück. »Bei der Windstärke ist es bestimmt auch nicht einfach, die Rettungsschlinge an Deck zu bekommen. Aber wir sind ja auch noch da. Gemeinsam werden wir es schon schaffen.«

»Was hast du vor, Max?«

Mit skeptischen Augen hatte der Vormann schon geraume Zeit die »Balka« beobachtet und sich Gedanken über das Rettungsmanöver gemacht.

»Wir können nicht abwarten, was der Hubschrauber ausrichtet. Der Dampfer hält sich nicht mehr lange und kann jeden Moment kentern. Werden sofort den ersten Anlauf am Achterschiff fahren. Anschließend gehen wir mit unserer Steuerbordseite in Lee ran!« Landberg nickte zustimmend. »Werde mich mit Rudi und Dieter an Steuerbord bereithalten, um die Leute aufzufangen, wenn sie springen.« Damit wandte er sich um und schickte sich an, den Turm zu verlassen.

»Helmut!« brüllte Max Prien in voller Lautstärke, den Sturm übertönend hinter ihm her, »zieht euch für alle Fälle Schwimmwesten über!« Der stellvertretende Vormann zeigte klar: verstanden.

Mit voller Fahrt und eine riesige Bugwelle vor sich herschiebend preschte »Adolf Bermpohl« auf den Havaristen zu.

Der Hubschrauber hatte indessen eine Runde gedreht und hielt jetzt wieder auf das schwer angeschlagene Schiff zu.

Max Prien konnte sich keinen rechten Reim darauf machen, was die Flieger vorhatten.

Schon mehrfach hatte der Bordmechaniker der »82 + 04« durch Handzeichen versucht, den Schiffbrüchigen klarzumachen, daß sie sich zur Abbergung zum Achterschiff begeben sollten. In der Nähe des Ruderhauses, wo sie sich jetzt aufhielten, war es für die Hubschrauberbesatzung völlig unmöglich, zu winschen. Abermals zog der Pilot seine Maschine hoch und drehte eine Runde. Während dieser Zeit bat der Copilot Helgoland-Radio, den Schiffbrüchigen mitzuteilen, daß sie sich nach achtern begeben sollten.

Zeitweise bis zu den Oberschenkeln von gurgelnden Wassermassen umspült, arbeiteten sich zwei Besatzungsmitglieder der »Balka« just in dem Augenblick zum Achterschiff hin, als den Rettungskreuzer nur noch knapp einhundert Meter von der »Balka« trennten. Max Prien konnte nicht wissen, daß dies auf Anweisung der Hubschrauberbesatzung geschah. Er war vielmehr der Meinung, daß die Schiffbrüchigen in Anbetracht des nahenden Rettungskreuzers nach achtern gingen und wurde dadurch in seinem Vorhaben bestärkt, sofort einen ersten, wagemutigen Anlauf zu fahren.

Die drei Rettungsmänner hatten sich an der Steuerbordreling des Seenot-Rettungskreuzers verteilt, bereit, die springenden Seeleute zu übernehmen.

Schnell verringerte sich der Abstand. Max Prien ging mit der Geschwindigkeit zurück. Mit kritischen Augen musterte er das Schiff, das in der hochgehenden See auf- und niedertanzte und dessen Deck immer wieder von Brechern überflutet wurde.

Die beiden Seeleute hatten das Achterschiff erreicht und klammerten sich an der Reling fest, um von den überkommenden Wassermassen nicht über Bord gespült zu werden.

Vorsichtig und geschickt mit den Hebeln für die Verstellpropeller der Seitenmaschinen arbeitend, steuerte der Vormann seinen Kreuzer mit etwa sieben Knoten

134

Geschwindigkeit auf den Havaristen zu. Haarscharf mußte er an der »Balka« vorbeischeren, damit die Schiffbrüchigen den Sprung wagen konnten.

Noch fünfzehn Meter! Noch zehn, fünf, gleich können sie springen. Es sah so aus, als würde der Seenotkreuzer nur wenige Zentimeter am Achterschiff des Havaristen vorbeizischen. Sicherlich hätte es auch geklappt, wenn der Roller nur zwanzig Sekunden später gekommen wäre. Donnernd und brausend kam der Brecher heran und knallte gegen die Steuerbordseite des Seenot-Rettungskreuzers. Augenblicklich wurde »Adolf Bermpohl« mehrere Meter nach Backbord versetzt, unerreichbar für die Seeleute, die sprungbereit am Achterschiff der »Balka« standen.

Mit Mühe und Not, bis zu den Hüften von weiß-schäumendem, eiskaltem Wasser umspült, konnten sie sich an der Reling festhalten. Gefährlich legte sich das Schiff auf die Seite, und einen Augenblick sah es so aus, als würde es kentern, doch dann flossen die Wassermassen ab und es nahm schwerfällig wieder die alte Lage ein.

Max Prien wirbelte das Steuerrad herum, um sofort, wie geplant, einen weiteren Anlauf in Lee des Havaristen zu fahren.

Tief tauchte der schnittige Bug des Rettungskreuzers in die See. Wahre Sturzbäche eisigen Seewassers ergossen sich über das Deck. Die vom Sturm aufgewirbelte Gischt hüllte den Turm ein und behinderte den Vormann in der Sicht.

»Adolf Bermpohl« hatte die Drehung beendet, und der Vormann konnte seine Aufmerksamkeit dem Havaristen zuwenden, über dem nun wieder der Hubschrauber schwebte.

Die Rettungsschlinge wurde heruntergelassen. Jetzt schien es zu klappen. Einer der Schiffbrüchigen nahm die Schlinge wahr und schlüpfte hinein. Einen Augenblick später schwebte er zwischen dem Hubschrauber und der geifernden See.

Während der erste Schiffbrüchige aufgewinscht und vom Bordmechaniker in den Hubschrauber übernommen wurde, steuerte Prien seinen Kreuzer auf die Leeseite des Havaristen. Aus den Augenwinkeln heraus sah er, daß sich die Rettungsschlinge wieder vom Hubschrauber herabsenkte. Seine ganze Aufmerksamkeit jedoch galt den beiden Männern, die sich am Mast festklammerten. Er vergewisserte sich kurz, daß seine drei Männer bereitstanden, und hielt dann, von schräg achtern kommend, auf die dem Sturm abgewandte Breitseite der »Balka« zu.

Gerade in dem Moment, als »Adolf Bermpohl« längsseit scherte, wurde die »Balka« wieder von einem schweren Brecher geschüttelt. Krachend knallten die beiden Schiffe zusammen. Geistesgegenwärtig schob Prien die Gashebel nach vorne, um den Kreuzer so schnell wie möglich aus dieser gefährlichen Lage zu bringen. Nur wenige Sekunden, zu kurz für die Seeleute, um den Sprung wagen zu können, lag der Rettungskreuzer längsseits mit dem Havaristen.

Wie eine Nußschale tanzte »Adolf Bermpohl« zwischen den hohen Wellenbergen auf und nieder. Der Vormann mußte seine ganze Aufmerksamkeit der Führung des Kreuzers widmen und hatte kaum Zeit, einen Blick nach unten zu werfen, um sich zu vergewissern, daß seinen drei Leuten bei dem Zusammenstoß nichts passiert war.

Noch zwei vergebliche Anläufe fuhr »Adolf Bermpohl«, dann sah der Vormann ein, daß das Risiko für ihn wohl doch zu groß war, zumal der Hubschrauber inzwischen bereits den dritten Seemann in der Schlinge hatte und nach oben holte.

Max Prien hielt den Kreuzer etwa fünfzig Meter in Lee des Havaristen, um den Fortgang der Rettungsaktion im Auge zu behalten. An Deck war somit nichts zu tun, und Helmut Landberg begab sich in die Zentrale ans Funkgerät. Gerade als er die Zentrale betrat, hörte er, wie der Hubschrauber von Helgoland-Radio gerufen wurde. »Der Kapitän der ›Balka‹ möchte, wenn irgend möglich in der Nähe seines Schiffes bleiben und bittet darum, von ›Adolf Bermpohl‹ übernommen zu werden. – Wollen Sie das bitte an ›Bermpohl‹ weitergeben?«

»Das geht in Ordnung, Helgoland-Radio. Wir werden den Kreuzer informieren.«

Landberg schnappte sich das Mikrofon: »›Adolf Bermpohl‹ ruft Helgoland-Radio und ›Rescue 82 + 04‹. Ich habe das mitbekommen. Für uns ist es unheimlich schwierig, bei dem starken Seegang an den Havaristen heranzukommen. Haben schon mehrere vergebliche Anläufe gefahren. Ich würde vorschlagen, daß der Hubschrauber den Kapitän aufwinscht und dann bei uns absetzt.«

»›Adolf Bermpohl‹ von ›Rescue 82 + 04‹. Müssen das erst mal besprechen. Augenblick bitte.«

Eine knappe Minute verstrich, dann meldete sich der Hubschrauber wieder: »Tut uns leid, ›Adolf Bermpohl‹, aber das Risiko, den Kapitän bei euch abzusetzen, ist zu groß. Sind gerne bereit, ihn von Bord seines Schiffes zu holen, alles andere aber müssen wir ablehnen.«

»O.k. ›82 + 04‹, habe verstanden. – Helgoland-Radio von ›Adolf Bermpohl‹, haben Sie mitgehört?«

»Ja ›Adolf Bermpohl‹, Helgoland-Radio hat verstanden. Bitte warten Sie einen Augenblick. Werde nochmals mit der ›Balka‹ sprechen.«

Landberg angelte sich eine Zigarette aus der zerknautschten Packung. Gerade hatte er sie angezündet, als sich Helgoland-Radio bereits wieder meldete. »Der Kapitän bleibt bei seinem Entschluß. Er möchte vom Seenotkreuzer übernommen werden.« »O.k. Wir versuchen es!«

Landberg drückte seine gerade angerauchte Zigarette aus und eilte dann hinauf zum Turm.

»Etwa ähnliches habe ich mir schon gedacht!« brüllte Max Prien, nachdem er von seinem Stellvertreter erfahren hatte was anlag. »Wenn wir es schaffen wollen, dürfen wir keine Zeit verlieren.« Mit geübtem Auge stellte Landberg fest, daß der Vormann recht hatte. Die »Balka« war inzwischen gefährlich nahe auf den brodelnden Hexenkessel der Nordergründe zugetrieben worden.

Während der Hubschrauber über den beiden Schiffen kreiste, schob sich der Rettungskreuzer vorsichtig, auf einen günstigen Moment lauernd, an den Havaristen heran.

136

Der Sturm hatte noch keine Spur nachgelassen. Bei etwa vier bis sechs Meter hohen Wellen ging die »Balka« mit jedem anrollenden Brecher fast bis zu sechzig Grad über. Immer schwerfälliger schüttelte sie die überkommenden Wassermassen ab.

Der Vormann hatte sich einen Plan zurechtgelegt. Er wollte in dem Moment längsseit sein, wo sich die »Balka« gerade auf einem Wellenberg befand. Dann sollte der Kapitän blitzschnell herübergezogen werden, und bevor der nächste Wellenberg heranrauschte, mußte »Adolf Bermpohl« bereits wieder abgelegt und eine sichere Entfernung zwischen sich und den Havaristen gebracht haben. Immer noch abwartend verhielt der Vormann seinen Kreuzer etwa fünfundzwanzig Meter in Lee des Havaristen.

Wieder rollte eine riesige Woge von Nordwesten heran. »Jetzt oder nie!« dachte Max Prien. Er wartete noch einige Sekunden, dann schob er die Gashebel nach vorne.

Mit seiner langjährigen Erfahrung als Vormann glückte ihm das Kunststück, genau in dem Augenblick längsseits zu scheren, in dem sich die »Balka« auf der Höhe des Wellenberges befand, und somit ihre ruhigste Lage innehatte.

Vom Hubschrauber aus sah es fast so aus, als würde der Havarist auf dem Rettungskreuzer liegen, aber für die »Adolf Bermpohl« bestand im Moment keine Gefahr.

Geschickt mit Ruder und Maschinen arbeitend, hielt der Vormann den Kreuzer dicht an der Bordwand des Havaristen.

Ein schneller Blick zur Seite zeigte ihm, daß sich der Kapitän immer noch an Bord seines eigenen Schiffes befand. Die drei Rettungsmänner standen über die Reling gebeugt und hielten ihm die Arme entgegen.

»Verdammt, nun spring schon, ehe es zu spät ist«, dachte Prien.

Da, jetzt löste sich die Verkrampfung des dänischen Kapitäns. Er ließ das Ruderhaus los, nahm alle Kraft zusammen und sprang. Argwöhnisch nach Nordwesten spähend und den nächsten Brecher taxierend, sah Prien aus den Augenwinkeln heraus, wie seine Kameraden blitzschnell zugriffen und den Kapitän herüberrissen. Ohne zu zögern schob er die Gashebel nach vorne und brachte die Verstellpropeller auf größte Steigung.

Brausend und donnernd, und das gesamte Oberdeck der »Balka« überflutend, schlug der nächste Brecher zu.

»Adolf Bermpohl« war es gerade noch gelungen, in letzter Sekunde von dem Havaristen freizukommen.

Hexenkessel Deutsche Bucht

Es war später Nachmittag, und langsam brach die Dämmerung herein, als der Kapitän den neuesten Wetterbericht entgegennahm: »Das umfangreiche Orkantief mit seinem Kern von 975 Millibar zwischen Island und den Färöer zieht langsam südostwärts und führt feuchtwarme Meeresluft heran, die zu mäßigen Sichten und tiefer Bewölkung führt. In der Deutschen Bucht westsüdwestlicher Wind mit zwanzig Knoten, Sicht zwei bis vier Kilometer, örtlich Seenebel. Wellenhöhe 1,5 Meter.«

Vor ein paar Stunden hatte die »Grete Hauschildt« den Hafen von Gent verlassen, und niemand von der Besatzung dachte im Traum daran, daß dieses Orkantief, das jetzt noch weit im Norden stand, die Deutsche Bucht in weniger als 24 Stunden in einen wahren Hexenkessel verwandeln würde.

Gegen 20.00 Uhr hatte es schon erheblich aufgefrischt. Kalt blies der Wind aus nordwestlicher Richtung.

Mit achterlichem Wind und Seegang zog die »Grete Hauschildt« durch die nachtschwarze See.

Die den Schiffahrtsweg markierenden Tonnen waren in dieser dunklen, trüben Dezembernacht des Jahres 1973 sehr schlecht auszumachen. Die Feuersicht betrug kaum fünf Kilometer. Von Zeit zu Zeit lag die Wolkendecke auf dem Wasser auf, so daß die Sicht gleich Null war; dann war nur der Bug des Schiffes zu sehen, der die immer höher gehenden Wellenberge durchschnitt. Gischt und Schaumflocken stoben über das Oberdeck.

Stunde auf Stunde verging. Kurz nach Mitternacht kam der Kapitän auf die Brücke. »Wie steht das Barometer?« »Ist weiter gefallen!« antwortete der Steuermann.

Langsam wanderte das Tief immer weiter südostwärts. Seine Frontensysteme überquerten die Deutsche Bucht mit käftigen Winden.

Trübe und kalt dämmerte der Morgen. Unangenehm stampfend kämpfte sich das kleine Motorschiff durch die immer höher gehenden, mit weißen Schaumkronen bedeckten Wellenkämme. Immer häufiger passierte es, daß das gesamte Oberdeck überspült wurde.

Gegen sieben Uhr morgens, noch vor dem Frühstück, ging der Vormann des in Bremerhaven liegenden Seenot-Rettungskreuzers »H.H. Meier«, Ulrich Steffens, auf den Turm, um nach dem Wetter zu sehen. Von der Außenweser her wälzten sich bleigraue Fluten flußaufwärts. Der Wind hatte während der Nacht erheblich aufgefrischt. Hin und wieder fegten vereinzelte, starke Böen landeinwärts. Drüben am Mast der Wasserstandsanzeige neben der Hafeneinfahrt war ein schwarzer Kegel aufgeheißt - ein Warnsignal für einen aufkommenden Sturm von mindestens Windstärke acht.

»Das Wetter gefällt mir überhaupt nicht«, sagte Ulrich Steffens, als er in die Messe kam. »Laßt uns mal gut und ausgiebig frühstücken. Wer weiß, was heute noch alles passiert.«

Während die Rettungsmänner Eier und Speck verzehrten, gab Norddeich-Radio die erste Sturmwarnung durch. Für die Deutsche Bucht wurde Nordwest-Sturm mit Stärke acht bis neun und orkanartigen Böen vorhergesagt.

Das Barometer fiel und fiel und von Stunde zu Stunde wurden Sturm und Seegang schlimmer.

Bei zunehmendem achterlichen Seegang lief die »Grete Hauschildt« immer häufiger aus dem Ruder, und der Rudergänger hatte alle Mühe, das Schiff auf Kurs zu halten.

Gegen elf Uhr wurde das Feuerschiff »Terschellinger Bank« passiert. Wieder einmal prasselte ein schwerer Regenschauer, zum Teil mit Graupeln vermischt, auf die See nieder.

Das nur etwa eine Meile nördlich an seiner Ankerkette zerrende, stampfende und rollende Feuerschiff war eingehüllt in grauen Dunst und schäumende Gischt. Die Prognose der Meteorologen schien zu stimmen. Der in wütenden Böen über das Wasser fegende Sturm wurde immer stärker, die windgejagten Wellen immer höher.

Kurz nach 13.00 Uhr gab das Deutsche Hydrographische Institut eine Sturmflutwarnung durch: »Für die gesamte deutsche Nordseeküste besteht die Gefahr einer schweren Sturmflut. In der Nacht von Donnerstag zu Freitag wird das Hochwasser an der deutschen Nordseeküste in Emden, Bremen und Hamburg etwa zwei Meter höher als das mittlere Hochwasser eintreten.«

Aufgrund des angekündigten schweren Wetters standen ab Mittag alle Seenot-Rettungsboote und -Rettungskreuzer der Deutschen Gesellschaft zur Rettung Schiffbrüchiger in erhöhter Alarmbereitschaft. Mit vorgewärmten Motoren waren die Boote und Kreuzer bereit, bei jedem Notruf sofort auszulaufen.

Es begann um 13.52 Uhr mit einem Funkspruch des Fischkutters »Ute Jarchau«. Dieser erste Notruf, dem noch weitere folgen sollten, war das auslösende Moment, das alle verfügbaren Rettungsmittel, angefangen vom Seenot-Rettungsboot der DGzRS bis zur Breguet ATLANTIC des militärischen Such- und Rettungsdienstes zum Einsatz bringen sollte.

»Mayday! Mayday! Mayday! Fischkutter ›Ute Jarchau‹. Befinde mich in einem Verband heimkehrender Fischkutter auf dem Verkehrstrennungsweg vor den Ostfriesischen Inseln zwischen Tonne ›DB 3‹ und ›DB 4‹. – Haben Fischkutter ›Diana‹ aus den Augen verloren. Befürchten, daß er gekentert ist. Können wegen schwerer See nicht wenden und die Suche aufnehmen. Mayday! Mayday! Mayday!«

Der Notruf wurde von verschiedenen Küstenfunkstellen, von allen Seenot-Rettungskreuzern im Nordseebereich, die ständig die Notfrequenz abhören, aber auch von der Seenotleitung in Bremen und der SAR-Leitstelle in Glücksburg aufgefangen. Über die direkt geschaltete Telefonverbindung vereinbarte die Seenot-

Wetterkarte
vom Donnerstag,
dem 6. Dezember 1973

Quelle:

Geophysikalische Beratungsstelle
beim Flottenkommando,
Glücksburg

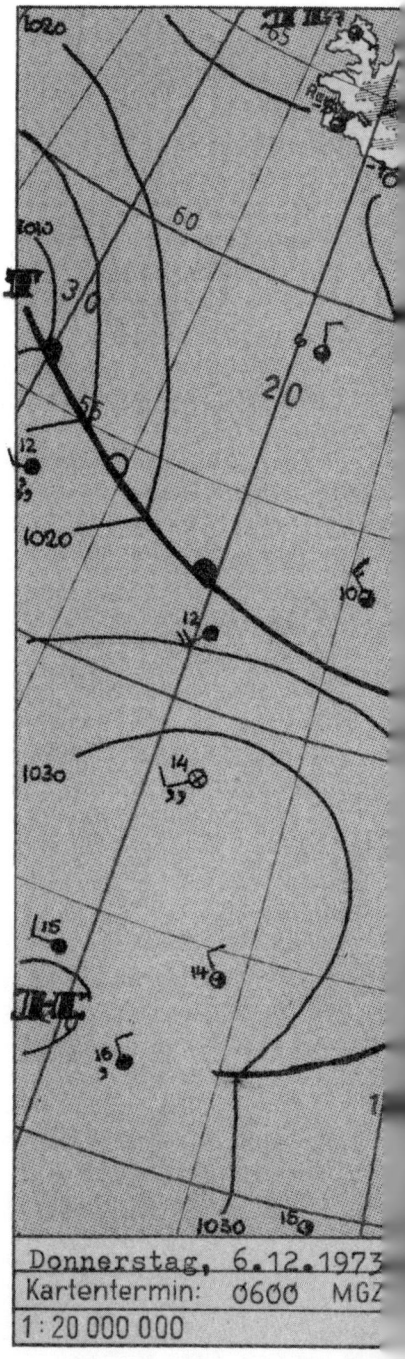

Donnerstag, 6.12.1973
Kartentermin: 0600 MGZ
1 : 20 000 000

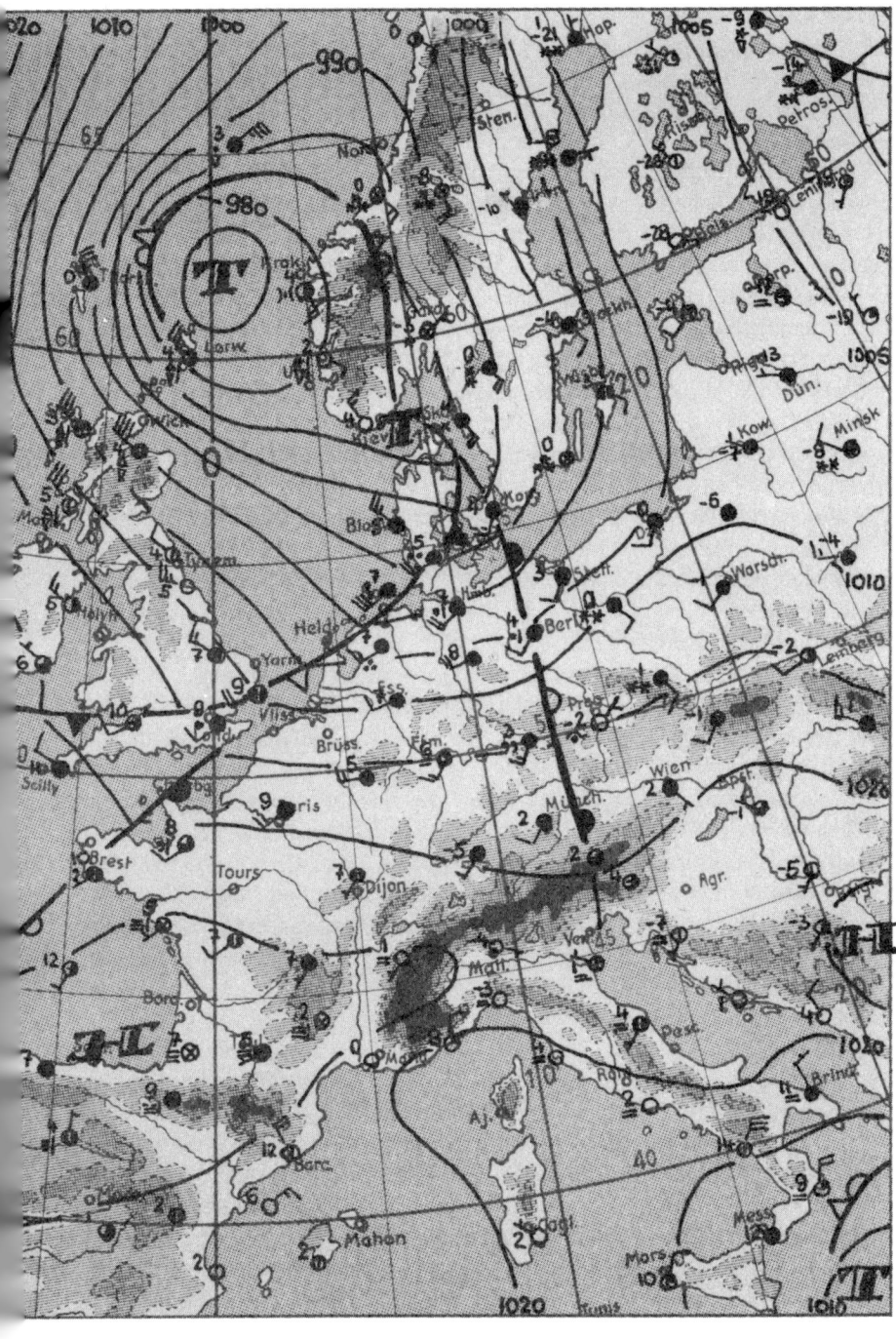

141

leitung als verantwortliches RCC für den Seenotfall mit der SAR-Leitstelle, daß sofort der auf Borkum stationierte SAR-Hubschrauber eingesetzt werden sollte, um die »Diana« zu suchen und gegebenenfalls die 4köpfige Besatzung zu retten. Unmittelbar darauf wurde der Hubschrauberbesatzung der entsprechende Einsatzbefehl erteilt.

Bereits fünf Minuten später, während der Pilot noch das Triebwerk seines Hubschraubers warmlaufen ließ, lief ein Funkspruch des DDR-Schiffes »Kap Arkona« bei der SAR-Leitstelle auf, der einen weiteren Einsatz erübrigte. Die »Kap Arkona« meldete um 14.03 Uhr: »Fischkutter ›Diana‹ gesunken! Habe zwei Mann lebend geborgen. Die beiden anderen Besatzungsmitglieder sind ertrunken!«

Genau elf Minuten nach der ersten Notmeldung, die an diesem denkwürdigen Dezembertag in den Äther gesandt wurde, war der »Fall« bereits abgeschlossen. Und gleich mit dem ersten Notfall waren zwei Opfer zu beklagen.

Der Vormann der »H.H. Meier«, der mit seinen beiden Kameraden, dem Rettungsmann Günter Almstedt und dem Motorenmann Peter Kiebitz den Funkverkehr mitgehört hatte, meinte: »Das war heute bestimmt nicht der letzte Seenotfall. – Peter, sorg bitte dafür, daß ständig die Maschinen vorgewärmt sind. Wenn heute etwas passiert, müssen wir unheimlich schnell sein. Bei dem Seegang hält sich kein Schiffbrüchiger lange über Wasser, selbst wenn er eine Schwimmweste trägt.«

»Das Wasser ist ja auch schon verdammt kalt«, fügte Almstedt hinzu. »Möchte wetten, daß ein Schwimmer in spätestens einer Viertelstunde steif ist und keinen Finger mehr rühren kann.« Fast zwei Stunden lang blieb es ruhig.

Um 15.55 Uhr meldete das Motorschiff »Hanau«, daß bei schwerem Seegang zwischen der Tonne »DB/J« und dem Feuerschiff »Elbe II« ein Besatzungsmitglied über Bord gespült worden sei.

Das Seenot-Rettungsboot »Hans Lüken«, das sich auf Seeposition befand, hatte die Meldung mitgehört und nahm sofort, gegen Sturm und immer stärker werdenden Seegang ankämpfend, Kurs auf das fragliche Gebiet.

Über eine Stunde suchte »Hans Lüken«, bis bei zunehmender Dunkelheit und schwerer See eine weitere Suche aussichtslos erschien und sich Vormann Steffens schweren Herzens entschließen mußte, nach Wilhelmshaven zurückzulaufen.

Auch die »Hanau« selbst brach die Suche bei Einbruch der Dunkelheit ab.

Wiederum hatte die See ein Opfer gefordert.

Was die nächsten Stunden bringen sollten, hatte es an der deutschen Nordseeküste schon seit Jahren nicht mehr gegeben. Die schwerste Sturmflut seit der Hamburger Flutkatastrophe von 1962 stand bevor.

Im letzten Wetterbericht, gültig bis 17.00 Uhr, war die mittlere Wellenhöhe bereits mit drei bis dreieinhalb Metern angegeben. Der Vormann des Seenot-Rettungsbootes »Hans Lüken« war froh, als er voraus die Lichter der Hafeneinfahrt entdeckte. Die Vorfreude auf den ruhigen Liegeplatz sollte jedoch von kurzer Dauer sein. Noch zwei Meilen trennten »Hans Lüken« vom Hafen. »Mayday! Mayday! Mayday!« tönte es da wieder knatternd und mit Störungen überlagert,

aber dennoch deutlich zu verstehen aus dem Lautsprecher. »Sandschute ›Markus I‹ – treiben mit 220 Tonnen Kies an Bord auf ›Buhne A‹ Minsener Oog zu!«
Die beiden Besatzungsmitglieder in der Zentrale des Seenot-Rettungsbootes waren wie elektrisiert, als sie diesen international gebräuchlichen Notruf vernahmen. Vergessen war der ruhige Liegeplatz im Hafen. Minsener Oog lag östlich Wangerooge. Das war ihr Gebiet!

Unverzüglich wurde der Vormann, der auf dem Turm des Rettungsbootes den Notruf nicht mitgehört hatte, unterrichtet. Ohne lange zu überlegen oder nachzufragen, wirbelte Arthur Steffens das Steuerrad herum. Sich stark überlegend drehte das Rettungsboot und nahm wieder Kurs auf die offene See. Niemand von der Besatzung ahnte in diesem Moment, daß sie noch mehr als zwölf Stunden bei diesem Unwetter auf See zubringen mußten. Einer der Rettungsmänner war ans Funkgerät gegangen und versuchte, mit dem Havaristen Kontakt aufzunehmen, aber »Markus I« antwortete nicht. Daraufhin wurde Jade-Revier-Radio darüber in Kenntnis gesetzt, daß der Notruf aufgefangen worden war und daß »Hans Lüken« mit Höchstfahrt zur angegebenen Position laufe. Zeitgleich hierzu alarmierte der Wachleiter der SAR-Leitstelle Glücksburg die Borkumer Hubschrauberbesatzung.

Der verantwortliche Pilot jedoch lehnte es ab, bei der gegenwärtigen Wetterlage zu starten.

»Unter den gegebenen Umständen kann ich es nicht verantworten, zu fliegen«, antwortete er. »Das Rettungsboot wird die Leute schon finden.«

Diese Entscheidung mußte akzeptiert werden. Die Wetterverhältnisse waren so, daß niemand der Besatzung befehlen konnte, zu starten.

Aufgrund dieser Situation erteilte der Wachleiter der auf dem Fliegerhorst Nordholz in Bereitschaft stehenden Breguet ATLANTIC den Auftrag, »Hans Lüken« bei der Suche nach der in Seenot geratenen Schute zu unterstützen.

Inzwischen war es stockfinstere Nacht geworden.

Mit voller Fahrt jagte »Hans Lüken« durch das Jade-Fahrwasser. Der Seegang war noch einigermaßen erträglich, aber je weiter das Rettungsboot nach Norden in den Bereich der offenen Nordsee kam, desto steiler wurden die Wellen. Der Sturm heulte und pfiff in den Aufbauten, und immer wieder fegten schwere Orkanböen über die nächtliche, aufgewühlte See.

Immer weiter mußte der Vormann mit der Fahrt zurückgehen. Stampfend und bebend und von immer größer werdenden Brechern eingedeckt, kämpfte sich das knapp zwanzig Meter lange und im Gegensatz zu den Seenot-Rettungskreuzern nur mit einer Schraube ausgestattete Seenot-Rettungsboot in Richtung Minsener Oog vor.

»Mayday! Mayday! Mayday!« tönte es da wieder in höchster Not aus dem Lautsprecher in der Zentrale des Seenot-Rettungsbootes.

»»Markus I‹, wir sinken! Wir sinken! Position Wangerooge-Oldoog Buhne A – Mayday! Mayday! Mayday!«

143

Der stellvertretende Vormann, der in der Zentrale den Funkverkehr überwachte, klappte den Deckel des Sprachrohres nach oben und rief den Vormann, der zusammen mit dem Maschinisten auf dem offenen Turm stand. »›Markus I‹ sinkt, Arthur! Ist von oben schon was zu sehen?«

»Nein, nichts!« antwortete Steffens. Bei dem Donnern der Wellen und dem Heulen des Sturmes war er kaum zu verstehen.

»›Markus I‹ von Seenot-Rettungsboot ›Hans Lüken‹! ›Markus I‹ von ›Hans Lüken‹! Bitte kommen!« rief der stellvertretende Vormann dann die sinkende Schute. Drei- oder viermal versuchte er es, aber »Markus I« antwortete nicht mehr.

Gegen 18.00 Uhr meldete auch Jade-Revier-Radio, daß der Funkkontakt mit »Markus I« abgebrochen sei. Zugleich wurde mitgeteilt, daß die Besatzung der Schute vermutlich ihr Schiff verlassen habe und in die Rettungsinsel gegangen sei.

»Hans Lüken«, die zu diesem Zeitpunkt etwa zwei Meilen südwestlich Mellum stand, teilte mit, daß sie im Hinblick darauf, daß die Rettungsinsel in Richtung Alte Mellum treiben würde, sofort die Suche aufnehmen werde.

Das war leichter gesagt, als getan. Aus dem Schutz der Festlandküste heraus war das Rettungsboot jetzt der vollen Gewalt des Orkans und der See ausgeliefert. Fast ständig war das Deck von schäumenden Wassermassen überspült.

Gegen die steilen, sich überschlagenden Brecher anstampfend, kam »Hans Lüken« nur langsam voran. Bei jeder anrollenden Welle zeigte der schnittige Bug des Rettungsbootes steil nach oben, um kurz darauf mit sausender Fahrt in die endlose, schwarze Tiefe zu rauschen.

Gerade tobte wieder ein heftiger Schauer von schweren Orkanböen begleitet von Nordwesten heran.

Wenn es den Schiffbrüchigen überhaupt gelungen war, die Rettungsinsel zu besteigen, so war es mehr als schwierig, sie in dieser Hexenküche zu finden.

Durch die tiefe, vom Sturm gejagte Wolkendecke war nicht ein Stern zu sehen. Es herrschte finstere, pechschwarze Nacht. Da, plötzlich wurde die Dunkelheit durch eine grellrote Leuchtkugel zerrissen.

»Das müssen sie sein!« brüllte der Vormann. »Sag unten Bescheid!« Der Maschinist nickte, beugte sich über das Sprachrohr und rief zur Zentrale hinunter: »Notrakete in Richtung Mellum Plate gesichtet. Nehmen Kurs auf Mellum Plate.«

»O.k., hab verstanden«, kam die Antwort. »Werde Jade-Revier-Radio verständigen.«

Der Vormann hatte den Kurs nach Steuerbord geändert. Quer zur See laufend und von schweren Brechern eingedeckt bebte »Hans Lüken« in allen Fugen. Grauweiß flutete das Wasser am Fuße des Turmes über Deck. Gischt und Schaumfetzen wurden von dem pfeifenden und heulenden Sturm von den Wellenbergen emporgerissen und durch die Luft gepeitscht.

Triefend vor Nässe und sich mit beiden Händen festklammernd, um bei dem unberechenbaren auf und ab nicht lang hinzuschlagen, standen die beiden Männer auf dem offenen Turm des Seenot-Rettungsbootes und warteten auf die nächste aufsteigende Notrakete, die ihnen den Weg zu den Schiffbrüchigen zeigen

sollte. »Verdammt noch mal! Warum jagen sie nur keine Raketen mehr hoch!«
brüllte der Vormann, das Tosen des Sturmes und der See übertönend. »Sie müssen doch ganz in der Nähe sein. – Such die See mit dem Scheinwerfer ab! Wenn
sie uns sehen, machen sie sich bestimmt bemerkbar.«

Das Lichtbündel des starken Suchscheinwerfers zerriß die Finsternis. Der
Scheinwerfer wurde von links nach rechts geschwenkt. Keine Rettungsinsel kam
in Sicht, nur das brodelnde Durcheinander der aufgewühlten See.

Auch keine Notrakete zeigte den Rettungsmännern, wo die Schiffbrüchigen zu
suchen waren.

Jetzt kam der stellvertretende Vormann auf den Turm. »Habe zweieinhalb Meilen steuerbordvoraus ein Schiff im Radar!« brüllte er dem Vormann ins Ohr. »Das
könnte die Schute sein!«

Angestrengt starrte der Vormann in die angegebene Richtung. »Tatsächlich!«
Ganz schwach waren in nordöstlicher Richtung ab und zu einige wild hin und
her tanzende Lichter auszumachen. Wenig später hatte »Hans Lüken« das Schiff
im Scheinwerferlicht. Es war die treibende Sandschute.

Vorsichtig manövrierte der Vormann das Rettungsboot so nahe, wie es bei dem
herrschenden Seegang nur möglich war an den tief im Wasser liegenden und fast
ständig von Brechern überrrollten Havaristen heran.

Das gleißende Licht des starken Suchscheinwerfers tastete über die sinkende
Schute. Die Navigationslichter brannten und die Maschine lief noch. Die Besatzung hatte offensichtlich das Schiff verlassen, denn niemand zeigte sich an Deck.
Etwas anderes jedoch entdeckten die Rettungsmänner, und das stimmte sie sehr
nachdenklich. Es war ein an Deck festgezurrtes Schlauchboot.

»Das gefällt mir überhaupt nicht!« meinte Arthur Steffens. »Geh doch mal runter und frag nach, ob die außer dem Schlauchboot noch andere Rettungsmittel an
Bord hatten.«

Knapp zehn Minuten später kam der stellvertretende Vormann wieder nach
oben. »Alles in Ordnung, Arthur!« schrie er. »Die Reederei hat bestätigt, daß auch
eine Rettungsinsel an Bord war. – Wir können nur hoffen, daß es ihnen gelungen
ist, die Insel zu besteigen.«

»Wenn es ihnen gelungen ist, und davon müssen wir ausgehen, dann treiben sie
in die Wesermündung hinein. In diesem Fall wäre es nicht schlecht, wenn sich
›H.H. Meier‹ an der Suche beteiligen würde.«

»Werde ›H.H. Meier‹ informieren!« brüllte der stellvertretende Vormann und
beeilte sich, unter Deck zu kommen, da gerade wieder ein heftiger Schauer
herantobte.

Im matt erleuchteten Ruderhaus der »Grete Hauschildt« war seit Einbruch der
Dunkelheit die gesamte Besatzung versammelt. Keiner der Seeleute wollte bei
diesem abscheulichen Wetter unter Deck bleiben.

Einsam, wie auf einer anderen, fremden Welt, kämpfte sich das 54 Meter lange,
mit einem 500-PS-Viertaktmotor ausgerüstete Schiff, verfolgt und immer wieder

eingeholt von riesigen Wellenbergen, die sich schwarz und unheimlich mit phosphoreszierenden Schaumkämmen auf das Schiff warfen, durch die Täler und Berge der See.

Mit ernsten Mienen starrten die Männer im Ruderhaus hinaus auf das Vorschiff.

Gegen 18.30 Uhr konnte der Steuermann rechts voraus in der Ferne einen schwachen Lichtschein wahrnehmen. Er machte den Kapitän darauf aufmerksam: »Das Leuchtfeuer von Norderney!«

Der Kapitän nickte nur.

Wenige Minuten später peitschte, von schweren Orkanböen begleitet, ein heftiger Regenschauer über die »Grete Hauschildt« hinweg. Der Lichtschein an Steuerbord entschwand, und das kleine Motorschiff war wieder allein in der endlosen Dunkelheit der aufgewühlten, tobenden See. Wie mit gigantischen Fäusten gepackt, wurde das Schiff von riesenhaften Wellenbergen unbarmherzig hin und her geworfen. Der pfeifende und heulende Sturm spielte die Begleitmusik in diesem Inferno der entfesselten Elemente.

Gegen 19.00 Uhr brachte der Koch ein paar belegte Brote und heiße Brühe nach oben. Kapitän Groß stand breitbeinig und in den Knien das Rollen und Stampfen des Schiffes ausgleichend neben dem Rudergänger und sah hinaus auf's Vorschiff. Bei dem peitschenden Regen und der auffliegenden Gischt war der Bug mehr zu ahnen als zu sehen.

Plötzlich zuckte der Kapitän zusammen. Etwas Schwarzes, anzusehen wie ein riesiger Vogel, flatterte von Deck auf. Krachend ergoß sich wieder ein Brecher über das Vorschiff. Kapitän Groß mußte nicht erst warten, bis das Schiff die übergekommenen Wassermassen abgeschüttelt hatte. Ihm war sofort klar, was passiert war. Eine Persenning war gerissen. – Wenn es nicht gelingen würde, eine neue Persenning anzubringen, dann bestand für Schiff und Besatzung höchste Gefahr.

Er wandte sich an den Steuermann: »Nehmen Sie drei Mann mit! Aber seid vorsichtig, daß ihr nicht von Deck gefegt werdet!« Der Steuermann nickte. Er hatte gesehen, was passiert war und er wußte, was er zu tun hatte.

Der Schauer war vorübergezogen, ebenso schnell, wie er gekommen war. Aber das war nur ein schwacher Trost.

Steuermann Göttsch und seine drei Leute waren naß bis auf die Haut, ehe sie noch den kurzen Weg vom Ruderhaus bis zu dem mittschiffs stehenden Kran zurückgelegt hatten.

»Vorsicht Brecher!« brüllte Göttsch. Der wütende Sturm riß ihm die Worte vom Mund, aber die drei Seeleute bemerkten die Gefahr und klammerten sich, ebenso wie der Steuermann, an dem nach vorn umgeklappten Ausleger des Ladekranes fest.

Der Brecher war über die »Grete Hauschildt« hinweggerauscht, und der Steuermann sprang auf. Mit ein paar großen Sätzen überwand er die letzten zehn Meter. Ein Seemann, mit der neuen Persenning unter dem Arm, war ihm dicht auf den Fersen.

Kapitän Groß stand im Ruderhaus und sah mit besorgtem Gesicht hinaus auf das in strahlendes Licht getauchte Vorschiff. Gespannt beobachtete er die mühsame Arbeit der Männer, die immer wieder unterbrochen werden mußte.

Nun kam wieder ein besonders großer Brecher herangerauscht. Verzweifelt klammerten sich die Männer am Lukendeckel fest. Donnernd kam der Brecher heran und knallte mit ungeheuerer Wucht gegen das Schiff. Schäumende Wassermassen ergossen sich über das Deck.

Die an Backbordseite kauernden Seeleute wurden zuerst erfaßt. Gegen diese elementare Gewalt war menschliche Anstrengung aussichtslos. Sie konnten sich nicht mehr halten und wurden über das Deck gefegt. Nur Bruchteile von Sekunden später gingen der Steuermann und der andere Seemann den gleichen Weg. Gottlob wurden sie nicht über Bord gefegt. Die Reling rettete ihnen das Leben.

Ein paar Minuten später kamen sie ins Ruderhaus zurück. Triefend vor Nässe, mit steifen Händen und von der beißenden Kälte geröteten Gesichtern kamen sie hereingestolpert.

»Käpten«, keuchte der Steuermann, noch völlig außer Atem, »es ist unmöglich. Das schaffen wir nicht.«

Kapitän Groß zuckte resignierend mit den Schultern. »Hab's gesehen. Können froh sein, daß ihr nicht außenbords gegangen seid.« Er war sich des Ernstes der Situation voll bewußt. Einen Augenblick erwog er den Gedanken, umzukehren und Borkum anzulaufen, aber ebenso schnell wie ihm der Gedanke gekommen war, verwarf er ihn wieder. Gegen den schweren Seegang würde die »Grete Hauschildt« kaum vorankommen. Dazu würde das Schiff noch entschieden mehr Wasser übernehmen, als es jetzt schon bei der achterlichen See der Fall war.

Das Vernünftigste würde es sein, im Windschatten von Helgoland Schutz zu suchen.

Rein gefühlsmäßig hatte Kapitän Groß damit die seemännisch richtige Entscheidung getroffen. Spätere Berechnungen haben ergeben, daß durch die Deckelfugen bei einer Druckhöhe des auf den Lukendeckel stehenden Seewassers von 8 cm pro Sekunde ca. 140 Liter Wasser in den Laderaum eindringen konnten. Bei dem achterlichen Seegang stand das Vorschiff etwa zu 1/10 der Zeit unter Wasser. Pro Minute also 6 Sekunden. Das bedeutet, daß das Schiff pro Minute ca. 1 Tonne Wasser übernommen hat. Gegen den Seegang ankämpfend, wäre es die doppelte Menge und noch mehr gewesen.

Gegen 19.45 Uhr wurde die erste Dringlichkeitsmeldung abgesetzt. »Pan, pan, pan! Deutsches Motorschiff ›Grete Hauschildt‹, – D-N-C-X – Position 53 Grad 50 Minuten Nord, 07 Grad 05 Minuten Ost. Haben Lukenabdeckung verloren. Bitten um Hilfe. Pan, pan, pan! Motorschiff ›Grete Hauschildt‹!«

Die Küstenfunkstelle Norddeich-Radio fing die Meldung auf und verbreitete sie auf 2182 kHz, der internationalen Not- und Anruffrequenz weiter.

»Auf geht's Kameraden! Wir laufen aus!« rief Ulrich Steffens in die Messe hinunter, nachdem er von Elbe-Weser-Radio erfahren hatte, daß sein Bruder Arthur, der Vormann des in Wilhelmshaven stationierten Seenot-Rettungsbootes »Hans Lüken«, die Unterstützung der »H.H. Meier« angefordert hatte.

Der Vormann, der nur in groben Zügen über die laufende Aktion informiert worden war, hatte von Elbe-Weser-Radio auch erfahren, daß sich »Hans Lüken« im Augenblick beim Havaristen befand und die Besatzung der »Markus I« sehr wahrscheinlich in einer Rettungsinsel auf die Wesermündung zutreiben würde.

Schon in der Weser stand ein ungeheurer Seegang. Mit seinen 1750 PS stampfte »H.H. Meier« gegenan und durchpflügte die bis zu sieben Meter hohen Wellenberge.

Etwa zehn Minuten nach dem Auslaufen prasselte ein Hagelschauer, von schweren Orkanböen begleitet, von Nordwesten heran. Wie kleine Geschosse flogen die Hagelkörner waagerecht durch die Luft. Schutzsuchend duckte sich der Vormann hinter die Verkleidung des Turmes.

Indessen hörten Günter Almsted und Peter Kiebitz in der Zentrale, wie »Hans Lüken« von Jade-Revier-Radio darüber informiert wurde, daß der Leuchtturmwärter von Oldoog in Richtung Mellum Plate eine rote Leuchtkugel gesichtet hätte. Vom Rettungsboot wurde diese Meldung bestätigt und zugleich versprochen, die Suche in der entsprechenden Gegend fortzusetzen.

Gegen 19.50 Uhr, als »Hans Lüken« den Leuchtturm Mellum Plate erreichte, sichteten die Rettungsmänner in südöstlicher Richtung eine rote Rakete. Da gerade wieder eine starke Hagelböe niederging, war es unmöglich, festzustellen, ob die Notrakete nördlich oder südlich Alte Mellum abgeschossen worden war. Auf gut Glück entschloß sich der Vormann des Rettungsbootes, zunächst nördlich der Insel zu suchen.

Immer wieder fingerten die Suchscheinwerfer über die gischtende See. Irgendwo in dieser finsteren, vom Sturm gepeitschten Nacht trieben drei Schiffbrüchige in ihrer kleinen Rettungsinsel.

Inzwischen wurde die Situation auf der »Grete Hauschildt« immer bedrohlicher. Gegen 20.15 Uhr meldete Kapitän Groß bereits einen Meter Wasser im Laderaum.

Norddeich-Radio fing auch diesen Funkspruch auf und gab ihn sofort weiter, nunmehr allerdings als Notmeldung. Die Dringlichkeitsmeldung wurde damit in einen Seenotfall umgewandelt, und alle Schiffe und Rettungsstationen waren verpflichtet, wenn irgend möglich, dem Hilferuf Folge zu leisten.

Unglücklicherweise fehlten der DGzRS in der Deutschen Bucht gerade jetzt die zwei großen und leistungsfähigen Seenot-Rettungskreuzer »Arwed Emminghaus« und »Adolf Bermpohl«, die wegen der Schäden, die sie sich während der vergangenen Sturmtage zugezogen hatten, in der Werft waren.

Anstelle der »Arwed Emminghaus« war die Station Cuxhaven zwar mit dem Seenot-Rettungsboot »Rickmer Bock« besetzt worden, aber auch dieses Boot war schon um 19.00 Uhr ausgelaufen, um dem Feuerschiff »Elbe II«, dessen Ankerkette gebrochen war, zu Hilfe zu eilen.

Die Bergungsschiffe »Walter Korte« und »Eisfuchs« vom Wasser- und Schifffahrtsamt Cuxhaven und der Bergungsschlepper »Atlas« waren ebenfalls ausgelaufen. Sie sollten versuchen, eine Leinenverbindung mit dem auf die gefährlichen Sandbänke der Elbmündung zutreibenden Feuerschiff herzustellen.

Da es äußerst fragwürdig schien, ob dieses Unternehmen bei der vorherrschenden Wetterlage gelingen würde und bei einer Strandung mit dem Verlust des Schiffes und der Besatzung gerechnet werden mußte, war auch der Seenotdienst alarmiert worden. Wenige Minuten später hatte »Rickmer Bock« seinen Liegeplatz an der Kugelbake in Cuxhaven verlassen. Gegen den schweren Nordweststurm anboxend, kam das kleine Rettungsboot mit seiner nur 150 PS starken Maschine nur langsam voran.

»Walter Korte« und »Eisfuchs« hatten inzwischen das Feuerschiff erreicht und mühten sich verzweifelt ab, eine Leinenverbindung herzustellen. In der äußerst groben See scheiterte jeder Versuch. Immer weiter trieb »Elbe II« dabei auf die Sandbänke zu, bis die Bergungsschiffe wegen zu flachen Wassers nicht mehr an den Havaristen herankommen konnten.

Über Funk wurde das Rettungsboot vom Wasser- und Schiffahrtsamt Cuxhaven gebeten, die Besatzung von »Elbe II« abzubergen. Wenig später erreichte »Rickmer Bock« das treibende Feuerschiff und fuhr sogleich einen ersten Anlauf.

Bei heftigen Orkanböen und schwerer Grundsee gestaltete sich die Rettung der Feuerschiffs-Besatzung äußerst schwierig. Immer wieder, bei jedem Anlauf, krachte »Rickmer Bock« mit dem Feuerschiff zusammen und zog sich erhebliche Beschädigungen zu.

Um 20.22 Uhr fing der Funker des Motorfährschiffes »Prinz Hamlet« den Notruf der »Grete Hauschildt« auf.

Die »Prinz Hamlet« war am Nachmittag in Hamburg ausgelaufen und hatte gerade die Tonne »TW/J2« passiert.

»Herr Kapitän! Habe gerade einen Mayday-Ruf von einem Kümo aufgefangen.«

»Position?« fragte der Kapitän.

Der Funker reichte ihm den Block, auf dem er die Koordinaten notiert hatte. »Ist nur etwa siebeneinhalb Meilen südwestlich von uns.«

Kapitän Schneider sah sich die Positionsangabe an, warf einen Blick auf die Seekarte und befahl dann: »Erster Offizier, Zweiter Offizier und Leitender Ingenieur sofort zu einer Lagebesprechung auf die Brücke!«

Eine Viertelstunde später drehte das Fährschiff und nahm Kurs auf den Havaristen.

Zur gleichen Zeit etwa ging dreieinhalb Seemeilen nordwestlich des treibenden Feuerschiffes »Elbe II« der 110 000 BRT große, norwegische Turbinentanker »Fernhavn« ankerauf.

Nicht aber, weil die »Fernhavn« etwa den Notruf der »Grete Hauschildt« aufgefangen hätte, sondern weil der vor 13 Kettenlängen zu Anker liegende Tanker trotz vorausgehender Maschine andernfalls in die Elbmündung hineingetrieben worden wäre. Von dem Seenotfall sollte die »Fernhavn« aus unerfindlichen Gründen erst sehr viel später erfahren.

Von der Seenotleitung in Bremen, die den um 20.22 Uhr von Norddeich-Radio ausgestrahlten Notruf ebenfalls aufgefangen hatte, wurde, da keine anderen Boote oder Rettungskreuzer zur Verfügung standen, das kleine Norderneyer Seenot-Rettungsboot eingesetzt.

Die Rettungsmänner gaben ihr Bestes, aber gegen die sechs bis acht Meter hohe Grundsee, die im Norderneyer Seegat stand, waren sie machtlos. Mit dem kleinen Boot war es ihnen unmöglich, die Brandungszone zu durchstoßen.

Daraufhin wurde der Versuch unternommen, mit dem Langeooger Boot auf See hinauszukommen. Aber auch dieses Vorhaben scheiterte an der Brandung, die undurchdringlich wie eine Mauer vor den Ostfriesischen Inseln stand.

Inzwischen hatte das Motorschiff »Wesertal« gemeldet, daß es sich in der Nähe der »Grete Hauschildt« befinde und Kurs auf den Havaristen nehme.

Um 20.45 Uhr bat die DGzRS bei der SAR-Leitstelle in Glücksburg um Hubschrauberunterstützung für den »Seenotfall Grete Hauschildt«.

Während die Vorbereitungen der Rettungsaktion durch Hubschrauber anliefen, wurde die Lage auf See immer bedrohlicher. Die Besatzung der »Grete Hauschildt«, im Ruderhaus versammelt, verfolgte gespannt alle eingehenden Funksprüche. Kapitän Groß wußte, daß er von sich aus nicht mehr viel tun konnte. Die auf Hochdruck arbeitenden Pumpen schafften es nie und nimmer, der eindringenden Wassermassen Herr zu werden. Ohne fremde Hilfe war das Schiff kaum zu retten.

Wieder wurde eine Sturmflutwarnung durchgegeben: »Sturmflutwarnung Nr. 8 gültig für die Zeit vom 6. Dezember 1973 20.00 Uhr bis 7. Dezember 1973 03.00 Uhr. Für die gesamte deutsche Nordseeküste besteht die Gefahr einer schweren Sturmflut. In der Nacht von Donnerstag auf Freitag wird das Hochwasser an der deutschen Nordseeküste in Emden und Bremen etwa zweieinhalb bis drei Meter und in Hamburg etwa drei Meter höher als das mittlere Hochwasser eintreten.«

Während Kapitän Groß mit ernstem Gesicht am Kartentisch stand, um eine neue Positionsbestimmung zu machen, konnte er über Funk verfolgen, wie sich die Situation bei »Elbe II« dramatisch zuspitzte.

Das Feuerschiff, mit noch drei Besatzungsmitgliedern an Bord, hatte Grundberührung bekommen. Den Gesprächen zwischen Feuerschiff und Rettungsboot war zu entnehmen, daß die Lage immer kritischer wurde.

Um 20.50 Uhr hatte das Rettungsboot »Rickmer Bock« sechs Besatzungsmitglieder von »Elbe II« abgeborgen. Der zuletzt übernommene Seemann teilte den Rettungsmännern mit, daß der Kapitän und zwei weitere Besatzungsmitglieder vorläufig an Bord des Feuerschiffes bleiben wollten. Sollte die Lage kritisch werden, dann würden von »Elbe II« aus rote Notraketen abgeschossen.

150

Den Rettungsmännern war von vornherein klar, daß es nicht lange dauern konnte, bis auch diese drei Männer das Schiff verlassen mußten, trotzdem waren sie nach zweieinhalbstündigem Kampf mit der unbändigen See für eine Verschnaufpause dankbar.

Die Pause war nur kurz und reichte kaum, um in der engen Messe, in der sich die erschöpften und bis auf die Haut durchnäßten, geretteten Besatzungsmitglieder des Feuerschiffes drängten, eine Zigarette zu rauchen.

Gerade peitschte wieder ein heftiger Regenschauer heran, als von »Elbe II« drei rote Raketen kurz hintereinander abgeschossen wurden.

Sofort lief »Rickmer Bock« zu dem Feuerschiff, um die restlichen drei Besatzungsmitglieder zu bergen.

Hatte sich die Rettung der ersten sechs Schiffbrüchigen schon als äußerst schwierig und gefahrvoll erwiesen, so war die Situation jetzt noch weitaus gefährlicher geworden. Das Feuerschiff hatte Grundberührung und wurde von der See unbarmherzig und unberechenbar hin- und hergeschleudert.

Von schweren Grundseen geschüttelt fuhr »Rickmer Bock« einen Anlauf nach dem anderen. Dabei wurde das Rettungsboot immer wieder krachend gegen das Feuerschiff geworfen.

Fast eine geschlagene Stunde dauerte es, bis schließlich die restlichen drei Besatzungsmitglieder übernommen waren.

Mit neun geretteten Seeleuten an Bord machte sich »Rickmer Bock« mit schweren Schäden am Schiff auf den Rückweg nach Cuxhaven.

Die Breguet ATLANTIC, die sich seit etwa 21.00 Uhr im Suchgebiet befand, meldete jetzt, daß es aufgrund der außerordentlich schlechten Wetterverhältnisse völlig ausgeschlossen sei, die Suche fortzusetzen. Niedrige Wolken und schwere Schauer erschwerten die Sicht. Wütende Sturmböen warfen das Flugzeug immer wieder aus seiner Bahn, so daß es unmöglich wurde, die befohlene Trackspacing einzuhalten und somit den angeordneten Parallel-Search* durchzuführen.

Die Maschine flog nach Nordholz zurück. »H.H. Meier« und »Hans Lüken« aber suchten weiter nach der Besatzung der Sandschute »Markus I«, die seit nunmehr fast zwei Stunden ihr Schiff verlassen hatte. Vielleicht waren die Männer schon längst nicht mehr am Leben. Aber da war die Leuchtkugel, die die Rettungsmänner gesichtet hatten. Zumindest ein Mann also mußte noch in der Rettungsinsel sein.

Doch vergebens hielten die Rettungsmänner nach den Schiffbrüchigen Ausschau. Durchnäßt und frierend und ständig dem Toben der Elemente ausgesetzt, hielten sie auf dem offenen Turm aus, in der Hoffnung, bald die Rettungsinsel oder zumindest eine weitere Notrakete, die ihnen den Weg zu den Schiffbrüchigen zeigen sollte, zu sichten.

---

* siehe Anlage 4

In Höhe des Mellum-Riffes stand eine so hohe Grundsee, daß Vormann Steffens gezwungen war, beizudrehen, wenn er nicht den Verlust seines Bootes riskieren wollte. Gewaltige Aufsteiger schüttelten die »Hans Lüken« zum Gotterbarmen. In der Heckwanne, wo das Tochterboot festgelascht war, schäumte und gurgelte das Wasser. Bei jedem anrollenden Brecher ergossen sich Unmengen von Seewasser über das gesamte Oberdeck des Rettungsbootes. »Hans Lüken« drehte und dampfte wieder mit erhöhter Maschinenleistung gegen die See an.

Kurze Zeit später erfaßten die Suchscheinwerfer wieder die immer noch treibende Schute. Auf Typhon-Signale, die »Hans Lüken« abgab, kam keine Antwort. Jetzt stand mit absoluter Sicherheit fest, daß sich kein Besatzungsmitglied mehr an Bord von »Markus I« befand.

Während »Hans Lüken« die Suche in südwestlicher Richtung fortsetzte, kämpfte sich »H.H. Meier« seit nunmehr einer Stunde durch die hochgehende See auf das Einsatzgebiet zu. Von Zeit zu Zeit kam Günter Almstedt aus der Zentrale nach oben, um den Vormann mit den neuesten Informationen auf dem Laufenden zu halten. Das Sprachrohr zu benutzen, war bei diesem Höllenlärm völlig ausgeschlossen.

Gerade hatte er Ulrich Steffens darüber unterrichtet, daß ein Versuch fehlgeschlagen war, mit der Rettungshütte auf der Insel Mellum eine Telefonverbindung herzustellen. Immerhin war es denkbar, daß sich die Schiffbrüchigen auf Mellum in Sicherheit gebracht haben könnten.

Gegen 21.30 Uhr sichtete die Besatzung der »H.H. Meier« kurz die Lichter der immer noch treibenden »Markus I«, die aber sogleich wieder von einer Hagelböe verschluckt wurden.

Vier Stunden waren bereits seit dem ersten Notruf der Sandschute vergangen. Seit mindestens dreieinhalb Stunden trieb die schiffbrüchige Besatzung bei einem Sturm, der volle Orkanstärke erreicht hatte, in der tobenden, eisigen See.

Während der letzten halben Stunde war auch das Motorschiff »Prinz Hamlet« in arge Bedrängnis geraten. Bei der Kursänderung in der sechs bis sieben Meter hohen See – häufig schlugen die Wellen sogar über das mehr als sieben Meter über der Wasserlinie befindliche Verholdeck – holte die »Prinz Hamlet« dreißig bis vierzig Grad über. Durch das starke Überholen traten so große Hebelkräfte auf, daß das Material der Belastung nicht mehr gewachsen war. Die Stabilisatoren des Fährschiffes waren unter diesen Umständen wirkungslos, da sie eine Fahrt von mindestens zwölf Knoten benötigen, um zu reagieren.

Als Folge des starken Überholens wurde die Ölmangelsicherung ausgelöst, und die Backbord-Maschinen des Schiffes fielen aus. Fast unmittelbar darauf liefen von allen Stationen die Schadensmeldungen auf der Brücke ein.

Daß in den Küchen und Restaurants ein großer Teil des Geschirrs zu Bruch gegangen war, war völlig unerheblich. Weit mehr Sorgen machte dem Kapitän die Meldung aus dem Autodeck. Ein Hängedeck, voll mit Pkw's, hatte sich aus seiner

Im Tiefflug über der Brandung.

Das niederländische Küstenmotorschiff »Exodus«.

H-34 kurz vor dem Start. Deutlich zu erkennen ist der Rotorkopf mit seinem komplizierten Gestänge zur Steuerung der Rotorblätter.

Sea-Survival in Nordholz. Am Drag-Trainer in der Wasserübungshalle.

Das kicloben-treibende Tochterboot der »Adolph Bermpohl« ist gefunden.

Sea-Survival in Nordholz. Ein Pilot wird aus der See gewinscht.

MS »Grete Hauschildt« im Jahre 1963 bei der Probefahrt.

H-34 bei einer Winschübung über See.

Breguet ATLANTIC bei einem Sucheinsatz über See.

Lindholm-Kette in der Laderaumabwurfbrücke einer Breguet ATLANTIC. In der Mitte die 10-Mann-Rettungsinsel, links und rechts die Versorgungsbehälter mit identischer Seenotausrüstung.

Der Verfasser (links) auf dem Turm des Seenot-Rettungskreuzers »Theodor-Heuss« und Vormann Eberhard.

Die SAR-Leitstelle Glücksburg (1980).

LtzS Max Schüler mit dem
Kapitän der gesunkenen
»Merc Enterprise«.

Der Verfasser im Cockpit einer Sea King.

Eine Sea King rollt zum Start.

Marinefliegerhorst Kiel-Holtenau.

MS »München«.

Lockheed P3 ORION.

seitlichen Halterung gelöst und ein Teil der Fahrzeuge war abgerutscht und auf die darunter stehenden Autos gestürzt. Die Schäden im Autodeck waren so groß, daß sie eine ernsthafte Gefahr für Schiff, Fahrgäste und Besatzung darstellten.

Wollte ein zweiter Fall »Skagerrak«, wo am 7. September 1966 bei ähnlichem Seegang ebenfalls die Ladung übergegangen war, vermieden werden, so mußte man sich zunächst um die eigene Sicherheit kümmern. (Bei dem norwegischen Fährschiff »Skagerrak« hatten umgestürzte Eisenbahnwaggons und Lkw's die Ladeluken zerschlagen, und die Fähre war gesunken*.)

Kapitän Schneider ließ einen Funkspruch an Norddeich-Radio absetzen: »Bei Kursänderung Backbord-Maschinen ausgefallen. Ein Teil der Ladung übergegangen. Große Schäden im Autodeck. Muß Hilfeleistung für einige Zeit unterbrechen, um Ladung zu sichern.«

Inzwischen hatte sich der Wachleiter der SAR-Leitstelle mit dem Marinefliegergeschwader 5 in Kiel-Holtenau in Verbindung gesetzt.

Die Windgeschwindigkeiten gingen weit über das zulässige Limit von 45 Knoten hinaus, so daß einer Hubschrauberbesatzung der Start nicht befohlen werden durfte, sondern der Einsatz nur freiwillig und nur mit Zustimmung des Geschwaderkommodore erfolgen konnte.

Im Hinblick darauf, daß die Borkumer Hubschrauberbesatzung die nötige Erfahrung für den bevorstehenden Nachteinsatz besaß und sich auch bereit erklärt hatte, den Flug freiwillig durchzuführen, hatte Kapitän zur See Schneider seine Zustimmung zum Einsatz erteilt.

Heulende Sturmböen fegten über den Startplatz, als der Erste Pilot und der Bordmechaniker über die regennasse Betonpiste auf den Hubschrauber zuliefen. Der blanke Rumpf der Maschine glänzte von Feuchtigkeit. Das 1500 PS starke Kolbentriebwerk des Hubschraubers lief bereits. Die noch blockierten Rotorblätter schlugen im Sturm auf und nieder.

Ein Mechaniker stand mit zwei Schwimmwesten vor der geöffneten Schiebetür des Hubschraubers. Mit routinemäßigen Handgriffen legten die beiden Rettungsflieger ihre Schwimmwesten um. Dann kletterte Kapitänleutnant Struck durch die enge Luke nach oben und nahm im Cockpit Platz.

»Alles klar, Herr Bolender?« fragte er seinen Copiloten. Seine Stimme klang wie immer ruhig und gelassen wie bei jedem Übungseinsatz, obwohl mit einer H-34 in der Bundesrepublik noch niemals zuvor unter ähnlichen Wetterbedingungen bei Nacht eine Windenrettung über See durchgeführt worden war.

»Habe alle Systeme überprüft! Die Maschine ist in Ordnung. Die Instrumente sind im Grünen Bereich! Wir können einkuppeln.« Langsam begannen sich die vier Rotorblätter zu drehen; erst zögernd und durch die Sturmböen bedingt nach unten schlagend, dann immer schneller werdend, bis sie die zum Starten erforderliche Drehzahl erreicht hatten.

---

* beschrieben in »Retter ohne Ruhm« H.G. Prager, Köhler, Herford

Es folgte eine letzte Überprüfung der Instrumente, dann rief der Copilot den Kontrollturm und bat um Starterlaubnis.

Es war genau 21.36 Uhr, als der Hubschrauber vom Startplatz abhob. Mit der höchstzulässigen Leistung zwang Kapitänleutnant Struck die Maschine in den Steigflug. Auf zweihundert Fuß Höhe angelangt, leitete er vorsichtig, aus dem Wind drehend, eine Rechtskurve ein. Dann, als die Maschine dem Wind die Breitseite zudrehte, wurde der Rumpf voll von der Wucht des Sturmes erfaßt und der Hubschrauber segelte wie eine vom Sturm getriebene Möve durch die Nacht.

Es dauerte mehrere Sekunden, bis Kapitänleutnant Struck seine Maschine wieder voll unter Kontrolle hatte.

Über die vom Sturm gepeitschte, tobende See flog »Rescue 81 + 00«, immer wieder von starken Böen geschüttelt, zunächst auf die Insel Norderney zu.

Der Copilot hatte schon gleich nach dem Start versucht, mit der SAR-Leitstelle Funkverbindung aufzunehmen, aber bis jetzt war es ihm noch nicht gelungen.

Der Kontrollturm in Borkum gab eine neue Position der »Grete Hauschildt« durch.

Bolender sah auf seine Seekarte: »Verdammt, das ist ja viel weiter nordöstlich als vorher. Was . . .«

»Rufen Sie Jever!« unterbrach ihn Kapitänleutnant Struck, »und bitten Sie um Radarunterstützung!«

Zur gleichen Zeit, als der Copilot der Aufforderung seines Kommandanten nachkam und mit Jever-Radar Funkverbindung aufnahm, wurde der in Westerland auf Sylt stationierte SAR-Hubschrauber von der SAR-Leitstelle in Alarmbereitschaft versetzt. Ein weiterer, in Jever stationierter SAR-Hubschrauber der Luftwaffe vom Typ Bell UH-1D war schon vorher alarmiert worden, um notfalls eingreifen zu können, falls »Rescue 81 + 00« etwas passieren sollte.

In dreihundert Fuß Höhe donnerten die Borkumer Rettungsflieger indessen, den Sturm im Rücken, durch die Nacht; unter sich die sturmgepeitschte See, über sich die dichte, jagende Wolkendecke. »Steuern Sie Kurs Null Vier Null!« kam nun die Anweisung von dem Flugsicherungslotsen aus Jever.

Während der Hubschrauber unter Radarführung durch die Nacht flog, scheiterte der erste Versuch, die Besatzung der »Grete Hauschildt« zu bergen.

Das Motorschiff »Wesertal« war bei dem Havaristen eingetroffen.

Da es bei dem ungeheuren Seegang völlig ausgeschlossen war, die Besatzung direkt vom Schiff abzubergen, hatten einige Seeleute an Oberdeck der »Wesertal« eine an einer zweihundert Meter langen Perlonleine befestigte Rettungsinsel außenbords gebracht. Die Insel segelte mehrere Meter durch die Luft, bevor sie auf dem Wasser landete. Vom Wind getrieben, stob sie auf den Wellen dahin, von einem Suchscheinwerfer verfolgt. Bei dem Jaulen des Sturmes und dem Tosen der See war der leise Knall an Oberdeck der »Wesertal« nicht zu hören, als die Leine brach.

154

Unerreichbar für die Schiffbrüchigen trieb die Rettungsinsel zehn bis zwanzig Meter hinter der »Grete Haunschildt« vorbei und verschwand in der Dunkelheit.

Knapp zehn Minuten später, nach diesem ersten mißglückten Versuch, bemerkten die Schiffbrüchigen in südwestlicher Richtung tief über dem Wasser das rote Blinklicht des schnell näherkommenden Hubschraubers.

Kapitänleutnant Struck drückte die Maschine an und ging hinunter bis auf einhundert Fuß. »Bleiben Sie in Kontakt mit Jever. Ich werde versuchen, mit dem Schiff Funkverbindung aufzunehmen«, sagte er zu seinem Copiloten. Dann rief er die »Grete Hauschildt«, die jetzt im starken Licht des Landescheinwerfers deutlich zu erkennen war. Der Havarist lag in Nord-Süd-Richtung quer zur See. Immer wieder rauschten riesige Brecher über das Deck. Der Hubschrauber stand jetzt auf der Stelle. Trotzdem zeigte der Fahrtenmesser im Cockpit noch immer zwischen vierzig und siebzig Knoten Geschwindigkeit an.

Während er mit dem Landescheinwerfer das Schiff ableuchtete, fragte Struck den Kapitän, wieviele Personen an Bord seien, und ob alle mit der Handhabung der Rettungsschlinge vertraut wären.

»Wir sind sieben Personen. Der Gebrauch der Rettungsschlinge ist bekannt«, antwortete Kapitän Groß. Dann fuhr er mit absolut ruhiger Stimme fort: »Bitte beeilen Sie sich! Wir haben schon fast zwei Meter Wasser im Laderaum.«

Der Bordmechaniker, mit einem Stehhaltegurt gesichert, um bei dem Schütteln und Bocken des Hubschraubers nicht aus der Maschine geschleudert zu werden, beugte sich aus der Schiebetür und wies den Piloten ein: »Hundert Meter voraus! – Fünfzig Meter voraus! – Die Höhe halten!«

Plötzlich prasselte es wieder wie Trommelfeuer auf den Hubschrauber nieder. Ein Hagelschauer von ungeahnter Heftigkeit brach los. Starke Böen schüttelten den Hubschrauber, und der Pilot hatte alle Mühe, die Maschine auf der Stelle zu halten. »Ich kann nichts mehr sehen! Wir müssen abbrechen!« rief der Bordmechaniker.

»Schlinge einziehen! Schott dicht! Wir starten durch!«

Kurz und prägnant kamen die Anweisungen des Piloten. Er ließ die Maschine vom Sturm etwas nach achtern abtreiben, um vom Schiff freizukommen. Dann nahm er Fahrt auf und ging in den Steigflug über.

Nach gut fünfzehn Minuten hatte sich der Schauer ausgetobt und die Sicht wurde wieder besser.

Der Radarhöhenmesser sprang zwischen siebzig und einhundert Fuß hin und her, als Kapitänleutnant Struck den Hubschrauber erneut auf das Schiff zusteuerte.

Langsam wanderte die »Grete Hauschildt«, an deren Oberdeck sämtliche Lichter brannten, unter den Hubschrauber und entschwand aus dem Blickfeld des Piloten.

Nach den Angaben des Bordmechanikers flog Kapitänleutnant Struck weiter. Ohne jeglichen Orientierungspunkt. Ringsum pechschwarze Nacht. Von den riesigen Wellenkämmen fetzte der Sturm Gischt und Schaum empor. Die Cockpitscheiben wurden trüb, von Salzkristallen verklebt. Nur die Instrumente gaben dem Piloten Aufschluß über die Fluglage der Maschine.

Der Bordmechaniker unterrichtete ihn laufend, in welcher Position der Hubschrauber sich zum Schiff befand. »Stehen jetzt direkt über dem Dampfer. – Das Seil wird vom Sturm fast waagerecht nach achtern abgetrieben. Kann die Schlinge nicht mehr sehen! – Vorsicht! Nicht tiefer gehen! Der Mast!« rief Oberbootsmann Schaar mit vor Erregung schwingender Stimme.

Struck warf blitzschnell einen Blick auf den Radarhöhenmesser. Das Gerät zeigte sechzig Fuß Höhe an. Im nächsten Moment schon schnellte es wieder hoch auf die einhundert Fuß Marke.

»Dreißig Meter nach links!« rief der Bordmechaniker. »Das Schiff ist von einer Welle nach links geworfen worden. – Und voraus! – Zwanzig Meter voraus! – Über dem Dampfer stehend bekommen wir bei dem Sturm die Schlinge nie an Deck. Habe das Seil schon in voller Länge ausgefahren. Es hängt knapp zehn Meter über dem Deck. Tiefer gehen! – Noch ein paar Fuß! Verdammt, jetzt sackt der Dampfer schon wieder ab!«

Unvermittelt prasselte ein Regenschwall gegen die Cockpitscheiben und eine Sturmböe warf den Hubschrauber nach achtern. »Hoch!« brüllte der Bordmechaniker.

Kapitänleutnant Struck öffnete den Drehgasgriff und riß die Maschine nach oben weg.

»Frei vom Mast! Ist noch mal gutgegangen«, atmete Oberbootsmann Schaar auf.

»Seil einziehen!« befahl Kapitänleutnant Struck. Seiner Stimme war die Anspannung der letzten Minuten deutlich anzuhören. »Müssen erst den Schauer abwarten, bevor wir weitermachen.«

Es war 22.40 Uhr. Mehr als drei Stunden waren seit der ersten Dringlichkeitsmeldung der »Grete Hauschildt« bereits vergangen, als »Rescue 81 + 00« erneut den Havaristen ansteuerte. Mit äußerster Konzentration versuchte der Pilot, so gut wie möglich auf die Angaben seines Bordmechanikers zu reagieren.

»Auf keinen Fall tiefer gehen«, beschwor Oberbootsmann Schaar den Piloten. »Noch dreißig Meter voraus! – Und fünf Meter nach rechts!«

Im gleichen Moment, als der Pilot die gewünschte Kurskorrektur ausführen wollte, bemerkte er plötzlich einige harte Schläge in der Steuerung. Kapitänleutnant Struck schoß das Blut siedendheiß in den Kopf. Seine Handflächen wurden feucht. Er wußte sofort,.daß es keine Böen waren. Die Maschine schüttelte und bockte wie ein wildes Pferd. In höchster Alarmbereitschaft flogen die Augen des Piloten über das Instrumentenbrett. Der künstliche Horizont, das wichtigste Gerät für einen Flug bei Nacht und ohne Sicht, zuckte unkontrollierbar wild auf und nieder.

»Künstlicher Horizont und Kompaß ausgefallen!« rief der Copilot im gleichen Augenblick.

Kapitänleutnant Struck registrierte, wie sich sein Pulsschlag beschleunigte. Der Hubschrauber schaukelte sich immer weiter auf und war selbst von einem erfahrenen Piloten, wie er es wahr, kaum noch zu halten. Struck wußte, was das zu bedeuten hatte. Er hatte diese Art Fehler schon öfter erlebt während seiner zehnjährigen Erfahrung auf diesem Hubschraubertyp. Allerdings noch niemals unter derart extrem schlechten Wetterbedingungen. Es blieb ihm keine andere Wahl. Kurz entschlossen schaltete er die automatische Stabilisierungsanlage aus. Nun zeigte der Künstliche Horizont wieder die normale Fluglage an, und dem Piloten gelang es, die Maschine unter Kontrolle zu bekommen. Nur Sekunden waren vom ersten Schütteln bis zum Ausschalten der defekten Anlage vergangen, aber diese Sekunden hätten tödlich sein können.

Nun, da sich die Fluglage des Hubschraubers wieder einigermaßen stabilisiert hatte, fragte der Bordmechaniker erschrocken: »Was ist denn los, zum Teufel?«

Kapitänleutnant Struck atmete tief durch, bevor er antwortete. »Autostab und linker Kompaß ausgefallen!«

»Verdammter Mist! Und nun? Wollen Sie nur mit manueller Steuerung an den Dampfer rangehen?«

»Ja!« Ohne das geringste Zögern kam die Antwort.

Nur der eiserne Wille, zu helfen und zu retten, bewog den Piloten, mit der nicht mehr einsatzklaren Maschine einen Rettungsversuch zu wagen. Vorsichtig und mit sehr viel Fingerspitzengefühl steuerte er den Hubschrauber nach den Angaben des Bordmechanikers über das Schiff.

»Stehen jetzt genau über dem Dampfer. – Maschine so halten! Höhe ist gut! – Schlinge läuft ab – hängt noch ein paar Meter über dem Deck. – Ich sehe zwei Männer. Sie halten sich vorne am Kran fest. – Fünf Meter nach rechts! Drei! Stop! – Prima! Schlinge ist an Deck. – Ein Mann läuft los! Er hat die Schlinge.«

Oberbootsmann Schaar stockte einen Moment, dann rief er: »Was soll das denn? Jetzt rennt der Kerl mit der Schlinge nach achtern zur Treppe, anstatt sie umzulegen!« Die Stimme des Bordmechanikers wurde immer schneller. »Nein, das darf doch nicht wahr sein! – Der Dampfer fällt in ein Wellental! Er dreht achtern weg! Der Mast! Der Mast! Er dreht einen richtigen Kreis! – Er wickelt sich um das Seil!«

Der Bordmechaniker verhaspelte sich und schwieg. Dann sagte er dumpf: »Jetzt ist das Seil gerissen!«

Trotz dieses bedauerlichen Mißgeschicks gaben die Rettungsflieger noch nicht auf. In aller Eile knotete Oberbootsmann Schaar die Ersatzschlinge an das verbliebene Seilende, aber wie schon befürchtet, reichte die Länge des Seiles nun nicht mehr aus, um die Rettungsschlinge an Deck zu bekommen. Der zweite Versuch zur Rettung der Schiffbrüchigen mußte als gescheitert angesehen werden.

Die SAR-Leitstelle wurde über Funk informiert.

Kurz nach 23.00 Uhr trat »Rescue 81 + 00« den Heimflug nach Borkum an.

Zur gleichen Zeit etwa wurde der von Norddeich-Radio immer wieder ausgestrahlte Notruf der »Grete Hauschildt« von dem Tanker »Fernhavn« aufgefangen.

Der Kapitän des Tankers zögerte nicht einen Moment, dem Hilferuf Folge zu leisten. Ihm war klar, daß er bei der außergewöhnlich schweren See wohl kaum ein Boot aussetzen könnte. Bei der Größe des Schiffes bot sich jedoch in erster Linie an, dem Havaristen Windschutz zu geben, was möglicherweise eine große Hilfe darstellen konnte. Der riesige Turbinentanker, mit einer Teilladung von 100 000 Tonnen, hatte immerhin einen Freibord von neun bis zehn Metern.

Auch die »Prinz Hamlet«, auf der seit 22.55 Uhr die Sicherungsarbeiten beendet waren, hatte wieder Kurs auf den Havaristen genommen.

Mit gemischten Gefühlen sah die Besatzung der »Grete Hauschildt« dem in der Dunkelheit entschwindenden Hubschrauber nach. Die Schiffbrüchigen machten sich keine Illusionen. Eine Rettung von Schiff zu Schiff schien schier unmöglich. Die Rettungsinsel der »Wesertal« war unerreichbar vorbeigetrieben, die einzige eigene Rettungsinsel war vor wenigen Minuten von einem Brecher über Deck gespült worden und der Hubschrauber flog nach Hause, nachdem er sich eine Stunde lang vergeblich bemüht hatte. Zwar sollten bald das Motorfährschiff »Prinz Hamlet« und der Tanker »Fernhavn« eintreffen, aber ob von diesen Schiffen Hilfe zu erwarten war, wurde an Bord von »Grete Hauschildt« stark bezweifelt.

Mit jedem überkommenden Brecher, der über das Deck wusch, stieg das Wasser im Laderaum.

An Land war man indessen nicht untätig. Schon bevor sich herausgestellt hatte, daß der Rettungsversuch des Borkumer Hubschraubers endgültig als gescheitert betrachtet werden mußte, war bei der SAR-Leitstelle über weitere Maßnahmen für diesen Fall beratschlagt worden.

Nun, da dieser Fall eintrat, wurde dem in Jever stationierten SAR-Hubschrauber der Luftwaffe vom Typ Bell UH-1D der vorbereitete Einsatzbefehl übermittelt.

Während der Hubschrauber startete, wurde bei der SAR-Leitstelle eine Lagebesprechung abgehalten.

Für den gesamten SAR-Bereich Glücksburg standen nach dem Ausfall der Borkumer Maschine nur noch zwei Hubschrauber, einer in Westerland und einer in Kiel-Holtenau zu Verfügung.

Die Westerländer Besatzung war schon vor Stunden in Alarmbereitschaft versetzt worden. Auf ihren Einsatz hatte man bisher verzichtet, da man nicht wußte, was in dieser Nacht noch alles passieren würde. Die Sturmflut hatte mit dreieinhalb Metern über dem mittleren Hochwasser den höchsten Stand seit der Hamburger Flutkatastrophe von 1962 erreicht. Die Halligen hatten »Landunter« gemeldet, und die Deiche an der Nordseeküste waren in Gefahr. Im Bereich des Christian-Kooges hatte der starke Wellengang bereits die Spitzen der Deichkrone erreicht und zahlreiche Löcher im Deich ausgespült.

Unter diesen Umständen konnte es nicht schaden, für alle Fälle noch einen Hubschrauber im Bereich der Nordsee in Reserve zu haben. Daher entschloß man sich bei der SAR-Leitstelle, die Kieler Besatzung zu alarmieren und sofort nach Nordholz in Marsch zu setzen.

Zur gleichen Zeit, als Kapitänleutnant Struck mit seiner beschädigten H-34 in Borkum landete, fand der Luftwaffenhubschrauber etwa sieben Meilen nordwestlich des Feuerschiffes »Elbe I« den Havaristen.

Der Anblick, der sich den Fliegern bot, als sie den von dem Motorfährschiff »Prinz Hamlet« und dem Turbinentanker »Fernhavn« angestrahlten Havaristen erreichten, übertraf ihre schlimmsten Befürchtungen. Das mit starker Schlagseite treibende Schiff änderte ständig seine Lage: nach oben und unten, wie auch nach allen Seiten. Der Sturm riß die Spitzen der anrollenden Wellenkämme weg und peitschte sie, einem Wasservorhang gleich, über das Vorschiff. Das Brückenhaus war in sprühende Gischt gehüllt.

Der Pilot gab sich einen Ruck. »Macht euch fertig! Wir versuchen es!«

»H.H. Meier« und »Hans Lüken« suchten indessen noch immer nach der Besatzung der Sandschute »Markus I«.

Um 23.20 Uhr hatte »Hans Lüken« südlich der Insel Mellum sein Tochterboot ausgesetzt, um einen Rettungsmann an Land zu bringen, der zu Fuß die Nordseite der Insel absuchen sollte.

Unmittelbar nachdem »Rickmer Bock« nach erfolgreicher Rettungsfahrt an seinem Liegeplatz festgemacht hatte, wurden die beiden anderen Boote der DGzRS durch einen Funkspruch des Lotsendampfers »Gotthilf Hagen« darüber unterrichtet, daß in der Nähe der Tonne »T« Blinkzeichen gesichtet worden waren.

Während »Hans Lüken« sein Tochterboot zurückrief, lief »H.H. Meier« bereits mit voller Fahrt auf die angegebene Position zu. Die gesamte Besatzung des Kreuzers befand sich trotz des Unwetters auf dem Turm.

Um 00.15 Uhr schließlich erfaßten die Suchscheinwerfer der »H.H. Meier« die treibende Rettungsinsel. Endlich, nach fast sieben Stunden waren die Schiffbrüchigen gefunden!

»Bei der meterhohen See können wir nicht ranscheren. Versucht, eine Wurfleine rüberzugeben und holt sie dann längsseits zum Kletternetz!« rief der Vormann seinen Leuten zu. Vorsichtig steuerte er den Kreuzer von Luv her näher an die Rettungsinsel heran.

Im gleißenden Schweinwerferlicht der »H.H. Meier« war deutlich ein Mann in der offenen Einstiegsluke der Rettungsinsel zu sehen. Steffens mußte möglichst nahe an die Rettungsinsel heran, damit eine Wurfleine übergeben werden konnte; aber auch nicht zu nahe, da sonst die Gefahr bestand, daß der Kreuzer von einer der gewaltigen, immer wieder aufsteigenden Grundseen auf die Insel geworfen würde.

Mit unverminderter Heftigkeit heulte der Sturm und tobte die See. Die beiden Rettungsmänner standen mit umgebundenen Schwimmwesten an der Steuerbordreling auf dem Vorschiff des Seenot-Rettungskreuzers. Bei jedem Eintauchen in die See schäumte das Wasser um ihre Beine.

Vom Turm aus konnte der Vormann beobachten, wie ein Mann, sich mit der Linken an der Reling festklammernd, die Wurfleine schwang.

Trotz des schweren Hagelschauers, der vor wenigen Minuten eingesetzt hatte, landete die mit einem kleinen Sandsack beschwerte Leine genau auf der Rettungsinsel. Bevor die Schiffbrüchigen jedoch die Leine ergreifen konnten, wurden Insel und Seenotkreuzer durch Sturm und Seegang versetzt, so daß sie abrutschte und im Wasser verschwand.

Erst nach mehreren Versuchen gelang es den erschöpften Schiffbrüchigen, die Leine an ihrer Rettungsinsel zu befestigen. Wie eine winzige Nußschale in der gischtenden Brandung tanzend, kam die Rettungsinsel im Scheinwerferlicht näher. Von immer wieder überkommenden Brechern eingedeckt, gelang es den Besatzungsmitgliedern der »H.H. Meier«, die Rettungsinsel längsseits beim Kletternetz festzumachen.

Zwei der erschöpften und unterkühlten Schiffbrüchigen hatten noch genug Lebenswillen und Kraft, das Kletternetz zu ergreifen und mit Hilfe der Rettungsmänner an Bord des Kreuzers zu gelangen. Der dritte Mann war bereits so entkräftet, daß er dazu nicht mehr in der Lage war.

Ungeachtet der Gefahr, in die er sich begab, kletterte Günter Almstedt in die Rettungsinsel, um dem Mann eine Leine umzulegen. Als er, am Kletternetz hängend, auf den Kreuzer zurückkehren wollte, wurde »H.H. Meier« wieder von einem der gewaltigen Brecher eingedeckt. Wie eine Fliege an der Bordwand klebend, und sich krampfhaft am Kletternetz festklammernd, wurde er von eisigem Seewasser überspült. Naß bis auf die Haut kam er auf den Kreuzer zurück. Zusammen mit Peter Kiebitz gelang es ihm, den dritten Mann an Bord zu holen.

Es war genau 00.30 Uhr, als »H.H. Meier« an die Seenotleitung in Bremen meldete: »Haben die drei Schiffbrüchigen der »Markus I« mit starker Unterkühlung aus ihrer Rettungsinsel geborgen. Laufen mit Höchstfahrt nach Bremerhaven. Bitten darum, Krankenwagen bereitzustellen, der die Schiffbrüchigen am Anleger übernehmen kann.«

Während die geretteten Schiffbrüchigen in der Messe der »H.H. Meier« mit trokkenen Sachen versorgt wurden, hatte »Hans Lüken« trotz der außerordentlich schweren See mit viel Mühe und noch mehr Glück wieder sein Tochterboot übernommen. Nach dem glücklichen Abschluß der Such- und Rettungsaktion konnte sich nun auch »Hans Lüken« dem Seenotfall »Grete Hauschildt« zuwenden.

Auch »Rickmer Bock« war ungeachtet seiner Schäden wieder ausgelaufen, nachdem er die gerettete Besatzung des Feuerschiffes »Elbe II« in Cuxhaven an Land gesetzt hatte.

Durch die vom Sturmgetöse erfüllte Nacht kämpften sich die beiden Rettungsboote vorwärts. Der Seegang war ungeheuerlich. Nur langsam kamen die beiden Boote voran.

Fast eine halbe Stunde lang hatte sich die Hubschrauberbesatzung indessen vergeblich bemüht, die Rettungsschlinge an Deck des Havaristen zu bekommen.

Bei jedem Versuch bestand die größte Gefahr, daß das Windenseil oder die Schlinge, vom Sturm nach achtern getrieben, in den Heckrotor des Hubschraubers gerieten, was den sicheren Absturz der Maschine zur Folge gehabt hätte.

Der Erste Pilot mußte sich schließlich schweren Herzens entschließen, die Aktion abzubrechen.

Zum zweiten Mal mußten die Schiffbrüchigen mit ansehen, wie ein Hubschrauber unverrichteter Dinge in Richtung Küste davonflog.

Von dem Fährschiff »Prinz Hamlet« und dem Tanker »Fernhavn«, die vor etwa 40 Minuten an der Unfallstelle eingetroffen waren, konnte im Moment kaum etwas getan werden, um den Schiffbrüchigen zu helfen. Bei dem heulenden Sturm und der ungeheuer hochgehenden See war es völlig ausgeschlossen, ein Boot zu Wasser zu lassen.

Um 00.28 Uhr war der Kieler SAR-Hubschrauber »Rescue 82 + 05« mit den beiden Piloten Kapitänleutnant Dieter Pfister und Kapitänleutnant Klaus Labitzke sowie dem Bordmechaniker Oberbootsmann Jürgen Brumm in Kiel-Holtenau gestartet.

Im Cockpit war es angenehm warm. Im matten Schein der Instrumentenbeleuchtung vibrierten die Nadeln der Triebwerksüberwachungsinstrumente. Inmitten dieser Welt der Technik war nichts von dem Sturm zu hören. Nur die ruckartigen Bewegungen des Hubschraubers, wenn dieser durch starke Böen getroffen wurde, erinnerten an die Wetterlage.

Der Hubschrauber hatte gerade die über den Nord-Ostsee-Kanal führende Brücke von Hochdonn passiert, als der Besatzung ein neuer Befehl der SAR-Leitstelle übermittelt wurde: »Fliegen Sie nicht nach Nordholz, sondern direkt zur ›Grete Hauschildt‹! Der Hubschrauber aus Jever mußte abbrechen und befindet sich auf dem Rückflug!«

Kapitänleutnant Labitzke, der Copilot, bestätigte den Funkspruch. Mit einem Blick auf den Kraftstoffvorratsmesser bemerkte er: »Wir haben schon fast 200 Liter verbraucht! – Wollen wir trotzdem direkt zum Dampfer fliegen ohne vorher zu tanken?« Pfister nickte. »In zwei Stunden müßten wir es schaffen. Werde dennoch so weit wie möglich mit der Drehzahl zurückgehen, um Sprit zu sparen.«

In 1000 Fuß Höhe legte die Maschine langsam, aber stetig Meile um Meile zurück. Die Rotorblätter drehten gerade noch schnell genug, um den Hubschrauber in der Luft zu halten. Es war äußerst riskant, bei dieser Wetterlage mit so extrem niedriger Drehzahl zu fliegen, aber nur dadurch war es möglich, den Kraftstoffverbrauch einzuschränken und damit die Flugzeit im Operationsgebiet zu verlängern.

Kapitänleutnant Labitzke nahm mit Nordholz-Tower Funkverbindung auf und bat um Radarführung zur Unfallstelle.

»Sie haben noch fünfzehn Meilen bis zur Küstenlinie. Ihr Kurs ist gut so!« kam kurze Zeit später die Antwort von der Bodenstelle.

Nur wenige Minuten vergingen, bis sich der Flugsicherungslotse wieder meldete: »›Rescue 82 + 05‹! Auf Sie kommt ein dicker Schauer zumarschiert! Drehen Sie auf drei vier null Grad, um von dem Schauer freizukommen!«

Kapitänleutnant Labitzke sah den Piloten kurz an, und als dieser den Kopf schüttelte, antwortete er: »Werden den alten Kurs beibehalten und den Schauer durchfliegen! Sind wegen sehr hohem Treibstoffverbrauch auf jede Minute angewiesen.«

»Auf Vereisung achten!« sagte Kapitänleutnant Pfister ruhig und knapp, als der schwere Schneeschauer herangetobt kam. Die in Verbindung mit dem Schauer auftretenden starken Sturmböen schüttelten den Hubschrauber zum Gotterbarmen.

»Ein wahrer Höllenritt«, bemerkte der Copilot und zog seine Anschnallgurte fester. Dann fuhr er fort: »Unsere Geschwindigkeit über Grund beträgt kaum 65 Knoten! Habe gerade ausgerechnet, daß wir am Zielort nur knapp 25 Minuten Zeit haben, dann reicht unser Sprit gerade noch aus, um sicher nach Nordholz zu kommen.«

»Leichter Eisansatz an den Fahrwerkstreben!« meldete in diesem Moment der Bordmechaniker.

Der Pilot ließ sich dadurch nicht aus der Ruhe bringen. »Das Zeug ist ziemlich feucht und sitzt nicht sehr fest. Behalten Sie die Strebe weiter im Auge und melden Sie mir, wenn die Schicht dicker wird!« befahl er.

Der Copilot hatte schon seit einiger Zeit die internationale Not- und Anruffrequenz* gerastet und dem regen Funkverkehr auf dieser Welle zugehört. Gerade vereinbarten die bei dem Havaristen liegenden Schiffe mit dem Kapitän der »Grete Hauschildt«, daß der Tanker »Fernhavn« Lee machen sollte. Von dem Fährschiff »Prinz Hamlet« sollte sodann eine Rettungsinsel ausgesetzt werden, die man zu den Schiffbrüchigen hinübertreiben lassen wollte. Einen Augenblick war Ruhe, dann fragte der Kapitän der »Grete Hauschildt«, wann mit dem Eintreffen des Hubschraubers zu rechnen sei.

Kapitänleutnant Labitzke schaltete sich ein und teilte mit, daß »Rescue 82 + 05« in etwa einer halben Stunde bei dem Havaristen eintreffen werde. Kapitänleutnant Pfister hatte beim Überfliegen der Küstenlinie Höhe aufgegeben.

Von Zeit zu Zeit meldete sich der Flugsicherungslotse und gab geringfügige Kurskorrekturen durch. Immer wieder mußte der Hubschrauber schwere Schauer durchfliegen. Zum Glück war in dieser Flughöhe das Problem der Vereisung nicht mehr so akut.

Kurz vor 02.00 Uhr gab der Flugsicherungslotse den neuesten Wetterbericht durch: »Schwere Orkanwarnung für den östlichen Teil der mittleren Nordsee und der Deutschen Bucht. Wellenwarnung für die gesamte Deutsche Bucht. Im

---

* 2182 kHz

162

Bereich der ›Grete Hauschildt‹ herrscht zur Zeit Nordwest- bis Nordnordwest-sturm in Stärke zehn mit schweren Schauerböen bis Stärke zwölf. Wellenhöhe sechs bis sieben Meter!«

Die beiden Piloten sahen sich an. »Nur keine Sorge, Klaus«, grinste Kapitänleutnant Pfister seinen Kameraden an, »wir machen das schon. Wenn wir nur mehr Sprit hätten.«

Kapitänleutnant Labitzke wollte etwas erwidern, wurde aber durch einen Funkspruch des Fährschiffes »Prinz Hamlet« unterbrochen: »Wir sind jetzt soweit! Werden die Rettungsinsel außenbords bringen!«

»Verstanden!« antwortete Kapitän Groß von der »Grete Hauschildt«. Seine Stimme klang ziemlich skeptisch.

Gespannt folgten die drei Marineflieger dem Funkverkehr.

»Rettungsinsel ist außenbords und treibt an einer Leine ziemlich schnell auf Sie zu!« meldete die »Prinz Hamlet«. »Ja, ich kann die Insel im Scheinwerferlicht gut erkennen«, entgegnete der Kapitän der »Grete Hauschildt«. »Sie scheint etwas achteraus zu treiben. Können Sie das Seil etwas straffer halten, um die Geschwindigkeit zu stoppen?«

Einen Augenblick war Stille, dann antwortete der Funker des Fährschiffes: »Die Verbindungsleine ist gerissen!« –

Als »Rescue 82 + 05« etwa zehn Minuten später über dem Havaristen ankam, war der Kraftstoffvorrat bis auf etwa dreihundert Liter abgesunken. Auf dem Flug von Kiel bis zur Unfallstelle waren schon siebenhundert Liter verbraucht worden.

»Wir können höchstens 30 Minuten am Schiff bleiben! In dieser Zeit schaffen wir es niemals, alle sieben Leute abzubergen«, stellte Kapitänleutnant Labitzke fest. »Ich werde RCC darüber informieren.«

Pfister nickte zustimmend. Durch das seitliche Schiebefenster beobachtete er den Havaristen.

Wie ein Spielball wurde die »Grete Hauschildt« von den sich auftürmenden, tobenden Wassermassen umhergeworfen. Das Schiff hatte schon beträchtliche Schlagseite und lag ziemlich tief im Wasser.

Der Sturm war verheerend; die in Verbindung mit den Schauern auftretenden Spitzenböen erreichten Geschwindigkeiten, die mit der üblichen Beaufort-Scala nicht mehr meßbar waren. Wie ein welkes Blatt wurde der Hubschrauber von den tosenden Böen geschlagen und geschüttelt.

Die beiden Piloten, die zu den erfahrensten der Marine zählten, hatten schon öfter in Seenot geratene Schiffe gesehen, aber dieser Anblick, der sich ihnen hier bot, übertraf alles bisher Dagewesene bei weitem. Der Bordmechaniker, der zum erstenmal bei einem derartigen Seenoteinsatz dabei war, hatte die Schiebetür des Hubschraubers geöffnet und sah hinunter auf die von Scheinwerfern erhellte, tosende See.

Während Kapitänleutnant Labitzke Kapitän Groß darüber unterrichtete, wie die Abbergung vonstatten gehen sollte, steuerte Pfister den Hubschrauber nach den

Angaben des Bordmechanikers langsam und mit äußerster Vorsicht über das Schiff.

»Position ist gut so! Winde läuft aus!« meldete der Bordmechaniker. »Zehn Meter nach rechts!« kam im nächsten Augenblick eine hastige Aufforderung.

Der Pilot reagierte mit unheimlicher Schnelligkeit und Präzision. Die gesamte Besatzung befand sich von jetzt an in einem ungeheueren Spannungszustand. Mit jeder anrollenden Welle oder jeder besonders wütenden Sturmböe mußten ausgleichende Steuerbewegungen durchgeführt werden. Jede Korrektur des Bordmechanikers mußte stimmen und von dem Piloten prompt befolgt werden. Nicht nur das Leben der Schiffbrüchigen, sondern auch das Leben der Hubschrauberbesatzung hängt von den präzisen Angaben des Bordmechanikers und von der unmittelbaren und korrekten Ausführung durch den Piloten ab.

Die Augen des Copiloten wanderten immer wieder prüfend über die Instrumente. »Mehr Drehzahl!« sagte er, als er ein leichtes Abfallen der Nadel bemerkte.

»Fünf Meter rechts voraus!« rief im gleichen Moment der Bordmechaniker. »Auf den achtern Mast aufpassen!«

Kapitänleutnant Labitzke warf einen raschen Blick nach links und sah den Mast auf den Hubschrauber zugerast kommen. Doch blitzschnell hatte Kapitänleutnant Pfister wieder reagiert. Der Copilot atmete auf. »Das war verdammt knapp! Ich schätze, daß wir höchstens fünf Meter Spielraum zwischen den beiden Masten haben.«

»Faß die Steuerung mit an und behalte den achteren Mast im Auge!« bat der Pilot seinen Kameraden. Er ließ sich durch nichts aus der Ruhe bringen.

»Der erste Mann kommt aus der Kajüte. Er sieht zu uns herauf. – Verdammt, warum läuft er denn nicht los? Die Schlinge liegt genau da, wo sie liegen soll!« meldete der Bordmechaniker ins Cockpit. »Jetzt setzt er sich endlich in Bewegung!«

Gespannt beobachtete Oberbootsmann Brumm, wie sich der Seemann auf dem schiefen, schaukelnden Deck in Richtung zu dem Kran hinbewegte. Noch zwei bis drei Meter trennten ihn von der rettenden Schlinge, als wieder ein besonders schwerer Brecher heranrauschte. Explosionsartig knallte die tonnenschwere Wasserlast gegen die Backbordseite des Schiffes. Die hoch auffliegende Gischt legte sich wie ein dichter Vorhang über das Schiff und versperrte die Sicht.

Das ist die Hölle, dachte Oberbootsmann Brumm, als er den Seemann, der sich mit aller Kraft an der Reling festklammerte, mit angstverzerrtem Gesicht in dem von Scheinwerfern erhellten brodelnden, schäumenden Wasser stehen sah.

Kaskadenförmig waren die Wassermassen abgeflossen und bevor die nächste Welle heranrauschte, überwand der Seemann die Entfernung bis zur Rettungsschlinge mit einem letzten, verzweifelten Satz. »Mann ist an der Schlinge und legt sie sich um! – Hat Schlinge umgelegt! – Zieh hoch!«

Gleichzeitig mit diesem hastig ausgestoßenen Kommando ließ Brumm die Seilwinde einlaufen. Mit einem kräftigen Ruck wurde der erste Seemann von Oberdeck des Schiffes weggerissen. »Der Mann ist frei von Deck und frei von der Reling!«

Außerhalb der Reichweite der beiden Masten verhielt der Pilot den Hubschrauber. Dem unmittelbaren Gefahrenbereich entronnen, hatte die Besatzung nun einige Sekunden Zeit, sich zu entspannen, während der Seemann langsam von der Seilwinde nach oben geholt wurde.

»Wie lange hat es gedauert?« fragte Pfister.

»Neun Minuten!« antwortete der Copilot.

Kapitänleutnant Pfister standen die Schweißperlen auf der Stirn.

»Was, so lange? Dann schaffen wir ja nicht einmal die Hälfte der Besatzung!«

Um 02.19 Uhr war der erste Gerettete im Hubschrauber, und sogleich steuerte Pfister seine Maschine wieder über das Schiff. Das gleiche Spiel begann von vorn.

Der zweite Seemann hatte sich schon mühsam bis zu dem Kran vorgekämpft, noch bevor die Rettungsschlinge an Deck war. Das war gut so, denn jede Minute war kostbar und konnte über Leben und Tod entscheidend sein.

Innerhalb von nur sechs Minuten konnten zwei weitere Seeleute abgeborgen werden.

Der Bordmechaniker dirigierte die Maschine wieder über das Schiff, wo schon der vierte Mann, am Kran festgeklammert, auf seine Rettung wartete.

»Wir stehen gut so!« meldete Oberbootsmann Brumm, »Ich warte noch einen Augenblick, bis das Oberdeck einigermaßen frei ist, dann werfe ich ihm die Schlinge direkt vor die Füße.« Im Unterbewußtsein registrierte er, daß das Schiff noch weiter abgesackt sein mußte. Fast ständig war das Deck von schäumendem Wasser überflutet.

Kapitänleutnant Labitzke zuckte zusammen, als jetzt plötzlich am Instrumentenbrett eine rote Lampe aufleuchtete. Die Kraftstoffwarnleuchte! Noch Sprit für etwa 30 Minuten! Höchste Zeit, den Rückflug anzutreten.

Der Copilot saß wie auf heißen Kohlen. Er fieberte der Meldung entgegen, daß sich der Seemann die Schlinge umgelegt habe. Was sollte er tun? An ihm lag es, ob der Mann noch gerettet wurde oder nicht. Den Piloten, der die Verantwortung trug, zu fragen war völlig sinnlos. Pfister war mit der Steuerung der Maschine viel zu beschäftigt und für lange Fragen und Erklärungen war absolut keine Zeit.

Sekunde auf Sekunde verstrich. Endlich meldete Oberbootmann Brumm: »Schlinge liegt einen Meter vor dem Mann an Deck! Er zögert, 'ranzugehen. – Verdammt noch mal, der hat Angst, den Kran loszulassen.«

Dem Copiloten wurde langsam heiß. Noch eine Minute gebe ich ihm, das ist aber das Äußerste, dachte er.

»Na endlich! Jetzt hat er die Schlinge gegriffen! Er legt sie sich um!«

Die Sichtverhältnisse waren im Moment nicht besonders gut, da die umliegenden Schiffe abgetrieben worden waren. Ihre Scheinwerfer waren fast wirkungslos.

Dann sah der Bordmechaniker die Rettungsschlinge vor der Brust des Seemannes. »Jetzt hat er die Schlinge umgelegt! Ich ziehe an!« –

Fassungslos bemerkte er dann, wie sich der Haken hob, der Mann und die Schlinge aber an Deck blieben. »Herr Kaleu! Herr Kaleu! Was soll ich bloß tun? Der Mann hat die Schlinge vom Haken gelöst!« rief er aufgeregt.

»Los wieder ran!« befahl Kapitänleutnant Pfister. Im nächsten Moment lag der Haken wieder zum Greifen nahe vor dem Seemann. »Nun greif doch zu, Junge«, murmelte der Bordmechaniker verzweifelt. Dann sagte er mit seltsam verzerrter Stimme: »Der hat die Schlinge ja gar nicht umgelegt! Warum pickt er sie denn in Gottes Namen nicht ein? – Nein, das ist nicht zu fassen! Er greift nicht zu! Sitzt da unten und rührt sich nicht! Dabei braucht er nur die Hand auszustrecken, dann hat er den Haken.« Eine Minute war vergangen und eine weitere noch dazu. Der Kraftstoffvorrat war bis auf das absolute Minimum für den Rückflug abgesunken.

»Hochziehen!« befahl Kapitänleutnant Labitzke. »Wir müssen abbrechen!«

Während der Bordmechaniker das Windenseil einlaufen ließ, blieb der Seemann, mit der Rettungsschlinge in der Hand, an Bord zurück. Die sichere Rettung in greifbarer Nähe, hatte er aus unerfindlichen Gründen keinen Gebrauch davon gemacht und damit, wie sich später herausstellen sollte, die letzte Chance, sein Leben zu retten, vertan.

Während der gesamten Zeit der Bergungsaktion hatte relativ klare Sicht geherrscht. Jetzt, im Moment des Abdrehens, kam wieder ein dicker Schneeschauer heran.

»Auf Vereisung achten!« sagte Kapitänleutnant Pfister und zog die Maschine hinein in das wirbelnde Nichts. Die brodelnde See blieb zurück. In dem dichten Schneetreiben verschwammen die Lichter der Schiffe.

Im Blindflug, ohne jegliche Orientierungsmöglichkeit und nur auf die Instrumente vertrauend, hielt Kapitänleutnant Pfister auf die Küste zu.

Jetzt manövrierten die Schiffe wieder dichter heran und abermals wurde von dem nur wenige hundert Meter in Luv des Havaristen liegenden Tanker »Fernhavn« eine Rettungsinsel ausgesetzt. Zitternd vor Spannung verfolgten die Schiffbrüchigen die Manöver des Tankers.

Die Rettungsinsel flog über Bord, wirbelte dreißig, vierzig Meter weit durch die Luft und wurde vom Sturm mit der Geschwindigkeit eines Luftkissenbootes über das Wasser gehetzt. Zwei starke Scheinwerfer von der Brücke des Tankers verfolgten die genau auf den Havaristen zutreibende Insel. Es sah gut aus; sie trieb genau mittschiffs auf die Backbordseite zu, wo der Steuermann und der Koch bis zum Bauch im Wasser an der Reling standen.

Auf dem Rücken einer Welle reitend, wurde die Rettungsinsel gegen die Reling der »Grete Hauschildt« geschleudert. Blitzschnell griffen die beiden Männer zu.

Kapitän Groß, der vom Ruderhaus aus das Manöver verfolgt hatte, atmete auf. »›Fernhavn‹ von ›Grete Hauschildt‹! Wir haben die Rettungsinsel erwischt und machen sie an der Reling fest. Werden sie nicht gleich besetzen. Wollen erst das Eintreffen weiterer Hubschrauber abwarten.«

Es war ungeheuer schwierig, in der hochgehenden See zu manövrieren, und der Abstand zwischen dem Tanker und der »Grete Hauschildt« hatte sich wieder derart vergrößert, daß es nicht mehr möglich war, eine weitere Rettungsinsel von der »Fernhavn« außenbords zu bringen.

Die Besatzung der »Grete Hauschildt« war nach dem stundenlangen Kampf mit der See zu Tode erschöpft. Keiner hatte mehr einen trockenen Faden am Leib. Erstarrt von der Arbeit in dem eisigen Wasser, stolperten der Steuermann und der Koch ins Ruderhaus zurück.

Kurze Zeit später wurde die festgelaschte Rettungsinsel vom Sturm losgerissen und davongewirbelt. – War das das Ende?

In der schweren See stampfend und rollend schob sich jetzt das mit ca. 150 Passagieren besetzt Fährschiff »Prinz Hamlet« wieder näher heran. Wieder flog eine Rettungsinsel über Bord und trieb auf den Havaristen zu.

»Verdammt! Sie treibt zu weit voraus!« stieß der Steuermann der »Grete Hauschildt« hervor.

»Die Leine! Wir müssen versuchen, ob wir die Leine am Vorschiff zu fassen kriegen. Los, raus! Alle Mann!« befahl Kapitän Groß. Von der Brücke der »Prinz Hamlet« war zu beobachten, wie die letzten vier Besatzungsmitglieder der »Grete Hauschildt« das Ruderhaus verließen. In dem über Deck schäumenden Wasser arbeiteten sie sich mühsam zum Bug des immer tiefer eintauchenden und immer schwerfälliger wieder hochkommenden Schiffes vor. Die Rettungsinsel trieb wenige Meter vor dem Burg der »Grete Hauschildt« vorbei und verschwand in der Finsternis. Auf der Brücke der »Prinz Hamlet« wollte Kapitän Schneider gerade den Befehl geben, noch eine Insel außenbords zu bringen, als ein Ausguck triumphierend ausrief: »Sie haben die Leine erwischt! Ich kann es deutlich sehen! Jetzt ziehen sie die Rettungsinsel zum Schiff heran!«

Kurz darauf ertönte der Schreckensruf: »Die Leine ist gerissen!« Auf der Brücke der »Prinz Hamlet« herrschte bedrückendes Schweigen.

Die vier Männer auf der »Grete Hauschildt« hatten noch nicht wieder das Ruderhaus erreicht, als ein gewaltiger Brecher donnernd und alles vernichtend herangerauscht kam. Mit ungeheurer Wucht knallte der Brecher gegen die Backbordseite des schwer angeschlagenen Schiffes. Starr vor Entsetzen beobachtete ein Teil der Besatzung des Fährschiffes, wie die »Grete Hauschildt« emporgewirbelt und auf die Seite gedrückt wurde. Vergebens warteten sie darauf, daß das Schiff wieder zurückschwingen würde.

Die Natur hatte den Kampf gewonnen. Die »Grete Hauschildt« war gekentert und trieb kieloben in der brodelnden See. »Ruder hart Steuerbord!« befahl der Kapitän der »Prinz Hamlet« ohne zu zögern. »Alle verfügbaren Leute an Oberdeck!«

Schlingernd und stampfend drehte das Fährschiff in der haushohen See und steuerte den kieloben treibenden Havaristen an. Während auf der »Prinz Hamlet« Taue, Strickleitern und Rettungsinseln an der Bordwand heruntergelassen wurden, versank die »Grete Hauschildt« in der Tiefe.

Langsam näherte sich das Fährschiff der mit Wrackteilen übersäten Untergangsstelle. An Oberdeck waren alle Scheinwerfer eingeschaltet. Systematisch wurde das gesamte Gebiet abgeleuchtet.

»Da sind sie! Alle vier!« brüllte plötzlich ein Seemann, der die Schiffbrüchigen im Lichtkegel seines Suchscheinwerfers erfaßt hatte.

Die Lichtfinger der anderen Scheinwerfer zuckten herum.

Die vier Männer trieben, jetzt taghell beleuchtet, ziemlich dicht beisammen in der eisig kalten See.

Rettungsinseln und Rettungsringe flogen über Bord. Doch Sturm und Seegang verhinderten, daß die Schiffbrüchigen eines der zugeworfenen Rettungsmittel erreichten.

Kapitän Schneider vollbrachte eine seemännische Glanzleistung, als er sein großes Fährschiff so nahe an die Schiffbrüchigen heranmanövrierte, daß diese die an der Bordwand herabhängenden Taue und Leitern ergreifen konnten.

Nun ging es um Leben und Tod. Alle an Oberdeck befindlichen Leute mühten sich ab, die Schiffbrüchigen an Deck zu ziehen, aber es war umsonst.

Einen nach dem anderen verließen die Kräfte. Nach dem stundenlangen Kampf um's Überleben hatte ihnen die letzte Viertelstunde in der eisigen See den Rest gegeben. Völlig entkräftet und unterkühlt konnten sie sich mit ihren klammen Händen nicht mehr festhalten.

Hilflos mußten die Männer der »Prinz Hamlet« zusehen, wie die vier Schiffbrüchigen in das brodelnde Wasser zurückfielen und achteraus in der Dunkelheit verschwanden.

»Beiholer der Rettungsinseln kappen!« brüllte jemand gegen den Sturm an. »Vom Achterschiff Rettungsinseln und Rettungsringe außenbords!«

Mehrere Rettungsinseln flogen hinter den Schiffbrüchigen her, und auch die an der Bordwand befestigten Rettungsinseln trieben, nachdem die Leinen gekappt worden waren, achteraus.

Inzwischen war »Rescue 82 + 05« mit dem letzten Tropfen Kraftstoff sicher in Nordholz gelandet. Ein Krankenwagen stand schon bereit, um die drei Überlebenden zu übernehmen und nach Cuxhaven ins Krankenhaus zu bringen.

Der Rotor war kaum gestoppt, als schon der Tankwagen an die Maschine heranfuhr. In dickem Strahl schoß der Kraftstoff in die leeren Tanks.

Gleich nachdem der Hubschrauber aufgetankt worden war, kletterten die Piloten wieder ins Cockpit.

Donnernd sprang das Triebwerk an.

»Nordholz Tower von ›Rescue 82 + 05‹! Erbitten Startfreigabe!« »›Rescue 82 + 05‹ von Nordholz Tower. Startfreigabe erteilt. Beeilt euch, Jungs! Die ›Grete Hauschildt‹ ist um 03.02 Uhr gekentert!« lautete die Antwort der Bodenstelle.

Wie ein Schock traf den Copiloten diese Meldung. Er warf einen Blick auf die Borduhr. Es war genau zwölf Minuten nach drei. Jetzt kam es nicht mehr darauf an, Kraftstoff zu sparen. Mit der höchstzulässigen Leistung jagte Kapitänleutnant Pfister seine Maschine durch die Nacht.

In einhundert Fuß Höhe preschte »Rescue 82 + 05« über das kochende Neuwerker Watt.

Kurz vor Scharhörn hörten die Rettungsflieger, daß der Westerländer Hubschrauber an der Untergangsstelle eingetroffen war und mit der Suche nach den Schiffbrüchigen begonnen hatte. Über dem Scharhörn-Riff stand eine ungeheure Grundsee. Die ablaufende Flut und der schwere Nordweststurm rannten hier voll gegeneinander und veranstalteten einen wahren Hexenkessel. Selbst in einhundert Fuß Höhe wurden die Cockpitscheiben noch naß von der hoch auffliegenden Gischt.

Nach einer unendlich langen halben Stunde hatte »Rescue 82 + 05« die Untergangsstelle erreicht. Zahllose Wrackteile, Rettungsinseln, Schwimmwesten und Rettungsringe trieben in der See. Inzwischen war auch der Schlepper »Atlas« an der Unfallstelle eingetroffen. Die beiden Boote der DGzRS, die beim Untergang der »Grete Hauschildt« noch über eine Stunde vom Unfallort entfernt standen, hatten die Aussichtslosigkeit ihres Einsatzes einsehen müssen und den Rückmarsch zu ihren Heimathäfen angetreten.

Systematisch suchten die beiden Hubschrauber die See ab. Dann hatte Kapitänleutnant Labitzke plötzlich den ersten Schiffbrüchigen im Suchscheinwerfer. Mehrere Versuche, den Mann unter den Hubschrauber zu bekommen, schlugen fehl. Jedesmal, wenn eine See heranrollte, wurde der Unglückliche zwanzig bis dreißig Meter weggetragen.

Kapitänleutnant Pfister mühte sich vergebens ab, dem Schwimmer zu folgen. Die Nerven bis zum Zerreißen gespannt, saß er trotz beißender Kälte schweißgebadet hinter dem Steuerknüppel. »Die Stelle markieren!« rief er dem Bordmechaniker zu. »Klaus, versuch' den Schlepper heranzubekommen!«

Oberbootsmann Brumm hatte die Markierungsboje schon griffbereit. Auf Befehl des Piloten warf er sie in die See. Die Boje schlug auf und entzündete sich. Die helle Flamme wurde vom Sturm flach auf das Wasser gedrückt, war aber in der Dunkelheit trotzdem gut zu erkennen.

Kapitänleutnant Labitzke rief den Schlepper: »Haben einen Schiffbrüchigen im Suchscheinwerfer! Können ihn nicht aufnehmen! Kommen Sie uns zu Hilfe!«

»O.k., ich komme! Bin nur etwa eine Viertelmeile hinter Ihnen!« Dann meldete sich die Westerländer Maschine. »Unser Sprit ist fast alle. Wir müssen zurück und auftanken. Noch viel Glück.« »Danke. Kommt gut nach Hause!« antwortete Kapitänleutnant Labitzke knapp.

Da schwimmt noch einer!« rief Brumm plötzlich.

Während der Schlepper »Atlas« mit achterlicher See herangedampft kam, stand »Rescue 82 + 05« knapp fünf Meter über den sich auftürmenden Wellenbergen. Bei ablaufendem Wasser liefen Sturm und Tide gegeneinander an. Von den sich brechenden Wellenkämmen wurde Schaum und Gischt hochgewirbelt. Nach vorn, durch die Cockpitscheiben, war trotz des eingeschalteten Scheibenwischers kaum etwas zu sehen. Höher zu gehen, um aus dem Bereich der fliegenden Gischt herauszukommen, war auch nicht möglich, da sonst der Bordmechaniker die Schiffbrüchigen aus den Augen verloren hätte. Ein paar hundert Meter voraus waren die verschwommenen Umrisse des riesenhaften Tankers auszumachen.

Die anderen Schiffe waren noch weiter entfernt und konnten mit ihren Scheinwerfern keinerlei Unterstützung leisten.

Plötzlich schrie der Bordmechaniker: »Da vorne schwimmen die andern beiden!«

Gespenstisch wanderte der Lichtstrahl über die weißschäumenden Wellen. »Tatsächlich, da sind sie!« rief Oberbootsmann Brumm. Das Licht des Scheinwerfers verharrte auf der Stelle. »Versuchen Sie, die beiden im Scheinwerfer zu behalten. Die anderen habe ich im Auge.«

Das war leichter gesagt, als getan, da gerade in diesem Moment wieder heftiges Schneetreiben einsetzte. In flachem Winkel wirbelten die Schneeflocken heran. Der Lichtstrahl des Scheinwerfers wurde zur milchigweißen Suppe.

»Wir können hier oben nichts mehr sehen!« rief Labitzke.

»Ich sehe sie noch!« Der Bordmechaniker hatte sich weit aus der Ladeluke gebeugt. Das Sturmgeräusch wurde mit durch sein Mikrofon übertragen. »Sie treiben direkt auf den Tanker zu. Um Himmels willen!« seine Stimmer stockte, und nur das unheimliche Getöse des Sturmes und der Wellen war in den Kopfhörern der Piloten zu hören. Dann fuhr er fort: »Einer treibt achtern am Tanker vorbei, der andere wird gerade zwischen Schiffsrumpf und Schraube hindurchgetrieben! – Habe sie aus den Augen verloren. – Scheinwerfer zurück auf die anderen beiden, daß wir die nicht auch noch verlieren!«

Nun kam der Schlepper herangebraust. Er ließ die Schiffbrüchigen links liegen, fuhr noch etwa dreißig bis vierzig Meter weiter, um dann hart nach Backbord zu drehen.

Das Manöver des Schlepperkapitäns ließ den Rettungsfliegern den Atem stocken. Quer zu Sturm und Seegang holte »Atlas« so weit nach beiden Seiten über, daß zeitweise der Kiel zu sehen war. An der Backbord-Reling, immer wieder bis zum Bauch von brodelndem Wasser umspült, standen zwei Männer.

Der Schlepperkapitän manövrierte so geschickt, daß die beiden Schiffbrüchigen buchstäblich an Bord geschwemmt wurden.

Auf einem Wellenberg trieben die Verunglückten auf den Schlepper zu. »Atlas« krängte stark nach Backbord. Dann war der Brecher mit den beiden Männern der »Grete Hauschildt« da. Inmitten der wirbelnden, schäumenden Wassermassen griffen die Schlepperleute blitzschnell und unerschrocken zu und zogen die Schiffbrüchigen vollends an Deck.

»Haben zwei Mann geborgen! Beginnen sofort mit Wiederbelebungsversuchen! Wo sind die anderen beiden?«

»Sie sind nach Nordwesten abgetrieben. Wir fliegen hinterher und versuchen, sie zu finden.«

Der Schneeschauer war stärker geworden. In dem auf das Wasser gerichteten Scheinwerfer bildeten die Schneeflocken eine einzige, weiße, blendende Wand. Wiederholt hatte Labitzke auf das Außenthermometer gesehen. Zum Glück lag die Temperatur immer noch über Null, so daß im Moment nicht mit einer Vereisung des Steuergestänges und der Rotorblätter zu rechnen war.

Was die Hubschrauberbesatzung schon befürchtet hatte, meldete jetzt der Schlepperkapitän. »Die Wiederbelebungsversuche blieben leider ohne Erfolg. Die geborgenen Seemänner sind tot.« Obwohl das zu erwarten war, herrschte nach dieser Meldung betretenes Schweigen im Äther.

Noch über eine Stunde suchten die Rettungsflieger nach den letzten beiden Schiffbrüchigen, bis sie schließlich um 05.25 Uhr, als abermals der Kraftstoff zur Neige ging, den Rückflug antreten mußten.

In dem Bericht des Seeamtes über den Untergang des Motorschiffes »Grete Hauschildt« heißt es unter anderem: »Neben der nie ganz auszuschließenden menschlichen Unvollkommenheit bei der Rettungsaktion war die Ursache das Wetter in der Deutschen Bucht: Orkanartige Stürme aus Westen, wie sie in Jahrzehnten einmal vorkommen, Wellenhöhen von sechs bis zehn Metern, Schneetreiben und Hagel in einer dunklen Dezembernacht.«

Der Bericht endet:

»Alle, die sich bei dem Seenotfall der ›Grete Hauschildt‹ an den Rettungsversuchen beteiligt haben, verdienen für ihre Hilfsbereitschaft Dank und Anerkennung. Die Kapitäne und Besatzungen von ›Prinz Hamlet‹, ›Fernhavn‹, ›Atlas‹ und ›Wesertal‹ haben sich nach Kräften bemüht, den Schiffbrüchigen zu helfen. Es lag nicht an ihnen, daß der angestrebte Erfolg nicht erzielt worden ist.«

Und dann, auf die SAR-Hubschrauber eingehend:

»Ganz besonderes Lob aber gebührt den Hubschrauberbesatzungen der Seenotstaffel des Marinefliegergeschwaders 5, die bei dem Rettungswerk ihr Leben eingesetzt haben. Die Männer von Hubschrauber ›82 + 05‹ haben unter schwierigsten Bedingungen eine beispielhafte Leistung vollbracht. Ihnen ist es zu verdanken, daß drei Menschenleben gerettet worden sind.«

Feuertaufe im Kanal

Der SAR-Hubschrauber Sea King MK 41* – als Nachfolgemuster für die Sikorsky H-34 seit dem 1. April 1975 beim Marinefliegergeschwader 5 in Kiel-Holtenau und bei den Außenstellen des Geschwaders in Westerland/Sylt, auf Borkum und seit dem 1. Oktober 1979 auch auf Helgoland im Einsatz – ist einer der modernsten Rettungshubschrauber der Welt.

Am 16. Januar 1974, acht Wochen bevor die ersten Maschinen an das Marinefliegergeschwader 5 ausgeliefert wurden, haben deutsche Sea Kings in England unter schwierigsten Wetterbedingungen gezeigt, was zu leisten sie imstande sind.

Orkanartiger Sturm mit Windgeschwindigkeiten bis zu 160 km/h fegte vom Atlantik herein durch den englischen Kanal und türmte bis zu zwanzig Meter hohe Wellen auf. An der felsigen Südküste von Cornwall brach sich mit ohrenbetäubendem Donnern und Brausen eine haushohe Brandung. Die Wege und Straßen im Südwesten der Insel waren weitgehend menschenleer.

Auf allen Flugplätzen Südenglands war der Flugbetrieb eingestellt worden. Selbst die SAR-Hubschrauber der Royal Navy in Culdrose standen in den Hangars.

Bei dieser Wetterlage, wie sie England seit Jahren nicht mehr erlebt hatte, geriet das 780 BRT große dänische Motorschiff »Merc Enterprise« etwa 20 Meilen südlich von Plymouth in Seenot und funkte SOS.

Damit begann eine Rettungsaktion, die an Dramatik nichts zu wünschen übrig ließ.

Der Notruf, von der für diesen Bereich zuständigen SAR-Leitstelle in Plymouth aufgefangen, wurde sofort nach Culdrose weitergegeben. Um 12.35 Uhr wurde auf HMS »Seahawk« Seenotalarm ausgelöst. Aus allen Lautsprechern der Rundsprechanlage des riesigen Fliegerhorstes ertönte die Anweisung: »Danish Motor-Vessel ›Merc Enterprise‹ transmitting mayday! Position 26 miles south of Plymouth! Scramble the SAR! Two Sea Kings of 706 Squadron!« Damit hatten zwei Hubschrauber der 706. Staffel den Einsatzbefehl erhalten.

Während die Soldaten des Bodenpersonals die Hallentore aufschoben und die Hubschrauber hinausschafften, zogen sich die Besatzungen in aller Eile ihre Kälteschutzanzüge über. Dann stürzten sie hinaus an die Maschinen.

Gerade wurde wieder eine neue Information über Lautsprecher bekanntgegeben: »Crew of ›Merc Enterprise‹ abandoned the ship!« Diese Meldung, daß die

---

* siehe hierzu auch Kapitel »Aus Seenot mit Sea-King«, Seite 28

Besatzung das Schiff verlassen hatte, spornte die Hubschrauberbesatzungen zu größter Eile an.

Im Aufenthaltsraum der Royal Naval Foreign Training Unit (RNFTU), der Einheit, die die deutschen Besatzungen umschulte, standen einige deutsche Offiziere am Fenster und sahen hinaus auf das Flugfeld, wo gerade die beiden Maschinen der 706. Staffel bereitgestellt wurden. Die Rotorblätter der Hubschrauber schlugen im Sturm auf und nieder.

Jetzt kamen auch schon die Besatzungen angerannt. Die beiden Mechaniker, in sicherer Entfernung außerhalb der Rotordrehebene, gaben das Zeichen zum Starten der Triebwerke.

Das Heulen der Gasturbinen ging unter in dem wilden Pfeifen des tobenden Orkans.

Als die erste Maschine abhob, sah Oberleutnant zur See Kopp, ein deutscher SAR-Operationsoffizier, auf seine Fliegeruhr. »Genau acht Minuten seit der Alarmierung«, bemerkte er. »Wenn man bedenkt, daß die Maschinen in der Halle standen, ist das eine verdammt gute Zeit.«

In diesem Moment wurde die Tür aufgerissen. Lieutenant Commander Mallock kam hereingestürzt. »Onno und Max! Sofort umziehen! Wir fliegen auch zur ›Merc Enterprise‹«.

Ohne viel zu fragen, eilten die beiden deutschen Offiziere hinüber in den Umkleideraum.

Als sie wenig später, gegen den Sturm gebeugt, über das Hallenvorfeld auf ihren Hubschrauber zuliefen, hob gerade die zweite Maschine der 706. Staffel ab.

Um 14.13 Uhr startete die deutsche Sea King »Germany 5« mit gemischter englisch-deutscher Besatzung: Mit LtCdr Dave Mallock als 1. Piloten, KptLt Onno Reiners als Copilot, Lieutenant Allen Tremelling als SAR-Operationsoffizier und LtzS Max Schüler als Bordmechaniker.

Gleichzeitig erhielt eine weitere Sea King der RNFTU den Befehl, so schnell wie möglich zu starten und in das Seegebiet südlich von Lands End zu fliegen. Dort waren, wie die Coast Guard meldete, vier rote Leuchtkugeln über See gesichtet worden. Aufgrund der außergewöhnlich schlechten Wetterlage wurde dann die 824. Staffel alarmiert und angewiesen, eine Sea King für den sofortigen Einsatz bereitzustellen.

Um 14.20 Uhr startete die zweite deutsche Sea King mit dem Rufzeichen »Germany 8«, ebenfalls mit gemischter englisch-deutscher Besatzung, um südlich von Lands End die Suche nach dem Schiff aufzunehmen, das die roten Leuchtkugeln abgeschossen hatte.

Inzwischen jagten »Rescue 592« und »Rescue 596« von der 706. Staffel, gefolgt von »Germany 5«, vom Sturm getrieben, über den tosenden Kanal. Mit der vorher nie erreichten Geschwindigkeit von 200 Knoten legten die Hubschrauber die etwa 50 Meilen weite Strecke über See in einer knappen Viertelstunde zurück.

»Rescue 592« traf als erste Maschine an der Unfallstelle ein: Die »Merc Enterprise« war bereits gekentert* und trieb kieloben in einer See, wie sie keiner der an der Rettungsaktion Beteiligten jemals zuvor erlebt hatte. Fürchterliche Wellenberge von fünfzehn bis zwanzig Metern Höhe rollten gischtend und schäumend von Westen heran. Der Orkan fegte mit ungebrochener Kraft vom Atlantik herein. In Lee des gekenterten Schiffes trieben unzählige Wrackteile, Rettungsringe und Schwimmwesten. Vergebens hielt die Besatzung der »592« nach Rettungsbooten mit Überlebenden Ausschau. Die Rettungsboote waren von der Gewalt der See zerschmettert, die Rettungsinseln und Schlauchboote vom Orkan umgekippt und davongewirbelt worden.

Wie RCC Plymouth mitteilte, waren von dem sowjetischen Trawler »Leningrad« unter schwierigsten Bedingungen vier Schiffbrüchige aus der brodelnden See gerettet worden. Russische Seeleute waren unter Einsatz des eigenen Lebens angeseilt über Bord gesprungen und hatten die Schiffbrüchigen dem Hexenkessel der brüllenden, tobenden See entrissen.

Wie Plymouth-Rescue weiter mitteilte, bestand die Besatzung der »Merc Enterprise« aus 19 Mann. Vier Schiffbrüchige waren bereits gerettet, die übrigen mußten irgendwo zwischen den riesigen Wellenbergen treiben.

Zur gleichen Zeit, als »Germany 5« an der Unfallstelle eintraf, entdeckte »Rescue 592« in Lee des immer noch kieloben treibenden dänischen Schiffes einen Teil der Schiffbrüchigen in der See. Während LtCdr Mallock den Hubschrauber in den Wind drehte, konnte KptLt Reiners beobachten, wie der Bordmechaniker der »592« in der offenen Schiebetür erschien und an der Winde langsam nach unten schwebte. Der Bordmechaniker, der in dieses schäumende und brüllende Inferno hinunter mußte, um den unterkühlten Schiffbrüchigen die Rettungsschlinge umzulegen, war nicht zu beneiden.

Langsam und von schweren Sturmböen geschüttelt, hielt »Germany 5« kurz darauf auf den ersten Schiffbrüchigen zu, den Max Schüler zweihundert yards links von der »592« entdeckt hatte. Hoch auffliegende Gischt behinderte die Sicht. Undeutlich war einige hundert Meter voraus der kieloben treibende Rumpf des gekenterten Schiffes zu erkennen. Immer wieder rollten gewaltige, weißschäumende Brechseen darüber hinweg, doch immer wieder auch erschien der Rumpf an der Wasseroberfläche.

Schon während des Sinkfluges war LtCdr Mallock gezwungen, die Steuerautomatik auszuschalten. Bei diesen extremen Wetterbedingungen spielte die Automatik verrückt. Die Maschine mußte notgedrungen manuell gesteuert werden.

Als »Germany 5« im Schwebeflug über dem Schiffbrüchigen stand, konnte die Hubschrauberbesatzung erkennen, daß die Wellen noch weitaus höher waren, als sie es vermutet hatten. Wahre Gebirge von Wellen rollten unter der Maschine hindurch.

---

* siehe Umschlagfoto

174

»Die Schlinge läuft ab! Wir stehen gut so!« meldete der Bordmechaniker ins Cockpit. »Jetzt hat der Schiffbrüchige die Schlinge gefaßt!« Im nächsten Moment rollte einer der riesigen Brecher heran und fegte den Mann davon.

Auch der zweite Versuch, die Schlinge an den Mann zu bringen, klappte nicht. Selbst als es Max Schüler schließlich mit viel Glück gelang, ihm die Schlinge direkt vor die Nase zu legen, blieb der Erfolg aus.

»So hat es keinen Zweck, Sir! Der Mann ist offensichtlich schon zu schwach. Wir müssen das Doppelwinschverfahren anwenden. Ich gehe nach unten!«

»O.k., Max!« stimmte der Kommandant zu. »Wenn Sie freiwillig nach unten gehen, bedient Allen die Winde!«

Inzwischen war bereits der erste Hubschrauber als Rettungsmittel ausgefallen. Der Bordmechaniker der »596« hatte sich beim Doppelwinschverfahren eine klaffende Gesichtswunde zugezogen. Von der unbändigen See umhergeschleudert, hatte ihm das Stahlseil der Rettungswinde das Gesicht zerschnitten.

Im Gegensatz zur »596« klappte bei »Germany 5« das erste Winschmanöver recht gut. Nur etwa drei Minuten dauerte es, bis LtzS Schüler mit dem ersten Schiffbrüchigen, dem Kapitän des gekenterten Schiffes, nach oben kam.

Kurz darauf meldete der Kommandant der »596« mit bekannter englischer Härte: »Die Verletzung meines Bordmechanikers erlaubt es mir nicht, weitere Rettungsversuche durchzuführen. Ich werde dennoch hierbleiben und die anderen Maschinen bei der Suche unterstützen.«

»Rescue 592« hatte mittlerweile bereits den dritten Schiffbrüchigen geborgen, und Max Schüler tauchte zum zweiten Mal nur wenige Meter neben einem Schwimmer in die tosende See ein. Drei Minuten später hing der Bordmechaniker mit einer leblosen Frau im Arm vor der offenen Luke.

KptLt Reiners zog die Frau an Bord und befreite sie aus der Rettungsschlinge. Vergebens versuchte er, sie aufzurichten. Wiederbelebungsversuche blieben erfolglos. Da sie keinerlei Lebenszeichen mehr von sich gab, hörte Reiners nach einer Weile mit seinen Bemühungen auf und ging nach vorne ins Cockpit, um nach weiteren Schiffbrüchigen Ausschau zu halten. Als er an dem etwa in der Mitte der Kabine sitzenden Kapitän vorbeigehen wollte, hielt ihn dieser an und brüllte, das Turbinengeräusch übertönend: »Das ist meine Frau! Wie geht es ihr?«

Der Copilot stutzte kurz, dann rief er mit gleicher Lautstärke zurück: »Ganz gut! Aber sie ist ziemlich erschöpft!«

Beruhigt sank der Kapitän auf seinen Sitz zurück.

Im Cockpit angekommen, informierte KptLt Reiners über die Bordsprechanlage den SAR-Operationsoffizier. »Sorg bitte dafür, Allen, daß er nicht zu seiner Frau gelangt. Sie ist bestimmt tot. Wenn er das merkt, bricht er womöglich völlig zusammen. Er ist jetzt schon am Ende seiner Kräfte.«

»O.k., geht in Ordnung, Onno«, antwortete Lieutenant Tremelling. »Ich werde den Mann ganz nach vorne setzen, dann kann er sie nicht mehr sehen.«

Mit geringer Geschwindigkeit flog »Germany 5«, eingehüllt in sprühende Gischt und umtost von heulenden Orkanböen ihren Suchstreifen ab.

Um bessere Sicht zu haben, hatte der Copilot sein Schiebefenster geöffnet. Angestrengt starrte er hinunter auf die gischtende und schäumende Wasseroberfläche. Plötzlich zuckte er zusammen. War da nicht etwas? Da, jetzt wieder. Undeutlich, aber dennoch erkennbar, ragte ein winkender Arm aus den Wellen. »Stop! Hundert Meter nach links!« rief KptLt Reiners dem Kommandanten zu.

LtCdr Mallock konnte durch die mit Salzkristallen verklebte Cockpitscheibe nichts erkennen und ließ sich von seinem Copiloten einweisen.

Nachdem der Schiffbrüchige vom SAR-Operationsoffizier gesichtet wurde und dieser mit der Zielansprache fortfahren konnte, ging der Copilot wieder nach achtern, um bei der Übernahme der zu rettenden Personen behilflich zu sein.

Während LtzS Schüler erneut am Winschseil nach unten schwebte, versuchte LtCdr Mallock den Hubschrauber nach den Angaben des SAR-Operationsoffizier direkt über den Schiffbrüchigen zu placieren.

»Max ist noch drei Meter über dem Wasser! – Jetzt ist er eingetaucht! – Fünf Meter nach rechts!« rief Lt Tremelling, »dann kann Max den Mann fassen.«

Im nächsten Moment kam wieder ein ungeheurer Roller heran. LtzS Schüler warf sich herum und konnte den Mann gerade noch schnappen, als die Wellen über ihm zusammenbrachen. Nur wenige Meter unter dem Fahrwerk rollte der Wellenberg hindurch.

Später berichtete Schüler über dieses Manöver: »Wie eine riesige Wasserwand kam der Brecher auf uns zu. Dann wurde es Nacht. Der Mann klammerte sich verzweifelt an mir fest. Seine Hände verkrampften sich in meinem Kälteschutzanzug und rissen den Reißverschluß auf. Eiskalt strömte das Wasser in meinen Anzug. Ich hatte das Gefühl, daß mir der Kopf zerspringen mußte, und nur noch den einen Gedanken – Luft!«

Trotz dieser ungeheuren Belastung, umhergewirbelt in der eisigen See und mehrere Meter unter Wasser hielt Schüler den Mann eisern fest. Endlich tauchte er nach Luft japsend wieder an die Oberfläche. Der vollgelaufene Kälteschutzanzug behinderte ihn außerordentlich, und er hatte große Mühe, dem an ihm hängenden Schiffbrüchigen die Rettungsschlinge umzulegen, aber schließlich schaffte er es doch.

»Max zeigt klar!« meldete Tremelling. »Ich ziehe ihn hoch.«

Sekunden später schwebte der Bordmechaniker mit dem Schiffbrüchigen im Arm zwischen der tobenden See und dem Hubschrauber. Als LtzS Schüler den Kopf nach oben wandte und zum Hubschrauber sah, bemerkte Lt Tremelling mit Schrecken Butspuren im Gesicht seines Kameraden. Hoffentlich ist ihm nicht das gleiche passiert wie dem Bordmechaniker der »596« dachte Tremelling.

Dann hingen die beiden Männer vor der Ladeluke des Hubschraubers. KptLt Reiners faßte mit an und half, den Bordmechaniker und den Geretteten in den Hubschrauber zu ziehen. In seiner Todesangst klammerte sich der Seemann am Bein des Copiloten fest und ließ nicht mehr los.

»Was ist mit deinem Gesicht, Max? Bist du o.k.?« brüllte Tremelling.

Schüler wischte sich über das Gesicht und sah erstaunt die verlaufenden Blutspuren auf seinem nassen Handrücken. »Muß wohl der Winschhaken gewesen sein!« meinte er. »Ist aber nicht weiter schlimm. Ich spüre gar nichts.«

Der Sturm dauerte an. Statt nachzulassen, hatte er eher noch an Stärke zugenommen.

Während sich der Bordmechaniker der »Germany 5« erschöpft auf den Boden des Hubschraubers legte und das eingedrungene Wasser aus seinem Kälteschutzanzug laufen ließ, steuerte LtCdr Mallock die Maschine durch die graue, hoch auffliegende Gischt.

Etwa zweihundert Meter backbord voraus sollte ein weiterer Seemann treiben, so hatte die »596« gemeldet.

Der Copilot mußte wieder nach vorne, um den Kommandanten einzuweisen. Den an seinem Bein hängenden Schiffbrüchigen schleifte er einfach hinter sich her. Vor dem Cockpit mußte sich KptLt Reiners mit Gewalt befreien. Er legte die greifende Hand des gerade geretteten Seemannes um die Strebe einer Sitzbank, und prompt klammerte sich dieser an der Strebe fest.

Dann wurde der nächste Mann, den »Rescue 596« gemeldet hatte, gesichtet. Wieder dirigierte KptLt Reiners den Kommandanten in die Nähe des Schwimmers, bis der SAR-Operationsoffizier die Zielansprache übernehmen konnte.

In Schweiß gebadet, brachte LtCdr Mallock die Maschine über dem Schiffbrüchigen zum Stillstand. Der Fahrtmesser am Instrumentenbrett pendelte zwischen 60 und 100 Knoten. Der Sturm war verheerend.

Mit einem Auge ständig den Radarhöhenmesser beobachtend, versuchte der Pilot, so gut es eben ging, die größten Wellen abzureiten, um wenigstens eine einigermaßen konstante Höhe über der Wasseroberfläche einzuhalten. Er mußte unter allen Umständen vermeiden, daß der Bordmechaniker noch öfter so tief unter Wasser geriet wie bei der letzten Rettung. Der zehn Tonnen schwere Hubschrauber war dabei von den beiden am Winschseil hängenden Männern wie von einem Treibanker nach achtern gezogen worden. Nach der Anzeige des Radarhöhenmessers zu urteilen, mußten sie mindestens zehn Meter unter Wasser gewesen sein.

»Max hängt außenbords und geht wieder nach unten!«

Einen Augenblick später tauchte LtzS Schüler dicht bei dem Schiffbrüchigen in einen riesigen, sich überschlagenen Wellenberg ein. Immer wieder von Brechern überspült, Salzwasser schluckend und nach Luft japsend, mühte sich der Bordmechaniker ab, ihm die Rettungsschlinge umzulegen. Trotz der aufgeblasenen Schwimmweste war er während seines verbissenen Kampfes mit der See mehr unter als über Wasser. Die Minuten wurden zur Ewigkeit.

Zwei der bereits Geretteten hatten noch beim Umlegen der Rettungsschlinge mitgeholfen. Das war jetzt nicht mehr der Fall. Ebenso wie die zuvor aus der See geborgene Frau hing der Schiffbrüchige, dem der Bordmechaniker nun endlich die Rettungsschlinge umgelegt hatte, leblos in seiner Schwimmweste.

Ein Funkspruch der »596« bestätigte, was die Besatzung der »Germany 5« schon befürchtet hatte: »Die jetzt noch im Wasser treibenden Personen geben keinerlei Lebenszeichen mehr von sich.«

LtCdr Mallock wandte sich auf diese Meldung hin an seinen Copiloten: »Wie sieht es achtern aus, Onno?«

»Zwei der Geborgenen scheinen tot zu sein. Der Kapitän hängt völlig teilnahmslos in seinem Sitz, und der andere Seemann klammert sich noch immer an seiner Strebe fest. Ich fürchte, daß beide einen schweren Schock haben.«

Es gab nur noch wenig Hoffnung, Überlebende aus der See zu bergen. Die beiden bereits geretteten Seeleute waren unterkühlt, völlig am Ende ihrer Kräfte und drohten einzudämmern. Mallock dachte realistisch, und der Wille, diese Männer am Leben zu erhalten, überwog. »Wir fliegen nach Plymouth!« entschied der Kommandant. »Allen, schließen Sie die Kabinentür und gehen Sie ans Radar! – Onno, kommen Sie bitte nach vorne ins Cockpit!«

Bereits vor zehn Minuten war auch »Rescue 592« mit fünf Überlebenden in Richtung Plymouth davongeflogen. Die Entscheidung, ebenfalls mit seinen Überlebenden nach Plymouth zu fliegen war LtCdr Mallock dadurch erleichtert worden, daß nach einer Meldung von Plymouth-Rescue in Kürze »Germany 8« und »Rescue 051« von der 824. Staffel an der Unfallstelle eintreffen würden. Während der Copilot und der SAR-Operationsoffizier ihre Plätze einnahmen, ging der Bordmechaniker nach vorne und schaltete das Heißwassergerät ein. Dann öffnete er das Ventil für die Heizung. »Kurs nach Plymouth null zwo fünf!« meldete der SAR-Operationsoffizier, nachdem er sich auf seinem Radarschirm orientiert hatte.

Dave Mallock übergab seinem Copiloten die Steuerung. »Fliegen Sie jetzt, Onno. Ich gehe nach hinten und kümmere mich um die Geretteten.«

In der Kabine war es stickig heiß geworden.

Während KptLt Reiners den von Orkanböen geschüttelten Hubschrauber in Richtung Plymouth steuerte, mühte sich LtCdr Mallock ab, die beiden lebenden Schiffbrüchigen in Bewegung zu halten. Er lief mit ihnen in der Kabine umher, ließ sie in die Hände klatschen und gab ihnen heißen Kaffee, um sie dadurch vom Einschlafen abzuhalten.

LtzS Schüler, der viermal im Wasser gewesen und ziemlich erschöpft war, gab seine erfolglosen Wiederbelebungsversuche auf. Die Frau des Kapitäns und der Seemann waren tot, daran gab es keine Zweifel mehr.

Die Hubschrauberbesatzung war in Schweiß gebadet. Trotzdem ließ der Kommandant im Interesse der unterkühlten Schiffbrüchigen die auf vollen Touren laufende Heizung nicht abstellen. In der engen Radarkabine war es besonders heiß und stickig, und Lt Allen Tremelling hatte seit einiger Zeit stark unter Luftkrankheit zu leiden. Die durch Turbulenz und starke Böen bedingten Bewegungen des Hubschraubers waren unberechenbar, und immer wieder mußte sich der SAR-Operationsoffizier übergeben. Nur durch eiserne Willenskraft und größte Anstrengung war er dazu in der Lage, dem Copiloten die nötigen Informationen ins Cockpit zu liefern.

Kurz nach 16.00 Uhr, wenige Minuten nachdem »Rescue 592« mit fünf Überlebenden angekommen war, landete auch »Germany 5« in Plymouth. Ohne die Triebwerke abzustellen, wurden die Geborgenen an das bereitstehende Sanitätspersonal übergeben. Dann hob »Germany 5« wieder ab und flog in das Unfallgebiet zurück. Hier waren inzwischen »Rescue 051« von der 824. Staffel und »Germany 8« eingetroffen. »Rescue 596« hatte mit ihrem verletzten Bordmechaniker das Operationsgebiet verlassen und war nach Culdrose zurückgeflogen.

Neben den Hubschraubern beteiligten sich trotz des fürchterlichen Seeganges immer noch mehrere Schiffe, unter ihnen der russische Trawler »Leningrad«, an der Suche.

Ein Versuch, die von »Leningrad« geretteten Seeleute zu übernehmen, mußte von »Germany 5« abgebrochen werden. Der Seegang war derart schlimm, daß eine Übernahme ein zu großes Risiko bedeutet hätte. Immer wieder krachten gewaltige Sturzseen über das Deck. Heftig rollend und mehr unter als über Wasser hatte der Trawler erhebliche Schwierigkeiten in der außerordentlich groben See zu manövrieren. Der Kapitän erklärte sich schließlich bereit, Plymouth anzulaufen und dort die geretteten dänischen Seeleute an Land zu setzen.

Die Dämmerung brach herein.

Außer Wrackteilen, leeren Schwimmwesten und Rettungsringen hatte »Germany 5« nichts mehr in der aufgewühlten See entdeckt. »Germany 8« hingegen hatte noch zwei tote Besatzungsmitglieder des untergegangenen Schiffes aus dem Wasser gefischt.

»Der Sturm peitschte mir das Salzwasser ins Gesicht und nahm mir den Atem«, berichtete OltzS Kopp später darüber. »Die Wellenberge waren so hoch, daß ich jedesmal voll untertauchte, wenn mein SAR-Operationsoffizier versuchte, mich möglichst nahe an den Mann zu bringen.

Endlich hatte er es geschafft, und ich war nahe genug, um an den auf dem Bauch liegenden Mann heranzuschwimmen. Als ich ihn umdrehte, mußte ich feststellen, daß er schon tot war. Es kostete unheimlich viel Kraft, den Mann festzuhalten, jedoch das Schlimmste war das Umlegen der Rettungsschlinge und das Einhaken der Schlingenöse. Mit den klammen Händen in der rollenden See war es ein Kampf, bei dem ich selbst völlig außer Atem geriet, Seewasser zur Genüge schluckte und am liebsten aufgegeben hätte, weil ich am ganzen Körper schlotterte.

Endlich hatte ich den Mann an der Winsch, und beide wurden wir hochgezogen.

Schon nach ein paar Minuten war der zweite Mann ausfindig gemacht worden. Auch ihn holte ich aus der See. Tot natürlich.«

Mit dem scheidenden Tageslicht wurde es zur bitteren Gewißheit, daß nunmehr kaum noch Hoffnung bestand, lebende Schiffbrüchige zu bergen.

Schon mehr als drei Stunden waren seit dem Kentern der »Merc Enterprise« vergangen. Kein Mensch konnte so lange im eiskalten Wasser überleben.

Plymouth-Rescue brach die Suche ab und schickte alle Hubschrauber mit Ausnahme von »Germany 5« nach Culdrose zurück ... LtCdr Mallock und seine Besatzung erhielten den Auftrag, nach dem Rettungsboot »Plymouth« Ausschau zu halten. Das Boot war schon geraume Zeit überfällig und antwortete auf keinen Funkspruch mehr.

Glücklicherweise erwies sich die Sorge der Coast Guard, die schon das Schlimmste befürchtet hatte, als unbegründet. Fünf Meilen vor der Küste entdeckte die Hubschrauberbesatzung das ganz erbärmlich rollende und stampfende Rettungsboot. Im grellen Lichtkegel des Suchscheinwerfers gaben die Männer an Bord durch Handzeichen zu verstehen, daß das Funkgerät ausgefallen war, ansonsten aber an Bord alles in Ordnung sei. Nachdem Plymouth-Rescue darüber informiert worden war, wurde nun auch »Germany 5« entlassen und machte sich auf den Weg nach Culdrose.

»Wie stark ist der Wind, Allen?« wollte LtCdr Mallock wissen. »In dieser Höhe 60 Knoten, Sir. Direkt auf der Nase. Mit zunehmender Höhe wird er erheblich stärker.«

»Dann bleiben wir in 180 Fuß«, entschied der Kommandant. Lt Tremelling übermittelte noch die geschätzte Ankunftszeit an den Heimatflugplatz Culdrose, dann machte es sich die Besatzung für den langen Heimweg über See bequem.

Meile um Meile legte »Germany 5« zurück. Die immer wieder auftretenden starken Sturmböen waren schon zur Gewohnheit geworden und konnten die Seenotflieger mit Ausnahme des sich die Seele aus dem Leib spuckenden SAR-Operationsoffiziers nicht weiter erschüttern.

Die See war wie leergefegt. Auf dem Radarschirm war nicht ein Schiff zu sehen, dem »Germany 5«, in nur etwa fünfzig Meter Höhe fliegend, hätte ausweichen müssen.

Unverhofft wurde die Monotonie des nächtlichen Fluges über die sturmgepeitschte See unterbrochen. Lautes Knallen, das sich anhörte wie Maschinengewehrfeuer, schreckte die Besatzung auf. Dazu begann der Hubschrauber schlagartig unkontrolliert zu schütteln und zu bocken.

KptLt Reiners hatte alle Hände voll zu tun, die Maschine unter Kontrolle zu halten. Die Augen des Kommandanten huschten über das Instrumentenbrett. Alle Instrumente zeigte die korrekten Werte an. Kein Fehler war feststellbar.

Es dauerte nur wenige Sekunden, dann waren die unkontrollierbaren Bewegungen des Hubschraubers vorbei, und auch das Knallen hörte auf.

KptLt Reiners sah seinen Kommandanten fragend an.

Dave Mallock zuckte mit den Schultern. »Möglicherweise sind durch die starken Böen die Blattspitzen des Rotors in den Überschallbereich geraten«, meinte er. »Gehen Sie mit der Fahrt auf 100 Knoten zurück, Onno!«

Der Copilot kam der Aufforderung nach und verlangsamte die Geschwindigkeit. Alles schien in Ordnung zu sein, und die Besatzung entspannte sich wieder.

Einige Minuten später geriet der Hubschrauber wieder in starke Turbulenz. Wieder ertönte das Knallen. Gleichzeitig stellten die Piloten diesmal fest, daß die

Leistung des Steuerbordtriebwerkes um 45 Prozent abfiel. Zugleich mit dem Leistungsabfall wurde es plötzlich gespenstisch hell im Cockpit. Ein schneller Blick nach oben zeigte den Piloten lange Stichflammen und Funken, die aus der Steuerbordturbine nach vorne herausschlugen. »Triebwerk Nummer zwo ist unklar, Allen! – Informieren Sie Culdrose. Sie sollen für alle Fälle einen Hubschrauber zum sofortigen Einsatz bereithalten!« wies LtCdr Mallock seinen SAR-Operationsoffizier an.

KptLt Reiners war inzwischen noch weiter mit der Fahrt zurückgegangen und gleichzeitig auf 750 Fuß gestiegen. Bei geringerer Geschwindigkeit war die Turbulenz besser zu ertragen, und die Kraftstoffcomputer wurden entlastet, da sie nicht mehr so enorm große Leistungsänderungen zu bewältigen hatten.

Die Flammen erloschen, und das Triebwerk lief wieder einigermaßen normal, sofern es nicht durch extreme Leistungsveränderungen belastet wurde.

Mit kaum dreißig Knoten Geschwindigkeit über Grund flog »Germany 5«, gegen den Sturm ankämpfend, auf die Südküste von England zu. Ringsum herrschte pechschwarze Nacht, und unter der Maschine tobte die See.

Langsam tropften die Minuten dahin, und noch langsamer kam die Küste näher. Der Copilot war in Schweiß gebadet. Mit äußerster Konzentration versuchte er auf jede Änderung im Flugverhalten der Maschine zu reagieren. Immer wieder, wenn besonders starke Böen den Hubschrauber trafen, schlugen die Flammen aus der Turbine. Nach etwa fünfzehn Minuten war abzusehen, daß das Triebwerk über kurz oder lang völlig zusammenbrechen würde. Der Kommandant entschloß sich, eine weitere Dringlichkeitsmeldung abzugeben.

»›Germany 5‹ von Culdrose!« meldete sich daraufhin die Bodenstelle. »Wir haben keinen klaren Hubschrauber verfügbar, aber ›Rescue 051‹, die sich auf dem Rückflug von der ›Merc Enterprise‹ kurz vor dem Flugplatz befand, hat Anweisung erhalten, umzukehren und sich für den Notfall bereitzuhalten.«

Die Besatzung bereitete sich auf das Schlimmste vor. Die Kälteschutzanzüge und der Sitz der Schwimmwesten wurden kontrolliert. »Ob wir es schaffen?« fragte KptLt Reiners.

»Hoffen wir es«, sagte Mallock kurz. »Wenn nur nicht das andere Triebwerk auch noch in die Knie geht. – Wie weit noch, Allen?«

»Noch fünf Meilen bis zur Küste, Sir!«

Im gleichen Moment konnten die beiden Piloten voraus in der Dunkelheit ein rotes, rotierendes Licht ausmachen. »Rescue 051« kam rasch näher. Es war sehr fraglich, ob der Hubschrauber im Falle einer Notwasserung bei diesem Seegang helfen konnte, trotzdem war es für die Besatzung der »Germany 5« ein beruhigendes Gefühl, die Kameraden in der Nähe zu wissen.

Etwa eine Meile vor der Steilküste gerieten beide Hubschrauber erneut in ein Gebiet mit außergewöhnlich starker Turbulenz. Schlagartig fiel bei »Germany 5« die Leistung beider Triebwerke auf Null. Der zehn Tonnen schwere Hubschauber sackte ab wie ein Stein. Blitzschnell drückte LtCdr Mallock, der gerade vorher die Steuerung übernommen hatte, den Rotorblattverstellhebel nach unten und leitete eine Autorotation ein. Dabei schrie er seinen Notruf hinaus in den Äther: »Mayday! Mayday! Mayday! ›Germany 5‹, beide Triebwerke ausgefallen! – Verlieren rapide an Höhe! Müssen jeden Augenblick auf dem Wasser aufschlagen!«

Auf alles gefaßt, erwartete die Besatzung das Eintauchen der Maschine in die brodelnde See.

Nur wenige Meter trennten den Hubschrauber noch von den haushohen Wellen, als sich die Triebwerke während des Autorotationssinkfluges wieder stabilisierten und Leistung annahmen.

Aufatmend fing der Pilot die Maschine ab und bemühte sich, wieder Höhe zu gewinnen. Nur wenige hundert Meter voraus ragten unsichtbar die Klippen der Steilküste empor. Alles hing davon ab, über die Klippen hinwegzukommen, genügend Höhe zu gewinnen, um nicht daran zu zerschellen.

Die Nerven bis zum Zerreißen gespannt, saßen die Piloten im Cockpit. Die anderen Besatzungsmitglieder konnten nichts weiter tun, als die Sicherheitsgurte strammer ziehen und warten.

LtCdr Mallock lief der Schweiß in Strömen über das Gesicht. Über Funk informierte er »Rescue 051«: »Hatten totalen Leistungsabfall an beiden Turbinen. Jetzt arbeiten sie wieder, haben aber sehr starke Schwankungen. Wir werden den Platz wohl kaum erreichen. Sobald wir über Land sind werde ich eine Notlandung durchführen.«

»O.k. ›Germany 5‹, noch dreihundert Meter, dann haben Sie es geschafft. Wie hoch sind Sie?«

»Gerade eben auf 500 Fuß angelangt.«

»Na, das reicht ja, um über die Klippen hinwegzukommen. Hoffenlich können Sie die Höhe halten.« Mallock gab darauf keine Antwort.

Die letzten Meter bis zur Küste kosteten die meisten Nerven. Immer wieder setzten die Triebwerke aus, um dann wieder schlagartig Leistung anzunehmen. Wild fluktuierten die Nadeln der Triebwerksüberwachungsinstrumente hin und her. Für den Copiloten war es kaum möglich, die Instrumente abzulesen.

»Wir passieren die Küste! – Jetzt!« meldete Allen Tremelling. Seiner Stimme war die Erleichterung deutlich anzuhören. Dave Mallock wollte ganz sichergehen. »Wirklich?« »Jawohl, Sir! Wir sind über Land!«

Es war geschafft. Nun mußten die Turbinen nur noch zwei, drei Minuten laufen, um das unwegsame Gelände nahe der Klippen zu überwinden.

Auf Anweisung seines Kommandanten fuhr KptLt Reiners das Fahrwerk aus und schaltete alle Navigationsgeräte und alle Funkgeräte bis auf UHF ab.

Dann wurden sämtliche Such- und Landescheinwerfer eingeschaltet. Trotz der strahlenden Helligkeit der starken Scheinwerfer war die Sicht mehr als schlecht. Die Cockpitscheiben waren über und über mit Salzkristallen verklebt.

Die Piloten öffneten die Schiebefenster, um wenigstens nach den Seiten hin klare Sicht zu haben.

»Germany 5« hatte gerade die Lichter eines kleinen Fischerdorfes umflogen, als wieder das Triebwerk Nummer zwei aussetzte. Unmittelbar darauf spielte auch das andere Triebwerk verrückt. Bei abrupten Leistungsänderungen von Null bis 150 Prozent sackte der Hubschrauber nach unten weg.

»Kraftstoffzufuhr von Turbine zwei schließen! Wir landen!« rief LtCdr Mallock und knallte den Pitch nach unten.

Sekunden später stand Triebwerk Nummer zwei still. Das auf- und abschwellende Heulen der anderen Turbine war unheimlich anzuhören.

Gebannt starrten die beiden Piloten durch die salzverklebten Scheiben.

»Bäume! Direkt voraus!« rief Mallock.

Ein schneller Blick auf den Radarhöhenmesser zeigte ihm, daß die Maschine noch einhundert Fuß, also etwa dreißig Meter über dem Boden war. Mit einer Reflexbewegung riß er die Maschine nach oben. Unmittelbar darauf sah KptLt Reiners eine Hohe Masse dunkler Bäume durch das rechte Schiebefenster auf sich zukommen.

»Nach links, nach links!« stieß er hervor, griff an den Steuerknüppel und drückte die Maschine zur Seite.

Das Manöver glückte. »Germany 5« torkelte ganz knapp an den Bäumen vorbei. Im letzten Moment erst war der Boden zu sehen: Ein gepflügtes Feld. Krachend und schaukelnd setzte der Hubschrauber auf. Sekundenlang sah es aus, als ob die Maschine jeden Augenblick umkippen würde, dann stand sie endlich still; auf einem Schräghang mit etwa fünfundzwanzig Grad Neigung.

»Ist jemandem etwas passiert?«

»Nein, Sir! Alles o.k.« antwortete LtzS Schüler von achtern. »›Germany 5‹! ›Germany 5‹ von ›Rescue 051‹! Hören Sie mich?« LtCdr Mallock antwortete nicht. Er saß völlig erschöpft und abgeschlafft auf seinem Sitz und überließ die weiteren Maßnahmen seinem deutschen Copiloten.

»Wir sind heil gelandet! An Bord alles o.k.«, antwortete KptLt Reiners während er alle nicht mehr benötigten Geräte ausschaltete.

»Gott sei Dank. Hatten schon befürchtet, daß euch die Stromleitung zum Verhängnis geworden sei.«

»Welche Stromleitung?«

Kurz vor dem Aufsetzen habt ihr eine Leitung durchschlagen. In der ganzen Gegend hier brennt kein einziges Licht mehr.« »Hm - haben nichts davon bemerkt«, meinte der Copilot.

Einen Augenblick war Stille, dann meldete der Kommandant der »Rescue 051« mit aufgeregter Stimme: »Bei uns scheint etwas unklar zu sein! Hören plötzlich ein fürchterliches Knallen!« »So fing es bei uns auch an«, antwortete KptLt Reiners. »Schlage vor, eine sichere Notlandung zu machen, solange Ihre Turbinen noch laufen.«

»Bei Triebwerk eins bricht schon die Leistung zusammen! Ich leite Sinkflug ein. Culdrose ist informiert! Konnte allerdings keine genaue Position durchgeben, da ringsum alles stockdunkel ist. Sie werden uns schon finden!«

»Viel Glück bei der Landung!«

»Rescue 051« antwortete nicht mehr.

Nach dem nervenzermürbenden Heulen der Turbinen herrschte jetzt eine fast unheimlich wirkende Stille im Hubschrauber. Immer noch bestand akute Gefahr, daß die Maschine nach rechts umkippen und den Hang hinunterrollen würde. Ganz vorsichtig und einer nach dem anderen verließ darum die Besatzung den Hubschrauber.

Als die Männer neben der Maschine standen und endlich wieder festen Boden unter den Füßen hatten, konnten sie es noch immer nicht recht fassen, daß sie in Sicherheit waren.

Es war empfindlich kalt. Nur mit Mühe konnte der völlig durchnäßte Bordmechaniker verhindern, daß seine Zähne klappernd aufeinanderschlugen.

In heulenden Böen fegte der Sturm über das Land. Bei einer ersten Zigarette im Windschatten des Hubschraubers beruhigten sich langsam die Nerven der Besatzung.

»Der dunkle Fleck da vorne scheint eine Scheune zu sein. Irgendwo in der Nähe muß sich also auch eine Farm befinden. Allen, marschieren Sie los und suchen Sie Hilfe!« meinte Mallock.

Der SAR-Operationsoffizier trat seine Zigarette aus und machte sich auf den Weg. Schon nach wenigen Schritten war er in der Dunkelheit verschwunden.

Fast eine halbe Stunde warteten die beiden Piloten und der Bordmechaniker, bis sie die Lichter eines Fahrzeuges entdeckten. Im schwachen Schein ihrer Taschenlampen stolperten sie über den Acker, bis sie nach etwa einhundert Metern einen Feldweg erreichten.

Der Wagen kam holpernd näher und hielt an. Es war ein in der Nähe wohnender Farmer, der die drei Männer einsteigen ließ und zu seinem Farmhaus brachte. LtCdr Mallock rief den Flugplatz an und erfuhr, daß Allen Tremelling ebenfalls bei einer Farm angekommen war und den Standort der beiden notgelandeten Hubschrauber gemeldet hatte.

Dankbar nahmen Mallock, Reiners und Schüler die Flasche Whisky an, die ihnen der Farmer auf den Tisch stellte. Während sie auf das Eintreffen der Hilfsmannschaften warteten, feierten sie bei Kerzenlicht »Geburtstag«.

Spätere Untersuchungen haben ergeben, daß beide Turbinen des Hubschraubers, der etwa drei Stunden lang dicht über dem Wasser in fliegender Gischt operiert hatte, durch Salzablagerungen an den Verdichterschaufeln ausgefallen waren.

12 Meilen südwestlich Kelds Nor

Am Abend des 12. März 1975 hatte der 1263 BRT große dänische Kiesbagger
»Sten-Trans« mit einer für Kiel bestimmten Ladung von Steinen die Insel Sam-
soe verlassen. Im Schutz der dänischen Inseln verlief die Fahrt zunächst ohne
Schwierigkeiten. Lyngby-Radio und Kiel-Radio hatten zwar schon am Nachmittag eine Sturmwarnung ausgestrahlt, aber der Kapitän des Kiesbaggers hoffte,
noch rechtzeitig vor Ausbrechen des Sturmes in die Kieler Förde einlaufen zu
können.

Gegen drei Uhr früh passierte die »Sten-Trans« den Leuchtturm Kelds Nor und
erreichte damit die offene Ostsee. Der steife Nordost hatte inzwischen schon auf
Sturmstärke zugenommen und warf eine rauhe See auf. Aus dem Schutz der Insel
Lolland heraus, wurde die »Sten-Trans«, von der Schiffsführung völlig unerwartet,
von grobem Seegang und kräftigen Sturmböen empfangen. Mit unheimlichem
Rauschen rollten von Backbord achtern die Brecher heran und warfen sich über
das schwer arbeitende Schiff. Durch die extremen und für die Ostsee ungewohnten
Roll- und Schlingerbewegungen geweckt, verließ ein Besatzungsmitglied nach
dem anderen die Koje und kam, zunächst nur notdürftig bekleidet, denn noch
befürchtete niemand das Schlimmste, auf die Brücke.

Langsam verschwand Kelds Nor Leuchtturm achteraus.

Gerade hatte sich wieder ein schwerer Brecher über das Schiff geworfen, das
sich stark nach Steuerbord überneigte, als die Männer auf der Brücke durch ein
dumpfes, rollendes Geräusch aufgeschreckt wurden. Durch das starke Rollen des
Schiffes hatte sich die Kiesladung verlagert. – Bereits nach diesem ersten Verrut-
schen der Ladung richtete sich die »Sten-Trans« nicht wieder vollends auf, sondern behielt etwa acht Grad Schlagseite bei. Sicherheitshalber ließ der Kapitän
daraufhin sofort die restlichen Besatzungsmitglieder wecken.

Mit jeder anrollenden See verlagerten sich die etwa faustgroßen Kieselsteine
mehr. Die Schlagseite wurde immer größer. Wenn kein Wunder geschah, war das
Schiff verloren. Jeden Moment konnte die »Sten-Trans« kentern, und der Kapitän
entschloß sich, einen Notruf abzusetzen.

»Mayday! mayday! mayday! Dänischer Kiesbagger ›Sten-Trans‹ in Seenot!
Haben etwa fünfzehn Grad Schlagseite! Schiff droht zu kentern! Position zehn
Meilen südwestlich Langeland!«

Mit einem Satz ist der Vormann des in Laboe liegenden Seenot-Rettungskreu-
zers »Theodor Heuss« aus der Koje. In Sekundenschnelle steigt er in seine Hosen
und zieht sich den dicken, blauen Rollkragenpullover über. Der Motorenmann
Peter Vöge ist ebenfalls durch den Notruf geweckt worden und fast gleichzeitig mit
Hans Eberhard, dem Vormann, verläßt er seine Kammer, um nach oben in die
Zentrale zu eilen.

»›Theodor Heuss‹ von Kiel-Radio! ›Theodor Heuss‹ von Kiel Radio! Bitte kommen!« schnarrt eine Stimme aus dem Lautsprecher.

»Ruf Hildebrand an, Peter! Ich gehe ans Funkgerät.« Während Vöge den freiwilligen Rettungsmann Hildebrand herantelefoniert, ruft der Vormann die Küstenfunkstelle: »Kiel-Radio von ›Theodor Heuss‹!«

»Ja, ›Theodor Heuss‹! Haben Sie den Notruf der ›Sten-Trans‹ mitbekommen? Laufen Sie aus?«

»Haben wir mitgehört!« antwortete Eberhard. »Werden in spätestens zehn Minuten auslaufen!«

»Gut, verstanden. Werde das der ›Sten-Trans‹ mitteilen. Wie lange brauchen Sie ungefähr, bis Sie bei dem Havaristen sind?« Der Vormann überlegt kurz. »Eine Stunde!«

Heulender Sturm und das Donnern der Brandung empfangen ihn, als er an Deck kommt. Im düsteren Schein der im Sturm schwankenden Hafenlaternen sieht er den freiwilligen Rettungsmann über die Pier angeradelt kommen. Vor dem Seenotkreuzer springt Hildebrand ab und läßt sein Fahrrad achtlos auf einen Haufen alter Netze fallen, die auf der Pier liegen.

Nur knapp zehn Minuten sind seit Empfang der Notmeldung vergangen. Bei »Theodor Heuss« werden die Leinen losgeworfen. Schon gleich nach Verlassen des Hafenbeckens, in Höhe des Marine-Ehrenmals, wird der Seenotkreuzer von grober See, die genau von vorne steht, empfangen. In allen Fugen bebend, arbeitet sich »Theodor Heuss« durch die kochende, nächtliche See. Immer wieder waschen Brecher über das Deck. Gischt und Schaumfetzen wirbeln bis hinauf zum Turm, wo der Vormann gerade erwägt, ob er nicht mit der Fahrt zurückgehen sollte. Doch im nächsten Moment schon wird diese Frage überflüssig. Die »Sten-Trans« meldet vierzig Grad Schlagseite. Es besteht höchste Kentergefahr. Die Zeit drängt und ist möglicherweise entscheidend über Leben und Tod. Es kommt auf jede Minute an, und erbarmungslos jagt Hans Eberhard seinen Kreuzer durch die aufgepeitschte See. Der Sturm heult und wimmert in den Aufbauten und Antennen. Auf dem Turm ist kein Wort von dem Funkverkehr mehr zu verstehen. In der Zentrale hält Peter Vöge mit dem Havaristen und mit Kiel-Radio Kontakt. Besorgt verfolgt er die sich von Minute zu Minute verschlechternde Situation an Bord des Havaristen.

»Lage wird immer bedrohlicher!« meldet nun die »Sten-Trans«. »Haben mehr als fünfzig Grad Schlagseite! Reling ist bereits unter Wasser! Bereiten uns vor, das Schiff zu verlassen.« Dann die bange Frage: »Wann können Sie bei uns eintreffen?« Vöge wirft rasch einen Blick auf den Radarschirm. Ein aufleuchtender, fluoreszierender Punkt, acht Meilen voraus, zeigt die Position der in höchster Seenot befindlichen »Sten-Trans«. Acht Meilen also noch.

»Wir beeilen uns!« antwortet er. »Werden in knapp einer halben Stunde bei Ihnen sein.«

»Danke. Hoffen, uns noch so lange halten zu können.«

186

Kurz darauf meldet Kiel-Radio, daß auch ein SAR-Hubschrauber alarmiert worden sei. Der Hubschrauber soll etwa zu gleichen Zeit wie die »Theodor Heuss« am Unfallort eintreffen.

Inzwischen wird auf dem Seenotkreuzer schon alles zur Übernahme der Schiffbrüchigen vorbereitet: Kletternetze werden ausgebracht, das Sprungnetz wird unter großen Gefahren auf dem Vorschiff gespannt, in der Messe wird die Heizung auf Volldampf gedreht, Trainingsanzüge werden bereitgelegt.

Noch drei Meilen trennen den Seenotkreuzer von der »Sten-Trans«, als der Kapitän um fünf Uhr früh meldet, daß seine Lage aussichtslos sei und er das Schiff aufgeben müsse. »Zwölf Mann gehen in die Rettungsinsel! Ich selbst bleibe mit zwei Leuten noch an Bord«, sagt er; dann bricht die Funkverbindung ab. Auf der »Sten-Trans« wird eine Rettungsinsel über Bord geworfen, die sich auf Zug an der Reißleine automatisch in Sekundenschnelle aufbläst. Mann für Mann schliddern die Seeleute über das schief stehende Deck des schwerfällig in der groben See stampfenden Havaristen.

Die Reling, an der die Rettungsinsel festgemacht ist, ist bereits von Wasser überspült. Ruhig und ohne Panik verläßt die Besatzung das Schiff. Einer nach dem anderen arbeitet sich, von dem eiskalten Wasser völlig durchnäßt, über die Reling und wagt den Sprung.

Naß bis auf die Haut, frierend und eng zusammengedrängt sitzen schließlich zwölf Seeleute unter dem Schutzdach in der Rettungsinsel. Die Halteleine wird gekappt, und mühsam paddeln sie sich von dem Wrack frei. Aus dem Windschatten des Schiffes heraus, wird die Insel vom Sturm erfaßt und verschwindet in der Dunkelheit.

Vormann Eberhard holt indessen das Letzte aus den drei Maschinen seines Kreuzers heraus. Nachdem die Funkverbindung mit dem Havaristen abgebrochen ist, steht auch Peter Vöge auf dem Turm. Deutlich sind nun die Lichter des etwa eine Meile voraus mit schwerer Schlagseite treibenden Havaristen in der Dunkelheit auszumachen. Grellrot steigt plötzlich, auf halbem Weg zwischen dem Seenotkreuzer und dem sinkenden Schiff, eine Notrakete von dem aufgepeitschten Wasser empor. In dem gespenstischen, roten Lichtschein ist undeutlich eine Rettungsinsel zu erkennen. Vom Sturm getragen, treibt die an einem Fallschirm hängende Notrakete dem Seenotkreuzer entgegen.

Vöge schaltet einen der starken Suchscheinwerfer ein und läßt den Lichtstrahl über das gischtende, mit weißen Schaumkronen bedeckte Wasser gleiten.

Dann liegt die Rettungsinsel im gleißenden Scheinwerferlicht. In der offenen Einstiegsluke sitzen winkende Männer. »Wir bergen zuerst die Leute aus der Insel!« brüllt Hans Eberhard, das schrille Wimmern des Sturmes übertönend, seinen Männern zu.

Als Peter Vöge sich umwendet, um den Turm zu verlassen, bemerkt er wenige Meilen achteraus ein schnell näherkommendes, rotierendes rotes Licht. Er tippt dem Vormann auf die Schulter. »Da kommt der Hubschrauber!« schreit er.

Hans Eberhard blickt nur kurz nach achtern, dann wendet er seine Aufmerksamkeit wieder der Rettungsinsel zu, die jetzt nur noch etwa einhundert Meter voraus wild auf den Wellen auf und nieder tanzt.

Es ist 05.15 Uhr, als sich die »Theodor Heuss« langsam in Luv an die Rettungsinsel heranschiebt. Trotz Sturm und Seegang hat der Kreuzer die sechzehn Meilen in genau einer Stunde zurückgelegt.

Im Windschatten der »Theodor Heuss« gelingt es, eine Leinenverbindung herzustellen. Vorsichtig ziehen Vöge und Hildebrand die Insel mit den zwölf Schiffbrüchigen näher.

Jetzt trifft auch der SAR-Hubschrauber aus Kiel-Holtenau ein. In niedriger Höhe, den Suchscheinwerfer auf die See gerichtet, fliegt er mit donnerndem Motorengeräusch über den Rettungskreuzer hinweg. Die Maschine dreht eine Runde und kommt dann, genau in Windrichtung fliegend, zurück. Sie wird langsamer und geht kurz vor dem Rettungskreuzer in etwa zehn Meter Höhe in den stationären Schwebeflug über.

Mit dem Suchscheinwerfer beleuchtet der Pilot die Szenerie. Die Rettungsinsel ist an der Steuerbordseite des Seenotkreuzers festgemacht. Ein Schiffbrüchiger nach dem anderen kommt aus der Einstiegsluke und klimmt an dem ausgebrachten Kletternetz empor.

Vöge und Hildebrand helfen den frierenden und durchnäßten Männern über die Reling an Bord.

Der Pilot erkennt, daß seine Hilfe hier nicht mehr erforderlich ist. Er läßt seine Maschine nach Steuerbord abfallen und fliegt dann auf die etwa dreihundert Meter voraus treibende »Sten-Trans« zu, deren gefährlich schief stehendes Deck immer noch hell erleuchtet ist.

Vormann Eberhard beobachtet vom Turm aus, wie der Hubschrauber wenig später, über dem Wrack schwebend, seine Seilwinde mit der daran befestigten Rettungsschlinge nach unten läßt. Deutlich ist zu erkennen, wie die Maschine immer wieder von Sturmböen geschüttelt wird; aber eisern hält der Pilot seine Position über dem Schiff.

Jetzt wird die Seilwinde wieder eingefahren. In der Rettungsschlinge hängt ein Mann. Langsam schwebt er nach oben und verschwindet dann in der weit geöffneten Schiebetür des SAR-Hubschraubers.

Wieder wird die Schlinge herabgelassen. Die letzten beiden auf der »Sten-Trans« ausharrenden Männer haben sich auf die fast waggerecht stehende Wand des Ruderhauses geflüchtet. Hier ist der einzige Platz, auf dem sie sich noch halten können. Jeden Moment muß das Schiff kentern.

Auf der »Theodor Heuss« ist inzwischen die Bergung der zwölf Schiffbrüchigen aus der Rettungsinsel abgeschlossen. Während sich die geretteten Seeleute in der engen, überheizten Messe des Rettungskreuzers drängeln, ihre nassen Sachen ablegen und in die bereitgelegten Trainingsanzüge schlüpfen, fährt Vormann Eberhard auf die »Sten-Trans« zu.

Gerade ist der zweite Mann vom Deck des sinkenden Schiffes frei. Eine Sturmböe schleudert ihn am Seil nach achtern. Unter wildem Pendeln und Drehen wird er aufgewinscht. Noch wenige Meter trennen ihn von der offenen Tür des Hubschrauber, als auf der »Sten-Trans« alles Licht erlischt.

Im fahlen Schein der Lande- und Suchscheinwerfer des Hubschraubers liegt das Schiff, bereits mehr unter als über Wasser, in der brodelnden See. Jeden Moment wird es kentern.

»Licht, Peter!« brüllt der Vormann, der den Kreuzer mittlerweile bis auf etwa siebzig Meter an den Havaristen herangeführt hat.

Die starken Suchscheinwerfer des Seenotkreuzers werfen ihr gleißendes Licht über das fast völlig von der See überspülte Wrack.

Bei jedem Brecher, der brausend darüber hinwegrollt, ist der letzte Mann an Bord bis über die Gürtellinie von schäumenden Wassermassen umspült.

Endlich wird die Rettungsschlinge vom Hubschrauber wieder nach unten gelassen. Der Bordmechaniker winkt kurz zum Seenotkreuzer hinüber um sich für die Beleuchtung zu bedanken, dann blickt er wieder hinunter auf das Schiff, wo sich der letzte Schiffbrüchige kaum noch halten kann. Jede Minute ist entscheidend über Leben und Tod. Jeder anrollende Brecher kann die »Sten-Trans« zum Kentern bringen.

Mit äußerster Präzision schafft es die Hubschrauberbesatzung, die Rettungsschlinge genau über das Ruderhaus zu bringen, wo sich der Schiffbrüchige festklammert.

Dieser zögert nicht einen Moment, greift nach der rettenden Schlinge und streift sie sich über. Mit einem Ruck wird er im nächsten Augenblick von dem Wrack emporgerissen.

Eberhard und Vöge atmen auf. »Gott sei Dank! Sie haben es geschafft!« ruft Vöge aus.

»Da!« stößt Hans Eberhard hervor. »Es war keine Minute zu früh.«

Der letzte Schiffbrüchige verschwindet gerade im Inneren des Hubschraubers, als das Schiff kentert. Kurze Zeit nur bleibt es kieloben liegen, dann verschwindet es in der dunklen Tiefe.

Grau dämmert bereits der Morgen, als der Hubschrauber abdreht und mit den drei Geretteten nach Kiel zurückfliegt. Auch die »Theodor Heuss« nimmt Fahrt auf und läuft vor der achterlichen See her nach Laboe zurück.

Über Funk unterrichtet Peter Vöge Kiel-Radio darüber, daß die »Sten-Trans« gesunken ist. »Wir laufen mit zwölf Geretteten nach Laboe zurück. Die restlichen drei Besatzungsmitglieder wurden durch den Kieler SAR-Hubschrauber geborgen«, berichtet er weiter.

Wenig später sendet Kiel-Radio eine nautische Warnmeldung für die Schiffahrt, in der darauf hingewisen wird, daß auf dem Schiffahrtsweg zwischen Dänemark und der Kieler Förde, zwölf Meilen südwestlich Kelds Nor Leuchtturm, auf achtzehn Meter Wassertiefe ein gefährliches Wrack liegt.

Um 07.30 Uhr macht der Seenotkreuzer an seinem Liegeplatz im Hafen von Laboe fest. Während sich die dänischen Seeleute von ihren Rettern mit Händeschütteln und Schulterklopfen verabschieden, läuft draußen in der Kieler Förde der Tonnenleger des Wasser- und Schiffahrtsamtes vorbei. Sein Kapitän hat den Auftrag, zwölf Meilen südwestlich Kelds Nor Leutturm eine grüne Wracktonne zu verankern.

Generationswechsel in Kiel-Holtenau

Knapp drei Wochen später hatte die Sikorsky S-58 ausgedient. Elf Jahre lang hatte täglich die Typenbezeichnung – H-34 – in den Startlisten der Staffel gestanden. Mit dem treuen, alten Arbeitspferd, das die Besatzungen in all den Jahren liebgewonnen hatten, waren beim Marinefliegergeschwader 5 über 30 000 Flugstunden geflogen worden.

Vom 1. April 1975 an wurde der SAR-Dienst von den Sea Kings übernommen. Am 21. April, um 10.00 Uhr morgens, verließ die letzte H-34, mit dem Ziel Deutsches Museum in München, den Marinefliegerhorst Kiel-Holtenau. Der Abschied verlief ohne großes Zeremoniell und ohne großen Bahnhof. Lediglich zwei Sea Kings gaben der »80 + 73« bis zum Verlassen der Kontrollzone das letzte Geleit. Der Generationswechsel war vollzogen.

Mit der Einführung der »allwetterfähigen« Sea King MK 41 hatte das Marinefliegergeschwader 5 einen der modernsten SAR-Hubschrauber der Welt erhalten.

Die Vorteile gegenüber der H-34 liegen klar auf der Hand. Die Sea King besitzt nicht nur zwei Triebwerke zur Erhöhung der Flugsicherheit der Besatzungen bei Überseeflügen, sondern auch erheblich bessere Navigations- und Funkeinrichtungen.

Die automatische Flugregelanlage in Verbindung mit Radar und Decca ermöglicht SAR-Einsätze über See bei Nacht und bei schlechtester Sicht.

Die Tanks des Hubschraubers fassen ca. 3 000 Liter Kraftstoff. Unter normalen Bedingungen ist es möglich, mit dieser Kraftstoffmenge bis zu sechs Stunden in der Luft zu bleiben. Der Aktionsradius des SAR-Hubschraubers erweitert sich damit von 140 Seemeilen um mehr als das Doppelte auf 300 Seemeilen.

Durch einen Kraftstoff-Schnellablaß, der im Fluge bedienbar ist, kann im Bedarfsfall zusätzlich Ladekapazität geschaffen werden.

Jedoch war auch die als »allwetterfähig« gepriesene Sea King gerade zu Anfang nicht uneingeschränkt einsetzbar. So reagierten z. B. die 1 400 PS starken Rolls Royce-Turbinen-Triebwerke bei Temperaturen um den Gefrierpunkt auf hohe Luftfeuchtigkeit, Regen, Hagel und Schnee ausgesprochen sauer, was zu Leistungsverlust und im Extremfall sogar zum Stillstand der Turbinen führte.

Ein weiteres Problem bei Überseeflügen in niedriger Höhe brachte auffliegende Gischt durch Salzablagerungen an den Verdichterschaufeln der Turbinen mit sich.

In England hatte es nach längeren Einsatzflügen über See schon mehrere Ausfälle wegen Versalzung der Verdichterschaufeln gegeben. Inzwischen ist dieses Problem durch die Montage eines Schutzschildes vor den Lufteinlässen der Turbinen behoben.

Die im Verhältnis zur H-34 enorme Reichweite der Sea King ermöglichte Anfang Dezember 1975 einen Einsatz weit draußen in der Nordsee, der mit der H-34 in keinem Falle durchführbar gewesen wäre:

Bei starkem Südweststurm mit Windgeschwindigkeiten bis zu 70 Knoten, begleitet von heftigen Regenschauern, führte die Borkumer SAR-Besatzung in der Nacht zum 2. Dezember den äußerst risikoreichen Rettungseinsatz durch.

Um 21.35 Uhr kam von der SAR-Leitstelle in Glücksburg der Auftrag, zwei Schwerverletzte von dem Pipeline-Verlegeschiff »Choctow I«, etwa 160 Meilen nordwestlich von Borkum, abzubergen.

Schon seit Stunden tobte schwerer Südweststurm. Immer wieder gingen Regen-, Schnee- und Hagelschauer über Borkum nieder. In vierhundert Fuß Höhe hing eine dichte, vom Sturm gejagte Wolkendecke. Die Feuersicht betrug außerhalb der Schauer nur drei bis fünf Kilometer. Es war ein Wetter, bei dem man keinen Hund vor die Tür jagen würde. Die Durchführung des Einsatzfluges jedoch hing einzig und alleine von der Temperatur ab. Die Quecksilbersäule stand auf zwei Grad über Null, genau auf dem kritischen Punkt, von dem an die Turbinen in Verbindung mit Niederschlag Schaden nehmen konnten.

Um Klarheit über die weitere Entwicklung des Wetters zu bekommen, wurden bei den Fliegerhorsten Oldenburg, Wittmund und Nordholz eingehende Wetterberatungen eingeholt. Übereinstimmend teilten alle Meteorologen die Ansicht, daß die Temperatur über der Nordsee um plus drei Grad liegen würde.

Diese eindeutige Aussage war ausschlaggebend. Die Besatzung machte sich klar zum Start.

Kurz darauf ging ein Anruf von der Außenstelle Westerland ein. Die auf Sylt stationierten Kameraden, die ebenfalls einen Einsatzbefehl von der SAR-Leitstelle erhalten hatte, teilten mit, daß sie aufgrund der Wetterlage nicht starten würden. »Bei uns herrscht sehr dichtes Schneetreiben! Wir können keinen Start riskieren.«

»Wir wollen es versuchen«, meinte LtzS Engels, der Erste Pilot des Borkumer SAR-Hubschraubers. »Haben zur Zeit knapp drei Grad plus, und die Wetterfrösche meinen, daß wir über See den Warmsektor der Front erreichen. Sollte es draußen wirklich schlechter werden, kehren wir wieder um.«

»Na denn viel Spaß und Hals- und Beinbruch!« erwiderte der Fliegerkamerad aus Westerland und legte auf.

Fast waagerecht peitschte der Sturm den Regen über den Hubschrauberlandeplatz, als Engels wenig später mit großen Sprüngen auf seine Maschine zulief. LtzS Seimetz, der Copilot, und LtzS Schumann, der SAR-Operationsoffizier, hatten bereits ihre Plätze eingenommen. Oberbootsmann Hastler, der Bordmechaniker, stand vor der Maschine und gab das Zeichen zum Starten der Turbinen.

Entgegen der allgemein geübten Praxis kam es nicht darauf an, so schnell wie möglich in der Luft zu sein. Die Hubschrauberbesatzung hatte einen Einsatzflug vor sich, der sie in stockdunkler Nacht bei äußerst widrigen Wetterverhältnissen

160 Seemeilen über die Nordsee führen würde. Konzentriert und mit peinlicher Genauigkeit wurden darum die komplizierten Systeme überprüft.

Währenddessen trafen auch die beiden alarmierten Stabsärzte ein und nahmen in der Maschine Platz.

Gleich nach dem Abheben wurde die Sea King von kräftigen Orkanböen geschüttelt. Mit der schweren, »bis zum Stehkragen« vollgetankten Maschine benötigte Engels zum Start die volle Leistung beider Triebwerke.

Heftiger Regen prasselte gegen die Cockpitscheiben. In dreihundert Fuß Höhe, dicht unterhalb der Wolkendecke, beendete LtzS Engels den Steigflug und ging auf Kurs.

Das Außenthermometer zeigte plus zwei Grad Celsius an. Kurz vor dem Start war vom Kontrollturm, der nochmals eine Wetterberatung eingeholt hatte, gemeldet worden, daß die Temperaturen auf jeden Fall über Null bleiben sollten. Hoffentlich würden die Meteorologen recht behalten.

Der Strand wurde überflogen. Schwach schimmerte von unten die weißschäumende Brandung herauf.

Immer noch regnete es in Strömen. Vom Sturm gejagt preschte die Sea King über die tobende See. Die Lichter von Borkum blieben achteraus zurück. Die Besatzung war allein, umgeben von absoluter Finsternis.

Oberbootsmann Hastler hatte sich, hinter den Piloten stehend, zwischen zwei Sitzen verkeilt, um bei den unberechenbaren, torkelnden Bewegungen des Hubschraubers nicht den Halt zu verlieren und beobachtete eine Weile die Instrumente.

»Unser Kraftstoffverbrauch ist ziemlich hoch!« stellte er fest. »Wir können höchstens fünf Stunden in der Luft bleiben.«

»Hm. Wir werden es schon schaffen«, meinte Engels zuversichtlich. Inzwischen war die Funkverbindung auf UHF mit Borkum-Tower abgerissen. Kurze Zeit später brach auch die Funkverbindung mit der SAR-Leitstelle ab. Die zugewiesene HF-Frequenz war derart mit Störungen überlagert, daß absolut keine Verständigung mehr möglich war.

Von nun an war die Besatzung in ihrem Hubschrauber völlig auf sich allein gestellt. Auch die Funkfeuer an der Küste und auf Helgoland konnten aufgrund der geringen Flughöhe nicht mehr empfangen werden, so daß LtzS Schumann nur noch nach Decca und Radar navigieren konnte.

Der Sturm wütete mit unverminderter Kraft. Die beiden Stabsärzte saßen mit fest angezogenen Sicherheitsgurten blaß auf ihren Sitzen und kämpften verzweifelt gegen aufkommende Luftkrankheit an.

Meile um Meile legte der Hubschrauber zurück. Immer weiter entfernte er sich von der Küste.

Der Radarschirm des SAR-Operationsoffiziers war wie leergefegt. Schumann warf einen Blick auf die Borduhr. 23.35 Uhr! Bald mußte die »Choctow I« erreicht sein. Fast im gleichen Augenblick entdeckte er einen winzigen Punkt auf dem Radarschirm. Das mußte die »Choctow I« sein. Ein anderes Schiff war hier draußen, weit außerhalb der Schiffahrtswege kaum zu vermuten. »›Choctow I‹ direkt voraus! Entfernung fünfzehn Meilen!«

Ein paar Minuten später war das Ziel erreicht. Von einem Schlepper gehalten, lag das Pipelineverlegeschiff fürchterlich rollend und stampfend in der hochgehenden See. Immer wieder schlugen weißschäumende Brecher auf das Schiff ein, und gurgelnde Wassermassen rauschten über das Deck. Die Lampen an Oberdeck beleuchteten gespenstisch die Szenerie. Immer noch goß es in Strömen, und der Sturm hatte eher zugenommen als nachgelassen.

Das Hubschrauberlandedeck des Schiffes lag zwar so hoch, daß es von überkommenden Brechern nicht erreicht wurde, machte aber, wie das ganze Schiff, so irre Bewegungen, daß eine Landung völlig ausgeschlossen war.

Die Situation war keineswegs dazu angetan, Mut zur Abbergung der beiden Verletzten zu machen. »Wir sollten versuchen, die Männer vom Landedeck aus aufzuwinschen«, schlug Oberbootsmann Hastler vor. Der Pilot war einverstanden.

Über Funk wurde die »Choctow I« informiert.

Eingehüllt in sprühende Gischt und immer wieder von starken Sturmböen geschüttelt, schwebte der Hubschrauber seitlich versetzt vom Schiff in 80 Fuß Höhe über der tosenden See.

Unter normalen Umständen wird bei jeder Abbergung Schwerverletzter grundsätzlich immer erst ein Arzt auf dem Schiff abgesetzt; in dieser Nacht jedoch stand diese Frage überhaupt nicht zur Debatte. Weder der Bordmechaniker noch einer der beiden Piloten verloren auch nur ein Wort darüber.

Die Abbergung gestaltete sich äußerst schwierig. Zwei Seeleute lagen flach auf dem Hubschrauberlandedeck. Mit jeweils einer Hand hatten sie die Trage mit ihrem verletzten Kameraden gepackt, mit der anderen klammerten sie sich an den Verstrebungen des Landedecks fest.

Der am Windenseil befestigte Sandsack pendelte fast unkontrollierbar über das in ständiger Bewegung befindliche Landedeck. Zwei oder dreimal fegte er zum Greifen nahe an den flach auf dem Bauch liegenden Seeleuten vorbei, aber keiner von ihnen wagte es, die Hand zu lösen und nach dem Seil zu greifen.

Der erste Rettungsversuch wurde nach zwanzig Minuten erfolglos abgebrochen.

»Wir haben nur eine Chance«, keuchte der Bordmechaniker. »Müssen versuchen, mittschiffs ranzugehen. In dem schmalen Gang haben die Seeleute mehr Halt. Außerdem bleibt der Sandsack mit dem Seil dann auch an Deck, wenn er erst einmal unten ist.«

Ein riskanter Plan. Die Sea King mußte dabei in gefährlicher Nähe der Aufbauten operieren.

Während der Verletzte zu der angegebenen Stelle gebracht wurde, machte LtzS Schumann seine Kameraden darauf aufmerksam, daß in spätestens zwanzig Minuten der Rückflug angetreten werden müsse. Die Besatzung hatte somit nicht nur gegen das Wetter zu kämpfen. Es war auch ein Wettlauf mit der Zeit.

194

Wieder schwebte der Hubschrauber über dem Schiff und wieder wurde die Seilwinde ausgefahren.

Alles war in Bewegung: das Schiff, der Hubschrauber und die See. Die Nerven
bis zum Zerreißen gespannt, saß der Pilot hinter dem Steuerknüppel. Es dauerte
eine Weile, bis er sich an die gefährliche Nähe der hohen Aufbauten gewöhnt
hatte.

Endlich konnte der Haken der Rettungswinde von den beiden Besatzungsmitgliedern wahrgenommen werden. Die Trage wurde festgemacht.

Auch die beiden Seeleute schienen jetzt mit ihren Nerven am Ende zu sein. Sie
wuchteten ihren Kameraden hoch und kippten ihn mit seiner Trage außenbords. –

Fassungslos sahen sie dann der Trage hinterher, als sie ins Wasser klatschte.
Offensichtlich hatten sie überhaupt nicht bemerkt, daß das Seil außerhalb der
Reling weit durchhing.

Oberbootsmann Hastler reagierte blitzschnell. »Hochziehen!« brüllte er und
ließ gleichzeitig die Seilwinde im Schnellgang einlaufen.

Obwohl der Pilot die Maschine sogleich nach oben wegriß, ließ es sich nicht vermeiden, daß der Verletzte einige Sekunden lang durch das eiskalte Wasser gezerrt
wurde.

»Er ist frei von der See! – Die Trage pendelt und dreht sich wie irre! – Kommt
nach oben! Wir holen ihn an Bord.«

Während sich der Bordmechaniker und die beiden Ärzte um den Verletzten küm-
merten, wandte sich der SAR-Operationsoffizier an den Piloten: »Habe noch einmal nachgerechnet. Wenn wir nicht nach Borkum, sondern nach Nordholz fliegen, haben wir noch ein paar Minuten Zeit. Entfernungsmäßig ist es zwar ein paar
Meilen weiter, aber der Wind ist günstiger. Außerdem hätten wir im Notfall auch
noch Helgoland auf der Strecke.«

Fragend sah der Kommandant seinen Copiloten an.

»Nicht nötig«, sagte dieser. »Habe gerade von der ›Choctow‹ erfahren, daß die
Verletzungen des zweiten Mannes nicht so gravierend sind. Sie wollen ihn an Bord
behandeln und auf besseres Wetter warten.«

»Ist mir auch lieber so! Dann machen wir uns also auf die Socken!« entschied
LtzS Engels. »Welchen Platz können wir am schnellsten erreichen?«

»Nordholz!«

»Gut, dann fliegen wir nach Nordholz.«

»Wir sind hinten klar zum Abflug«, meldete der Bordmechaniker. »Haben den
Verletzten aus seinen nassen Sachen gewickelt und auf eine unserer Tragen umge-
bettet. Können nichts weiter tun, als ihn mit Wolldecken warmhalten. Eine
Behandlung durch die Ärzte ist völlig unmöglich. Die Maschine macht solche
Sätze, daß wir nicht einmal frei stehen können.«

Gegen den schweren Sturm ankämpfend, nahm die Sea King langsam Fahrt auf
und ging auf Höhe. Dann drehte sie nach Backbord ab und nahm Kurs auf
Helgoland.

Engels übergab die Steuerung seinem Copiloten. »Flieg du«, sagte er. »Ich bin ziemlich groggy und möchte erst mal eine Zigarette rauchen. – Wie lange brauchen wir?«

»Wenn der Wind so bleibt, sind wir in zweieinhalb Stunden in Nordholz«, antwortete LtzS Schumann.

Achteraus verschwanden die Lichter des in der außergewöhnlich schweren See stampfenden und rollenden Pipelineverlegers.

In nur dreihundert Fuß Höhe, dicht unterhalb der von wütenden Böen zerrissenen Wolkendecke, knüppelte LtzS Seimetz den immer wieder vom Sturm geschüttelten Hubschrauber über die tosende See. Ringsum war nun wieder pechschwarze Nacht. Die Lande- und Suchscheinwerfer waren gelöscht. Nur die Instrumentenbeleuchtung warf einen rötlichen Schimmer auf die abgespannten Gesichter der beiden Piloten.

Oberbootsmann Hastler hatte wieder seinen Platz hinter dem Cockpit eingenommen und überprüfte den Kraftstoffverbrauch. Stirnrunzelnd überflog er seine Berechnungen noch einmal. »Es wird verdammt knapp«, stellte er fest. »Wenn wir zur geschätzten Ankunftszeit wirklich da sind, dürften wir noch knapp 150 Liter Sprit haben.«

»Das bedeutet also, daß wir nur eine Reserve von etwa zwanzig Minuten Flugzeit haben«, überlegte Engels laut. »Das ist wirklich nicht viel bei diesem Wetter. Hoffentlich wird der Wind nicht noch stärker, dann schaffen wir es. Beobachte bitte genau den Verbrauch. Ich möchte alle zehn Minuten eine neue Berechnung haben. Wenn die geringsten Zweifel bestehen, daß wir Nordholz erreichen, werden wir auf Helgoland runtergehen. – Wie sieht es mit der Temperatur aus?«

Der Bordmechaniker leuchtete mit seiner Taschenlampe nach oben. »Plus vier Grad!«

»Na, Gott sei Dank. Dann brauchen wir uns wenigsten deswegen keine Sorgen machen.«

Nur langsam nahm die Entfernung zur Küste ab.

Engels warf einen Blick auf die Borduhr. Es war 01.40 Uhr. Über drei Stunden waren sie jetzt schon in der Luft. Seit zweieinhalb Stunden bestand kein Funkkontakt mehr mit dem Festland. Erleichtert atmete die ganze Besatzung auf, als Schumann meldete: »Habe jetzt Helgoland im Radar. Entfernung 35 Meilen! Können fünf Grad kleiner steuern. Neuer Kurs 155 Grad! In einer Stunde sind wir in Nordholz.«

»Na also«, meinte der Kommandant. »Wie sieht es mit dem Sprit aus, Jürgen?«

»Der Verbrauch ist gleichbleibend.«

Eine halbe Stunde später waren voraus in der Dunkelheit einige Lichter zu erkennen.

Engels meldete an die SAR-Leitstelle, mit der seit etwa zwanzig Minuten wieder Funkverbindung bestand: »Helgoland in Sicht! – Werden in einer halben Stunde in Nordholz landen.«

196

»Verstanden! Der Platz ist informiert. Ein Krankenwagen steht bereit.«

Es war genau 02.45 Uhr, als die Sea King südlich von Cuxhaven die Küstenlinie passierte. Es war geschafft.

Mit einem kläglichen Rest von knapp 140 Litern Kraftstoff in den Tanks landete der Hubschrauber fünf Minuten später auf dem Marinefliegerhorst Nordholz.

Der Verletzte wurde sofort von einem Krankenwagen übernommen und nach Cuxhaven ins Krankenhaus gebracht. Trotz seiner schweren Verletzungen konnte er gerettet werden.

Nordweststurm, Orkanböen und haushohe Wellen

»Mayday! Mayday! Mayday! G-R-H-U, ›Hero‹ in position 54-32 north 05-31 east – course 210 – taking water – engineroom and trailerdeck – vessel listed – require immediate assistance!«

Heftiger Nordweststurm fegt über die Deutsche Bucht, als das britische Containerschiff »Hero« am 12. November 1977 diesen Notruf in den Äther schickt.

Bei äußerst grober See ist die »Hero« mitten in der Deutschen Bucht leckgeschlagen und übernimmt Wasser. In kürzester Zeit hat das Schiff schwere Schlagseite. Sofortige Hilfe ist dringend erforderlich.

Mehrere Schiffe und auch die deutschen und niederländischen Küstenfunkstellen fangen den Notruf auf. Das nur etwa sieben Seemeilen von der Unfallstelle entfernt stehende, unter Panama-Flagge fahrende Motorschiff »Valery« nimmt unmittelbar nach Empfang des Notrufes Kurs auf den Havaristen. Von schweren Brechern eingedeckt, dreht die »Valery« durch den Wind. Heftig stampfend und rollend wühlt sich das nur 500 BRT große Schiff durch die hochgehende See. Immer wieder knallen gewaltige Brecher gegen den tief eintauchenden Bug des Schiffes. Explosionsartig steigen die Wassermassen hoch und rauschen kaskadenförmig über das Deck. Fast ständig ist das gesamte Oberdeck eingehüllt in einen Kranz von weiß-schäumender Gischt. Mit sechs Knoten Geschwindigkeit arbeitet sich die »Valery« auf das sinkende Containerschiff zu.

Auch das aus Göteborg kommende schwedische Fährschiff »Tor Britannica« hat Kurs auf die Unfallstelle genommen. Von 45 000 PS angetrieben, peitschen die beiden Schrauben das Wasser, jagen das 15 000 BRT große, 180 Meter lange Schiff durch die aufgewühlte See. Bei einer Seitenhöhe von 16 Metern können die Brecher nicht über das Deck waschen, aber Gischt und Spritzwasser wehen hoch hinauf bis zur Brücke und beeinträchtigen die Sicht.

»Tor Britannica« wie auch »Valery« haben Funkverbindung mit dem Havaristen aufgenommen. Von Minute zu Minute wird die Situation an Bord der »Hero« kritischer. Wie der Kapitän mitteilt, wird er mit seiner 28 Mann zählenden Besatzung in Kürze das Schiff verlassen müssen.

Mit äußerster Kraft prescht das Fährschiff durch die hochgehende, weißkochende See.

»Stehen noch zweiundzwanzig Meilen entfernt! Hoffen, in einer Stunde bei Ihnen zu sein!« läßt der schwedische Kapitän an den Havaristen durchgeben.

Inzwischen hat die Küstenfunkstelle Norddeich-Radio den SAR-Dienst der Marine alarmiert.

Der Einsatzoffizier bei der SAR-Leitstelle in Glücksburg wirft einen Blick auf die Karte und entscheidet, den auf Borkum stationierten SAR-Hubschrauber vom

Typ Sea King einzusetzen. Die Unfallposition liegt etwa 80 Seemeilen nordwestlich von Borkum. In Anbetracht dieser Entfernung, der extrem schlechten Wetterlage und der Tatsache, daß 28 Besatzungsmitglieder an Bord des Havaristen sind, veranlaßt er darüber hinaus, daß so schnell wie möglich ein weiterer Hubschrauber den Befehl erhält, von Kiel nach Borkum zu verlegen, dort aufzutanken und sich dann zum weiteren Einsatz bereitzuhalten.

Nur knapp zehn Minuten sind vergangen, seit die »Hero« den ersten Notruf abgesetzt hatte, als im Borkumer Hafengelände die Turbinen des SAR-Hubschraubers aufheulen. Die beiden Piloten sitzen im Cockpit. Der Copilot betet die Checkliste herunter. Schnell und zügig werden die Systeme überprüft. Alle Handgriffe sitzen. Die Rotorblätter beginnen zu drehen.

Der SAR-Operationsoffizier nimmt seinen Platz hinter dem Radarschirm ein. Die Unfallposition wird markiert, der Kurs zu dem Havaristen abgesteckt.

Inzwischen hat der Bordmechaniker das Funktionieren der Rettungswinde kontrolliert. Jetzt schließt er die Schiebetür. Fertig! Klar zum Start!

Im Cockpit erfolgt eine letzte Überprüfung der Instrumente. Alle Drücke und Temperaturen sind im »Grünen Bereich«.

Fünfzehn Minuten nach der Alarmierung hebt die Sea King ab. Von schweren Sturmböen geschüttelt, jagt der Hubschrauber mit dem Rufzeichen »Rescue 89 + 59« im Tiefflug über die aufgewühlte See. Gleichmäßig dröhnen die Turbinen.

Achteraus bleibt die Insel Borkum zurück, von einem Regenschauer verwischt.

Mit der höchstzulässigen Geschwindigkeit jagt »Rescue 89 + 59«, gegen den schweren Nordweststurm anboxend, der Unfallstelle entgegen. In geringem Abstand passiert der Hubschrauber bald nach dem Start das im groben Seegang auf- und niedertanzende Feuerschiff Borkum-Riff.

Über Funk erfahren die Rettungsflieger, daß die Besatzung der »Hero« aus 29 Mann besteht – viel mehr, als eine Sea King imstande ist, an Bord zu nehmen.

Zwar hatte die SAR-Leitstelle in Glücksburg in weiser Voraussicht schon einen zweiten Hubschrauber aus Kiel angefordert, aber bis diese Maschine an der Unfallstelle eintreffen würde, konnten noch gut zwei Stunden vergehen.

Es würde ihnen also nichts anderes übrig bleiben, als die geretteten Schiffbrüchigen auf einem der Schiffe abzusetzen, die der »Hero« zu Hilfe eilten und die der SAR-Operationsoffizier schon seit geraumer Zeit mit Radar aufgefaßt hatte.

Als »Rescue 89 + 59« nach fast einer Stunde Flugzeit endlich die Unfallstelle erreicht, hat ein großer Teil der Besatzung bereits das Schiff verlassen. In mehreren Rettungsinseln treiben die Schiffbrüchigen zwischen den haushohen Wellenbergen. Mit dem Motorschiff »Valery«, das zur gleichen Zeit an der Unfallstelle eintrifft, wird vereinbart, daß »Valery« die Bergung der Schiffbrüchigen aus den Rettungsinseln übernehmen sollte, während sich »Rescue 89 + 59« um die Abbergung der restlichen Besatzungsmitglieder von der mit schwerer Schlagseite in der groben See treibenden »Hero« kümmern würde.

Küstenfunkstelle Norddeich-Radio

Tagebuchauszüge zum Seenotfall »Hero/GRHU« v. 12. November 1977

Uhrzeit in MEZ	Fre- quenz	an	von	
11.31/ 11.34	500		GRHU	position 5432N 0531E course 210 taking water engineroom and trailerdeck vessel listed require immediate assistance +
12.01	500		GPHQ	m/v valery 7 miles from hero//GRHU but only making 2 knots have made contact on VHF ch 6 +
12.02	2182		SDCA	53.37N 05.24E 7 miles (hat Kontakt auf UKW; also Valery 7 miles away)
12.04	500	GRHU	DAN	pse do you need helicopter?
			GRHU	master says yes we would like helicopter pumps not coping with water +
12.17	500		GPHQ	now 4 miles away have hero in sight tor brittan- nia almost there +
12.19		CQ	DAN	Info 2 . . . stop helicopter started from borkum to assist stop . . .
12.26	500		GRHU	please how many does helicopter hold?
12.29		GRHU	DAN	helicopter is able to take 15 men will arrive in your psn in abt 40 mins pse how many crew do you have on board?
12.33			GRHU	ere 29 persons on board rafts will hold 24 men +
12.55	500		GRHU	now preparing left vessel cl +
13.34/ 13.38	2182		SDCA	helicopter just picking up two people from the ship stop two liferafts in water with crew member exact distress psn 54.28.9N 05.36.7E +
13.45	500 2182	CQ	DAN	Info 4 . . . stop helicopter on scene picking up people from hero stop . . .
13.49/	2182	CGXY	DAN	(Huron) – SAR-rescue center at glücksburg request you to proceed to distress position and assist helicopter because of your landing facilities +
			CGXY	QSL ETA 1 hour QRV 2182 / ch 6 VHF +
13.53	2182	CGXY	DAN	fer SAR Glücksburg up 3121 upper sideband +
14.07	2182		SDCA	we have received 2 crewmembers 16 still on board liferaft +
14.19	2182		SDCA	now proceeding our voyage to . . . 10 crewmem- bers of the hero on board incl their captain two liferafts alongside the valery and the helicopter
14.29/ 14.30	2182	SDCA	DAN	pse confirm that there is no one on board the hero and that the vessel is adrivt +

200

Uhrzeit in MEZ	Fre- quenz	an	von	
14.38			SDCA	we can confirm we have 10 crewmembers incl the captain on board +
14.53	2182		DEAB	machen standby beim Havaristen Hubschrauber letzten aus dem Wasser geborgen +
15.00	500		GPHQ	have picked 12 men up . . . rest taken by helicop- ter +
15.03	500		GPHQ	have picked 12 men from liferafts rest picked up by helicopter now on tor britannia +
15.04	500	GPHQ	DAN	request all crew members saved?
15.34	2182	CGXY	GKZ	captain confirmed 29 on the hero +
15.35	2182		CGXY	6 alive 1 dead total of 7 +
15.39	500		GPHQ	we have on board 11 crew members and 2 drivers passengers +
15.46	2182		SDCA	total 30 men 10 on valery 13 men 7 . . . (QRM) . . . on board
15.52	500 2182	CQ	DAN	Info 5 . . . all crew safed by helicopter and other ships . . . +

Vorsichtig nähert sich die Sea King dem sinkenden Schiff. Indessen meldet sich der kanadische Zerstörer »Huron«, der zufällig in der Nordsee operiert, und bietet seinen Bordhubschrauber vom Typ Sea King zur Hilfeleistung an.

Ein weiteres Schiff, die Fähre »Tor Britannica«, ist nur noch wenige Meilen entfernt und nähert sich nun rasch der Unfallstelle.

Heftiger Regen setzt ein, als »Rescue 89 + 59« mit der Abbergung der Schiffbrüchigen beginnt. Wie eine Eins steht die Sea King über dem Schiff. Ein Seemann nach dem anderen wird mit der Rettungswinde von dem schon gefährlich schief stehenden Deck nach oben geholt.

Der Bordmechaniker bedient die Rettungswinde, während es der SAR-Operationsoffizier übernommen hat, die Schiffbrüchigen in Empfang zu nehmen, sie zu ihren Plätzen zu bringen und ihnen die Sicherheitsgurte umzulegen.

Eine knappe Stunde geht darüber hin, bis alle zehn Seeleute, die noch auf ihrem Schiff ausgeharrt hatten, von der »Hero« abgeborgen und auf das schwedische Fährschiff »Tor Britannica« gebracht worden sind.

Das Motorschiff »Valery«, das inzwischen mit viel Mühe dreizehn Schiffbrüchige aus einer Rettungsinsel übernommen hat, meldet nun, daß möglicherweise einige Besatzungsmitglieder der »Hero« im Wasser treiben würden.

Zusammen mit dem gerade eingetroffenen Hubschrauber der »Huron« nimmt »Rescue 89 + 59« die Suche auf.

Schon beim zweiten Suchstreifen entdecken die deutschen Rettungsflieger zwei im Wasser treibende Schiffbrüchige. Ein Mann wird, wenn auch stark unterkühlt, so doch wohlbehalten aus der See gefischt; der zweite macht keine Anstalten, die Rettungsschlinge anzunehmen. Offenbar hat er bereits das Bewußtsein verloren. Trotz meterhoher Wellen und orkanartiger Böen wird der SAR-Operationsoffizier hinuntergewinscht in die eisige See, um dem Schiffbrüchigen die Rettungsschlinge umzulegen. Doch der wagemutige Einsatz ist vergebens. Nur noch ein Toter kann geborgen werden.

Um 15.52 Uhr ist die Rettungsaktion beendet. Neben einem Toten hat »Rescue 89 + 59« vierzehn, der kanadische Hubschrauber zwei und »Valery« dreizehn Seeleute gerettet.

Kurz vor Einbruch der Dunkelheit tritt »Rescue 89 + 59« den über 70 Seemeilen langen Heimweg über die vom Sturm aufgewühlte Nordsee an.

Am nächsten Tag flaute es vorübergehend etwas ab, aber bereits zwei Tage später begann es schon wieder kräftig zu wehen. Der Wind hatte auf Südwest gedreht.

Eine Woche nach dem Untergang der »Hero« befand sich das 479 BRT große deutsche Küstenmotorschiff »Colonia« mit einer Ladung von 750 t Weizen auf dem Weg von dem englischen Ostküstenhafen Boston nach Bremen.

Der Wind hatte wieder volle Sturmstärke erreicht. Ständig wurde das Schiff von schweren Brechern eingedeckt, die schäumend über Deck und Luken rauschten.

Gegen 23.15 Uhr überlief eine Riesenwelle, deren Höhe vom Kapitän auf zehn Meter geschätzt wurde, das gesamte Schiff. Zwei weitere Brecher folgten und zertrümmerten die Luke. Mit jeder überkommenden See »schluckte« die »Colonia« beträchtliche Mengen Wasser.

»Die Besatzung wecken!« befahl der Kapitän. Ihm war klar, daß es in dieser Höllensee völlig unmöglich war, die Luke abzudichten.

Ohne Zeit zu verlieren, setzte er einen Notruf ab, der von mehreren Schiffen und von Scheveningen-Radio bestätigt wurde. Die drei übrigen Besatzungsmitglieder fanden sich auf der Brücke ein. Ruhig, sachlich und mit knappen Worten informierte der Kapitän sie über die bedrohliche Lage und wies sie an, möglichst viel warme Kleidung anzuziehen, die Schwimmwesten anzulegen und sich klarzumachen, das Schiff zu verlassen. »Und setzt eine Kopfbedeckung auf«, fügte er hinzu.

Derweil sackte die »Colonia« immer tiefer. Würden die mit Höchstfahrt auf die Unfallstelle zulaufenden Schiffe rechtzeitig zur Stelle sein? Das nächststehende Schiff, das schwedische MS »Aspen«, hatte gemeldet, es könne frühestens in 1 1/2 Stunden eintreffen. Um 00.15 Uhr hatte die »Colonia« bereits 45° Schlagseite. Jeden Moment konnte sie kentern.

Obwohl »Aspen« noch nicht in Sicht war, entschloß sich der Kapitän, sein Schiff aufzugeben und zu verlassen. Mit einem letzten Funkspruch informierte er die herbeieilenden Schiffe und Scheveningen-Radio von seiner Absicht, mit der Besatzung in die Rettungsinsel zu gehen.

Mühsam arbeiteten sich die fünf Männer über das überflutete Deck zur Rettungsinsel. Sie war ihre einzige Hoffnung. »Außenbords damit!« schrie der Kapitän, nachdem wieder eine schwere See über die »Colonia« hinweggerauscht war. Im Wasser blies sich die Rettungsinsel zwar sofort auf, schlug aber in dem schweren Seegang um, bevor auch nur jemand den Versuch machen konnte, hineinzuspringen.

Mit dem Bauch über der bereits unter Wasser befindlichen Reling liegend, gelang es Kapitän und Steuermann unter erheblichen Anstrengungen, die Insel noch einmal aufzurichten; aber sie kenterte sofort erneut.

Verzweifelt bemühten sich die Männer um die Rettungsinsel. Dann aber riß die Verbindungsleine, und die Insel trieb rasch davon, verschwand in der Nacht. Jetzt konnte jeder der in der Dunkelheit heranrauschenden Brecher der »Colonia« den Todesstoß versetzen.

Wo blieb die »Aspen«? Nichts war von ihr zu sehen. Ringsum herrschte trostlose Finsternis, erfüllt vom Heulen und Jaulen des Sturmes und dem unablässigen Tosen der Brecher. Angesichts der Gefahr, von dem kenternden Schiff mit in die Tiefe gerissen zu werden, gab der Kapitän schließlich Order, das Schiff zu verlassen. Eine schwerwiegende Entscheidung, doch es blieb keine andere Wahl. Er forderte seine Männer auf, möglichst dicht beisammen zu bleiben, dann sprang er als erster in die tosende See. Die anderen vier folgten ihm.

Zunächst blieben sie alle relativ nahe beieinander, in gegenseitiger Rufweite. Im Kampf mit den sich brechenden Wellen, mit der wehenden Gischt, die das Atmen erschwerte und schmerzhaft in die Gesichter peitschte, trieben sie aber bald auseinander.

Zuerst riß der Kontakt zu dem Steuermann ab, dann zu dem türkischen Decksmann. Kurze Zeit später verlor der Kapitän auch den jüngsten seiner Besatzung, einen 19jährigen, aus den Augen. Allein der zweite, ziemlich korpulente türkische Decksmann antwortete noch auf die Rufe des Kapitäns. Und keine »Aspen« in Sicht.

Heulende Sturmböen empfingen die vier Marineflieger, als sie um 01.35 Uhr, bekleidet mit ihren Kälteschutzanzügen, die Fliegerhelme unter dem Arm, das Unterkunftsgebäude im Borkumer Hafengelände verließen.

Fünfzig Meter weiter, im matten Scheinwerferlicht, stand bereits die Sea King auf dem Startplatz. Schemenhaft bewegten sich einige Mechaniker an dem Hubschrauber, dessen Rotorblätter vom Sturm auf- und niederschlugen. Letzte Vorbereitungen für den nächtlichen Seenoteinsatz wurden getroffen.

Ein Schiff in Not – die Besatzung in höchster Gefahr. Um 23.20 Uhr war ein Hilferuf aufgefangen worden: »Mayday, mayday, mayday! Deutsches Motorschiff ›Colonia‹, Rufzeichen D-J-E-K – haben schwere Schlagseite! Position 53 Grad 25 Minuten Nord, 04 Grad, 52 Minuten Ost! Fünf Mann an Bord! Benötigen dringend Hilfe!«

Die Küstenfunkstelle Scheveningen-Radio hatte den Notruf sofort an die niederländische SAR-Leitstelle Valkenburg weitergeleitet. Von hier aus wurde umgehend ein Rettungsboot alarmiert und zur Hilfeleistung ausgesandt. Etwa eine Stunde später kam die Meldung, die Besatzung verlasse die sinkende »Colonia«.

Es würden Stunden vergehen, bis das Rettungsboot »Carlott« die Unfallstelle erreichte. Bei der vorherrschenden Wetterlage war es mehr als zweifelhaft, ob es den Schiffbrüchigen gelingen würde, in die Rettungsinsel zu gelangen. Die Wassertemperatur in der Nordsee betrug zur Zeit 8 Grad Celsius. Wenn die Schiffbrüchigen bei dieser Temperatur nicht binnen vier Stunden aus dem Wasser gefischt würden, bestand kaum eine Chance für sie zu überleben. Das Rettungsboot würde diese Aufgabe allein nie lösen können. Die Suche nach den fünf Seeleuten in der Schwärze der Nacht, bei heulendem Sturm und meterhohen Wellen würde buchstäblich der Suche nach der berühmten Stecknadel im Heuhaufen gleichen.

Einen niederländischen SAR-Hubschrauber einzusetzen war bei dieser Wetterlage völlig ausgeschlossen. So tat denn der Verantwortliche Offizier bei der SAR-Leitstelle in Valkenburg das einzig Richtige, indem er die SAR-Leitstelle in Glücksburg alarmierte und um Unterstützung durch einen deutschen SAR-Hubschrauber bat. Nur eine leistungsstärkere Sea King würde diesem Unwetter trotzen können.

Bei dem Donnern der Brecher, die unablässig gegen die Borkumer Hafenmole brandeten, und dem Orgeln des Sturmes war das Anspringen der Turbinen des Hubschraubers nur wie ein schwaches Säuseln zu vernehmen. Die Anticollisionslights an Bugnase und Heckausleger der Sea King begannen zu rotieren und warfen ihren roten Lichtschein über die am Rande des Startplatzes stehenden

204

Bäume. Die beiden je 1 400 PS starken Turbinen heulten auf. Immer schneller werdend, begann der weit ausladende Rotor zu kreisen.

In gespannter Aufmerksamkeit saßen Struck und Meurer, die beiden Piloten, im Cockpit ihrer Maschine. Alle Systeme wurden einer peinlich genauen Kontrolle unterzogen.

Der Copilot las die Checkliste vor. Ein Nicken des Piloten. »Ja – o.k. – Im Grünen Bereich!« Zweiunddreißig Minuten nach der Alarmierung hob die Maschine mit dem Rufzeichen »Rescue 89 + 70« ab.

Von schweren Sturmböen geschüttelt, überflog der Hubschrauber das Hafengelände. Unten schwankten die Peitschenlampen im Sturm, knallten die von Südwesten heranrollenden, weißschäumenden Brecher gegen die Mole. Hoch auffliegende Gischt setzte sich noch in 200 Fuß Höhe auf den Cockpitscheiben ab.

Die Piloten verzichteten darauf, den Scheibenwischer einzuschalten. In undurchschaubarer Finsternis lag die Nordsee vor ihnen. Die Sicht betrug gleich Null. Nur auf die Instrumente war Verlaß. »Kurs zwo-sechs-drei!« meldete der SAR-Operationsoffizier ins Cockpit. »ETA?« wollte Kapitänleutnant Struck wissen.

Knapp und präzise waren die Dialoge der Crew. Fachchinesisch! ETA, Estimated Time of Arrival, die geschätzte Ankunftszeit am Unfallort.

»Entfernung beträgt 65 Meilen«, antwortete der SAROO. »Haben im Mittel 40 Knoten Wind auf der Nase. Brauchen über eine Stunde.«

Der Bordmechaniker hatte die Heizung eingeschaltet, in Cockpit und Kabine verbreitete sich angenehme Wärme.

Bis auf das unangenehme Schütteln und Bocken des Hubschraubers, verursacht durch immer wieder auftretende heftige Orkanböen, war nichts von dem Unwetter zu bemerken. Verborgen durch die Nacht blieb die tobende See, über die sich der Hubschrauber mit Westkurs auf die Unfallstelle zukämpfte.

Aufmerksam verfolgten die vier Marineflieger den Funkverkehr. Von der »Colonia« war nichts mehr zu hören. Offensichtlich war sie schon gekentert. Mehrere Schiffe waren bereits in der Nähe der Unfallstelle und hatten mit der Suche nach den Schiffbrüchigen begonnen. Auf dem Radarbild zeichnete sich an Backbord deutlich die langgestreckte Insel Ameland ab, als sich um 02.13 Uhr das niederländische Rettungsboot »Carlott« auf dem Weg zur Unfallstelle meldete. Zwei Minuten später fingen die Marineflieger einen nahezu unglaublich klingenden Funkspruch auf. Das schwedische Motorschiff »Aspen« meldete klar und unmißverständlich: »Picked up one survivor!« Ein Schiffbrüchiger war geborgen!

Zugleich mit dieser Meldung verstärkte sich bei der Hubschrauberbesatzung der Eindruck, daß es den Schiffbrüchigen nicht gelungen sein konnte, ein Boot oder eine Rettungsinsel zu bemannen. Aller Wahrscheinlichkeit nach trieben sie alle einzeln in der aufgewühlten See. Die Chance, sie zu finden, war mehr als gering. Und doch wurden sie gefunden!

Etwa zur gleichen Zeit, als auf Borkum die Sea-King gestartet war, hatte die »Aspen«, trotz des fürchterlichen Seeganges mit äußerster Kraft laufend, die

Unfallposition erreicht. Kurze Zeit später erfaßte ein Suchscheinwerfer den mit den Wellen kämpfenden Kapitän des gesunkenen Schiffes. Die »Aspen« machte Lee. Eine Netzbrook wurde ausgebracht. Dann sauste ein an einer Leine befestigter Rettungsring über Bord. Dem Kapitän gelang es, in der schweren See den Ring zu ergreifen. Im grellen Scheinwerferlicht erkannten die schwedischen Seeleute, wie der Schiffbrüchige einen Arm durch den Ring steckte, dann beide Arme verschränkte. Vorsichtig holten sie ihn längsseits zur Netzbrook. Nun war er heran. Mit letzter Kraft griff er die Netzbrook, begann heraufzuklettern. Helfende Hände streckten sich ihm entgegen. Fast hatte er das Schanzkleid erreicht, zwei schwedische Seeleute hatten schon eine seiner Hände erfaßt, versuchten ihn vollends an Deck zu ziehen, als ein schwerer Brecher heranfegte und ihn wieder in die Tiefe riß.

Die »Aspen« holte stark über. Dadurch geriet er offenbar unter das Schiff, trieb rasch achteraus, stieß beim Wiederauftauchen gegen Propeller oder Ruderblatt. Ein heftiger Schmerz durchzuckte seine rechte Schulter.

Rasch trieb er weiter ab. Die Scheinwerfer fingerten über die gischtende See, konnten ihn nicht mehr erfassen. Der Verzweiflung nahe, blies er auf seiner Signalpfeife, bis ihn auch hierzu die Kraft verließ. Er verlor das Bewußtsein.

In der Zwischenzeit hatte die »Aspen« einen anderen Schiffbrüchigen im Suchscheinwerfer. Ungeachtet des eigenen Risikos sprang ein schwedischer Seemann an einer Sicherheitsleine in die tosende See. Mit aller Kraft kämpfte er sich an den Schiffbrüchigen heran, bekam den bereits Bewußtlosen in einem Wirbel schäumender Gischt zu fassen. Immer wieder von Brechern überspült, Wasser schluckend und nach Luft japsend, hielt er ihn eisern fest, bis es ihm endlich gelang, den bewußtlosen türkischen Decksmann an die Leine anzuschlagen. Beide wurden mit viel Mühe an Bord geholt. Der Türke war gerettet. Nach etwa fünf Stunden erlangte er wieder das Bewußtsein.

Der Sturm nahm noch an Bösartigkeit zu. Heftige Orkanböen schüttelten die Sea King, die sich weiter durch die stockdunkle Nacht kämpfte. Träge verrannen die Minuten. Wertvolle Zeit, die über Leben und Tod entscheiden konnte.

Da zerriß an Steuerbord voraus ein sich ständig drehender Lichtstrahl die Finsternis.

»Acht Meilen rechts voraus Feuerschiff ›Terschellingerbank‹!« meldete der SAR-Operationsoffizier ins Cockpit. »Noch knapp eine Viertelstunde, dann sind wir da. Kann mehrere Radarkontakte in der Nähe der Unfallstelle ausmachen.«

Einen Augenblick später meldete sich die »Aspen«: »Liegen in der Nähe der Untergangsstelle und suchen mit Scheinwerfern die Umgebung ab.«

Ein heftiger Regenschauer peitschte heran. Verschwommen kamen die Suchscheinwerfer der an der Untergangsstelle versammelten Schiffe in Sicht. Vorsichtig leitete der Pilot den Sinkflug ein. Um 03.06 Uhr, fast drei Stunden nachdem die Besatzung das Schiff verlassen hatte, war »Rescue 89 + 70« an der Unfallstelle. Über Funk forderte Kapitänleutnant Meurer, der Copilot, die »Aspen« auf, sich durch Scheinwerfersignale zu erkennen zu geben. Lichter flammten auf. In 100 Fuß Höhe, von Orkanböen geschüttelt, begann die Hubschrauber-Crew, in der näheren Umgebung des Schweden die tobende See mit den Suchscheinwerfern abzukämmen. Sturm und Regen peitschten dem an der halb geöffneten Schiebetür kauernden Bordmechaniker Heinrich Balz ins Gesicht. Mit einer Handbewegung klappte er das Visier seines Fliegerhelmes herunter. Plötzlich zuckte er zusammen. »Da unten treibt einer! Steuerbord querab! Etwa 50 Meter!« Der Pilot riß die Maschine herum. Vom Sturm an der Breitseite gepackt, wurde der schwere Hubschrauber rasend schnell leewärts abgetrieben. Mit voller Turbinenleistung zwang Struck die Sea King herum, gegen den Sturm auf die vom Bordmechaniker bezeichnete Stelle zu. Die Suchscheinwerfer erfaßten den zwischen haushohen Wellen treibenden Schiffbrüchigen.

Eingehüllt in fliegende Gischt stand »Rescue 89 + 70« über der brüllenden See. Im grellen Scheinwerferlicht zeigte der Schiffbrüchige keinerlei Reaktionen. Unbarmherzig wurde er von den Brechern hin und hergewirbelt.

Die Hubschrauberbesatzung beriet sich kurz. Dann stand der Entschluß fest. Die vier wollten alles Menschenmögliche versuchen, den Schiffbrüchigen dem nassen Tod zu entreißen. Der SAR-Operationsoffizier war bereit, in diese Höllensee hinunterzugehen.

An einem dünnen Stahlseil, der Verbindung zwischen Leben und Tod, schwebte er nach unten. Heulender Sturm und peitschender Regen nahmen ihm den Atem. Immer näher kamen die schweren, sich überschlagenden Brecher. Mit ungeheurer Konzentration, verbunden mit jahrelanger Erfahrung, hielt der Pilot nach den Angaben seines Bordmechanikers die Maschine genau über dem Schiffbrüchigen.

Jetzt – der Retter hatte mit den Füßen die Wasseroberfläche erreicht! Sekunden später brach eine See über ihm zusammen, begrub ihn und wirbelte ihn davon. Die Schwimmweste trug ihn wieder nach oben. Sein Kopf dröhnte. Er spuckte Wasser, japste nach Luft und hielt nach dem nächsten, in der Dunkelheit heranrauschenden Brecher Ausschau. Ein dunkler Schatten tauchte neben ihm auf. Geistesgegenwärtig griff er zu, bevor die nächste See über ihn hereinbrach. Eisern hielt er fest, was ihm in die Arme getrieben war. In einem verzweifelten, minutenlangen Kampf mit der unbändigen See gelang es ihm endlich, dem Schiffbrüchigen die Rettungsschlinge umzulegen. Mit letzter Kraft reckte er den Arm nach oben, zeigte klar.

Ein Moment banger Erwartung folgte, dann straffte sich das Seil. Der SAR-Operationsoffizier atmete auf, als er zusammen mit dem Schiffbrüchigen nach oben gehievt wurde.

Im Hubschrauber gab der Geborgene keinerlei Lebenszeichen mehr von sich. Er war verletzt. Die See hatte ihn übel zugerichtet. Unter der Schwimmweste, die sie ihm vom Körper schnitten, trug er lediglich zwei Pullover. Es war der Kapitän des untergegangenen Schiffes. Leblos lag er in der Kabine. Die Marineflieger nahmen ihm die Uhr ab, fühlten vergeblich nach dem Puls. Mit Herzmassage und künstlicher Beatmung versuchten sie, ihn zum Leben zurückzuholen.

Während sich der Bordmechaniker noch um den Geretteten bemühte und sich der SAR-Operationsoffizier von den durchgestandenen Strapazen zu erholen suchte, entdeckte der Copilot einen weiteren Schiffbrüchigen.

Auch bei ihm waren keine Lebenszeichen erkennbar. Noch einmal ging der SAR-Operationsoffizier nach unten. Auch diesmal gelang es ihm, unter Aufbietung seiner letzten Kräfte, den Mann der See zu entreißen. Völlig erschöpft und zitternd vor Kälte und Anstrengung war er nach acht fürchterlichen Minuten wieder zurück im Hubschrauber. Der Schiffbrüchige, ein türkischer Seemann, war tot. Wiederbelebungsversuche blieben erfolglos. Fünf Minuten vergingen, da erfaßten die Suchscheinwerfer der Sea King die letzten beiden im Wasser treibenden Besatzungsmitglieder der »Colonia«.

Noch einmal versuchte es der SAR-Operationsoffizier. Wieder tauchte er in die eisige, aufgewühlte See ein. Ein gewaltiger Brecher rauschte heran, begrub ihn mit seinen Wassermassen und riß ihm die Fliegerstiefel von den Füßen. Mit dem Mut der Verzweiflung kämpfte er mit der erbarmungslosen See, bekam schließlich einen der Schiffbrüchigen zu fassen, doch schon der nächste Brecher machte dem Einsatz ein Ende. Durch die große körperliche Belastung bei den vorhergegangenen Rettungsaktionen, durch Unterkühlung und das Schlucken von Seewasser war der Offizier nicht mehr in der Lage, den treibenden Körper festzuhalten, geschweige denn in der Rettungsschlinge zu befestigen. In hochgradigem Erschöpfungszustand wurde er schließlich in die Maschine zurückgeholt.

Im gleichen Moment begann plötzlich der gerettete Kapitän, der bis dahin still in der Maschine gelegen hatte, zu toben und unkontrolliert um sich zu schlagen. Schnell sprang Balz hinzu, hielt ihn fest, redete beruhigend auf ihn ein.

Unter diesen Umständen traf der Erste Pilot die einzige richtige Entscheidung: Um wenigsten den Kapitän zu retten, entschloß er sich, die Aktion abzubrechen und so schnell wie möglich den nächsten Flugplatz anzusteuern.

Der Copilot informierte die »Aspen« über den Abbruch der Rettungsmaßnahmen. Bis der ganz in der Nähe stehende Schwede heran war, behielt »Rescue 89 + 70« die beiden Schiffbrüchigen im Scheinwerferlicht und flog dann, gegen den tobenden, von querab einfallenden Sturm anboxend, mit Südkurs auf die holländische Küste zu. Mittlerweile war es vier Uhr geworden.

Über Scheveningen-Radio beantragten die Marineflieger die Öffnung des Militär-Flugplatzes von Den-Helder und baten um die Bereitstellung eines Krankenwagens.

Kurz vor der Landung fiel der Kapitän in tiefe Ohnmacht. Nach 2½ stündigem nächtlichen Sturmflug unter extremsten Wetterbedingungen landete »Rescue 89 + 70« um 04.30 Uhr in Den-Helder. Der Krankenwagen stand schon bereit.

Im Krankenhaus wurde offiziell der Tod des geborgenen türkischen Decksmannes festgestellt. Der Kapitän der »Colonia« wurde wegen seiner schweren Verletzungen in das Krankenhaus nach Alkmaar verlegt, wo er erst nach zehn Tagen wieder aus seiner Bewußtlosigkeit erwachte. Nur er und der von der »Aspen« gerettete türkische Decksmann überlebten das Unglück.

Wo ist die »Nordwest«?

Weit auseinandergezogen bewegte sich am 1. September 1978 bei frischen nordwestlichen Winden ein Regattafeld durch die Nordsee auf die Insel Helgoland zu. Eine Yacht nach der anderen rundete den roten Felsen.

In der Nordeinfahrt wurde jede einzelne Yacht registriert. Die Zwischenzeiten wurden an die Regattaleitung weitergegeben. Gegen 14.30 Uhr hatte der größte Teil der Yachten die Nordeinfahrt passiert und damit den ersten Teil der Regattastrecke hinter sich gebracht.

Eine halbe Stunde später trafen in kurzen Abständen die letzten drei Fahrzeuge in Begleitung des Seenot-Rettungskreuzers »Adolf Bermpohl«, der die Veranstaltung abgesichert hatte, im Helgoländer Hafen ein. Für diesen Tag war die Regatta beendet.

Im Hafen herrschte das übliche Treiben. Mit viel Hallo wurden die Yachten festgemacht, wurden Erfahrungen ausgetauscht und Einladungen, doch am Abend zu einem Klönschnack und zu einem Grog an Bord zu kommen, ausgesprochen.

Inzwischen wurde bei der Regattaleitung schon zum zweiten Mal die Teilnehmerliste durchgegangen. Das Ergebnis war das gleiche wie bei der ersten Zählung. Eine Yacht, die »Nordwest«, fehlte. Sollte sie unbemerkt von den Zeitnehmern durch die Nordeinfahrt geschlüpft sein?

Eine Überprüfung im Hafen ergab, daß die Yacht nicht angekommen war. Rückfragen bei den Regattateilnehmern und bei der »Adolf Bermpohl« blieben ebenfalls ergebnislos. Keiner wußte etwas von der überfälligen Yacht, keiner hatte sie gesehen.

Jetzt verdichtete sich die Annahme, daß dem Fahrzeug etwas zugestoßen sein mußte. Eine andere Erklärung für das Ausbleiben der Segelyacht war kaum denkbar.

Während der letzten eineinhalb Stunden hatte der Wind schon erheblich aufgefrischt, und die Wetterlage verschlechterte sich zusehends.

Als auch weitere Nachforschungen über den Verbleib der »Nordwest« ergebnislos verliefen, wurde die Deutsche Gesellschaft zur Rettung Schiffbrüchiger über den Fall informiert. Bei der Seenotleitung im Bremen teilte man die Meinung der Regattaleitung: Es mußte etwas passiert sein.

In Anbetracht der sich ständig verschlechternden Wetterlage war keine Zeit zu verlieren und man beschloß, sofort eine Suchaktion einzuleiten.

»Adolf Bermpohl« erhielt den Auftrag, die gesamte Regattastrecke und die angrenzenden Seegebiete nach dem vermißten Fahrzeug abzusuchen. Kurz darauf verließ der Rettungskreuzer den Helgoländer Hafen. Da er die gestellte Aufgabe alleine kaum würde bewältigen können, wurde von Bremen aus die SAR-

Leitstelle in Glücksburg alarmiert. Die Marine wurde um Unterstützung bei der Suche nach der vermißten, weißen 10m-Yacht mit der Segelnummer G 746 gebeten.

Über Funk erhielt daraufhin der in Westerland stationierte Sea King-Hubschrauber »Rescue 89 + 53«, der sich gerade auf einem Übungsflug über der Nordsee befand, den Befehl, das Seegebiet rund um Helgoland abzusuchen.

Um 17.30 Uhr hatte die Sea King das ihr zugewiesene Einsatzgebiet erreicht und nahm bei der Tonne »Sellebrunn«, etwa fünf Seemeilen nordwestlich von Helgoland die Suche auf.

Das Wetter war noch schlechter geworden. Es herrschte jetzt starkter Nordwest-Wind mit stürmischen Böen. Die See begann rauh zu werden. Die Wellenkämme brachen sich und hinterließen weiße, in Windrichtung liegende Schaumstreifen.

Abgesehen von den Perioden heftiger Regenschauer, die immer wieder über die Nordsee fegten, herrschte noch gute Sicht. Weder »Adolph Bermpohl« noch »Rescue 89 + 53« fanden eine Spur von der vermißten Yacht.

Da es nunmehr festzustehen schien, daß der »Nordwest« ein Seeunfall zugestoßen sein mußte, wurde auch der Seenotkreuzer »Hermann Ritter« in die Suche mit einbezogen. Der Kreuzer erhielt den Auftrag, sich auf das Gebiet zwischen Helgoland und der Wesermündung zu konzentrieren.

Vorsorglich wurden bei der Seenotleitung in Bremen bereits weitere Suchgebiete festgelegt.

Um 18.05 Uhr hatte der Hubschrauber das erste Gebiet erfolglos abgesucht. Ein neues Gebiet wurde ihm zugeteilt.

Genaue Berechnungen und Analysen ergaben nun, daß sich die Yacht in einem weit größeren Umkreis als ursprünglich angenommen befinden konnte. Der gesamte Seeraum von einer Position 13 Seemeilen nordwestlich von Helgoland bis an die schleswig-holsteinische Küste im Osten und die niedersächsische Küste im Süden konnte dafür in Betracht kommen.

Ein Gebiet von etwa 1 500 Quadratmeilen!

Nachdem man sich bei der Seenotleitung und der SAR-Leitstelle über diesen Umfang klar wurde, kam man zu der Erkenntnis, daß die bis jetzt eingesetzten Sucheinheiten unbedingt verstärkt werden mußten.

Von der SAR-Leitstelle Glücksburg erging der Einsatzbefehl an den auf Borkum stationierten SAR-Hubschrauber »Rescue 89 + 55«. Zur gleichen Zeit wurde von Bremen aus der in Cuxhaven an der Kugelbaake liegende Seenot-Rettungskreuzer »Arwed Emminghaus« alarmiert. »Emminghaus« erhielt den Auftrag, die Elbmündung und das Gebiet um den Großen Vogelsand abzusuchen.

Kurz nach 19.00 Uhr traf »Rescue 89 + 55« aus Borkum im Suchgebiet ein. Mit zwei Seemeilen Abstand flogen beide Hubschrauber Streifen für Streifen des zugewiesenen Seegebietes ab. Angestrengt starrten die Piloten und Bordmechaniker hinunter auf die rauhe See. Heftige Regenschauer und von den Wellenkämmen abwehende Gischt beeinträchtigten die Sicht.

Die SAR-Operationsoffiziere, über ihre Radarschirme gebeugt, registrierten jeden einzelnen Kontakt und meldeten ihn nach vorne ins Cockpit. Jeder Kontakt wurde überprüft. – Dann ging es wieder zurück auf den Suchkurs.

Die Besatzungen der drei Seenot-Rettungskreuzer und der beiden Hubschrauber standen in dauernder Funkverbindung. In den Hubschraubern wurden die Positionen der Kreuzer ständig mitgeplottet. Falls man die havarierte Yacht finden sollte, würde sofort der am nächsten stehende Seenotkreuzer an die Unfallstelle herangelotst werden.

Von der SAR-Leitstelle wurde inzwischen veranlaßt, daß der Marinefliegerhorst Nordholz geöffnet wurde. Der Kontrollturm mußte besetzt und die Betankung der Hubschrauber sichergestellt werden. Langsam brach die Dämmerung herein und die Hoffnung, die vermißte Yacht zu finden sank, als »Rescue 89 + 53« etwa zehn Seemeilen südöstlich von Helgoland eine weiße Segelyacht entdeckte, die mit Motorkraft auf Helgoland zulief. Der Hubschrauber umkreiste das Fahrzeug und wartete auf rote Notraketen. Nichts geschah.

Da die Yacht keine Segel führte, war eine Identifizierung nur schwer möglich. »Rescue 89 + 53« seilte sich bis auf wenige Meter über der Wasseroberfläche ab, um den Namen am Spiegel lesen zu können. Es war nicht die »Nordwest«. –

Inzwischen waren bei der Seenotleitung weitere Informationen eingegangen, die eine Fortführung der Suche erforderlich machten: Die vermißte Yacht war bereits 54 Jahre alt; ein mit Polyester überzogenes Holzboot. Der Eigner war mit 76 Jahren auch nicht mehr der Jüngste, und es war fraglich, ob er dem zur Zeit herrschenden Wetter noch gewachsen war.

Zuletzt wurde die »Nordwest« gegen 14.00 Uhr mit Nordkurs östlich von Helgoland gesichtet.

Nach fast vierstündigem Einsatz mußte »Rescue 89 + 53« wegen des zur Neige gehenden Kraftstoffes das Suchgebiet verlassen. Auf dem Marinefliegerhorst Nordholz sollte der Hubschrauber aufgetankt werden, dann so schnell wie möglich wieder zurückkehren und die Suche nach pyrotechnischen Notsignalen aufnehmen.

Die Nacht war hereingebrochen. »Arwed Emminghaus« und »Adolph Bermpohl« gaben die Suche auf und liefen auf ihre Stationen zurück. Nur noch »Hermann Ritter« stand im Seegebiet vor Helgoland und »Rescue 89 + 55« flog einsam ihre Suchstreifen ab. Aber nicht nur auf See, sondern auch an Land wurden Nachforschungen über den Verbleib der »Nordwest« angestellt. Seit etwa 20.00 Uhr war man dabei, jeden einzelnen Hafen an der schleswig-holsteinischen Westküste zu überprüfen.

Kurz vor 21.00 Uhr kam ein Hinweis aus Helgoland. Ein Augenzeuge wollte die vermißte Yacht am späten Nachmittag in Höhe der Tonne »Sellebrunn« nördlich von Helgoland gesehen haben. Das entsprechende Seegebiet war schon mehrfach abgesucht worden. Dort konnte die Yacht nicht sein, und die Chance, im Wasser treibende Schiffbrüchige zu finden, war jetzt, bei Nacht, gleich Null. Der Hinweis wurde zwar notiert, fand aber für die weitere Suchplanung keine Beachtung.

Um nichts unversucht zu lassen, wurde von Bremen aus Norddeich-Radio und Elbe-Weser-Radio gebeten, eine Dringlichkeitsmeldung auszustrahlen und alle Schiffe in der Deutschen Bucht aufzufordern, nach der überfälligen Yacht Ausschau zu halten. Darüber hinaus wurde veranlaßt, daß auch alle Häfen der ostfriesischen Inseln nach der »Nordwest« abgesucht wurden. Um 21.20 Uhr startete »Rescue 89 + 53« wieder in Nordholz nachdem sie fast 3 000 Liter Kraftstoff übernommen hatte und flog ins Einsatzgebiet zurück.

Zur gleichen Zeit beendete der andere Hubschrauber die Suche in dem ihm zugewiesenen Gebiet. Er wurde von der SAR-Leitstelle entlassen und flog zu seinem Stützpunkt nach Borkum zurück. »Rescue 89 + 53« sollte noch einen Suchstreifen von der Elbmündung aus bis etwa zehn Seemeilen nordwestlich von Helgoland abfliegen und dann ebenfalls den Heimflug antreten.

Auch »Hermann Ritter« hatte inzwischen die Suche eingestellt, blieb aber auf Seeposition liegend weiter in Bereitschaft.

In den Einsatz-Zentralen in Bremen und Glücksburg wurden die bisherigen Aktivitäten ausgewertet. Mit erheblichem Aufwand war ein riesiges Gebiet abgesucht worden, ohne die geringste Spur von der vermißten Yacht zu entdecken.

Im Morgengrauen sollte die Suche wieder aufgenommen werden. Anhand von Strömungs- und Windverhältnissen wurden die Suchgebiete berechnet. Dabei ging man jetzt schon davon aus, daß nunmehr Personen im Wasser zu suchen waren. Das wiederum bedeutete, daß die Abstände der einzelnen Suchstreifen entschieden enger gelegt werden mußten als am Vortag, wo man nach einer havarierten Yacht Ausschau hielt.

Indessen liefen die Nachforschungen an Land unentwegt weiter. Die Suchplanung war noch nicht abgeschlossen, als schießlich um zwei Uhr morgens die Wasserschutzpolizei meldete, daß die »Nordwest« wohlbehalten im Alten Hafen von Brunsbüttel gefunden worden sei.

Wie sich herausstellte, hatte die Crew der »Nordwest« schon am Vormittag die Lust an weiterer Regatta-Teilnahme verloren. Kurzerhand hatte der Skipper gewendet, die Regatta verlassen und war mit Kurs auf Brunsbüttel davongesegelt, ohne sich bei der Regatta-Leitung abzumelden.

Glücklicherweise kommen derartige Einsätze, die durch einen Telefonanruf hätten vermieden werden können, nur selten vor, denn gerade die Regatta-Segler halten sich fast immer vorbildlich an die geschriebenen und ungeschriebenen Gesetze des Wassersports.

P.S. Allein die Betriebskosten für die beiden Hubschrauber beliefen sich für diese Suche auf knapp 61 000 DM!

Der Seenotfall »München«

Dienstag, 12. Dezember 1978 – 1. Tag

In den frühen Morgenstunden des 12. Dezember 1978 geriet das deutsche Lash-Mutterschiff »München« der Hapag-Lloyd AG etwa 450 Seemeilen nördlich der Azoren bei schwerem Weststurm mit Orkanböen und äußerst grober See mit Wellenhöhen bis zu 13 Metern in Seenot und funkte SOS.

Der griechische Bulkcarrier »Marion« fing den Notruf auf und übermittelte ihn unverzüglich an Bordeaux-Arcachon-Radio. »SOS – FROM MARION –, S-Y-Z-V POSITION 45°29N, 22°20W, QRT – SOS – , POSITION 45°15N, 27°30W, D-E-A-T – D-E-A-T – SOS AT T 325 AM IN 500 KHZ – TRY TO HEAR ANYTHING ABOUT SOS BUT STILL NIL.« –

In seiner Funk-Kladde hatte der Funker der »Marion« den Notruf der »München« im Wortlaut festgehalten: SOS SOS SOS DEAT DEAT DEAT POSITION 45°29N – 22°20W FORWARD ...« dann war der Spruch abrupt abgebrochen.

Unmittelbar nach Bekanntwerden des Seenotfalles forderte die britische Coast-Guard ein Suchflugzeug bei der Royal Navy an. Bereits um 10.45 Uhr erreichte der in Schottland gestartete Fernaufklärer vom Typ Hawker Siddeley NIMROD das Einsatzgebiet. Neben anderen Schiffen nahmen auch der niederländische Bergungsschlepper »Smit Rotterdam« (2 273 BRT, 22 000 PS) und der deutsche Bergungsschlepper »Titan« (1 500 BRT, 8 800 PS) Kurs auf die Unfallstelle.

Gegen 15.00 Uhr wurde die SAR-Leitstelle in Glücksburg durch die Seenotleitung der Deutschen Gesellschaft zur Rettung Schiffbrüchiger in Bremen über den Seenotfall informiert.

Eine Routine-Information. Die Notfallposition lag weit außerhalb des deutschen Zuständigkeitsbereiches.

Wie die DGzRS weiter mitteilte, hatte das Maritime Rescue Sub Centre (MRSC) Lands End der britischen Coast Guard, das dem Maritime Rescue Coordination Centre (MRCC) Great Yarmouth untersteht, die Leitung der Suche übernommen. Der Einsatz der Flugzeuge wurde durch das Rescue Coordination Centre (RCC) Plymouth koordiniert.

Mehrere Schiffe und Flugzeuge hatten bereits die Suche aufgenommen.

Die Meldung wurde im SAR-Log notiert, und nicht im Traum dachte der Wachleiter im RCC Glücksburg daran, daß dieses Log erst am 24. Dezember mit Seite 47 enden würde.

Zwei Stunden später kam von der amerikanischen SAR-Leitstelle in Ramstein die Meldung, daß die »München« auf der Reise von Bremerhaven nach Savannah/Georgia und New Orleans war.

Inzwischen hatte man festgestellt, daß es sich bei der »München« um ein 45 000 tdw großes, im Jahre 1972 in Dienst gestelltes Leichter-Mutterschiff der

Hapag-Lloyd AG in Hamburg handelte. Seit der ersten Information waren noch keine drei Stunden vergangen, als bereits die Presse um die Übermittlung der bislang bekannten Fakten nachsuchte.

MS »München«

Bauwerft:	Cockerill-Werft, Hoboken bei Antwerpen
Stappellauf:	12.5.1972
Länge über alles:	261,40 m
Breite:	32,20 m
Höhe:	18,29 m
max. Tiefgang:	11,28 m
Tragfähigkeit:	44 600 longtons
Maschinenleistung:	26 100 PS
Geschwindigkeit:	18 Knoten
Schraubenzahl:	1
Besatzung:	27
Leichterkapazität:	83 Leichter (Barges)

Barges:

Länge:	18,75 m
Breite:	9,50 m
Höhe:	3,96 m
Gewicht:	ca. 87 t

MS »München« war das einzige LASH-Schiff unter deutscher Flagge. LASH-Schiffe (Lighter Aboard SHip) befördern Ladung in Leichtern über See. Angestrebt wird dabei, die Hafenliegezeiten der Trägerschiffe zu verkürzen, indem diese in ihren Anlaufhäfen lediglich die nach dort bestimmten Leichter absetzen, vorher beladene Leichter an Bord nehmen und dann die Reise fortsetzen.

Mittwoch, 13. Dezember 1978 – 2. Tag

Um 09.20 Uhr nahm RCC Plymouth mit Glücksburg Verbindung auf und übermittelte den ersten Lagebericht über den Seenotfall »München«. Plymouth teilte mit, daß der SOS-Ruf der »München« von dem griechischen Bulkcarrier »Marion« auf 500 kHz, der internationalen Notfrequenz aufgefangen worden war. Die »Marion« und mehrere andere Schiffe würden zur Zeit die von der »München« gemeldete Position anlaufen. Zwei britische NIMROD und eine viermotorige Lockheed P3 ORION der US Navy befänden sich bereits im Suchgebiet. Eine zweite ORION sollte in Kürze von den Azoren aus starten.

Kurze Zeit nach dieser Meldung ging ein Anruf der Hapag-Lloyd AG ein. Von der Reederei wurde mitgeteilt, daß in dem betreffenden Seegebiet extrem schlechtes Wetter herrsche. Orkanartiger Sturm mit Stärke 11 bis 12 und äußerst grober

214

Seegang mit Wellenhöhen bis zu 12 Metern gäben Anlaß zu größter Besorgnis. Aller Wahrscheinlichkeit nach habe die »München« außer einer Seenotfunkboje, die auf 2182 kHz ein Notsignal ausstrahle, und kleinen, transportablen UKW-Handsprechgeräten keine Möglichkeit mehr, ihre Notlage näher zu definieren und ihre Position bekanntzugeben.

Über die Direktleitung wurde die DGzRS in Bremen über den Stand der Dinge auf dem Laufenden gehalten.

Die Aktivitäten nahmen zu. Mehrere Flugzeuge und Schiffe hatten die Suche aufgenommen. Die SAR-Leitstellen in Plymouth, Lajes/Azoren, Ramstein und Glücksburg, die britischen Coast-Guard-Stationen Lands End und Great Yarmouth und die Seenotleitung der DGzRS in Bremen waren beteiligt. MRSC Lands End zeichnete verantwortlich für die zentrale Suchleitung. Hier wurden die Suchgebiete geplottet und die Suche mit den Schiffen koordiniert. RCC Plymouth hatte die Funktion des »Controlling RCC« für die Luftsuche übernommen.

Im RCC Glücksburg wuchs die Sorge. Der Seenotfall »München« schien sich auszuweiten. Alle Anzeichen sprachen dafür. Auf der Seekarte wurde die Notfallposition eingetragen; sie lag etwa 450 Seemeilen nördlich der Azoren.

Gegen Mittag ging von der DGzRS die Meldung ein, daß zwei russische Schiffe, die 3941 BRT große Passagier-Fähre »Mariya Yermolova« und der 4520 BRT große Stückgutfrachter »Belo Morskles« ebenfalls eine Seenotmeldung der »München« aufgenommen hätten. Hierbei soll von einer 50-Grad-Steuerbordschlagseite die Rede gewesen sein. Gleichzeitig wurde mitgeteilt, daß drei weitere Schiffe mit höchstmöglicher Fahrt auf die Unfallposition zuliefen. Die »Kamilla« sollte um 11.00 GMT, »Smit Rotterdam« um 13.00 GMT und der deutsche Bergungsschlepper »Titan« um 16.00 GMT auf der zuletzt von der »München« gemeldeten Position eintreffen.

Um 18.00 Uhr wandte sich ein Vorstandsmitglied der Hapag-Lloyd AG mit der Bitte um deutsche Beteiligung bei der Suchaktion an RCC Glücksburg.

Seitens der SAR-Einsatzleitung beim Flottenkommando wurde dem Einsatzersuchen zugestimmt. Zunächst sollte jedoch mit Plymouth abgeklärt werden, ob es aus dortiger Sicht für erforderlich und ratsam gehalten würde, noch weitere Suchflugzeuge zum Einsatz zu bringen. Schließlich handelte es sich bei dem gesuchten Objekt um keinen leicht zu übersehenden Fischkutter, sondern um ein Schiff mit gewaltigen Ausmaßen von fast 300 m Länge. Selbst bei dem fürchterlichen, zur Zeit tobenden Seegang sollte das Schiff zumindest mit Radar aufgefaßt werden können.

Eine knappe Stunde später kam von RCC Plymouth die Antwort auf das Angebot, eine deutsche Breguet ATLANTIC ins Suchgebiet zu entsenden.

Nach Ansicht der Einsatzleitung reichten momentan die eingesetzten Flugzeuge zur Suche aus. Wahrscheinlich würde aber für den nächsten Tag eine ATLANTIC benötigt. Die Entscheidung sollte innerhalb der nächsten Stunde fallen.

Kaum eine halbe Stunde verging, als sich Plymouth wieder meldete und um Einsatzunterstützung bat.

Die von Glücksburg angebotene ATLANTIC sollte bereits um 08.30 Uhr am nächsten Morgen die Suche aufnehmen.

Bei einer Geschwindigkeit von 280 Knoten und einer Entfernung von 1400 Seemeilen ergab sich für die Maschine eine Flugzeit von fünf Stunden, bis sie in dem betreffenden Seegebiet eintreffen würde.

Das Marinefliegergeschwader 3 »Graf Zeppelin« in Nordholz bei Cuxhaven wurde alarmiert. Der Einsatzoffizier des Geschwaders erhielt den Auftrag, die in Bereitschaft stehende SAR-Maschine auf maximale Flugdauer auftanken zu lassen, die Besatzung zu benachrichtigen und den Start für 03.30 Uhr vorzubereiten. Die Hapag-Lloyd AG und die DGzRS wurden über den bevorstehenden Einsatz unterrichtet.

Um 21.05 Uhr übermittelte Hapag die Information, daß von dem amerikanischen Luftwaffenstützpunkt Rota in Spanien ein Notruf von einem mit 28 Personen besetzten Boot aufgefangen worden sei. Bei dem Notruf sei angeblich das Rufzeichen der »München« verwendet worden. Die Position des Bootes wurde von Rota eingepeilt und mit 46°27 Nord 27°30 West angegeben.

Zwei Schiffe, die den Notruf ebenfalls gehört hatten, peilten die Position des Senders ca. 140 Seemeilen weiter östlich. Alles in allem sehr zweifelhafte Angaben.

Auf Rückfrage bestätigte RCC Ramstein, daß der Notruf tatsächlich von Rota aufgefangen worden war.

Ein erster Hoffnungsschimmer? Vielleicht würde diese Meldung die weitere Suche entscheidend beeinflussen und zum Erfolg führen. Bis Mitternacht wurden noch mehrere Gespräche mit der Einsatzleitung in Plymouth geführt, bei denen technische Einzelheiten für die Suchplanung des nächsten Tages besprochen wurden.

MRSC Lands End hatte unter Berücksichtigung aller vorhandenen Informationen und der vorherrschenden Wetterlage in Zusammenarbeit mit RCC Plymouth die Suchgebiete berechnet. Der deutschen ATLANTIC und einer britischen NIMROD wurde ein Gebiet in der Größe von 90 x 90 Seemeilen zugewiesen. Mit einer Suchstreifenbreite von 5 NM würden beide Flugzeuge 4 – 5 Stunden benötigen, um dieses Seegebiet von der Größe Schleswig-Holsteins abzusuchen.

Donnerstag, 14. Dezember 1978 – 3. Tag

Kurz nach Mitternacht meldete sich wieder Hapag-Lloyd am Telefon und gab nähere Einzelheiten über den von Rota aufgefangenen Notruf durch. Eine Rückfrage bei dem amerikanischen Luftwaffenstützpunkt hatte ergeben, daß zwischen 17.00 Uhr und 19.14 Uhr GMT alle 10 Minuten folgender Spruch empfangen wurde: »Mayday, mayday, mayday! D-E-A-T, 28 men on board. Position 46°27 nord, 27°03 west!«

216

Der Sender wurde von Rota aus in 298,7 Grad gepeilt. Die Küstenfunkstelle Bordeaux-Radio hatte die Meldung bestätigt.

Diese Information, die sofort an die DGzRS weitergeleitet wurde, gab zur Hoffnung Anlaß, daß die Suche am folgenden Morgen erfolgreich verlaufen würde.

Um zwei Uhr morgens fand sich die Besatzung der ATLANTIC auf dem Fliegerhorst ein. Telefonisch wurde der Kommandant über alle bisher bekannten Einzelheiten unterrichtet. Was noch fehlte, war das Suchgebiet.

Ein Anruf in Plymouth ergab, daß bereits ein Telex mit allen Informationen und Einzelheiten unterwegs war. Dennoch wurden die Koordinaten des abzusuchenden Gebietes und die festgelegten Frequenzen erfragt und an die Besatzung nach Nordholz übermittelt. Noch war stockdunkle Nacht, als um 03.43 Uhr die mit zwei Turboproptriebwerken von je 6 200 PS ausgestattete Breguet ATLANTIC mit der Seitennummer 61 + 09, vollgetankt mit 16,8 t Treibstoff für ca. 13½ Flugstunden in Nordholz von der Startbahn abhob. Keiner aus der 12köpfigen Besatzung ließ sich dabei träumen, daß er erst nach 8 Tagen, mit 75 Flugstunden mehr auf dem Buckel von diesem Einsatz zurückkehren würde.

Schon kurze Zeit nach dem Start riß wegen starker atmosphärischer Störungen die Funkverbindung mit der Maschine ab. Die SAR-Leitstelle in Plymouth, der das Flugzeug für den Einsatz unterstellt worden war, fungierte von da an als Relaisstation für RCC Glücksburg.

Um 06.33 Uhr ging die erste Sichtmeldung dieses Tages über RCC Plymouth aus dem Suchgebiet ein. Auf Position 43° 22 Nord 22° 36 West waren um 05.00 Uhr morgens grüne Leuchtraketen gesichtet worden. Obwohl grüne Leuchtraketen keineswegs Notsignale darstellten, hatte »Rescue 52«, eine britische NIMROD, den Auftrag erhalten, sofort die Position anzufliegen und das Gebiet abzusuchen.

In der SAR-Leitstelle zog eine neue Wache auf. Der Wachleiter der Tagesschicht wurde von seinem Vorgänger über die Aktivitäten der vergangenen Nacht unterrichtet. Die beiden Offiziere waren noch bei der Übergabe, als schon wieder das Telefon klingelte. Plymouth war am Apparat. RCC Glücksburg wurde gebeten, an »Rescue 61 + 09«, mit der seit fast zwei Stunden wieder gute Funkverbindung bestand, einen Auftrag weiterzugeben. Die deutsche ATLANTIC sollte so schnell wie möglich mit »Rescue 52« Verbindung aufnehmen, und sich bereithalten, die »52« bei der Suche nach den grünen Leuchtraketen zu unterstützen.

Für »Rescue 61 + 09« begann damit aus dem Transit heraus der Einsatz: Suche nach grünen Leuchtraketen, die ein Schiff namens »Voyager« gemeldet hatte.

Im Suchgebiet herrschte Weststurm mit einer gewaltigen Dünung, in deren Wellentälern man getrost einen mittleren Frachter hätte verstecken können. Fliegende Gischt bedeckte die hochgehende See. Die Sicht war miserabel. Kleinere Objekte, wie Rettungsinseln oder ähnliches, konnten nur bei direktem Überflug entdeckt werden. Während der nächsten Stunden gingen verschiedene Funksprüche von den Flugzeugen ein.

Um 09.55 Uhr übermittelte »Rescue 52« an Plymouth die Meldung, daß »Rescue 61 + 09« das erste zugewiesene Gebiet erfolglos abgesucht habe. Die ATLANTIC würde nun auf dem von Rota gemeldeten Peilstrahl die Suche in südlicher Richtung fortsetzen.

In Glücksburg wurde die Meldung mitgehört, ebenso wie eine halbe Stunde später der Funkspruch der »Rescue 53« an die SAR-Leitstelle Edinburgh: »›Rescue 53‹ airborne Kinloss one zero two eight!« Um 10.28 Uhr war also eine weitere Maschine gestartet, um von Schottland aus ins Suchgebiet zu fliegen.

Der deutschen ATLANTIC-Besatzung, die nun schon sieben Stunden in der Luft war, wurde von RCC Plymouth ein neues Suchgebiet zugewiesen.

Immer wieder kreisten die Gedanken der Männer in der SAR-Leitstelle um die gesichteten grünen Raketen. Man diskutierte darüber, wägte ab, ob etwas daran sein könnte oder nicht. Eine Anfrage bei Hapag bestätigte, daß die Rettungsboote und Rettungsinseln der »München« ausschließlich mit weißen und roten Signalmitteln ausgerüstet seien. Jedoch räumte der Sprecher von Hapag ein, daß weiß möglicherweise als grün angesehen werden könnte. (Bei späteren Nachtsuchen hat die Crew der »61+09« auch diese »grünen Leuchtraketen« gesehen. Es waren offensichtlich Meteoriten.)

Ergebnislos verging der Vormittag.

Um 12.24 Uhr fand wieder ein Gespräch mit Plymouth statt. Glücksburg bat um einen detaillierten, schriftlichen Situationsbericht. Gleichzeitig wurde eine weitere ATLANTIC zur Suche angeboten. Die »61+09«, die noch immer, Stunde für Stunde die hochgehende See abkämmte, wurde Plymouth bis auf weiteres unterstellt. Nach Beendigung des ersten Einsatzes sollte sie in Lajes auf den Azoren auftanken. Am nächsten Tag sollte von dort aus die Suche fortgesetzt werden.

Kurz nach 13.00 Uhr erging an das Marinefliegergeschwader 3 in Nordholz der Einsatzbefehl für eine zweite Breguet ATLANTIC. Während hier die Startvorbereitungen getroffen wurden, ging von »Rescue 61 + 09« eine Meldung ein, die die Verantwortlichen in den verschiedenen Einsatz-Zentralen aufhorchen ließ. Die deutschen Marineflieger hatten in der aufgewühlten See einen Container gesichtet. Nach der Beschreibung mußte es sich um eine der 83 Barges handeln, die die »München« geladen hatte und von denen etwa 1/3 an Oberdeck gestaut waren.

Kapitänleutnant Hans Schäffler, der Kommandant der »Rescue 61 + 09« berichtete später über den Einsatz: »Wir hatten schon ein paar Radarziele erfolglos angeflogen, als der Radar-Operator auf unserem letzten Suchschlag ein Ziel meldete, das nur zeitweilig auf dem Radarschirm zu sehen war. Wir flogen sofort darauf zu und hörten fast zur gleichen Zeit ein automatisches Alarmsignal auf 2182 kHz, das stärker wurde, je näher wir dem Radar-Ziel kamen.«

Bei der gesamten Besatzung herrschte gespannte Aufmerksamkeit, als der Radar-Operator die Annäherung an das Ziel meldete: Noch drei Meilen, noch zwei! Eine Meile!

»Nichts zu sehen!« berichtete Schäffler weiter. »Dann endlich! Auf eine halbe Meile sichteten wir eine der 83 Barges, die etwa 1½ Meter aus dem Wasser ragte.

Das Alarmsignal auf 2182 war hier besonders stark. Wir beschlossen, eine Expanding Square Search* um diese Barge anzulegen. Vielleicht würden wir noch mehr finden...«

Im Verlauf der Suche wurde noch eine zweite Barge entdeckt und mit einer Boje markiert. Erneut wurde auch um diese Barge eine Expanding Square Search gestartet.

In Schäfflers Bericht hieß es weiter: »Pech, daß wir ausgerechnet jetzt an den Weiterflug nach Lajes denken mußten. Glück aber, daß wir der › Rescue 53‹ Gebiet, Suchobjekt und Boje übergeben konnten. Um 14.30 Uhr war die Übergabe beendet und um 16.35 Uhr landeten wir nach 12:35 Flugstunden in Lajes.«

Bei einer Lagebesprechung zwischen Plymouth und Glücksburg wurde beschlossen, eine dritte Breguet ATLANTIC des Marinefliegergeschwaders 3 ins Suchgebiet zu entsenden. Da ein Einsatz dieser Maschine für den heutigen Tag nicht mehr sinnvoll erschien, wurde entschieden, das Flugzeug nach Südengland auf den britischen Fliegerhorst St. Mawgan, näher zum Operationsgebiet zu verlegen. Von hier aus sollte die Breguet am nächsten Morgen ins Suchgebiet fliegen.

Da das Einsatzgeschehen immer größere Dimensionen annahm, wurde der augenblickliche Sachstand der laufenden SAR-Aktion an den Führungsstab der Marine nach Bonn gemeldet.

Gegen 15.00 Uhr lief eine Meldung von RCC Ramstein ein. In Position 44°32 Nord 24°20 West waren zwei graue Container gesichtet worden. Eine britische NIMROD wird in etwa 30 Minuten auf der angegebenen Position eintreffen, um die nähere Umgebung abzusuchen. Von Lajes wird in Kürze eine P3 ORION starten und von Island aus ist eine C 130 HERCULES der US Air Force unterwegs.

Offenbar handelte es sich bei dieser Sichtmeldung um die gleichen Barges, die »Rescue 61 + 09« bereits gemeldet hatte.

Inzwischen war in Nordholz auch die »Rescue 61 + 04« gestartet. Die Besatzung hatte den Auftrag, ein genau definiertes Gebiet in den Ausmaßen von 150 x 150 NM abzusuchen.

Außer den Flugzeugen waren mehrere Schiffe im Suchgebiet. Über die Anzahl der Sucheinheiten war in Glücksburg nichts bekannt. Als Koordinator der an der Suche beteiligten Schiffe fungierte der niederländische Bergungsschlepper »Smit Rotterdam«.

Um 17.59 Uhr meldete RCC Plymouth, daß »Rescue 53« in Position 44°40 Nord 23°50 West ein Schlauchboot gesehen hätte, und bat darum, diese Information an »Rescue 61 + 04«, die sich auf dem Transit ins Suchgebiet befand, weiterzugeben.

Aufgrund dieser neuen Sichtmeldung entschloß sich die Einsatzleitung in Lands End nach Absprache mit RCC Plymouth, das Suchgebiet für »Rescue 61 + 04« abzuändern und neu zu berechnen.

---

* siehe Anhang, Anlage 4

Um 20.55 Uhr, etwa zwei Stunden bevor »Rescue 61 + 04« im Suchgebiet eintreffen sollte, wurden die neuen Koordinaten von Plymouth übermittelt. Gleichzeitig erhielt die Besatzung die neuesten Informationen über das Wetter im Suchgebiet. Es war alles andere als rosig: Weststurm Stärke 8 bis 9 mit heftigen Schauerböen, schwere westliche See mit Wellenhöhen um 10 Meter. Die Wolkenuntergrenze lag bei 1 500 bis 2 000 Fuß.

Aber »Rescue 61 + 04« sollte das Suchgebiet in dieser Nacht nicht mehr erreichen. Um 22.28 Uhr ging ein Funkspruch von der Maschine ein: »Haben Kreiselausfall! Position etwa 500 NM west-südwestlich St. Mawgan! Nehmen Kurs auf St. Mawgan!«

»Rescue 61 + 04« war zur Umkehr gezwungen. Eine Ersatzmaschine mußte klargemacht werden.

Eine Anfrage beim Marinefliegergeschwader 3 ergab, daß die nächste ATLANTIC in etwa zwei Stunden startklar sein könnte.

Plymouth wurde über den Ausfall der »61 + 04« und deren Rückkehr nach St. Mawgan informiert. Zugleich wurde mitgeteilt, daß eine Ersatzmaschine, die »61 + 08« frühestens um sieben Uhr morgens im Suchgebiet eintreffen könnte.

Mit »Rescue 61 + 08« sollte ein Vertreter der Hapag-Lloyd AG ins Einsatzgebiet fliegen.

Freitag, 15. Dezember 1978 – 4. Tag

Um 01.35 Uhr wurde von RCC Plymouth der Einsatzplan für die drei deutschen ATLANTIC's durchgegeben:

»Rescue 61 + 11«   Start St. Mawgan 08.30 Uhr
von 14.30 Uhr – 17.30 Uhr im Suchgebiet
»Rescue 61 + 09«   Start Lajes 05.30 Uhr
von 06.30 Uhr – 14.30 Uhr im Suchgebiet
»Rescue 61 + 08«   Start Nordholz 04.30 Uhr
von 14.30 Uhr – 19.30 Uhr im Suchgebiet

Nach Beendigung ihres Einsatzes sollten alle Maschinen den portugiesischen Luftwaffenstützpunkt Lajes anfliegen. In Lajes, wo auch amerikanische Luftwaffen- und Marineeinheiten stationiert sind, wurde Unterkunft und Verpflegung für alle an der Suchaktion beteiligten Einheiten bereitgestellt.

Um 01.50 Uhr ging eine Information von Hapag-Lloyd ein: MS »Erlangen«, ein an der Suche beteiligtes Schiff der Hapag-Lloyd AG hatte auf Position 44° 22 Nord 24° 13 West wieder einen Container gefunden. Es war der bisher dritte Container der »München«, der in der aufgewühlten See entdeckt und identifiziert worden war.

Aber wo war das Schiff? Diese Frage bewegte alle Beteiligten. Sollte die »München« gesunken sein, so hätten die Rettungsinseln automatisch aufschwimmen müssen. Aber wo waren die Rettungsinseln?

Anhand der Driftberechnungen wurden im MRSG Lands End und im RCC Plymouth im Laufe der Nacht die Suchgebiete für den kommenden Tag festgelegt.

Planmäßig wurde am Morgen von den Flugzeugen wieder die Suche aufgenommen. Streifen für Streifen suchten die Maschinen ab. Mit brennenden Augen starrten die Besatzungen hinunter auf die gischtende Wasserwüste. Von der »München« und von ihrer Besatzung keine Spur; nur die endlose, weite und aufgewühlte See.

Um 10.05 Uhr rief Plymouth an und teilte mit, daß geplant sei, am folgenden Tag bei Sonnenuntergang die Suche abzubrechen. –

Obwohl das irgendwann zu erwarten war, machte man in Glücksburg betroffene Gesichter. Es war einfach nicht zu fassen, daß das Riesenschiff so sang- und klanglos untergegangen sein sollte. Bei der Hapag-Lloyd AG wollte man die Hoffnung noch nicht aufgeben. Mit allem Nachdruck setzte man sich dafür ein, die Suche fortzusetzen.

Plymouth wurde gebeten, die Suche, notfalls nur mit deutschen Flugzeugen, fortzusetzen. Zugleich wurde die Bereitschaft signalisiert, zwei weitere ATLANTICs zum Einsatz zu bringen.

Bei der Einsatzleitung in Plymouth erfolgte eine kurze Lagebesprechung. Knapp zehn Minuten später schon erfolgte der Rückruf. Die Briten waren damit einverstanden, die Suche fortzusetzen. Die beiden zusätzlichen ATLANTICs wurden für den nächsten Tag mit in die Suche eingeplant.

Um 12.40 Uhr keimte wieder ein kurzer Hoffnungsschimmer auf, als »Rescue 61 + 09« meldete: »Empfangen automatisches Alarmsignal auf 2182 kHz in Position 44°13 Nord 23°10 West.«

Die Meldung könnte auf den Notsender einer Rettungsinsel hindeuten; – aber gefunden wurde nichts. –

In Plymouth wurde beschlossen, die Suche auch während der Nachtstunden fortzusetzen.

Inzwischen war auch das Verkehrsministerium, Abteilung Seeverkehr (BMV/See), in den Informationskreislauf mit eingeschlossen.

Um 14.15 Uhr kam aus St. Mawgan die Meldung, daß die mit Kreiselausfall dort gelandete »Rescue 61 + 04« wieder einsatzklar war. Das bedeutete, daß das Marinefliegergeschwader 3 zunächst nur eine weitere Maschine bereitzuhalten hatte.

Unmittelbar nach dieser Meldung lief von Plymouth ein Telex mit der weiteren Einsatzplanung für die Flugzeuge auf. Von nun an wurde die Suche rund um die Uhr weitergeführt. RCC Plymouth übernahm es nun selbst, die Suchgebiete für die einzusetzenden Flugzeuge zu berechnen.

Samstag, 16. Dezember 1978 – 5. Tag

Um 00.22 Uhr verließ »Rescue 53«, eine britische NIMROD, das Suchgebiet. Zur gleichen Zeit startete in St. Mawgan die deutsche ATLANTIC »Rescue 61 + 04«.

Immer wieder tickerten über den Fernschreiber neue Meldungen ein. Um ein Lagebild zu gewinnen, wurde jedes Suchgebiet in Glücksburg auf die Seekarte übertragen. Viele Gebiete waren schon mehrfach abgesucht worden. Es war nahezu unfaßbar, daß man bis jetzt, nach vier Tagen intensiver Suche noch immer nichts Greifbares gefunden hatte.

Nach menschlichem Ermessen mußte die »München« innerhalb der von Lands End und Plymouth berechneten Gebiete sein. Alle erdenklichen Fakten wie die erste Positionsmeldung bei dem Notruf, die Peilung von Rota und die nach Wind und Strömung berechneten Driftverhältnisse wurden berücksichtigt. Ein weiterer Beweis für die Richtigkeit der Berechnungen war schließlich auch die Sichtung der verschiedenen Container.

Immer mehr setzte sich die Meinung durch, daß das Schiff untergegangen war, und daß die Suche ausschließlich auf Rettungsinseln und Rettungsboote konzentriert werden mußte. Das bedeutete, daß die Abstände der einzelnen Suchstreifen entsprechend verringert werden mußten.

Um 04.39 Uhr, nach über einer Stunde Verzögerung durch einen kleinen technischen Fehler an einem Funkgerät hob in Nordholz die fünfte ATLANTIC, »Rescue 61 + 14«, von der Startbahn ab und flog ins Suchgebiet.

Fünf Maschinen des Geschwaders »Graf Zeppelin« waren nun im Einsatz. Fünf weitere Maschinen könnten innerhalb von 12 Stunden und noch zwei ATLANTICs innterhalb von 48 Stunden bereitgestellt werden. Damit allerdings wäre die Kapazität des Geschwaders erschöpft.

Da sich jedoch die Engländer entgegen vorhergehender Verlautbarungen bereiterklärten, sich weiterhin mit ihrer NIMROD an der Suche zu beteiligen, war vorläufig kein weiteres deutsches Flugzeug erforderlich. Anders verhielt es sich auf personellem Gebiet. Die Geschwaderführung in Nordholz hielt es für zwingend erforderlich, eine Austausch-Besatzung auf die Azoren zu bringen. Um 11.10 Uhr wurde daher eine C 160 TRANSALL bei der Luftwaffe angefordert, die das erforderliche Personal des Marinefliegergeschwaders 3 ins Einsatzgebiet bringen sollte.

Am Nachmittag wurde von MS »Badenstein« wieder eine leere Rettungsinsel gefunden. Es war die vierte, wie gemeldet wurde, aber die Angaben waren widersprüchlich. RCC Plymouth hatte nur von drei Inseln Kenntnis.

Bei Einbruch der Dunkelheit flogen drei ATLANTICs und eine NIMROD zu den Azoren zurück, wo gerade »Rescue 61 + 08«, die die ganze Nacht über die Suche fortsetzen sollte, gestartet war.

Auch vier Hapag-Schiffe, MS »Badenstein«, MS »Erlangen«, MS »Ingelheim« und die »Düsseldorf-Express« durchkämmten unermüdlich das weite Seegebiet nördlich der Azoren.

Gottlob hatte sich wenigstens das Wetter gebessert. Der Sturm war abgeflaut und der Seegang wurde erträglicher.

222

Sonntag, 17. Dezember 1978 – 6. Tag

Ein Tag wie alle anderen seit Beginn der Suchaktion. Von Feiertagsstimmung und dem immer näher rückenden Weihnachtsfest war in den Einsatz-Zentralen nichts zu bemerken.

Glücksburg stand mit RCC Plymouth, mit Hapag-Lloyd, mit dem Marinefliegergeschwader 3 und dem Verkehrsministerium in ständigem, engen Kontakt.

Bei einem Gespräch mit Hapag wurde die Meinung geäußert, daß das Schiff wohl doch länger gefunkt habe, so daß ein von-Bord-gehen der Besatzung wahrscheinlicher erschien, als bisher angenommen. Um 13.50 Uhr ging die Meldung ein, daß eines der an der Suche beteiligten Schiffe eine Seenot-Funkboje der »München« aufgenommen habe, und von einem anderen Schiff wieder eine Rettungsinsel gesichtet worden sei.

Kurz darauf kam von Plymouth die Information, daß MS »Master Starlight« am Morgen zwei Rettungsringe aus der See gefischt habe.

Um 15.50 Uhr fand wiederum eine Lagebesprechung mit RCC Plymouth statt: Eine Ausstrahlung auf 500 kHz, die Rescue 61 + 08« vor einigen Stunden gemeldet hatte, war noch immer ungeklärt und hatte keine neuen Erkenntnisse gebracht. Eine von »Rescue 61 + 14« gemeldete Rettungsinsel hatte ein darauf angesetztes Schiff als große, gelbe Tonne identifiziert. Ein weiteres, von »Rescue 61 + 14« gemeldetes Objekt bedurfte noch der Identifizierung. Die weitere Suchplanung wurde besprochen.

Während der Nachtstunden sollten zwei ATLANTICs im Suchgebiet sein. Bei Tagesanbruch sollten eine amerikanische C 130 HERCULES, eine englische NIMROD, drei deutsche ATLANTICs sowie ein Flugzeug der portugiesischen Luftwaffe die Suche fortsetzen.

Um 20.50 Uhr ging ein Anruf vom Verkehrsministerium ein, bei dem »der Wunsch der Bundesregierung« ausgedrückt wurde, die Suche fortzusetzen und nach Möglichkeit andere Nationen zu veranlassen, weitere Suchflugzeuge bereitzustellen.

In der Leitstelle dachte man gerade darüber nach, die deutsche Luftwaffe an der Suche zu beteiligen. Jetzt wurde dieser Gedanke in die Tat umgesetzt.

Zwei Stunden später, um 23.02 Uhr erteilte der Führungsstab der Luftwaffe seine Zustimmung zum Einsatz einer derzeit auf den Azoren stehenden C 160 TRANSALL.

Montag, 18. Dezember 1978 – 7. Tag

Um 03.43 Uhr meldete »Rescue 61 + 08«: »Empfange schwaches Notsignal!« Danach war Ruhe.

Erst drei Stunden später ging von der Hapag die Meldung ein, daß zwei Flugzeuge definitiv wieder einmal automatische Notsignale auf 2182 kHz gehört hätten. Eine Peilung konnte nicht genommen werden; gefunden wurde nichts. –

Kurz nach acht Uhr morgens wurden von der Luftwaffe zwei C 160 TRANSALL angeboten, die sich zur Zeit unterwegs auf dem Flug in die USA befanden. Das Angebot wurde sofort an Plymouth weitergegeben, da nur von dort aus die Maschinen eingeplant und die entsprechenden Suchgebiete zugewiesen werden konnten.

Die Maschinen erhielten über Funk ihre Einsatzbefehle, und bereits um 14.30 Uhr nahmen »Rescue 50 + 89« und »Rescue 50 + 93« in den Gebieten 50/51 die Suche auf.

Auch für den folgenden Tag war ein Einsatz der beiden TRANSALL vorgesehen, die dann um 17.00 Uhr durch zwei andere Maschinen abgelöst werden sollten.

Am späten Nachmittag ging von Plymouth die Information ein, daß am Dienstag noch einmal zwei englische NIMRODs zur Suche eingesetzt würden. Sollte auch dieser Tag erfolglos verlaufen, würden fortan keine englischen Maschinen mehr zum Einsatz kommen. Diese Entscheidung war auf höherer Ebene in London getroffen worden. Zugleich erklärten sich die Engländer aber bereit, die Leitung der gesamten Operation mit deutschen Flugzeugen und Schiffen weiterzuführen.

Der Führungsstab der Marine in Bonn und Hapag-Lloyd wurden über die neue Lage in Kenntnis gesetzt.

Alle Meldungen aus dem Suchgebiet hatten bisher noch zu keinem konkreten Ergebnis geführt. So wurde auch der Anruf einer norddeutschen Zeitungsredaktion, demzufolge angeblich eine TRANSALL nach Plymouth gemeldet hatte, daß die Besatzung der »München« 75 Seemeilen nördlich der Azoren gerettet worden sei, mit äußerster Skepsis zur Kenntnis genommen. Die Skepsis war berechtigt. Weder bei der SAR-Leitstelle in Plymouth noch bei Hapag-Lloyd wurde die Angabe bestätigt.

Von Hapag war kurz darauf zu erfahren, daß portugiesische Sucheinheiten nördlich der Azoren einen Ölfleck und einen gelbroten Ballon von etwa drei Metern Durchmesser, möglicherweise eine Rettungsinsel, gesichtet hätten.

Immer wieder konnte man hoffen; doch immer wieder wurde man enttäuscht. Die Suche ging weiter.

Auf Weisung des Führungsstabes der Marine wurde das Marinefliegergeschwader 3 um 20.10 Uhr beauftragt, festzustellen, wie lange das Geschwader unter Ausschöpfung aller Möglichkeiten in der Lage sei, die Suche weiterzuführen. Eine entsprechende Analyse sollte am nächsten Morgen vorgelegt werden.

Dienstag, 19. Dezember 1978 – 8. Tag

Um 06.29 Uhr flog von den Azoren aus die erste Maschine wieder ins Suchgebiet. Es war »Rescue 50 + 10«, eine C 160 TRANSALL der deutschen Luftwaffe.

Eine Stunde später starteten die beiden ATLANTICs, »Rescue 61 + 04« und »Rescue 61 + 09«.

Gegen 08.00 Uhr schließlich nahmen noch eine amerikanische C 130 HER-CULES sowie »Rescue 50 + 93« und »Rescue 50 + 89« die Suche auf. Damit befanden sich am 8. Tag der Suche wieder sechs Flugzeuge im Einsatz.

Für »Rescue 50 + 93« und Rescue 50 + 89« sollte dies der letzte Einsatz sein. Die beiden TRANSALL sollten anschließend in die USA weiterfliegen. Als Ersatz wollte die Luftwaffe drei andere Maschinen zur Verfügung stellen, von denen »Rescue 50 + 40« und »Rescue 50 + 51« schon gegen 17.00 Uhr, von Portugal kommend, in Lajes eintreffen sollten.

Immer wieder wurde in Glücksburg die Frage diskutiert, ob es noch sinnvoll sei, die Suche weiterzuführen. Aber die Entscheidung über die Einstellung der Suche lag alleine bei den verantwortlichen SAR-Leitstellen in Lands End und Plymouth.

Um 11.55 Uhr kam von Hapag die Information, daß voraussichtlich am nächsten Abend die Suchaktion eingestellt würde. Die Coast-Guard in Lands End sei zur Zeit dabei, eine entsprechende Weisung für die Schiffe vorzubereiten.

In Glücksburg wurden unter Vorbehalt die ersten erforderlichen Maßnahmen zur Rückverlegung der deutschen Einheiten getroffen. Um 14.18 Uhr wurde »Rescue 50 + 10« aus der Suchplanung herausgenommen und für den Rücktransport von Personal und Material des Marinefliegergeschwaders 3 von Lajes nach Nordholz bereitgestellt.

Mittwoch, 20. Dezember 1978 - 9. Tag

Vor dem Abschluß der Suchaktion plante RCC Plymouth einen letzten Versuch, um eventuell einen Notsender der »München« einpeilen zu können. Kurz nach fünf Uhr ging ein Anruf ein, bei dem mitgeteilt wurde, daß man alle Küstenfunkstellen in Europa, in den USA und in Kanada bitten wollte, zwischen 11.30 Uhr und 13.30 Uhr GMT auf den internationalen Not- und Anruffrequenzen 500 kHz und 2182 kHz absolute Funkstille zu halten.

Von Glücksburg aus wurden die Küstenfunkstellen Kiel-Radio und Norddeich-Radio, und über die SAR-Leitstelle Karup wurden die dänischen Küstenfunkstellen informiert. Alle erklärten spontan ihre Zustimmung.

Bei Tagesanbruch waren die ersten Maschinen wieder im Suchgebiet. Von den Küstenfunkstellen wurde um 09.43 Uhr GMT folgende Meldung ausgestrahlt: »In an attempt to locate possible survivors, all ships are requested to maintain radio silence on 2182 and 500 kHz betwen 11.30 GMT and 13.30 GMT, December 20.«

Um 10.40 Uhr ging ein Anruf aus Bonn ein, der schlagartig eine völlig neue Lage schaffte. Aufgrund eines Kabinettsbeschlusses der deutschen Bundesregierung war die Suche weiterzuführen. In einer Meldung des BMV/See hieß es später dazu: »Die Rettungsaktion wurde fortgesetzt auch zu einem Zeitpunkt, als nach menschlichem Ermessen und der Erfahrung aller Fachleute kaum noch eine Chance bestand, überlebende Seeleute zu finden.«

Unverzüglich wurden alle beteiligten Stellen darüber in Kenntnis gesetzt, daß die Suche nicht, wie vorgesehen, bei Sonnenuntergang eingestellt würde.

Um 11.18 Uhr, noch vor Beginn der Funkstille, empfing »Rescue 50 + 40« wieder ein Notsignal auf 2182 kHz. »Rescue 50 + 51« meldete die Sichtung von Wrackteilen in Position 43°15 Nord 24°25 West. Während der nächsten beiden Stunden blieb alles ruhig. Kein Alarmsignal war zu hören.

Mit verstärkten Bemühungen ging die Suche weiter.

Dann kam der Zeitpunkt, zu dem die ersten Flugzeuge »abgeflogen« waren und vor einem weiteren Einsatz einer eingehenden Kontrolle unterzogen werden mußten.

Von Nordholz aus gingen daher wieder zwei Austauschmaschinen nach Lajes. Die Kapazität des Geschwaders war damit erschöpft, und die SAR-Bereitschaft im nationalen Bereich wurde für den 20. und 21. Dezember eingestellt.

Vom Fliegerhorst Hohn bei Rendsburg verlegte eine weitere C 160 TRANSALL mit zwei Besatzungen auf die Azoren.

Aus technischen und organisatorischen Gründen konnte keine Nachtsuche eingeplant werden.

RCC Plymouth wurde gebeten, für den nächsten Morgen eine Suchplanung für 3 Breguet ATLANTIC und für 3 C 160 TRANSALL auszuarbeiten.

Am späten Nachmittag wurde in gemeinsamer Sitzung zwischen dem Verkehrs- und dem Verteidigungsministerium beschlossen, die Suche zunächst noch zwei Tage fortzusetzen.

Um eine bessere Koordinierung zu gewährleisten, wurde der Hapag-Lloyd AG vorgeschlagen, mit ihrem Einsatzstab nach Glücksburg zu kommen. Hapag stimmte zu. Auch ein Vertreter des Verkehrsministeriums (BMV/See) sollte am nächsten Morgen in Glücksburg eintreffen.

Während der Nacht wurde wieder ein in der See treibender Container der »München« von einem der Schiffe gefunden.

Donnerstag, 21. Dezember 1978 – 10. Tag

Im Laufe des Vormittags trafen die Vertreter von Hapag-Lloyd in Glücksburg ein. Über die weitreichenden HF-Sender der SAR-Leitstelle wurde von nun an auch Funkverbindung mit den an der Suche beteiligten Schiffen der Reederei aufgenommen und aufrechterhalten.

Um 10.48 Uhr meldete »Rescue 61 + 14« die Sichtung eines Objektes. MS »Schwabenstein« lief zur Identifizierung auf die gemeldete Position zu.

Knapp eine Stunde später entdeckte »Rescue 61 + 04« einen in der See treibenden Rettungsring.

Um 14.15 Uhr ging ein Funkspruch von dem Motorschiff »Nürnberg-Express« ein. Die »Nürnberg-Express« befand sich auf dem Weg ins Suchgebiet und meldete, daß MS »Rhein-Express« gerade ein Boot ausgesetzt habe, um eine Rettungsinsel zu bergen. MS »Schwabenstein« suche nach einer gesichteten Rettungsweste, und MS »Ingelheim« laufe auf eine 2 Meter hohe Navigationsboje zu.

Um 15.20 Uhr wurde mit Plymouth der Einsatz für den 22. Dezember, den 11. Tag der Suche, abgesprochen.

Immer wieder gingen Funksprüche über die Sichtung und Aufnahme verschiedener Objekte ein: Um 16.00 Uhr meldete MS »Rhein-Express« die Aufnahme eines 2 x 3 m großen Stückes Plastikgewebes von hellbrauner Farbe. Ob dieses Plastikgewebe etwas mit der »München« zu tun hatte? Niemand wußte es.

Von Nordholz ging die Meldung ein, daß »Rescue 61 + 04« bereits um 12.09 Uhr in Position 40° 30 Nord, 21° 32 West einen orangefarbenen Rettungsring gesichtet habe.

Eine Minute lang, von 15.09 – 15.10 Uhr empfing »Rescue 61 + 04« auch wieder ein schwaches Notsignal.

Am Abend kehrten die ersten beiden abgeflogenen Maschinen, »Rescue 61 + 09« und Rescue 61 + 15« aus dem Einsatzgebiet nach Nordholz zurück.

Freitag, 22. Dezember 1978 – 11. Tag

Am Morgen herrschte noch Ungewißheit darüber, ob die Suchaktion mit dem heutigen Tage beendet würde oder nicht.

Technisch wäre es, wenn auch unter Schwierigkeiten durchaus möglich, die Suche fortzusetzen, jedoch würden sich in der weiteren Einsatzfähigkeit des Geschwaders schwerwiegende Konsequezen ergeben. Die gesamten Einsatz- und Übungsflüge bis Mitte Januar und darüber hinaus müßten wegen extrem hohen Flugstundenverbrauchs entfallen. Wo aber sollte man noch suchen? -

Symptomatisch für die Gesamtlage war ein Funkspruch des niederländischen Bergungsschleppers »Smit Rotterdam« vom 20. Dezember: »We run completely out of ideas! Please advice.«

Man war ratlos, wußte nicht mehr wo und wonach man suchen sollte; draußen auf See, wie auch in den Einsatz-Zentralen.

Um 10.50 Uhr fiel die Entscheidung. Vom Verkehrsministerium wurde durchgegeben, daß die Suche am Abend endgültig eingestellt werden sollte.

Von Glücksburg aus wurden alle beteiligten Stellen darüber in Kenntnis gesetzt.

Der letzte Tag der Suche verlief, wie erwartet, ergebnislos. Ein Styropor-Block und einige Schaumstoff-Teile waren alles, was gefunden wurde.

Um 17.40 Uhr verließ das letzte Flugzeug das Einsatzgebiet. Die Suche war damit beendet.

Während sich die Maschinen im Anflug auf die Azoren befanden, erfolgte um 18.30 Uhr von Glücksburg aus eine letzte Kontaktaufnahme mit MS »Schwabenstein«.

Anschließend wurde auf der gleichen Frequenz folgender Funkspruch abgesetzt:

»Hier ist Glücksburg-Rescue. Wir möchten nicht versäumen, allen Schiffen, die sich an der Suche beteiligt haben, recht herzlich zu danken. Darüber hinaus wünscht Glücksburg-Rescue, trotz des traurigen Anlasses allen jetzt mithörenden Stationen ein frohes Weihnachtsfest, ein erfolgreiches Neues Jahr, sowie glückliche Heimkehr.«

Die größte und umfangreichste Suchaktion, die jemals nach einem in Seenot geratenen Schiff durchgeführt worden ist, war beendet. Im Verlauf der Suche waren nahezu 70 Handelsschiffe und 13 Langstreckenflugzeuge beteiligt. Insgesamt wurden 757 Flugstunden aufgewandt.

Allein das Marinefliegergeschwader 3 »Graf Zeppelin« war mit 38 Einsatzflügen und 462 Flugstunden beteiligt und hatte während der Suchaktion bis zu acht Besatzungen und sechs Flugzeuge in Lajes stationiert.

In einer Verlautbarung des Verkehrsministeriums hieß es abschließend: »Alle eingesetzten Seeleute und Piloten haben bis an die Grenzen ihrer Leistungsfähigkeit und oft unter Außerachtlassung ihrer eigenen Sicherheit Beispielhaftes geleistet. Leider haben alle Anstrengungen nicht vermocht, die weltweiten Hoffnungen auf Rettung der Mannschaft zu erfüllen.«

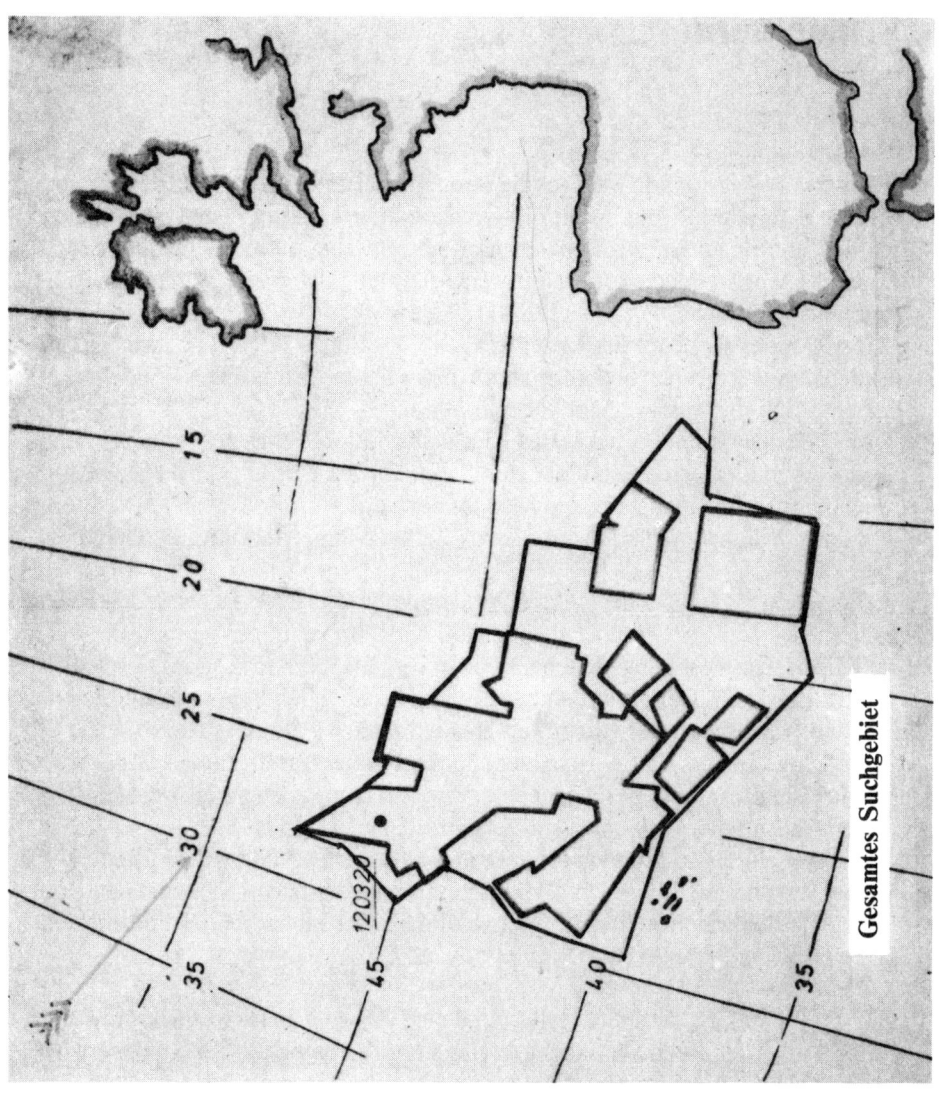

Gesamtes Suchgebiet

229

Schneesturm

Bis kurz vor Weihnachten waren es die Besatzungen der ATLANTICs des Marinefliegergeschwaders 3, die bis an die Grenzen ihrer Leistungsfähigkeit gefordert wurden und deren Einsatz vor den Azoren weltweite Aufmerksamkeit erregte. Eine gute Woche später, zum Jahreswechsel, schlug die große Stunde der Hubschrauber.

Am Donnerstag, dem 28. Dezember 1978 begann es in Norddeutschland zu schneien. Aus schweren, tiefhängenden Wolken fiel der Schnee. Der Wind frischte auf und trieb die weiße Pracht vor sich her.

In Senken und Mulden, hinter den Knicks wurde der Schnee zusammengeweht. Gegen Abend streckten sich die ersten Schneewehen bereits über die vielbefahrene B 76 zwischen Flensburg und Kiel. Immer lauter wurde das Stöhnen des Windes, immer häufiger die kräftigen Böen. Und der Schnee fiel vom Himmel: dicht und pausenlos.

In Laufe der Nacht erreichte der Wind volle Sturmstärke. In wütenden Böen peitschte er den Schnee über das flache Land. Immer höher wurden die Verwehungen. Die kleineren, zwischen Knicks verlaufenden Straßen im nördlichen Teil Schleswig-Holsteins wurden zugeweht. Einzelne Gehöfte und kleinere Ortschaften wurden von der Außenwelt abgeschnitten.

Zwei Tage später, am Samstag, dem 30. Dezember trat in Kiel die Schleswig-Holsteinische Landesregierung zu einer Sondersitzung zusammen, um Maßnahmen im Zusammenhang mit dem Verkehrschaos zu treffen.

Schon mehr als 50 Stunden tobte das Unwetter über Schleswig-Holstein. Der Straßenverkehr war fast überall völlig zusammengebrochen. Autobahnen und Bundesstraßen waren stellenweise durch drei bis vier Meter hohe Schneemassen blockiert.

Um 02.00 Uhr ging der erste Hilferuf bei der SAR-Leitstelle in Glücksburg ein: Eine Frau in Holtseeharfe sah ihrer Niederkunft entgegen. Der Transport ins Krankenhaus mit einem Hubschrauber konnte nicht durchgeführt werden. Der Schneesturm tobte mit ungeheurer Gewalt und versperrte jegliche Sicht. Auch ein Landtransport war nicht möglich. Bis zu drei Meter hohe Schneeverwehungen machten ein Durchkommen unmöglich.

Zum Glück funktionierte das Telefon noch, so daß der Ehemann telefonisch von einem Arzt beraten werden konnte.

Um 05.15 Uhr forderte die Rettungsleitstelle Schleswig einen Hubschrauber an. Die Maschine sollte dringend benötigte Blutkonserven von Schleswig nach Kappeln bringen. Aufgrund der Wetterlage konnte auch diesem Hilfeersuchen nicht Folge geleistet werden.

Um 07.40 Uhr bat das Städtische Krankenhaus in Kiel um Hilfe. Mehrere Patienten sollten zur dringenden Dialyse abgeholt werden. Auch hier konnte der Wachleiter im RCC wieder nur sein Bedauern ausdrücken.

Unmittelbar darauf wurde von der Kampfschwimmerkompanie in Eckernförde ein Hubschrauber angefordert. Ein schwerkrankes Kind, das im dortigen Sanitätsbereich lag, sollte so schnell wie möglich in die Kieler Universitätsklinik gebracht werden.

Der Transport erfolgte schließlich mit einem Unimog der Bundeswehr.

Ab 07.45 Uhr jagte ein Hilfeersuchen das andere: Schwangere Patientin in Steinbergkirche bei Flensburg. Da das Schneetreiben im nördlichen Teil Schleswig-Holsteins etwas nachließ, wurde der Versuch unternommen, die Patientin mit dem Westerländer SAR-Hubschrauber abzuholen. Der Versuch schlug fehl. Die Maschine mußte nach einem Vogelschlag in Schleswig notlanden.

Auch einer Bell UH-1D der Heeresflieger aus Itzehoe gelang es nicht, das Ziel zu erreichen. Auf halbem Weg mußte die Besatzung abdrehen und nach Itzehoe zurückkehren. Das Schneetreiben war zu dicht, die Sicht gleich Null.

08.55 Uhr: In Buchholz bei Brunsbüttel war eine Frau schwer erkrankt. Sie schwebte in Lebensgefahr. An der Westküste war das Wetter noch einigermaßen erträglich. Mit einer UH-1D wurde die Patientin abgeholt und ins Itzehoer Krankenhaus gebracht.

10.45 Uhr: Schwangere Frau in Dahmendorf bei Eckernförde. Auch hier konnte eine UH-1D der Heeresflieger helfen.

11.20 Uhr: Akuter Blinddarm in Kleinvollstedt, 11.25 Uhr: Dialyse-Patient in Brunsbüttel. Beide Einsätze wurden mit Hubschraubern der Heeresflieger durchgeführt.

Ein weiterer Dialyse-Patient aus Schwarzhof bei Kiel wurde mit einem Bergepanzer der Bundeswehr abgeholt und in die Klinik gebracht.

Trotz des tobenden Schneesturmes versuchten die Heeresflieger aus Itzehoe zu helfen, wo sie nur konnten. Um 11.40 Uhr wurden zwei Patienten in Dänisch-Nienhof aufgenommen.

Bei einem weiteren Einsatz in der Nähe von Flensburg mußte die Besatzung aufgeben. Wegen heftiger Orkanböen und einer Sichtweite von weniger als 100 Metern drehte der Hubschrauber ab und landete in Schleswig. Mit einer Schneefräse des Marinefliegergeschwaders 2, der ein Krankenwagen folgte, wurde der Bergungsversuch fortgesetzt.

Nach über 12stündigem Einsatz konnte der Patient gegen Mitternacht in ein Flensburger Krankenhaus eingeliefert werden. In allen Kreisen Schleswig-Holsteins waren die Katastrophenstäbe zusammengetreten. Einheiten des Technischen Hilfswerkes, des Deutschen Roten Kreuzes, der Polizei und der Feuerwehr, die Männer der Straßenmeistereien und nahezu 3 000 Soldaten mit schwerem Gerät, darunter 56 Bergepanzern, waren seit dem Losbrechen des blizzardartigen Schneesturmes mit Orkanböen bis zu zehn Windstärken im pausenlosen Einsatz.

Im einzelnen waren eingesetzt: 4000 Polizisten, 3000 Feuerwehrleute, 2800 Soldaten, 1200 Mitarbeiter der Landesstraßenverwaltung, 1000 DRK-Helfer, 700 Mitarbeiter des Technischen Hilfswerkes, je 400 Mitarbeiter des Arbeiter-Samariter-Bundes und privater Räumungsfirmen und 60 Mitarbeiter des Malteser-Hilfsdienstes.

Hunderte von Autos waren in den Schneemassen steckengeblieben. Mehrere hundert Personen waren durch Einheiten des Technischen Hilfswerkes und der Feuerwehren aus ihren Fahrzeugen befreit und in Notunterkünften untergebracht worden. Noch herrschte Unklarheit darüber, ob nicht noch mehr Menschen in liegengebliebenen Pkws auf Hilfe warteten.

Weitgehend zum Erliegen gekommen war auch der Schienenverkehr. Auf der Strecke zwischen Flensburg und Eckernförde waren zwei Züge von den Schneemassen eingeschlossen worden. Die übrigen Strecken in Schleswig-Holstein wurden nur noch sporadisch befahren.

Auf dem flachen Land wurde die Lage immer bedrohlicher. Pausenloser Schneefall, weiterhin sinkende Temperaturen und anhaltender Nordoststurm bestimmten das Wettergeschehen.

In Gebieten, in denen noch kein generelles Fahrverbot bestand, wurde die Bevölkerung aufgerufen, die Autos stehenzulassen, da die wenigen freien Straßen unbedingt für Rettungstrupps und Einsatzfahrzeuge benötigt würden.

Nach dem Bruch von Leitungen und Masten waren zwischen Schleswig und Flensburg mehr als 80 Ortschaften ohne Strom und somit ohne Wärme. Bergepanzer der Bundeswehr wurden eingesetzt, um den Entstörungstrupps der Elektrizitätswerke den Weg zu den Schadstellen zu bahnen.

Bei der SAR-Leitstelle liefen die Drähte heiß: 12.15 Uhr: Schwangere Frau in Haselund/Nordfriesland muß zur Entbindung ins Krankenhaus. Die eingesetzte Bell UH-1D mußte in Höhe von Husum aufgeben und den Rückflug nach Itzehoe antreten. Der Schneesturm war unbezwingbar.

Immer wieder mußte der Wachleiter im RCC die verschiedensten Hilfeersuchen ablehnen.

Die Heeresflieger gaben ihr Bestes. Bis zum Abend flogen sie noch drei Einsätze im Auftrage des RCC Glücksburg. Unter schwierigsten Wetterverhältnissen bei extrem schlechten Sichten waren die Hubschrauber der Heeresflieger aus Itzehoe an diesem 30. Dezember 1978 über 20 Stunden in der Luft.

Neben den katastrophalen Auswirkungen des Schneesturmes an Land zeichnete sich auf See eine andere Gefahr ab. Der anhaltende Nordsturm wühlte die Ostsee auf. Der Wasserstand war stellenweise bis zu zwei Meter angestiegen. Die steigende Flut bedrohte das Hinterland. Im Raum Flensburg-Schleswig wurde die Bevölkerung vorsorglich darauf hingewiesen, sich auf eine Evakuierung vorzubereiten.

Auf Fehmarn, bei Timmendorf und in Niendorf waren Bundeswehreinheiten im Einsatz. Durch Sandaufschiebungen und mit Sandsäcken versuchten die Soldaten ein Durchbrechen der bedrohten Deichanlagen zu verhindern.

232

Hawker Siddeley NIMROD.

März 1975. Der Befehlshaber der Flotte begrüßt auf dem Marinefliegerhorst Kiel-Holtenau die Besatzungen der ersten beiden Sea Kings.

Die alte und die neue Generation: H-34 und Sea King MK 41.

Blick ins Cockpit der Sea King.

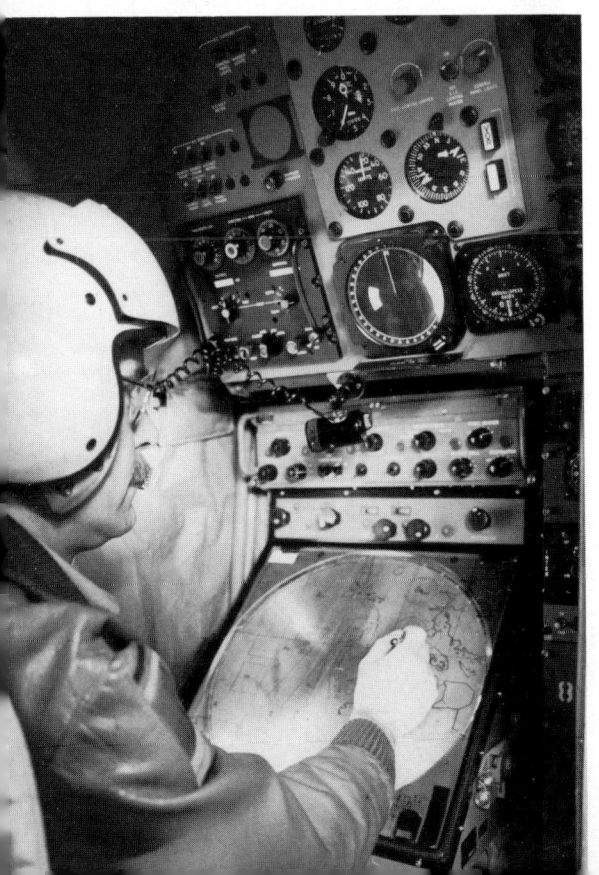

Der SAR-Operationsoffizier an seinem
Arbeitsplatz in der Sea King.

Abbergung eines erkrankten Besatzungsmitgliedes von einem U-Boot.

Sea King im Tiefflug über See.

Die Wohnplattform »Alexander L. Kielland« (rechts).

Die gekenterte Wohnplattform. Nur die Pontons von vier Beinen ragen aus der See.

Das abgebrochene Bein »D« der »Alexander L. Kielland«.

Der SAROO betreut einen verletzten Matrosen auf dem Flug ins Bundeswehrkrankenhaus.

Steuerkonsolen des Simulators.

Sea King – Simulator.

Winschübung mit einem
V-Boot in der Kieler Förde.

Windstärke 12 von oben. Der
Downwash der Sea King
peitscht das Wasser.

Mit dieser letzten Abbildung des Bildteils wird noch einmal die Aufgabe des SAR-Dienstes in besonders beeindruckender Weise vorgestellt: Motorschiff »Pax« treibt mit ausgefallener Maschine im Orkan in der Nordsee. Die gesamte Oberdecksladung geht verloren. Eineinhalb Stunden steht ein Hubschrauber über dem Schiff, bereit zur sofortigen Abbergung der Besatzung, bis es gelingt, die Maschine notdürftig zu reparieren und den nächstgelegenen Hafen (Borkum) anzulaufen.

Deichbrüche und schwere Schäden gab es an der Küste der Probstei und entlang der Kieler Förde.

Der Fährschiffsverkehr war eingestellt worden. Mehr als 40 Schiffe ankerten vor Holtenau und Heikendorf.

Im Olympiahafen Schilksee, in Laboe, in Möltenort und in Damp rissen sich mehrere Boote los und sanken.

Am 31. Dezember geriet das 299 BRT große dänische Küstenmotorschiff »Svendborg« acht Seemeilen nördlich des Kieler Leuchtturmes in Seenot und funkte SOS. Das von Rödby kommende Fährschiff »Deutschland« nahm Kurs auf den Havaristen. Aufgrund der Wetterlage konnte die »Deutschland« ihren eigentlichen Zielhafen Puttgarden nicht mehr anlaufen. Mit 435 Passagieren an Bord war das Fährschiff nun unterwegs nach Kiel.

Im Windschatten der »Deutschland« operierend, gelang es dem Seenot-Rettungskreuzer »Günter Kuchenbecker« die 5köpfige Besatzung von dem mit ca. 40 Grad Schlagseite in der aufgewühlten See treibenden Kümo abzubergen.

Vor der schwedischen Ostküste geriet das deutsche Küstenmotorschiff »Ume« in Seenot. Mit schwerer Schlagseite konnte sich die »Ume« mit eigener Kraft in einen Hafen retten.

In Damp 2 000 wurde das Fahrgastschiff »Aphrodite« der Flensburger Förde-Reederei losgerissen und gegen die Kaimauer geschmettert. Die »Aphrodite« schlug leck und sank im Damper Außenhafen.

In den frühen Morgenstunden wurden in den Gebieten, in denen es die Wetterlage zuließ, die Hubschraubereinsätze wieder aufgenommen.

Bei zwei Flügen barg »Rescue 89 + 53« aus Westerland 28 in der Nähe von Steinbergkirche eingeschlossene Ärzte und brachte sie nach Flensburg-Mürwik.

Auch die Heeresflieger waren wieder zur Stelle. Um 11.00 Uhr brachte eine UH-1D dringend benötigte Medikamente nach Schafflund.

Über Funk wurden die Maschinen dorthin geleitet, wo ihre Hilfe erforderlich war: Wo es galt schwangere Frauen, Kranke und Verletzte abzuholen, wo Medikamente benötigt und wo Lebensmittel knapp wurden.

Die Einsatzanforderungen kamen pausenlos:

11.30 Uhr: Hochschwangere Frau in Steinbergkirche. Eine UH-1D wurde über Funk angewiesen, die Frau abzuholen und nach Flensburg-Mürwik zu bringen.

11.40 Uhr: Schwerverletzter mit hohem Blutverlust in Steinbergkirche. Der Hubschrauber, der kurz vorher den Auftrag erhalten hatte, die schwangere Frau abzuholen, wurde beauftragt, auch den Verletzten mitzubringen.

11.45 Uhr: Akuter Blinddarm in Stohl. »Rescue 89 + 53« wurde über Funk angewiesen, Kurs auf Stohl zu nehmen.

11.47 Uhr: Neugeborenes Kind aus Itzehoe muß zur dringenden Operation nach Hamburg.

12.10 Uhr: Schwangere Frau

13.00 Uhr: Drei Kleinkinder mit Erschöpfungszustand

13.12 Uhr: Patient mit Leberschaden und Darmbluten; usw., usw.

36mal wurde die SAR-Leitstelle Glücksburg am 31. Dezember um Hilfe gebeten. Das durchschnittliche Einsatzaufkommen eines ganzen Monats wurde innerhalb von 24 Stunden abgewickelt.

Bei widrigsten Wetterverhältnissen, bei tobendem Nordost, bei pausenlosen Schneetreiben und miserablen Sichten war jeder Einsatzflug mit enormen Risiken verbunden.

Nicht alle Hubschrauberanforderungen konnten aufgrund der Wetterlage erfüllt werden. Dennoch gelang es, mit mehreren Hubschraubern vom Typ Bell UH-1D der Heeresflieger und der in Westerland stationierten Sea King »Rescue 89 + 53« bei knapp 25 Flugstunden 20 Menschen durch schnellen Transport ins Krankenhaus Hilfe zu leisten.

Der Jahreswechsel in Schleswig-Holstein vollzog sich vielerorts anders, als geplant. Die Silvesterveranstaltungen fielen aus. Gefeiert wurde zu Hause. Bei vielen Familien saßen wildfremde Menschen mit am Tisch; Opfer der Schneekatastrophe, die mit ihren Pkws auf der Strecke geblieben und von hilfsbereiten Mitmenschen aufgenommen worden waren.

Am Neujahrstag hatte sich der Schneesturm ausgetobt. Fünf Menschen waren ihm bisher zum Opfer gefallen. Darunter ein 12jähriger Junge, der am Neujahrstag im Kreiskrankenhaus Plön an den Folgen einer schweren Unterkühlung verstarb. Zusammen mit seinem drei Jahre älteren Bruder und seinem Vater hatte er am Silvesternachmittag bei einer Wanderung von Hohenfelde nach Panker bei dichtem Schneetreiben die Orientierung verloren. »Stundenlang irrten die drei in der unwegsamen Gegend umher«, berichteten die »Kieler Nachrichten« vom 2. Januar 1979, »bis sie schließlich bei Einbruch der Dunkelheit in der Nähe von Satjendorf total entkräftet noch eine Schneehöhle bauen konnten, in der sie Schutz vor der Kälte suchten.

Gegen Morgen machte sich der Vater mit seinem älteren Sohn auf den Weg, um Hilfe zu suchen. Den jüngeren mußte er zurücklassen«, so berichteten die »Kieler Nachrichten« weiter, »weil er zu sehr entkräftet war. Von Emkendorf aus wurden sofort Suchtrupps der Feuerwehr losgeschickt – eine Hubschrauberbesatzung schließlich entdeckte die Höhle direkt neben einer Scheune. Im Krankenhaus jedoch kam für den Jungen jede Hilfe zu spät.«

Höchste Eile war auch geboten für die Instandsetzung der beschädigten Stromleitungen. Unter extremsten Witterungsbedingungen war es den Elektrikern der Schleswag gelungen, den größten Teil der Ortsnetze wieder an die Stromversorgung anzuschließen, und somit schweren Schaden abzuwenden. Aber immer noch waren annähernd dreißig Ortschaften ohne Strom. Mit Hochdruck wurde daran gearbeitet, die gebrochenen Leitungen instand zu setzen.

Um 02.45 Uhr wurden die Rettungsflüge wieder aufgenommen. »Rescue 89 + 61« nahm in Steinbergkirche 19 eingeschlossene und zum Teil erkrankte Personen auf und brachte sie nach Flensburg-Mürwik.

Im Normalfall stehen im SAR-Bereich Glücksburg drei Hubschrauber in Bereitschaft. Am 1. Januar 1979 waren vom frühen Morgen bis zum Einbruch der Dunkelheit 9 Sea Kings und 4 Bell UH-1D der Heeresflieger über Schleswig-Holstein im Einsatz.

Für die Besatzungen bot sich ein völlig neues und ungewohntes Bild. Schnee soweit das Auge reichte. Einzelne Gehöfte und ganze Ortschaften in unberührter Natur. Keine Autos, keine Bewegung. Zugewehte Straßen, Schneewehen von drei bis vier Metern Höhe. Nichts deutete darauf hin, daß dort unten Menschen lebten. Wenn irgendwo in der weißen Einsamkeit jemand winkte, flogen die Hubschrauber hin und landeten. Die Piloten halfen auch ohne Auftrag und Befehl. Es war kein Einzelfall, daß Maschinen mit fünf bis sechs Kranken in Flensburg-Mürwik landeten, obgleich sie von RCC nur den Auftrag hatten, eine Person zu bergen.

In der SAR-Leitstelle wurden 38 Einsatzflüge mit 123 transportierten Personen im gesamten Katastrophengebiet registriert.

Allein nach Flensburg aber wurden Presseberichten zufolge durch die SAR-Hubschrauber mehr als 300 Menschen aus dem Umland eingeflogen.

Auch am 2. Januar kurvten die Hubschrauber des SAR-Dienstes noch vom frühen Morgen bis zum Einbruch der Nacht über dem tiefverschneiten Schleswig-Holstein herum. Kranke und Verletzte wurden in die nächstgelegenen Krankenhäuser geflogen, alleinstehende, von der Außenwelt abgeschnittene Gehöfte wurden mit Lebensmitteln versorgt und Medikamente wurden verteilt. Insgesamt wurden am 2. Januar 21 Einsätze registriert.

Den ganzen Tag über war nur vereinzelt leichter Schneefall aufgetreten. Obgleich nördlich des Kanals noch absolutes Fahrverbot bestand, begann sich die Lage zusehends zu entspannen. Die größte Gefahr war gebannt.

Nach wenigen Tagen waren die meisten Straßen wieder befahrbar. Das Leben begann wieder seinen normalen Verlauf zu nehmen. Sechs Wochen später aber, am 14. Februar 1979 schug der Winter abermals zu. Stärker und unverhoffter noch als zur Jahreswende. Dichtes Schneetreiben und orkanartiger Sturm aus Nordost verursachten fast im gesamten Schleswig-Holstein ein totales Verkehrschaos. In allen elf Landkreisen wurde Katastrophenalarm ausgelöst. Im ganzen Land fiel der Schulunterricht aus.

Die Bundeswehr im nördlichsten Bundesland wurde in Alarmbereitschaft versetzt.

Mit der Bundesbahn wurden Schneefräsen aus Bayern, Rheinland-Pfalz und Nordrhein-Westfalen ins Katastrophengebiet geschafft. Wieder brachen Stromleitungen und Masten. Mit Bergepanzern der Bundeswehr, den einzigen Fahrzeugen, die sich durch die meterhohen Schneemassen durchkämpfen konnten, wurden die Elektriker der Schleswag zu den Einsatzstellen transportiert.

Am Vormittag des 15. Februar wurden 4 000 Stromausfälle gemeldet. Zeitweilig waren bis zu 220 Transformatoren außer Betrieb.

Gegen Mittag ließ der Schneesturm nach, und die Sicht wurde besser. Ab 14.00 Uhr konnten daher neben 15 Panzern auch acht Hubschrauber ausschließlich für die Instandsetzungstrupps der Schleswag eingesetzt werden.

Und wieder sammelten die Sea Kings des Marinefliegergeschwader 5 im ganzen Land Kranke und Verletzte auf. Allein zwei Dutzend SAR-Hubschrauberlandungen wurden am 15. Februar an der Hauptfeuerwache in Kiel registriert.

Ab 16. Februar wurden 40 Hubschrauber des Heeres und des Bundesgrenzschutzes zu Versorgungsflügen eingesetzt. Von der Außenwelt abgeschnittene Gehöfte und Ortschaften wurden von ihnen mit Lebensmitteln versorgt, Apotheken wurden mit dringend benötigten Medikamenten beliefert, Viehfutter wurde transportiert, Pumpen, Notstromaggregate und sonstige, dringend benötigte Güter.

Die Hubschrauber waren wie immer, die Helfer in der größten Not. Ein Redakteur der »Kieler Nachrichten« war bei einem Einsatzflug eines SAR-Hubschraubers dabei. Über seine Eindrücke berichtete er in den »Kieler Nachrichten« vom 17. Februar 1979:

«Ohrenbetäubender Lärm – mit beachtlicher Geschwindigkeit geht die schwere Sea King des Marinefliegergeschwaders 5 aus Kiel-Holtenau auf dem Gelände der Marineschule Mürwik nieder und verschwindet für einige Augenblicke in einem Schneewirbel. Kaum hat sie aufgesetzt, wird die Tür zur Seite gerissen, helfende Hände ergreifen eine Tragbahre. Im Laufschritt wird eine ältere herzkranke Frau zum bereitstehenden Notarztwagen gebracht. Die Triebwerke des ›Seekönigs‹ heulen auf, der Helikopter hebt wieder ab.

Wir fliegen ins Landesinnere. Oberleutnant zur See Helmut Täubert hat es schwer, über der Winterlandschaft den richtigen Kurs zu bestimmen. Straßen und Wege, die unter meterhohen Schneewehen liegen, sind keine Navigationshilfen. Von einem einsamen Gehöft bei Bargfeld muß ein Tierarzt geholt werden. Für mehr als einen herzlichen Dank des Bauern über die Hilfe ist keine Zeit. Nächstes Ziel ist Sterup im Herzen Angelns. Nach einem Rundflug über das Dorf wird der Landeplatz entdeckt. Eine Frau, die sich tags zuvor schwer verletzte, wird in die Maschine gebracht. Kurze Fragen an einige Bewohner nach der Lage. ›Es ist besser, viel besser als zur Jahreswende. Keine Versorgungsschwierigkeiten, kein Stromausfall, halt nur die Straßen dicht.‹ Und die Kinder reiben sich die Hände. ›Schulfrei!‹

Zurück zur Nordstraße. Über einem Dorf gehen wir weit hinunter, bis das Ortsschild zu lesen ist. Munkbrarup. Also wieder Richtung Osten. Vor uns taucht Langballig auf. Kurzes Aufsetzen der Maschine auf der Straßenkreuzung. Der Tierarzt wird hier gebraucht.

Bei diesem Mitflug wird deutlich, wie schwer es die Männer des Such- und Rettungsdienstes der Bundesmarine haben. Die Liste der dringenden Nothilfe ist lang, und ganz obenan stehen die Akuterkrankungen. Auch für die Männer, die in der Glücksburger SAR-Leitstelle des Flottenkommandos die Einzeleinsätze koordinieren, gibt es keine Verschnaufpause. Und sie müssen abwägen, welcher Fall noch einige Stunden warten kann und welcher ganz dringend ist.

130 Einsätze, 120 Flugstunden, 350 Menschen geholfen: Das ist die Bilanz, die die SAR-Leitstelle Glücksburg für 14 Sea King Hubschrauber von Dienstag früh bis Freitag mittag zog. Wie die Leitstelle betonte, flog sie nur für Kranke und Hilfsbedürftige. Die Versorgungsflüge gingen auf das Konto des Heeres.«

Das Drama von Ekofisk

Den ganzen Tag über hatte es schon kräftig geblasen, und von Stunde zu Stunde wurde das Wetter schlechter. Die Nordsee rings um das Bohrfeld Ekofisk wurde immer rauher und ungemütlicher.

Weißhäuptige Brecher rollten in ununterbrochener Reihenfolge von Osten her unter den verstreut im Gebiet stehenden Förder- und Wohnplattformen des Ekofisk-Feldes hindurch.

Die Männer dort draußen machten sich keine Sorgen. Die waren es gewohnt, mit der Nordsee zu leben, und sie fühlten sich sicher auf ihren teils schwimmenden, teils fest verankerten Plattformen. Am Nachmittag des 27. März 1980 nahm der Sturm noch an Stärke zu. Heftige Orkanböen orgelten über die aufgewühlte, gischtende See. Der Windmesser im Helicopter-Tower des Ekofisk-Hotels zeigte 60 bis 70 Knoten Windgeschwindigkeit an. Die See tobte.

Unter einer tiefhängenden, vom Sturm gejagten Wolkendecke, deren Fetzen bis auf etwa 150 Fuß heruntergingen, betrug die Sicht nur etwa 800 Meter.

Auf der Wohnplattform »Alexander L. Kielland«, die durch eine 30 m lange Brücke mit der Förderplattform »Edda« verbunden war, begann man um 18.00 Uhr nach der Schlechtwetterroutine zu verfahren, indem man die Brücke löste und die Plattform mit Ankern auf Abstand winschte.

Trotz der in den Aufbauten heulenden und jaulenden Böen und trotz des tosenden Brüllens der See machten sich die Männer an Bord der Plattform keine Sorgen. Ein harter, arbeitsreicher Tag war zu Ende. Jetzt genossen sie ihren Feierabend. Keiner der über 200 Männer ahnte, daß nicht einmal die Hälfte von ihnen den morgigen Tag erleben würde.

Die »Alexander L. Kielland« ist eine nach dem Pentagon-Prinzip gebaute Halbtaucher-Plattform. Das bedeutet, daß die Plattform durch fünf große Stahlbeine von je 36,5 m Länge, deren untere Enden mit Pontons versehen sind, in schwimmender Lage gehalten wird.

Die Plattform, mit einer Länge von 324,8 ft, einer Breite von 338 ft und einem Tiefgang von 114,2 ft ist dafür ausgelegt, einer Wellenhöhe bis zu 30 m standzuhalten.

Die Pontons an den unteren Enden der Stahlbeine sind mit einem Pumpsystem ausgestattet, um die Plattform auch im Falle eines Lecks schwimmfähig zu halten.

Der Ingenieur Olav Skotheim saß mit etwa dreißig anderen Männern im Kinosaal und sah sich einen Film an, als das Unglück über die »Alexander L. Kielland« hereinbrach.

»Ich hörte plötzlich ein lautes, berstendes Geräusch. Unmittelbar danach begann sich die Plattform zu neigen. Die Lichter gingen aus. Stühle kippten um.

238

Alles fiel durcheinander und rutschte auf die rückwärtige Wand des Kinosaales zu. In dem heillosen Durcheinander raffte ich mich auf und schaffte es irgendwie, auf der abwärts geneigten Seite an Deck zu kommen. Einige andere, die mit mir den Weg ins Freie gefunden hatte, schlitterten auf der schiefen Ebene über die Plattform und stürzten kopfüber in die See.«

Von diesem Augenblick an begannen sich die Ereignisse zu überschlagen. Es war genau 18.29 Uhr, als alle Plattformen des Ekofisk-Feldes und die in der Nähe stehenden Schiffe durch einen Notruf aufgeschreckt wurden.

»Mayday! Mayday! Mayday! Alexander Kielland!« tönte es aus den Lautsprechern. - Dann war Stille.

»Es klang, als hätte der Funker das Mikrofon zur Seite gelegt, um seine weiteren Worte zu überlegen«, sagte später der Funker des Ekofisk-Hotels, Arild Gard, der den Notruf aufgefangen hatte. Ungefähr eine Minute später wurde der Notruf von der Bohrplattform »Edda« auf 129,75 MHz, der Hubschrauber-Arbeitsfrequenz im norwegischen Sektor der Nordsee und auf 2182 kHz, der internationalen Not- und Anruffrequenz weiterverbreitet. Gleichzeitig wurde mitgeteilt, daß die »Alexander L. Kielland« schwere Schlagseite hätte.

Um 18.35 Uhr übermittelte der Funker der »Tor-Plattform« die Meldung über den Notfall an die Küstenfunkstelle Rogaland-Radio. Von hier aus wurde unverzüglich die zuständige SAR-Leitstelle, RCC Stavanger alarmiert und der Notruf für alle Schiffe in der Nordsee weiterverbreitet.

Unmittelbar nachdem er den ersten Notruf von der »Alexander L. Kielland« empfangen hatte, informierte der Funker des »Ekofisk-Hotels« den Hubschrauber-Koordinator Ekofisk.

Ein auf dem Bohrfeld »Eldfisk Alpha« stationierter Hubschrauber vom Typ Sikorsky S-61N der Helicopter Service A.S., der gerade auf der Wohnplattform »Treasure Supporter« gelandet war, hatte den von »Edda« weiterverbreiteten Notruf ebenfalls aufgefangen. An Bord des Hubschraubers waren der Pilot Knut Hegle, der Copilot Paul Ringheim und der Bordwart Bjørn Vikhals.

»Wir hatten gerade unsere Passagiere auf ›Treasure Supporter‹ abgesetzt, als wir auf unserer Arbeitsfrequenz »mayday, mayday, ›Alexander Kielland‹!« hörten. Weiter nichts.

Wir sahen uns an. Was sollte das bedeuten? -

Wir fragten über Funk den Helicopter-Controller auf Ekofisk-Hotel. Auch er wußte keine befriedigende Antwort darauf, bat uns aber, sicherheitshalber zu ›Edda‹ zu fliegen und nachzusehen, was dort los sei.«

Während der Hubschrauber startete und auf die Position der »Edda« zuflog, klammerte sich Olav Skotheim verzweifelt fest, um nicht ebenfalls in die See zu stürzen. Über seine Rettung berichtete er später:»Nachdem ich glücklich an Deck gelangt war und mich dort auch halten konnte, wurde mir klar, daß ich ohne Kälteschutzanzug und ohne Schwimmweste verloren war. Ich hangelte mich an Deck entlang und den Niedergang zu den über dem Kinosaal gelegenen Quartieren empor. In meiner Kabine warf ich in rasender Eile meinen Kälteschutzanzug über und legte die Schwimmweste um. Dann beeilte ich mich, wieder an Deck zu kommen.

Da ich das Gefühl hatte, daß die Plattform schon ziemlich tief abgesackt war, ging ich auf der höherliegenden Seite nach draußen. Vor mir, etwa 30 m entfernt, lag die ›Edda‹. Ich sah, wie jemand mit dem Aufzug aus der See gewinscht wurde.

Einen kurzen Augenblick dachte ich daran, ein Rettungsboot zu Wasser zu lassen, verwarf aber den Gedanken sofort wieder, da ich mir ausrechnete, daß die Chancen, das Boot bei der fürchterlich tobenden See unbeschädigt zu Wasser zu bringen äußerst gering waren. Meine einzige Hoffnung war der Aufzug der ›Edda‹. Noch bevor ich springen konnte, warf mich ein riesiger Becher in die See.

Ich weiß nur noch, daß ich mich wunderte, wie gut ich bei dem gewaltigen Seegang schwimmen konnte. Von der Kälte habe ich trotz einer Wassertemperatur von nur 5 Grad nichts bemerkt.

Ich glaube, daß ich kaum länger als zwei Minuten im Wasser war, bis ich den Aufzug erreichte und auf die ›Edda‹ emporgezogen wurde.«

Inzwischen hatte Rogaland-Radio RCC Stavanger alarmiert und mitgeteilt, daß die »Alexander L. Kielland« im Begriff war zu kentern und daß 208 Personen an Bord seien.

Weiter hieß es in der Meldung, daß alle Mann die Plattform verlassen hätten. Einige trieben in der See, und 45 Überlebende, darunter 22 Verletzte, seien zum »Ekofisk-Hotel« gebracht worden. Damit begann das große Verwirrspiel von Fehlinformationen während des laufenden Falles.

RCC Stavanger ist normalerweise mit einem Mann besetzt. Als der Notruf auflief, hatte Tor Drabls als Rescue-Controller Dienst. Im RCC gibt es abhängig von der Art des Unfalles drei verschiedene Alarmpläne für Offshore-Unfälle. In diesem speziellen Fall trat in erster Linie der Alarmplan für eine SAR-Operation in Kraft, obwohl zugleich auch teilweise die beiden anderen Alarmpläne, die sich mit Ölverschmutzung und Abbergung/Krankentransport befassen, aktiviert werden mußten.

Während der ersten Stunde nach dem Unfall hatte Tor Drabls alle Hände voll zu tun: Als erstes alarmierte er die Hubschrauberstaffel 330 in Sola, dem Fliegerhorst der norwegischen Luftwaffe in der Nähe von Stavanger. Im Anschluß daran informierte er das Maritime Rescue Coordination Centre (MRCC) Aberdeen und RCC Edinburgh in England, RCC Karup in Dänemark, RCC Glücksburg in Deutschland und RCC Valkenburg in den Niederlanden.

Das Hospital in Rogaland wurde voralarmiert, die Polizei in Stavanger als Rescue Sub Centre (RSC) und der Polizeidirektor (Chief of Police) als verantwortlicher SAR-Koordinator wurden über den Notfall in Kenntnis gesetzt.

Die britischen SAR-Leitstellen wurden gebeten, Suchflugzeuge und Hubschrauber zum Unglücksort zu entsenden.

Der augenblicklich einzige Hubschrauber vor Ort war nur unzureichend zur Hilfeleistung geeignet.

Knut Hegle berichtete: »Von Westen her, gegen den verheerenden Sturm ankämpfend, näherten wir uns knapp 10 Minuten, nachdem wir auf der ›Treasure Supporter‹ gestartet waren, der ›Edda‹. Das erste was wir sahen, war das abgerissene Bein der ›Alexander Kielland‹. Dann sahen wir die ›Alexander Kielland‹ selbst. Die Plattform hatte eine Schlagseite von 25 bis 30 Grad. Die Bruchstelle des abgerissenen Beines sowie das daneben liegende Bein waren bereits unter Wasser.

Wir meldeten unsere Beobachtung sofort an ›Ekofisk-Hotel‹ und wurden vom Helicopter-Controller aufgefordert, ihn auf dem laufenden zu halten.

Wir berichteten fortlaufend, was wir sahen: Rettungsboote, Menschen in der See.

Dann manövrierten wir so dicht wie möglich an die ›Alexander Kielland‹ heran. Zu diesem Zeitpunkt bedeckte die See schon das halbe Hubschrauberlandedeck. Die Schlagseite betrug demnach ca. 45 Grad. Im Laufe der nächsten fünf Minuten kenterte die Plattform. Wir hatte keine Rettungswinde. Um nichts unversucht zu lassen, beschlossen wir, mit einer Leine Menschen aus der See zu fischen. Während wir noch bei den Vorbereitungen waren, bekamen wir von ›Ekofisk-Hotel‹ die Anweisung, das Personal der ›Edda‹ zu evakuieren.

Wir sahen mehrere Rettungsboote in der See, aber nicht viele Menschen. Eine Gruppe von Schiffbrüchigen klammerte sich an einem Rettungsboot fest.

Unter den vorherrschenden Wetterbedingungen gaben weder mein Copilot noch ich einen Pfifferling für das Leben der Schiffbrüchigen. Nie im Leben hätten wir geglaubt, daß mehr als 25–30 Mann hätten gerettet werden können.«

Auf »Ekofisk-Hotel« wurde so schnell wie möglich eine Operations-Zentrale eingerichtet. Von hier wurden die ersten Hilfsmaßnahmen geleitet. Der ship-coordinator übernahm den Funkverkehr und die Einsatzleitung der zur Hilfe herbeieilenden Schiffe, während sich der helicopter-coordinator ausschließlich um den Luftverkehr kümmerte.

Zur Zeit waren drei Hubschrauber im Ekofisk-Feld stationiert: Zwei Sikorsky S-61N und eine Bell 212, von denen nur die Bell mit einer Rettungswinde ausgestattet werden konnte. Es dauerte ungefähr zwanzig Minuten, bis die Rettungswinde installiert war und der Hubschrauber um 18.55 Uhr starten konnte.

Eine halbe Stunde nachdem die »Alexander L. Kielland« gekentert war, meldete der Offshore-Manager R.N. Hughes, daß die gekenterte Plattform auf die Bohrplattform »Edda« zutreibe. Die Ölproduktion war bereits gestoppt, und alle Maßnahmen zur sofortigen Evakuierung der »Edda« waren getroffen worden.

Einer der S-61N-Helicopter hatte inzwischen die Suche nach Schiffbrüchigen aufgenommen, während die andere Maschine damit beschäftigt war, das Personal der »Edda« abzubergen und zum »Ekofisk-Hotel« zu bringen.

Kurz darauf kam die Meldung, daß die »Alexander Kielland«, die sich der »Edda« bis auf etwa sechs Meter genähert hatte, nun wieder abtreibe. Man konnte aufatmen.

Zur gleichen Zeit verbreitete Rogaland-Radio die Nachricht, daß zehn Schiffe im fraglichen Gebiet seien und daß drei weitere Schiffe in Kürze eintreffen würden.

Inzwischen war es gelungen, die ersten acht Schiffbrüchigen mit dem Aufzug der »Edda« aus der See zu holen.

Um 18.55 Uhr fischte der Bohrinselversorger »Normand Engineer« vier Schiffbrüchige aus der haushohen See.

Im »Ekofisk-Feld« war die Rettungsaktion durch die dort stationierten Hubschrauber und Schiffe bereits aufgenommen und in vollem Gange, als in Kinloss, im Norden Schottlands ein Suchflugzeug vom Typ Hawker Siddeley NIMROD und in Boulmer bei Newcastle und Coltishall an der Ostküste Englands je ein Hubschrauber vom Typ Sea King starteten.

Zwei weitere Hubschrauber wurden in Coltishall und in Lossiemouth, im Norden Schottlands, in Alarmbereitschaft versetzt. Die zur Hilfe herbeieilenden Schiffe wurden aufgrund des heftigen Ostsüdost-Sturmes angewiesen, die Suche nach Überlebenden nordwestlich der »Edda« zu beginnen.

Der Schlepper »Tender Power« nahm um 19.05 Uhr an der Nordostecke der »Edda«, der Windrichtung folgend, die Suche auf.

Um 19.10 Uhr gelang es dem Versorger »Safe Truck«, einen in der eisigen See treibenden Schiffbrüchigen zu bergen. Um 19.15 Uhr übernahm der Versorger »Normand Skipper« zwei Mann aus einer Rettungsinsel. Aus einer weiteren Rettungsinsel übernahm »Safe Truck« kurz darauf wieder vier Schiffbrüchige.

»Normand Skipper« hatte sich inzwischen einem mit etwa 30 Personen besetzten Rettungsboot genähert. Unter enormen Schwierigkeiten gelang es bis 19.30 Uhr, 12 Mann zu übernehmen. Dann trieb das Boot ab und verschwand in der hereinbrechenden Dunkelheit.

Der Schlepper »Tender Power« hatte um 19.05 Uhr die Suche aufgenommen. Knapp 25 Minuten später, bei schwindendem Tageslicht wurde der erste Schiffbrüchige, der sich mit letzter Kraft an einer Palette festklammerte, in der See entdeckt. Trotz der rasenden See und des tobenden Sturmes gelang es dem Kapitän des Schleppers, so geschickt zu manövrieren, daß der Schiffbrüchige kurze Zeit später in unmittelbarer Nähe der Bordwand trieb. Leinen wurden ihm zugeworfen und Jakobsleitern wurden ausgebracht. Aber der Mann war bereits so sehr entkräftet und unterkühlt, daß er kaum noch reagieren konnte.

Ohne über das eigene Risiko nachzudenken, band sich der Erste Maat, Sven Erik Pedersen, eine Sicherungsleine um die Brust und sprang in die brüllende See. Er erreichte den Schiffbrüchigen und hielt ihn mit eisernem Griff fest. Gemeinsam wurden beide, mit einigen Beulen und Hautabschürfungen versehen, an Deck geholt.

Der Gerettete hatte bereits das Bewußtsein verloren. Selbst von der körperlichen Anstrengung arg mitgenommen, begann Maat Pedersen sofort mit künstlicher Beatmung, und schon nach kurzer Zeit gelang es ihm, den Geretteten ins Leben zurückzurufen.

Nur wenige Minuten später trieb ein weiterer Schiffbrüchiger, der sich an einem Balken festklammerte, auf den Schlepper zu. Auch er wurde der wütenden See entrissen.

Während die vor Ort befindlichen Schiffe und Hubschrauber ihr möglichstes taten, war man auch an Land nicht untätig. Im RCC, dessen Personal durch Polizeibeamte verstärkt worden war, liefen die Telefone heiß.

Das größte Problem während der ersten Stunden der SAR-Operation war ungenügender Informationsfluß. Im RCC konnte man sich auch gegen 20.00 Uhr noch kein genaues Lagebild machen. Man wußte nicht, wieviele Rettungsmittel noch erforderlich waren, und hatte keine Vorstellung darüber, wieviele Hubschrauber die Landeplattformen zum Nachtanken benutzen konnten.

Die Meldungen, die vom »Ekofisk-Feld« kamen, waren sehr verwirrend. Die Zahl der Geretteten, der Personen an Bord der »Alexander L. Kielland« und die Anzahl der von »Edda« evakuierten Personen wurden durcheinandergebracht.

Nach dem Alarmplan verfahrend, übernahm es die Polizei in Stavanger als zuständiges RSC, eine zentrale Sammelstelle für Gerettete, Verletzte und Opfer der Katastrophe einzurichten. In einem Hangar des Fliegerhorstes Sola wurde ein Notlazarett mit 130 Betten, ein Warteraum für Angehörige wie auch eine zentrale Stelle zur Identifizierung der Toten eingerichtet.

Während der einleitenden Phase der SAR-Operation waren auf dem Fliegerhorst etwa 130 Offiziere, Unteroffiziere und Soldaten beteiligt. – Und weiteres Personal wurde herangeholt. Der Staffelkapitän der 330. Hubschrauber-Staffel, Captain Øyvind Ottesen, der in Ostnorwegen seinen Urlaub verbrachte, wurde mit einem Luftwaffenjet abgeholt und nach Sola gebracht.

Auch im Hospital in Rogaland, das um 18.40 Uhr alarmiert worden war, liefen die Vorbereitungen auf Hochtouren. Bereits 20 Minuten nach der Alarmierung waren alle Vorkehrungen getroffen, um eine größere Anzahl von Verletzten aufnehmen zu können.

Das Krankenhaus war darüber informiert worden, daß zunächst mit 25 Verletzten, von denen die ersten gegen 22.00 Uhr eintreffen sollten, gerechnet werden mußte. Aufgrund dieser Information wurden im Krankenhaus Patienten verlegt und etwa 100 Personen, Ärzte, Schwestern und Sanitätspersonal von zu Hause und von anderen Kliniken herangeholt.

Die Anzahl der zu erwartenden Verletzten wurde später auf 65 erhöht, und gegen 22.00 Uhr war das Hospital auf die Aufnahme dieser großen Zahl Verletzter vorbereitet.

Auf Anforderung durch das RCC hatte das Hospital auch ein Team von zwei Ärzten und drei Krankenschwestern zusammengestellt und nach Sola in Marsch gesetzt. Mit einer S-61N der Helicopter Service A.S. sollten sie hinausgebracht werden zum »Ekofisk-Feld«.

Mit ihrer Ankunft um 20.40 Uhr übernahm die britische NIMROD die Koordination des Luftverkehrs. Vier Hubschrauber und 15 Schiffe waren zu diesem Zeitpunkt im Gebiet. Fünf weitere Hubschrauber, ein SAR-Hubschrauber aus England, ein SAR-Hubschrauber der 330. Staffel aus Sola und drei S-61N der Helicopter Service A.S. waren unterwegs zur Unfallstelle.

Eine weitere S-61N stand in Sola bereit, um das Ärzte-Team des Rogaland Hospitals aufzunehmen und zum »Ekofisk-Feld« hinauszubringen.

Die SAR-Leitstelle hatte noch immer kein überschaubares Bild von dem Ausmaß der Katastrophe. Erst nachdem die britische NIMROD die Aufgaben des On Scene Commanders (OSC) übernommen hatte, erhielt das RCC mehr Informationen aus dem Unfallgebiet.

Später stellte sich heraus, daß einige Informationen, die über den OSC die SAR-Leitstelle erreichten, falsch waren. Dies trifft hauptsächlich auf die Anzahl der Geretteten zu. Zeitweise variierte die Zahl der Geretteten von 89 bis 149. Ebenso widersprüchlich waren die Angaben über die Anzahl der Personen an Bord der »Alexander L. Kielland«. Sie bewegte sich zwischen 208 und 228.

Zusätzlich zu den bereits getroffenen Maßnahmen wurde ein in Ørland stationierter Sea King-Hubschrauber der 330. Staffel nach Sola beordert.

Eine ORION der 333. Staffel in Andøya wurde mit zwei Besatzungen nach Sola verlegt.

18 Spezialtaucher der Marine-Basis Ramsund wurden in Alarmbereitschaft versetzt, und vier Schnellboote wurden von Haakonsvern nach Tananger beordert.

Um 20.30 Uhr erhielt die in Haakonsvern liegende norwegische Fregatte »Narvik« den Befehl, sich sofort zum Auslaufen klarzumachen. Den Auftrag hierzu erteilte das Marinehauptquartier in Stavanger auf eigene Initiative. Anschließend wurde das RCC über diese Maßnahme informiert. Die Entscheidung, ob das Schiff auslaufen sollte oder nicht, sollte im RCC gefällt werden.

Vier in der Nordsee operierende Schiffe der Royal Navy erhielten den Auftrag, unverzüglich das Unfallgebiet anzulaufen, und auch der querab von Den Helder operierende niederländische Zerstörer »Overijssel« erhielt den Befehl, sofort Kurs auf das »Ekofisk-Feld« zu nehmen.

Kurz nach 21.00 Uhr wurde das Wetter so schlecht, daß die Hubschrauber aufgeben mußten. Zu dieser Zeit waren neben einer NIMROD als OSC elf Hubschrauber am Unfallort: 6 S-61N und 2 Bell 212 der Helicopter Service A.S., 1 Sea King der 330. Staffel und 2 Sea Kings aus England.

Zwei weitere britische Hubschrauber standen in Alarmbereitschaft, und zwei norwegische Sea Kings wurden zum Einsatz klargemacht. Die Fregatte »Narvik« erhielt ihren Auslaufbefehl.

Während die Hubschrauber auf den verschiedenen Plattformen auf Wetterbesserung warteten, suchten die Schiffe weiter. Um 21.15 Uhr gelang es dem Bohrinselversorger »Viking Girl«, einen im Wasser treibenden Schiffbrüchigen der See zu entreißen.

Gegen 22.00 Uhr trat leichte Wetterbesserung ein, und die Hubschrauber nahmen wieder die Suche auf. Von Orkanböen geschüttelt, kämmten sie mit ihren Suchscheinwerfern in niedriger Höhe die See ab.

Eine britische Sea King entdeckte zwischen den haushohen Wellenbergen eine Rettungsinsel und übernahm 10 Personen.

Kurz darauf nahmen die Orkan-Böen wieder derart zu, daß der gesamte Hubschrauber-Verkehr eingestellt werden mußte. Die Böen waren so hart und unberechenbar, daß es der mit einem Ärzte-Team aus Sola kommenden S-61N nicht gelang, auf einer Plattform zu landen. Die Maschine mußte abdrehen und zum Festland zurückkehren. Vier Stunden später, kurz vor zwei Uhr morgens ließen die Böen nach, und die Suche konnte wieder aufgenommen werden.

Etwa 40 Überlebende waren bis jetzt, teils in der See treibend, sich an Wrackteilen festklammernd, aus Rettungsinseln und Rettungsbooten gerettet worden.

Sturm, Seegang und die Dunkelheit der Nacht erschwerten die Suche ungemein.

Die Suchscheinwerfer der Hubschrauber und Schiffe fingerten über die weißgischtende, hochgehende See.

Gegen 02.00 Uhr, kurz nachdem die Hubschrauber wieder zur Suche gestartet waren, entdeckte »Viking 51«, eine Sea King der 330. Staffel, ein Rettungsboot im Scheinwerferlicht. Es war das mit 26 Personen besetzte »Boot 1« der gekenterten Plattform. Sieben Schiffbrüchige wurden aufgewinscht und zum »Ekofisk-Hotel« gebracht.

Eine halbe Stunde später hing »Viking 51« wieder über dem Boot und barg sechs Personen ab.

Bevor Captain Roaldsøy abermals das Rettungsboot anfliegen konnte, bekam er den Auftrag, sofort zur »Edda« zu fliegen. Wie gemeldet worden war, trieb das abgerissene Bein der »Alexander L. Kielland« auf die Bohrplattform zu und drohte mit »Edda zu kollidieren. »Viking 51« sollte sich bereithalten, notfalls die dort verbliebenen 12 – 14 Mann zu evakuieren.

Inzwischen hatte eine S-61N ein weiteres Rettungsboot entdeckt und vier Schiffbrüchige daraus übernommen.

Gegen drei Uhr morgens traf »Viking 50« mit dem Commander der 330. Staffel, Captain Øyvind Ottesen, und seiner Crew im Suchgebiet ein. »Die Wetterbedingungen waren unvorstellbar. Die Wellenhöhe betrug etwa 10 Meter. Niemals war ich mit meiner Besatzung unter ähnlichen Bedingungen im Einsatz«, berichtete Captain Ottesen, der seit 1975 im SAR-Dienst tätig ist, über seine Eindrücke.

»Wir winschten die Überlebenden aus zwei Rettungsbooten auf. Das erste Boot, aus dem wir 17 Mann holten, war in relativ gutem Zustand.

Um Zeit zu sparen, holten wir immer zwei Mann zugleich nach oben. Das hätten wir aber kaum geschafft, wenn unser Rettungsmann, Airman First Class Wilfred Ramstad während des Einsatzes nicht Unvorstellbares geleistet hätte. Er ließ sich selbst abwinschen in das Boot und half dort den Schiffbrüchigen in die Rettungsschlinge. Schon in kürzester Zeit hatte er erheblich unter Seekrankheit zu leiden, aber er biß die Zähne zusammen und machte weiter.

Es war einfach fantastisch, was dieser Mann geleistet hat. Wir hatten gerade sechs Mann an Bord, als sich unser Winschseil derart unter dem Rettungsboot verfing, daß es trotz aller Mühe zunächst nicht freizubekommen war. Ramstad ließ sich trotz des fürchterlichen Seeganges über die Bordwand ins Wasser gleiten, tauchte und klarierte das Seil. Im nächsten Augenblick warf ihn eine Brechsee ins Boot zurück. Ohne zu verschnaufen und ohne lange zu zögern, begann er sofort, den nächsten beiden Schiffbrüchigen die Rettungsschlinge umzulegen.

Nachdem wir die ersten 17 Geretteten auf › Ekofisk-Hotel‹ abgesetzt hatten, flogen wir sofort wieder hinaus.

Das nächste Rettungsboot, das wir anflogen, war schwer beschädigt. Bug und Heck waren eingedrückt. Aus diesem Boot haben wir 13 Mann übernommen. 13 andere waren schon vorher durch › Viking 51‹, der zweiten Sea King der 330. Staffel, geflogen von Nils-Reidar Roaldsøy, abgeborgen und zum › Ekofisk-Hotel‹ gebracht worden. Während der SAR-Operation wußten wir nicht, wieviele Menschen bereits gerettet worden waren. Das interessierte uns auch gar nicht. Während wir im Einsatz waren, hatten wir keine Zeit, über das Ausmaß des Unfalles nachzudenken. Für uns war es einzig und alleine wichtig, Überlebende zu finden und zu retten.

Leider mußten wir die traurige Erfahrung machen, daß unsere Winschvorrichtung für derart extreme Wetterbedingungen nicht gut genug ist. Bei einem Hubschrauber mußte das Windenseil gewechselt werden, da durch die enorme Belastung mehrere Kardeele gebrochen waren. Bei mir selbst riß während des 2. Einsatzes das Seil. Gottlob hatten wir einen Ersatzhaken an Bord, den wir provisorisch am Seil befestigen und somit unseren Auftrag zu Ende führen konnten.«

Am Freitag, bei erstem Tageslicht, befanden sich 24 Schiffe und vier Hubschrauber im Suchgebiet.

Die britische NIMROD operierte als OSC für die Hubschrauber, während der Schiffs-Coordinator der Ekofisk-Zentrale die Führung der an der Suche beteiligten Schiffe übernommen hatte.

In den frühen Morgenstunden starteten zwei deutsche SAR-Hubschrauber, um sich an der Suche nach Überlebenden zu beteiligen. Auf Anweisung der Einsatzleitung in der Ekofisk-Zentrale landeten die beiden Maschinen zunächst südlich des Einsatzgebietes auf den Plattformen der Pumpstationen H7 und B11 der Gas-Pipeline nach Emden um aufzutanken und sich auf Abruf bereitzuhalten.

Die vier Hubschrauber, die sich bereits im Suchgebiet befanden, suchten derweil nach einem mit 30 Personen besetzten Rettungsboot, das die NIMROD gemeldet hatte. Von keiner anderen Stelle wurde das Vorhandensein dieses Bootes bestätigt, und später stellte sich auch heraus, daß die Meldung der NIMROD auf einem Irrtum beruhte.

246

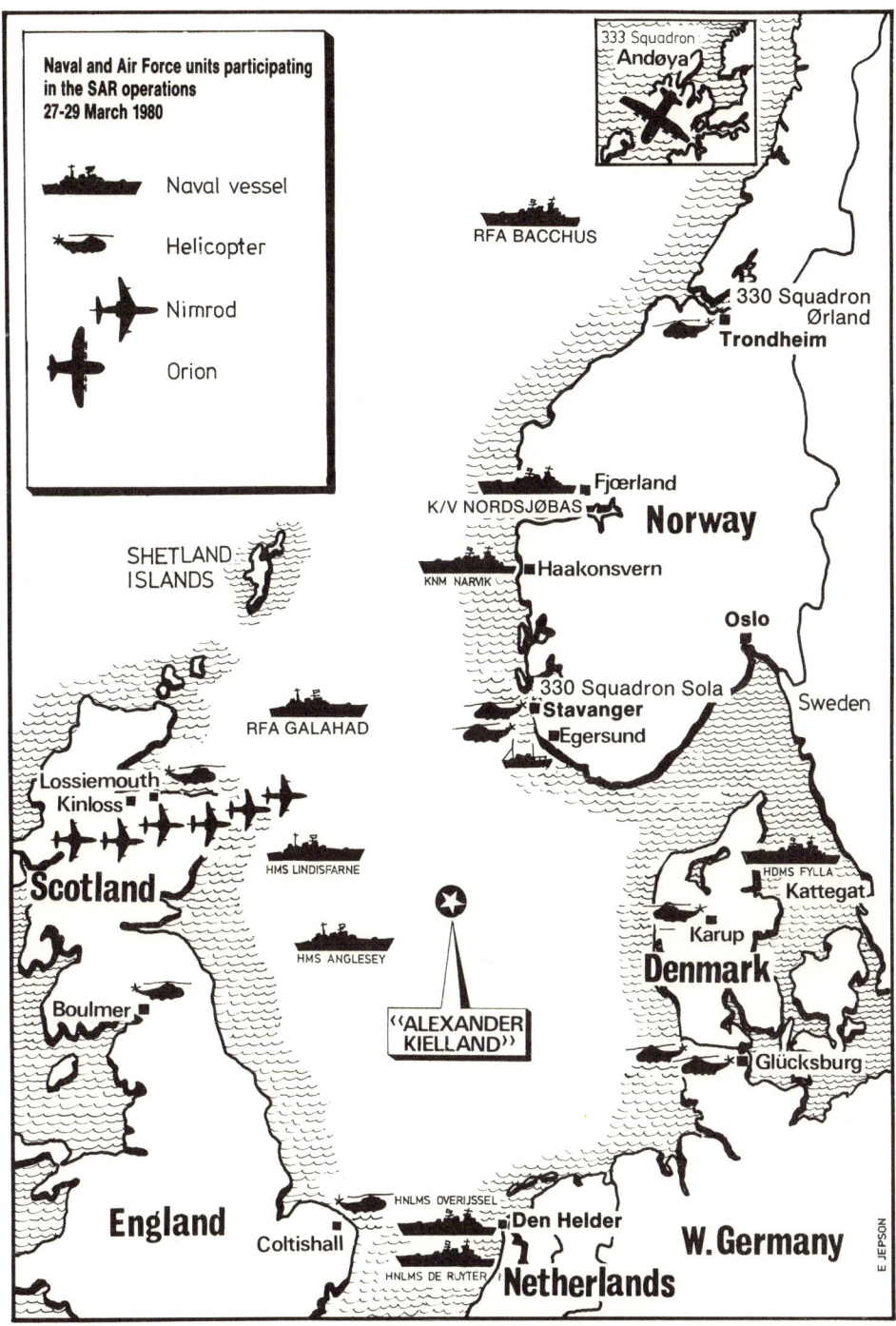

Naval and Air Force units participating in the SAR operations 27-29 March 1980

Naval vessel

Helicopter

Nimrod

Orion

333 Squadron
Andøya

RFA BACCHUS

330 Squadron
Ørland
Trondheim

Fjærland
K/V NORDSJØBAS

Norway

KNM NARVIK ■Haakonsvern

SHETLAND
ISLANDS

Oslo

330 Squadron Sola
■**Stavanger**

Sweden

RFA GALAHAD

■Egersund

Lossiemouth
Kinloss■

HMS LINDISFARNE

HDMS FYLLA
Kattegat

Scotland

HMS ANGLESEY

■Karup

Denmark

Boulmer■

"ALEXANDER
KIELLAND"

Glücksburg

HNLMS OVERIJSSEL

England

■**Den Helder**

Coltishall■

W. Germany

HNLMS DE RUYTER

Netherlands

E JEPSON

247

Mit beginnendem Tageslicht nahmen alle verfügbaren Hubschrauber die Suche auf. Um 08.30 Uhr befanden sich bereits zehn Hubschrauber in der Luft, von denen jeder sein spezielles Suchgebiet von RCC Stavanger über den OSC zugewiesen bekommen hatte.

Das Wetter hatte sich entschieden gebessert. Westsüdwest-Wind mit 18–20 Knoten, Wellenhöhe um 2 Meter, Temperatur $+5°C$. Um 09.30 Uhr übernahm der niederländische Zerstörer »Overijssel« die Aufgaben des OSC für die Schiffe.

Im Laufe des Tages trafen immer mehr Sucheinheiten im Seegebiet um die Unfallstelle ein. Gegen 14.00 Uhr befanden sich 47 Schiffe im Gebiet, von denen 37 Einheiten durch »Overijssel« kontrolliert wurden.

Obwohl im RCC die Möglichkeit, daß sich eingeschlossen in der »Alexander L. Kielland« noch Überlebende befinden könnten, als sehr gering eingeschätzt wurde, wurden mehrere Taucherschiffe zu der gekenterten Plattform in Marsch gesetzt. Leider konnten die eingesetzten Taucher die tief unter der Wasseroberfläche liegenden Wohnquartiere nicht erreichen. Auf Klopfzeichen an den Beinen und Verstrebungen der Plattform kam keine Antwort.

Nun wurden Unterwasserkameras eingesetzt. Die Aufnahmen gaben keinen Grund zur Hoffnung. Alle Fenster der Quartiere waren eingedrückt.

Systematisch wurde die See abgekämmt. Überall schwamm Treibgut herum, und von Stunde zu Stunde wurde die Hoffnung, noch Überlebende zu finden, geringer. So wurde es für die Hubschrauber zur Hauptaufgabe, nach Leichen Ausschau zu halten.

Während der laufenden Operation war es unmöglich, die Ursache des Unglücks festzustellen.

Im Verteidigungsministerium (CHOD Norway) erwog man die Möglichkeit, ob eventuell ein U-Boot der verbündeten Streitkräfte Verursacher des Unglücks gewesen sein könnte. Eine Überprüfung ergab, daß das nächststehende U-Boot zum Zeitpunkt der Katastrophe 24 Stunden vom Unfallort entfernt war.

Die an der Suche beteiligten Marineeinheiten wurden angewiesen, auf Anzeichen von Sabotage oder andere äußere Einwirkungen zu achten. Nichts kam dabei heraus.

Im Laufe des Tages wurden 32 Leichen gefunden. Keine Überlebenden. Die letzten 13 Schiffbrüchigen waren um 05.00 Uhr durch »Viking 50« gerettet worden.

Trotz des negativen Ergebnisses wurde am nächsten Tag die Suche mit sechs Hubschraubern und 18 Schiffen fortgesetzt. Aber die Hoffnung schwand immer mehr.

Fachleute hatten inzwischen auch bestätigt, daß nunmehr, 46 Stunden nach dem Unglück, nicht mehr die geringste Hoffnung bestände, noch Überlebende, eingeschlossen in der gekenterten Plattform, zu finden.

Nach Aussage der Experten konnten sich theoretisch nach dem Kentern der »Alexander L. Kielland« nur kleine Luftblasen in dem Wrack halten. Ein Überlebender würde bis jetzt den vorhandenen Sauerstoff verbraucht haben, wenn er nicht schon vorher, bei einer Wassertemperatur von 4 – 5 Grad an Unterkühlung gestorben war.

Gegen Mittag verließ der niederländische Zerstörer »Overijssel« nach fast 30stündigem, pausenlosen Einsatz, bei dem er teilweise bis zu 42 Schiffe kontrolliert hatte, das Gebiet und übergab die OSC-Aufgaben an die norwegische Fregatte »Narvik«.

Am Nachmittag wurde bei einer Einsatzbesprechung im RCC Stavanger beschlossen, die Suche bei Sonnenuntergang als aussichtslos zu beenden.

Um 19.00 Uhr mußte folgende, traurige Bilanz gezogen werden:

    89 Menschen gerettet
    40 Leichen geborgen
    84 Männer vermißt.

Die »Alexander L. Kielland« war im Jahre 1976 von einer Werft in Dunkerque gebaut worden. Ursprünglich als Bohrplattform entwickelt, war sie mit einem 51,2 m hohen Mast versehen. Es muß angenommen werden, daß der 200 t schwere Mast als entscheidender Faktor zum Kentern der Plattform beitrug, als eines der fünf Stahlbeine bei schwerem Seegang brach.

Die Plattform war mit 7 Rettungsbooten für je 50 Personen und mit 24 Rettungsinseln für je 20 Personen ausgerüstet.

SAR-Fall Nr. 404

Am 15. August 1981 um 18.00 Uhr GMT zog im RCC Glücksburg die neue Wache auf: Der Wachleiter, ein Kapitänleutnant, der vor seiner Versetzung zur SAR-Leitstelle 14 Jahre als Hubschrauberpilot im SAR-Dienst eingesetzt war, der stellvertretende Wachleiter, ein Oberbootsmann, der schon vier jahre Dienst in der SAR-Leitstelle machte und vorher in der Flugsicherung tätig war, und der SAR-Unteroffizier, ein Obermaat, der vor der Versetzung zur SAR-Leitstelle Dienst bei der SAR-Außenstelle in Westerland machte und von dieser Tätigkeit her den SAR-Betrieb recht gut aus der Praxis kannte.

Um 19.38 Uhr klingelte das Telefon. Damit begann eine Suchaktion, die die SAR-Leitstelle fast 24 Stunden in Atem hielt. Um dem Leser einen Eindruck über die Tätigkeit einer SAR-Leitstelle zu vermitteln, sollen die ersten Stunden dieses SAR-Falles dargestellt werden.

Mit den entsprechenden Uhrzeiten (GMT) werden die ein- und ausgehenden Telefonate und die sonstigen Aktivitäten im RCC so niedergeschrieben, wie sie im »SAR-Log« handschriftlich festgehalten wurden. In Ergänzung hierzu sind die Überlegungen, die zu den entsprechenden Aktivitäten führen, und die sonstigen Tätigkeiten der SAR-Wache vermerkt.

19.38 Uhr Anruf von der Außenstelle Westerland: Haben Anruf von einer Frau D. entgegengenommen. Ihr Mann und zwei Kinder sind zwischen 12.00 und 14.00 Uhr vom Campingplatz Heintzius aus zum Angeln hinausgefahren. Kinder sind etwa 11 Jahre alt. Hatten ein Polyesterboot mit 1,5 PS Außenborder. Farbe des Bootes orange-weiß. Wollten querab von Rantum angeln.

Derartige Alarmierungen kommen relativ häufig vor. Meistens steckt Gott sei Dank nichts dahinter, weil sich die Vermißten verspäten oder anderswo an Land gehen. Das Wetter ist so, daß kein Anlaß zur Sorge besteht: Kaum Wind und Seegang, die Wassertemperatur beträgt 17°C.

Der Wachleiter glaubt an keine ernsthafte Notlage. Dennoch will der den Fall nicht so ohne weiteres abtun.

19.39 Uhr Die DGzRS wird über die Lage informiert.

Das wär's zunächst. Den Einsatz eines Hubschraubers behält sich der Wachleiter vor. Zunächst werden mehr Informationen benötigt. Um 18.55 Uhr GMT war Sonnenuntergang. Es ist stockdunkle Nacht. Was kann passiert sein? Ein Kentern des Bootes ist unwahrscheinlich. Schlimmstenfalls ist es mit defektem Außenbordmotor abgetrieben.

250

Vorsorglich beginnt sich die SAR-Wache auf diese Situation einzustellen.

19.40 Uhr   Von Außenstelle Westerland: Frau D. sitzt im Restaurant des Campingplatzes und ist unter Tel. 04651/... zu erreichen.

Vom Wachleiter werden zwei angenommene Zeitpunkte für den Ausfall des Motors und somit den Beginn der Drift festgelegt: 15.00 Uhr und 17.30 Uhr. Anhand der Strömungsverhältnisse, die er dem Gezeitenatlas entnimmt und des zur Zeit herrschenden Windes berechnet der stellvertretende Wachleiter die Drift des Bootes und das Suchgebiet. Er geht dabei einmal von einer Position querab Rantum und für 17.30 Uhr von einer Position querab des Campingplatzes aus.

In Anbetracht der fortgeschrittenen Zeit und der Dunkelheit ist es unwahrscheinlich, daß die Vermißten noch angeln.

Die Möglichkeit, daß sie irgendwo am Strand sitzen, ist nicht auszuschließen. Um hierüber Klarheit zu erlangen, muß die Polizei um Amtshilfe gebeten werden.

19.55 Uhr   Die Polizei in Westerland wird informiert und gebeten, den Strandabschnitt zwischen Westerland und Rantum abzusuchen.

Der Wachleiter sieht seinem Oberbootsmann über die Schulter und überprüft dessen Berechnungen.

Nach einer kurzen Erörterung der Lage wird im RCC beschlossen, einen Hubschrauber einzusetzen. Das Suchgebiet soll dabei so klein wie möglich gehalten werden.

Während der Oberbootsmann die Koordinaten des berechneten Suchgebietes aus der Karte nimmt, bereitet der Wachleiter den Einsatzbefehl vor.

20.11 Uhr   Anruf von der Außenstelle Westerland: Die Vermißten sollen angeblich mit Schwimmwesten und einem kleinen Sprechfunkgerät, einem Walky-Talky ausgerüstet sein.

Keine große Hilfe bei der geringen Reichweite der meisten Geräte dieser Art und dem heillosen Durcheinander auf den zur Verfügung stehenden Frequenzen.

20.16 Uhr   Einsatzbefehl an »Rescue 89 + 71« in Westerland: Motorboot vor Sylt überfällig! Zwischen 12.00 und 14.00 Uhr ausgelaufen Westerland.
Auftrag: Boot suchen/Insassen retten
Suchgebiet: 55°01N 07°54E, Radius 6,3 NM
Suchmethode: Expanding Square Search
Frequenzen: UHF Kanal 8

20.17 Uhr   Informationen von der DGzRS: Seenot-Rettungskreuzer »Adolph Bermpohl« läuft aus, um sich an der Suche zu beteiligen.

Im Moment ist nichts weiter zu tun. Bis der Hubschrauber startet und sich auf der befohlenen Frequenz meldet, kann es noch zehn Minuten dauern. Zeit für eine Tasse Kaffee.

20.26 Uhr Funkspruch von »Rescue 89 + 71«: Just airborne Westerland!

20.30 Uhr Der ASTO vom Dienst wird über den Hubschraubereinsatz informiert.

20.35 Uhr Funkspruch von »Rescue 89 + 71«: On task! Starting search!

Wie sich später herausstellte, war tatsächlich der Motor des gesuchten Bootes ausgefallen. Das Boot war abgetrieben und befand sich bei Beginn der Suche in unmittelbarer Nähe des berechneten Suchgebietes.

Die Insassen des Bootes beobachteten den Hubschrauber lange Zeit. Leider hatten sie keine Möglichkeit, sich bemerkbar zu machen. Eine Schachtel Streichhölzer hätte genügt, und ihnen wäre vieles erspart geblieben. Ganz abgesehen von den enormen Kosten, die die Suchaktion verschlungen hatte.

21.09 Uhr RCC Karup wird über die Lage informiert.

Es entspricht der allgemein geübten Praxis, daß sich die benachbarten SAR-Leitstellen über Einsätze im grenznahen oder grenzüberschreitenden Bereich auf dem Laufenden halten.

21.20 Uhr Von DGzRS: Haben veranlaßt, daß Norddeich-Radio eine Suchmeldung ausstrahlt. Seenot-Rettungskreuzer »Hermann Ritter« hat Kurs auf Sylt genommen.

Wachleiter und Stellvertreter beraten über weitere Maßnahmen, falls die Suche durch den Hubschrauber erfolglos verlaufen sollte. Die Chance, jetzt noch etwas zu finden, wird als sehr gering eingeschätzt. Pyrotechnische Signalmittel können nicht an Bord des Bootes sein. So wie sich die Lage nun darstellt, könnte das Boot nur bei direktem Überflug mit dem Suchscheinwerfer entdeckt werden.

Wenn sie sich schon nicht optisch bemerkbar machen können, dann vielleicht akustisch mit dem Sprechfunkgerät. Von Land aus könnte die Reichweite zu gering sein. Ein Gerät der gleichen Art muß näher zum möglichen Standort des treibenden Bootes gebracht werden. Die Idee wird sofort in die Tat umgesetzt.

21.50 Uhr: Telefonische Rücksprache mit Frau D.: Der Vater des einen an Bord befindlichen Jungen hat das andere Funkgerät. Bisher hat er vergeblich versucht, Kontakt herzustellen.
Frau D. wird gebeten, den Bekannten zu veranlassen, so schnell wie möglich mit seinem Funkgerät zum Fliegerhorst Westerland zu fahren. Soll dort von Hubschrauber aufgenommen werden.

22.05 Uhr: Von Polizei Westerland: Der Außenbordmotor hat einen 2-3 Ltr.-Tank. Zusätzlich Reservekanister mit 5 Ltr. an Bord.

22.06 Uhr: Funkspruch an »Rescue 89 + 71«: Nach Sylt zurückkehren! Neuer Auftrag erfolgt telefonisch.

22.18 Uhr: Von Außenstelle Westerland: Hubschrauber gelandet. An Außenstelle: Auftrag an Besatzung: Nach Eintreffen des Mannes mit Funkgerät wieder starten. Versuchen Funkverbindung aufzunehmen.

22.22 Uhr: Auftrag an »Rescue 89 + 71«: Falls in der Nähe des angegebenen Suchgebietes keine Funkverbindung zustande kommt, noch einen Streifen entlang der Küste abfliegen und dann abbrechen.

Viel verspricht sich die Wache im RCC nicht mehr von dem zweiten Einsatz, aber einen Versuch ist die Sache wert. Eine weitere Nachtsuche für den Hubschrauber kommt nicht mehr infrage, zumal die beiden Kreuzer der DGzRS noch in See stehen.

22.30 Uhr Funkspruch von »Rescue 89 + 71«: Take-off Sylt!

22.40 Uhr Von Marine-Signalstelle Helgoland: Haben Suchmeldung von Norddeich-Radio aufgefangen.

Der Wachleiter gelangt zu der Überzeugung, daß während der Nacht nichts mehr gefunden wird. Mit allen zur Verfügung stehenden Mitteln muß die Suche beim ersten Tageslicht aufgenommen werden. Hierzu ist es zunächst erforderlich, die wahrscheinliche Position des treibenden Bootes zu ermitteln. Der Wachleiter beschließt, die Suche um 04.00 Uhr zu starten.

22.50 Uhr RCC Karup um Unterstützung gebeten. Hubschrauber aus Skrystrup steht ab 04.00 Uhr zur Verfügung.

Bei der Geophysikalischen Beratungsstelle wird das Wetter eingeholt. Über der Nordsee ist gegen 04.00 Uhr folgende Wetterlage zu erwarten: Wind 100 Grad mit 20 Knoten, eine Sicht von fünf bis acht Meilen und zeitweise eine dünne und niedrige Wolkendecke in 500 Fuß.

Unter Berücksichtigung der bis dahin verstrichenen Zeit, des Tidenstromes und der besonderen Beeinflussung durch den Wind wird die wahrscheinliche Position des Bootes für 04.00 Uhr morgens ermittelt.

Um diese Position herum wird das Suchgebiet entwickelt. Die Größe des Gebietes ist abhängig von der berechneten Driftstrecke und von verschiedenen Fehlerquotienten und Sicherheitsfaktoren. Die Berechnung erfolgt nach einer vorgegebenen Formel.

Schließlich folgt die Berechnung des Abstandes der einzelnen Suchkurse, der sogenannten Trackspacing. Dabei gehen die Größe des zu suchenden Objektes, die Flughöhe der Suchflugzeuge / Hubschrauber und die Wetterfaktoren Sicht, Windstärke und Bedeckung in die Berechnung ein.

Wachleiter und Stellvertreter arbeiten Hand in Hand.

23.37 Uhr Von Außenstelle Westerland: Hubschrauber gelandet. Nichts gefunden.

Im RCC hat man nichts anderes erwartet.

253

Zurück zur Berechnung. Die Größe des Suchgebietes macht einen massierten Einsatz erforderlich. Der Wachleiter beschießt, drei Hubschrauber und eine Breguet ATLANTIC einzusetzen.

Kurz vor Mitternacht sind die Berechnungen abgeschlossen. Das Suchgebiet, für die einzelnen Maschinen unterteilt, ist auf die Seekarte übertragen.

23.54 Uhr Die Suchgebietsberechnung wird an die DGzRS durchgegeben.

Die Einsatzbefehle werden schriftlich niedergelegt. Im Einsatzbefehl sind im einzelnen enthalten: Die Koordinaten des abzusuchenden Gebietes, Suchmethode, Trackspacing, Ausgangspunkt der Suche, Flughöhe und Frequenzen.

00.10 Uhr Einsatzbefehl an »Rescue 61 + 16« in Nordholz.

»Rescue 61 + 16«, eine Breguet ATLANTIC, wird mit der Aufgabe des On Scene Commanders betraut. Die besonderen Aufgaben des OSC bestehen darin, die Suche vor Ort zu koordinieren und zu leiten und mit der SAR-Leitstelle Kontakt zu halten.

00.25 Uhr Einsatzbefehl an RCC Karup für »Rescue 275«

00.40 Uhr Einsatzbefehl an Außenstelle Westerland für »Rescue 89 + 71«

00.45 Uhr Einsatzbefehl an Außenstelle Borkum für »Rescue 89 + 56«

Alle Besatzungen erhalten den Auftrag, ihren Start so einzurichten, daß sie um 04.00 Uhr in den befohlenen Gebieten mit der Suche beginnen können.

Für gut zweieinhalb Stunden kehrt nun Ruhe im RCC ein.

Kurz nach drei Uhr morgens melden sich die Besatzungen und fragen an, ob es irgendwelche neuen Erkenntnisse gibt.

Der Borkumer Hubschrauber ist wegen eines technischen Defektes vorübergehend nicht einsatzklar. Die anderen Maschinen starten und nehmen Kurs auf das Operationsgebiet.

Pünktlich beginnt die Suche. Neben der ATLANTIC und den drei Hubschraubern sind auch noch zwei Rettungskreuzer der DGzRS im Einsatz.

Den ganzen Tag über dauert die Suche an. Die Hubschrauber fliegen zwischendurch lediglich einmal nach Westerland, um aufzutanken. Man beginnt im RCC schon an einem Erfolg zu zweifeln, als um 18.08 Uhr eine Meldung des dänischen Sea Rescue Centers in Aarhus eingeht. Die Insassen des Bootes wurden 3 – 4 Meilen westlich von Westerland/Sylt unversehrt von einem dänischen Fischkutter aufgenommen. Die Suche kann sofort abgebrochen werden. Es ist kaum zu glauben. Eigentlich müßte das Boot viel weiter draußen sein. Alle Berechnungen sind auf den Kopf gestellt. Hier kann irgendetwas nicht stimmen.

Um Klarheit zu erlangen, wird Herr D. ein paar Tage später zu einer Aussprache ins RCC eingeladen. Bei einer Tasse Kaffee berichtet er, daß an dem betreffenden Tag kurz vor Einbruch der Dunkelheit der Motor ausgefallen sei. Das Boot trieb ab.

Er machte seinem Sohn und dessen Freund klar, daß sie während der Nacht kaum eine Chance hätten, gefunden zu werden. Von den Jungen ließ er sich die Armbanduhren geben und steckte sie weg. Ein paar Bonbons wurden als Notverpflegung rationiert. Längere Zeit konnten sie die Lichter des Hubschraubers beobachten. Dann sahen sie die Maschine zurückfliegen. Sie waren allein. Aus dem Funkgerät war außer einem Rauschen nichts zu hören. Nach einer langen Nacht wurde es endlich hell und Herr D. ging daran, seinen Außenbordmotor zu reparieren.

Die Reparatur gelang. Den ganzen Tag lang tuckerten sie mit Ostkurs quer durch das Suchgebiet auf die Küste zu. Hin und wieder sahen sie einen Hubschrauber oder ein Flugzeug.

Am späten Nachmittag tauchten die Hochhäuser von Westerland am Horizont auf. Kurze Zeit später näherte sich der dänische Fischkutter, der sie aufnahm und später an den Seenot-Rettungskreuzer »Adolph Bermpohl« übergab.

Eine Rekonstruktion des Falles ergab, daß D. auf dem ersten Suchstreifen eines Hubschraubers ostwärts gelaufen sein muß, nachdem dieser die westlichste Grenze erreicht hatte und nach Norden abgedreht war.

Die Erde hat uns wieder

Wie festgenagelt hing die Sea King mit der Seitennummer »89 + 61« in etwa 30 ft Höhe über dem Achterschiff des deutschen Tenders »Saar«. Die starken Landescheinwerfer des Hubschraubers tauchten das Deck des Schiffes in gleißendes Licht.

Aus dem Cockpit heraus konnte der Pilot durch das Seitenfenster beobachten, wie zwei Soldaten mit einer Trage zum Achterschiff gelaufen kamen.

Auf der Trage lag der abzubergende Soldat, der wegen eines akuten Blinddarmes so schnell wie möglich ins Krankenhaus gebracht werden sollte.

Um 22.45 Uhr, am 5. November 1984, war die Hubschrauberbesatzung von der SAR-Leitstelle alarmiert worden, nachdem der Kommandant des Tenders um schnellstmögliche Abbergung eines erkrankten Besatzungsmitgliedes gebeten hatte. Die »Saar« stand zu diesem Zeitpunkt in der Ostsee, nordöstlich der dänischen Insel Mön, eine gute Flugstunde von Kiel-Holtenau entfernt.

Das Wetter war »laut und klar«. Bei sternklarer Nacht herrschte eine Feuersicht von über zehn Kilometern.

Für die Hubschrauberbesatzung, mit dem Piloten Kapitänleutnant Gerhard Hahl, dem Co-Piloten, Oberleutnant zur See Michael Sellmann, dem SAR-Operationsoffizier, Kapitänleutnant Wolfgang Arp und dem Bordmechaniker Oberbootsmann Egbert Scheuermann war der Einsatz eine Routineangelegenheit. Keiner der vier Marineflieger dachte in diesem Moment, während der Hubschrauber über dem Achterschiff des Tenders schwebte und der Bordmechaniker gerade den Stretcher abgesetzt hatte daran, daß es noch ganz schön haarig werden würde.

»Stretcher ist an Deck und ausgeklinkt!« meldete jetzt Oberbootsmann Scheuermann ins Cockpit. »Der Patient wird umgebettet.« Kapitänleutnant Hahl, mit über 5 000 Flugstunden einer der erfahrensten Piloten der Staffel, saß ruhig und konzentriert im Cockpit. Mit winzigen Bewegungen des Steuerknüppels hielt er die Maschine punktgenau auf der Stelle.

Direkt unter dem Hubschrauber, an Deck des Tenders, wurde der Patient von zwei Soldaten in den Stretcher verpackt. Die breiten Haltegurte wurden strammgezogen.

Nachdem die vier Halteleinen im Winschhaken eingehängt waren, meldete der Bordmechaniker: »Stretcher ist fest! Ich ziehe hoch!«

Kapitänleutnant Arp half dem Bordmechaniker, den Stretcher mit dem Patienten an Bord zu nehmen. Die Übernahme ging reibungslos vonstatten.

Während Oberbootsmann Scheuermann den vor Schmerzen stöhnenden Obergefreiten auf einer der Tragen festschnallte, nahm Kapitänleutant Arp in seiner kleinen Kabine vor dem Radarschirm Platz. Die Landescheinwerfer wurden gelöscht. Die Maschine nahm Fahrt auf und gewann langsam an Höhe.

Oberleutnant Sellmann meldete über Funk an den Kontrollturm in Kiel: »Patient ist übernommen. Voraussichtliche Ankunftszeit in Kiel ein Uhr vierzig. Bitte Krankenwagen bereitstellen.« In 500 ft Höhe beendete Kapitänleutnant Hahl den Steigflug. Mit Südwestkurs flog die Sea King durch die sternklare Nacht. Ruhig und gleichmäßig liefen die beiden Turbinen. Das Außenthermometer zeigte eine Temperatur von 8 Grad Celsius an. Im Cockpit und in der Kabine war es angenehm warm.

Links unter der Maschine zog ein Frachter durch die nur mäßig bewegte See. Voraus, in der Ferne schoben sich einige Lichter über den Horizont: die Ostküste der dänischen Insel Faster.

Kapitänleutnant Hahl wollte gerade den Kurs nach Backbord ändern, um Gedser Odde, die Südspitze von Falster, anzusteuern, als der Bordmechaniker nach vorne ins Cockpit kam: »Wenn möglich, dann sollten wir versuchen, Kiel auf kürzestem Wege zu erreichen«, sagte er. »Der Kamerad da hinten gefällt mit überhaupt nicht. Habe das Gefühl, es wird höchste Zeit, daß er ins Krankenhaus kommt.«

»O.k. – Problem erkannt. – Wolfgang?«

»Fünf Grad nach Steuerbord auf 245 Grad«, kam prompt die Antwort von Wolfgang Arp.

Über Funk beantragte Kapitänleutnant Arp dann sogleich beim dänischen RCC Karup die Überflugerlaubnis des dänischen Hoheitsgebietes. Wie bei allen SAR-Flügen üblich, wurde die Genehmigung umgehend erteilt.

Mindestens zehn Minuten Flugzeit konnten dadurch eingespart werden. Mit der Erhöhung der Reisegeschwindigkeit auf 110 Knoten waren einige weitere, kostbare Minuten zu gewinnen.

Etwa fünf Meilen südlich von Nyköbing wurde Falster überflogen. Entlang der Südküste von Lolland ging es weiter, über den Fehmarn Belt, an der Nordwestecke der Insel Fehmarn vorbei, hinein in die Kieler Bucht.

In Höhe des Marineehrenmales Laboe, am Eingang zur Kieler Förde, kam vom Kontrollturm über Funk die Anfrage, ob »Rescue 89 + 61« Radarunterstützung für den Anflug wünsche.

Da die Flugsicherungslotsen ebenso wie auch die Piloten pro Jahr eine bestimmte Anzahl von Radaranflügen nachzuweisen haben, war es allgmein geübte Praxis, daß derartige Anflüge, wann immer sich Gelegenheit dazu ergab, durchgeführt wurden.

Kapitänleutnant Hahl dachte darum an nichts Böses, als er das Angebot dankend ablehnte. Die Sichtverhältnisse waren gut, und es kam darauf an, den Patienten so schnell wie möglich in ärztliche Obhut zu bringen.

Einen Augenblick später, querab des Friedrichsorter Leuchtturmes, nur noch knapp zwei Flugminuten vom Fliegerhorst entfernt, änderte sich die Situation schlagartig, als die Maschine unverhofft in eine dichte Nebelwand eintauchte. Der Nebel kam völlig überraschend, ohne Vorankündigung. Die beiden Piloten bemerkten den rapiden Sichtrückgang erst, als die Antikollisionslichter im Nebel reflektierten.

Eine äußerst unangenehme Situation, so kurz vor der Landung. Ohne die geringste Bodensicht, umgeben von einer milchigen Suppe, war es völlig ausgeschlossen, den Landeanflug fortzusetzen.

Kapitänleutnant Hahl zog den Rotorblattverstellhebel nach oben, um Höhe zu gewinnen. Während die Maschine in den Steigflug überging, rief er über Funk den Kontrollturm: »Kiel Tower von ›Rescue 89 + 61‹! Position Friedrichsort Leuchtturm. Dichter Nebel! Keine Bodensicht! Steige auf 1500 ft Höhe. Erbitte Radarunterstützung.«

»Kiel Tower, Roger!« kam vom Kontrollturm die Antwort. »Schalten Sie um auf Radarfrequenz!«

Oberleutnant Sellmann kam der Aufforderung nach und rastete die neue Frequenz.

»›Rescue 89 + 61‹, ich habe Sie auf dem Schirm!« bestätigte der Flugsicherungslotse, nachdem sich Kapitänleutnant Hahl gemeldet hatte.

»Halten Sie 1500 ft! Kurs eins acht null!«

Kapitänleutnant Volker Kummerow, der diensthabende Flugsicherungslotse, verfolgte aufmerksam den kleinen fluoreszierenden Punkt, der den Hubschrauber darstellte, auf seinem Radarschirm. Mit ständigen Kurskorrekturen führte er die Maschine in weitem Bogen über das unter einer dichten Nebelbank liegende Kieler Hafengebiet hinüber zum Ostufer der Förde.

Die Männer im Cockpit mußten im wahrsten Sinne des Wortes blind auf ihn vertrauen.

Dann war die Position des Endanfluges erreicht. »Kurs zwo sechs null! Sinkflug einleiten! – keine Angaben mehr bestätigen!«

Konzentriert beobachtete Kapitänleutnant Hahl die Instrumente. Der Kurs mußte genauestens eingehalten werden. Ebenso wichtig war es, möglichst exakt auf dem Gleitpfad zu bleiben, um ständige Korrekturen der Sinkgeschwindigkeit zu vermeiden. Kapitänleutnant Kummerow hatte keine Mühe bei diesem Anflug. Wie an einer Schnur gezogen, rutschte das kleine Pünktchen auf dem Radarschirm ohne nach links oder rechts abzuweichen auf den Aufsetzpunkt zu.

»Auf Kurs! Auf Gleitpfad!« konnte er nur immer wieder bestätigen.

Für Kapitänleutnant Hahl war dies eine Bestätigung seines hohen fliegerischen Könnens, welches er in 25-jähriger Praxis erworben hatte.

»Auf Kurs! Auf Gleitpfad! – Noch eine Viertelmeile bis zum Aufsetzpunkt!«

Jetzt gleich kam es darauf an. Jeden Moment war die Sicherheitsmindesthöhe von 200 ft erreicht; dann mußte Bodensicht zur Durchführung der Landung vorhanden sein.

Immer noch dichter Nebel!

»Zweihundert Fuß! – Keine Sicht!« meldete Oberleutnant Sellmann.

Gleich darauf kam von Kapitänleutnant Kummerow die Information: »›Rescue 89 + 61‹, Aufsetzpunkt erreicht! Frage: Bodensicht?« »Negativ!« verneinte der Pilot. Innerhalb weniger Sekunden mußte er nun entscheiden, was zu tun war: entweder durchstarten und einen zweiten Anflug machen, was wiederum mit Zeitverlust verbunden war und seinem Patienten nicht gerade dienlich sein konnte, oder regelwidrig die Sicherheitsmindesthöhe zu unterschreiten, in der Hoffnung, den Nebel zu durchstoßen und vor dem Aufsetzen doch noch Bodensicht zu erhalten, was gegenüber der Möglichkeit des Durchstartens immerhin mit einigen Risiken verbunden war.

Kapitänleutnant Hahl entschied, der Sicherheit den Vorrang zu geben und durchzustarten.

In 200 ft Höhe fliegend hatte die Sea King inzwischen fast das westliche Ende der Landebahn erreicht.

Im gleichen Augenblick als der Pilot die Instrumente scharf im Auge behaltend, die Maschine nach oben zog, erhaschte Oberleutnant Sellmann für Sekunden links unter sich den grauen Asphalt der Landebahn.

Aufgrund dieser Tatsache, daß der Nebel am westlichen Ende der Landebahn offenbar nicht ganz so dick wie in Richtung zur Förde hin war, und dem Umstand, daß man von Wind eigentlich nicht reden konnte, entschloß sich Kapitänleutnant Hahl, den nächsten Anflug in der entgegengesetzten Richtung zu versuchen. Kapitänleutnant Kummerow, der Flugsicherungslotse, war einverstanden. Um möglichst wenig Zeit zu verschwenden, ließ er die Maschine nur auf 1 000 ft Höhe steigen und führte sie im Vollkreis herum zum Endanflug Richtung null acht.

Der Sinkflug wurde eingeleitet. An Bord des Hubschraubers herrschte gespannte Erwartung. Neben den beiden Piloten hielten auch der SAR-Operationsoffizier und der Bordmechaniker scharf Ausguck. Ringsum pechschwarze Nacht und pottendichter Nebel. Vergessen war im Moment der Patient. Jetzt kam es einzig und allein darauf an, erst einmal sicher den Boden zu erreichen.

Noch 400 ft bis zum Aufsetzpunkt, 200 ft bis zur Sicherheitsmindesthöhe.

»Eine Idee über dem Gleitpfad! – Sinkgeschwindigkeit erhöhen!« Kapitänleutnant Hahl führte die Korrektur aus.

»Auf Gleitpfad – auf Kurs!«

Oberbootsmann Scheuermann hatte die große Schiebetür einen Spalt breit geöffnet und starrte angestrengt hinaus in die Nacht. Tiefe Finsternis, immer wieder gespenstisch erhellt durch das im Nebel reflektierende Antikollisionslicht. Immer noch keine Bodensicht.

»Sicherheitsmindesthöhe erreicht! – 200 ft! – Über Aufsetzpunkt – jetzt!«

»Nichts zu sehen!« stieß Oberleutnant Sellmann hervor. Kapitänleutnant Hahl antwortete nicht. Irgendwann mußt du runter! schoß es ihm durch den Kopf. Aber wie? Er merkte, wie es ihm warm wurde, als er die Maschine weiter durchsacken ließ. 180 – 170 – 160 ft. Verdammt! Immer noch keine Sicht! An Bord herrschte eine fast unheimliche Stille: Weder der Co-Pilot noch der SAR-Operationsoffizier oder der Bordmechaniker gaben den erlösenden Hinweis, daß sie Bodensicht hätten. Bei 150 ft Höhe, schon fast am Ende der Landebahn, sah sich der Pilot gezwungen, abermals durchzustarten.

Jetzt löste sich die fast unerträgliche Spannung. Die Besatzung atmete auf.

»Was ist eure Absicht?« fragte Kapitänleutnant Kummerow, als er erkannte, daß die Maschine wieder Fahrt aufnahm und auf Höhe ging.

Für Kapitänleutnant Hahl gab es nur eine Entscheidung: »Wir gehen in der Strander Bucht auf's Wasser 'runter und werden dann versuchen, von dort aus den Heliport zu erreichen.« »O.k. verstanden. Ich bleibe auf stand-by!«

Jetzt mußte der SAR-Operationsoffizier zeigen, was er konnte. An ihm lag es jetzt, die Maschine mit Hilfe seines Radars so zu dirigieren, daß sie in 40 ft Höhe über der Kieler Förde zum Stehen kam, ohne dabei mit einem Schiff oder Boot zu kollidieren.

Voll und ganz auf diese verantwortungsvolle Aufgabe konzentriert, studierte Kapitänleutnant Arp das Radarbild. Die Konturen der Küste waren klar zu erkennen. Jedes der kleinen Pünktchen auf der Förde stellte ein Echo dar. Das geschulte Auge des SAR-Operationsoffiziers wußte wohl zu unterscheiden, ob es sich dabei um eine Tonne oder aber um ein Schiff handelte. Bei der Vielzahl der Kontakte konnte jede Fehlinterpretation verheerende Folgen haben.

Querab des Friedrichsorter Leuchtturmes ging Kapitänleutnant Hahl auf Anweisung seines SAR-Operationsoffiziers auf 180 ft, die Ausgangshöhe für einen automatischen Transition-approach* herunter.

Der Anflugsektor in Richtung Strander Bucht war frei. »Transition now!« kam die Anweisung von Wolfgang Arp. Oberleutnant Sellmann schaltete die Automatik ein. Gerd Hahl überflog die Instrumente. Alles im »grünen Bereich«. Die Automatik arbeitete einwandfrei. Mit knapp 200 ft Sinkgeschwindigkeit pro Minute schwebte die Sea King, langsam die Fahrt verringernd, von der Automatik gesteuert, auf's Wasser nieder.

Die Nebelbank wurde durchstoßen, und die Wasseroberfläche kam in Sicht. In 40 ft Höhe, also gut 12 m über der Förde kam die Maschine zum Stillstand.

Vom derzeitigen Standort aus bis zum Heliport, dem direkt an der Förde liegenden Hubschrauberlandeplatz des Marinefliegergeschwaders 5 war es nur knapp eine Meile.

Während Kapitänleutnant Hahl die Maschine vorsichtig auf der Stelle drehte, hielten Oberleutnant Sellmann und Oberbootsmann Scheuermann vergebens Ausschau nach irgendwelchen Orientierungspunkten. Kein Lichtschein verriet die nahe Küste. Auch unterhalb der Nebelbank waren die Sichtverhältnisse außerordentlich schlecht.

»Backbord querab ein großer Kontakt! Entfernung etwa 200 m!« meldete Kapitänleutnant Arp.

Kapitänleutnant Hahl, der den Hubschrauber immer noch im stationären Schwebeflug hielt, sah seinen Co-Piloten fragend an. Oberleutnant Sellmann schüttelte bedauernd den Kopf. »Nichts zu sehen!«

»Was nun?« fragte der Bordmechaniker.

---

* siehe Seite 32

260

Die gleiche Frage stellte sich der Pilot. Nur mit dem einen Unterschied, daß es einzig und alleine an ihm lag, die Entscheidung hierüber zu treffen. Er alleine trug die volle Verantwortung.

Ein Blick auf die Borduhr zeigte ihm, daß schon über zwanzig Minuten seit dem ersten Anflug vergangen waren.

»Wie sieht das Radarbild aus?«

»Verdammt viele Kontakte!« antwortete Wolfgang Arp.

Hahl überlegte fieberhaft. Schließlich gab er sich einen Ruck. Das Wagnis, bei derartig schlechter Sicht und dem dichten Verkehr auf der Förde den Heliport im Schwebeflug zu erreichen war zu groß. »Wir versuchen noch einmal auf dem Platz 'runterzukommen.«

Wieder zog »Rescue 89 + 61« hinein in die Suppe.

Von dem Flugsicherungslotsen geleitet, schwebte der Hubschrauber etwa fünf Minuten später ein zum Endanflug Richtung zwo sechs. An Bord herrschte gespannte Erwartung. Die Ruhe und Besonnenheit des verantwortlichen Piloten strömte auch auf seine Besatzung über. Nichts wäre schlimmer gewesen, wenn in dieser Situation Nervosität und Hektik aufgekommen wäre.

Was mit zur Ruhe beitrug, war für Kapitänleutnant Hahl die Tatsache, daß er Volker Kummerow, einen sehr erfahrenen Flugsicherungslotsen, am Radargerät wußte. Vierhundert Fuß wanderten durch.

»Exakt auf Kurs!« bestätigte Kummerow.

Die Landebahn *mußte* direkt unter der Maschine sein. Kapitänleutnant Hahl ließ den Hubschrauber weitersinken.

Der Radarhöhenmesser zeigte 200 ft an. – 150 ft!

Auf die Kursangabe Kummerows vertrauend, ließ der Pilot die Maschine weiter durchsacken. Bei 100 ft immer noch keine Bodensicht.

Die Landescheinwerfer flammten auf. Nichts. –

»Wir starten durch! Erneuter Anflug auf null-acht!«

Die Turbinen dröhnten auf, als Kapitänleutnant Hahl Leistung zuführte und die Maschine in den Steigflug zwang.

Bei den vergeblichen Versuchen, den Platz zu erreichen, war inzwischen so viel Kraftstoff verbraucht worden, daß die verbliebene Restmenge nicht mehr ausreichte, um den möglichen Ausweichflugplatz Hamburg, wo noch annehmbare Wetterbedingungen herrschten, zu erreichen.

Damit war eine Situation eingetreten, die die Besatzung zwang, entgegen aller Sicherheitsvorschriften notfalls bei Null Sicht den Boden zu erreichen.

Erschwerend für den Piloten kam noch hinzu, daß der Bordmechaniker aufgrund des Zustandes des Patienten jetzt unmißverständlich zur Eile drängte.

Kapitänleutnant Hahl beriet sich kurz mit dem SAR-Operationsoffizier und gab dann seine Entscheidung bekannt: »Wir machen einen letzten Versuch auf null-acht! Wenn es wieder nicht klappen sollte, gehen wir in die Strander Bucht. Den Strand erreichen wir auf jeden Fall. Möglicherweise können wir die Maschine aber auch auf dem Parkplatz am Hafen absetzen.«

Volker Kummerow bestätigte den Funkspruch. Beruhigend und routinemäßig drang seine Stimme durch den Äther, als er kurz darauf die Maschine erneut zum Endanflug herumführte. Nichts deutete darauf hin, daß der Flugsicherungslotse wie auch der Pilot bei diesem Anflug aber wirklich alles daransetzen würden, um diesmal die Maschine an den Boden zu bekommen. Allen Beteiligten war klar, daß eine Außenlandung bei Strande nur als allerletzter Ausweg infrage kommen durfte.

Mit äußerster Präzision hielt Kapitänleutnant Hahl die Maschine auf Kurs. Die Sinkgeschwindigkeit war konstant.

»Gut auf Kurs!« Gut auf Gleitpfad!« bestätigte Kapitänleutnant Kummerow in kurzen Zeitabständen.

Immer näher kam die Erde.

»Flugplatzgrenze überflogen! Genau auf Kurs!«

Der Radarhöhenmesser zeigte 180 ft an.

Auf die Angaben des Flugsicherungslotsen und auf die Anzeige seiner Instrumente vertrauend, ließ Kapitänleutnant Hahl, schon langsam die Fahrt reduzierend, die Maschine weiter sinken. »Overhead touch down now!«

Der eigentliche Aufsetzpunkt in der Mitte der 1120 m langen Runway war erreicht.

In 60 ft Höhe, umgeben von pechschwarzer Nacht und wallendem Nebel stand »Rescue 89 + 61« auf der Stelle.

Dem Piloten liefen einige Schweißtropfen unter dem Helm hervor über das Gesicht. Einige Male atmete er tief durch, dann ließ er die Maschine, fast unmerklich für die übrigen Besatzungsmitglieder, vorsichtig Zentimeter für Zentimeter weiter sinken.

»Lichter!« Überdeutlich war dem Co-Piloten die ungeheuere Erleichterung, mit der er dieses Wort ausstieß, anzuhören. Es war genau 02.30 Uhr, als die Sea King auf der Landebahn aufsetzte.

Ein Aufatmen ging durch die ganze Besatzung. Die enorme psychische Belastung, die während der letzten 35 Minuten jeden einzelnen der vier Marineflieger in ihren Bann geschlagen hatte, fiel ab und machte freudiger Erleichterung Platz.

Den Lichtern der Runway-Befeuerung folgend, rollte der Hubschrauber auf der Landebahn entlang und dann über den Taxiway zum Abstellplatz vor dem Kontrollturm, wo schon der Krankenwagen bereitstand.

Es war geschaft. Die Erde hatte sie wieder.

Zwischenfall auf der Ostsee

Obermaat Krause saß am 15. Juni 1987 nichts Böses ahnend an seinem Computer-Terminal in der SAR-Leitstelle Glücksburg und sah sich den neuesten Wetterbericht an, als ihn um 09.38 Uhr ein Piepton darauf aufmerksam machte, daß in diesem Moment ein Funkspruch von höchster Dringlichkeit im Speicher eingelaufen war.

Funksprüche mit dieser Dringlichkeit kamen äußerst selten vor. Er selbst hatte es bisher noch nie erlebt. Was konnte das nur sein?

»Herr Kaleu! Ein Z-Spruch!« rief er seinem Wachleiter zu. Auf's äußerste gespannt, holte er sich den Spruch per Tastendruck auf den Monitor.

Das durfte nicht wahr sein.

Auch Kapitänleutnant Rövensthal, der Wachleiter, der hinzugesprungen war und dem Unteroffizier über die Schulter sah, glaubte, seinen Augen nicht trauen zu können. Was da auf dem Bildschirm stand, war unglaublich.

Der in der Ostsee vor der kurischen Nehrung operierende deutsche Tender »Neckar«, der den Auftrag hatte, ein zur Zeit laufendes Seemanöver der Warschauer Pakt Marinen zu beobachten, meldete: »Sind beim Überflug eines Flugkörpers mit Schnellfeuerkanonen beschossen worden! – Zwei Verletzte! – Treffer in Turm Bravo! – Wassereinbruch in Abteilung II!«

Obwohl er allerhand gewohnt war, dauerte es einige Sekunden, bis der Wachleiter den Funkspruch verarbeitet hatte.

Fast jedes Hilfeersuchen, das an die SAR-Leitstelle gerichtet wurde, kam plötzlich und unverhofft, aber noch nie war es vorgekommen, daß Hilfe aufgrund von Waffeneinwirkung angefordert wurde.

Das Schrillen des Telefons riß ihn aus seiner Erstarrung. Der Einsatz-Stabsoffizier aus der Operationszentrale des Flottenkommandos, der den Spruch ebenfalls erhalten hatte, war am anderen Ende der Leitung.

»Haben Sie den Spruch der ›Neckar‹ erhalten?«

Ja! – »Können Sie mir die genaue Position des Schiffes geben?«

»Nein! Irgendwo nordöstlich..« Er unterbrach. Nach einer kurzen Pause sprach er weiter. »Warten Sie, hier kommt gerade ein neuer Funkspruch. – Die ›Neckar‹ meldet vier Treffer in der Bordwand, ein Treffer im Turm Bravo. Zwei Soldaten sind verletzt, haben mehrere Splitter im Körper verteilt. Der Kommandant bittet um Abbergung der Verletzten mit Hubschrauber. Die Position ist mit 030 Grad von Brüsterort, Entfernung 26 Meilen, angegeben.

Sorgen Sie für die Abbergung der Verletzten. Alle weiteren Maßnahmen werden von hier, aus der Operationszentrale veranlaßt.«

»Jawohl, verstanden!« Kapitänleutnant Rövensthal beendete das Gespräch und reichte dem Obermaaten den Zettel, auf dem er die Position der »Neckar« notiert hatte.

Der angegebene Standort des Tenders lag weit hinter Bornholm. Für den Wachleiter als ehemaligem Sea King-Piloten war es gar keine Frage, daß eine Zwischenlandung auf dem Hinflug, wie auch auf dem Rückflug auf der Insel Bornholm zur Kraftstoffübernahme unausweichlich war.

Um 09.45 Uhr, sieben Minuten nach Eingang des Hilfeersuchens, erging an die in Kiel-Holtenau in Bereitschaft stehende Sea King-Besatzung der Einsatzbefehl, nach Bornholm zu fliegen, dort aufzutanken und dann die Position der »Neckar« anzufliegen und die verletzten Soldaten abzubergen. Vorsorglich wurde die Besatzung noch angewiesen, auf alle Fälle einen Arzt für den langen Flug über die Ostsee mitzunehmen.

Kurz darauf wurde die »Neckar« per Funkspruch darüber informiert, daß die Abbergung der Verletzten durch einen Hubschrauber eingeleitet worden sei. Zugleich erhielt das Schiff den Befehl, den vorgesehenen Auftrag abzubrechen und sofort den Rückmarsch zu seinem Heimathafen Kiel anzutreten.

In der Folgezeit liefen in der Operationszentrale wegen dieses Vorfalles von höchster politischer Brisanz die Drähte heiß, während in der SAR-Leitstelle der Fall als routinemäßige Abbergung »gefahren« wurde.

Die einzigen SAR-relevanten Besonderheiten waren lediglich die doch recht weite Entfernung, die Obermaat Krause inzwischen mit 370 Seemeilen ermittelt hatte, und die Zwischenlandungen auf Bornholm, die nur im Notfall durchgeführt werden durften, und wofür noch die Zustimmung der Dänen eingeholt werden mußte.

Um 10.06 Uhr hob der SAR-Hubschrauber mit dem Rufzeichen »Rescue 89 + 54« in Kiel-Holtenau ab. Das Wetter war gut: Sicht über 10 km, Wolkenuntergrenze 2 500 ft, schwachwindig. Nach Vorhersage der Meteorologen sollte im Bereich der Odermündung ein Regengebiet liegen. Hier, wie auch an der pommerschen Küste mußte die Hubschrauberbesatzung mit geringfügig zurückgehenden Sichten rechnen. Vom fliegerischen Standpunkt her herrschte somit auf der gesamten Flugstrecke eine problemlose Wetterlage.

Nach gut eineinhalb Flugstunden landete »Rescue 89 + 54« auf dem Flugplatz Rönne (Bornholm). Die Maschine wurde aufgetankt, und bereits um 12.01 Uhr ging es weiter in Richtung Osten.

Eine in großer Höhe über der Ostsee fliegende Breguet ATLANTIC war indessen von der SAR-Leitstelle als Relaisstation für den Funkverkehr zwischen dem RCC und »Rescue 89 + 54« eingesetzt worden.

Über diese Funkbrücke erfuhr die SAR-Leitstelle, daß »Rescue 89 + 54« um 12.54 Uhr Funkkontakt mit dem in Richtung Westen laufenden Tender aufgenommen hatte.

Vierzig Minuten später meldete die ATLANTIC, daß drei verletzte Soldaten vom Hubschrauber übernommen worden waren. Nach einem abermaligen Zwischenstop auf Bornholm landete »Rescue 89 + 54« um 16.22 Uhr wohlbehalten in Kiel-Holtenau. Ein Krankenwagen brachte die drei, zum Glück nur leicht verletzten Soldaten ins Bundeswehrkrankenhaus nach Kronshagen.

Am Tag darauf lief die »Neckar« um zehn Uhr morgens im Kieler Marinehafen ein.

Der Tender war von fünf Artilleriegeschossen, die erheblichen Sachschaden angerichtet hatten, getroffen worden.

Die Bundesregierung legte wegen dieses Zwischenfalles von schwerwiegender Bedeutung Protest in Warschau ein. Wenige Tage später brachte die polnische Regierung ihr Bedauern über den Vorfall zum Ausdruck. Wie verlautete, war der Beschuß des Tenders offenbar auf eine Fehlfunktion der automatischen Feuerleiteinrichtung eines Fahrzeuges der polnischen Seekriegsflotte zurückzuführen.

Anhang

Abschrift

Der Bundesminister für Verteidigung   Bonn, den 4. Januar 1958
FüStab M - B 1 - Tgb.Nr. 9337/57

Aufstellungsbefehl Nr. 73 - Marine -

für die

Marine-Seenotstaffel

Vorg.: 1) Aufstellungsplanung Marine, Hj. 1957/58, VII B 1 - Tgb.Nr.
2688/57 geh. v. 28.2.57, lfd.Nr. 7;

2) Aufstellungsplanung Marine, Hj. 1958/59 - FüStab M - B 1 -
Tgb.Nr. 4019/57 geh. v. 13.12.57, lfd.Nr. 12

Anlg.: - 1 - (siehe Verteiler)

1) Allgemeines:

Die Marine-Seenotstaffel - M SEENOT STFF - ist mit Wirkung vom 1.1.1958
in Kiel aufzustellen. Unter den Briefkopf ist der Zusatz "In Aufstellung" solange zu führen, bis durch BMVtdg auf dortigen Antrag Arbeits-
fähigkeit erklärt wird.

Die Unterbringung erfolgt in der Anlage des Marine-Fliegerhorstes Kiel-
Holtenau. Notwendiges Unterkunftsgerät ist bei der Standortverwaltung
Kiel anzufordern.

Postanschrift: Marine-Seenotstaffel

Kiel - Holtenau
Marine-Fliegerhorst

Telefon: über Vermittlung 3 67 61

Die Marine-Seenotstaffel ist eine Wirtschaftseinheit. Vorläufig erfolgt
die versorgungsmäßige und bis zum Eintreffen eines eigenen Truppenver-
waltungsbeamten auch die verwaltungsmäßige Betreuung durch die 1. Marine-
Fliegergruppe.

Dienststellennummer: 7 2 0 1 1 0 0 0 2 0

2) Durchführung:

Mit der Aufstellung der Marine-Seenotstaffel wird der Staffelkapitän
F.Kpt. Seebens beauftragt. Bis zu dessen Eintreffen leitet K.Kpt. Just
die Aufstellung.
Der Beginn der Aufstellung ist zu melden.

- 2 -

* Ist inzwischen von N.f.D. auf »offen« heruntergestuft.

Anlage 1

- 2 -

3) Stärken und Personal:

Bis zum Inkrafttreten der noch zu beratenden Stärkenachweisung
7 03 4500 (Entwurf gem. Verteiler beigefügt) stehen folgende Stellen
zur Verfügung:

<table>
<tr><td>1 F.Kpt.</td><td>35 H.Gefr.</td></tr>
<tr><td>1 Flottillenarzt</td><td>47 Ob.Gefr.</td></tr>
<tr><td>4 K.Kpt.</td><td>53 Gefr.</td></tr>
<tr><td>8 Kptlt.</td><td>_____</td></tr>
<tr><td>7 Oblt.</td><td>135 Mannschaften</td></tr>
<tr><td>_____</td><td>========================</td></tr>
<tr><td>21 Offiziere</td><td></td></tr>
<tr><td>====================</td><td>1 ROI</td></tr>
<tr><td></td><td>1 ROS</td></tr>
<tr><td>1 OSB</td><td>_____</td></tr>
<tr><td>4 SB</td><td>2 Beamte</td></tr>
<tr><td>17 HB</td><td>========================</td></tr>
<tr><td>30 OB</td><td></td></tr>
<tr><td>35 BM</td><td>2 TOA VII</td></tr>
<tr><td>46 Ob.Mt.</td><td>1 TOA IX</td></tr>
<tr><td>59 Mt.</td><td>1 Schreibkraft</td></tr>
<tr><td>_____</td><td>_____</td></tr>
<tr><td>192 Unteroffiziere</td><td>4 Angestellte</td></tr>
<tr><td>====================</td><td>========================</td></tr>
<tr><td></td><td>50 TOB</td></tr>
<tr><td></td><td>=======</td></tr>
</table>

Aus Unterbringungsgründen sind ab Aufstellungsbeginn von diesen Stellen
nur 140 Soldatenstellen, 1 Beamten- sowie bis zu 4 TOA- und 50 TOB-
Stellen zu besetzen. Für den weiteren personellen Aufbau können ab
1.4.58 die Stärkenangaben gem. o.a. Vorgang 2) unter Beachtung der vorge-
nannten Erststärken als Anhalt genommen werden. Die personellen Angaben
in o.a. Vorgang 1) sind ungültig.

4. Aufgaben:

Personeller und materieller Aufbau der Marine-Seenotstaffel für folgende
Aufgaben:

a) Sicherstellung der ständigen Seenotbereitschaft mit Seenotflugzeugen
sowie Flugsicherungsbooten[+) der Marine;

b) Einsatz der Rettungsdienste, ggf. im Zusammenwirken mit anderen für
Seenotrettungsdienst zuständigen Stellen;

c) Sicherstellung der Einsatzbereitschaft der Schul- und Verbindungs-
flugzeuge der Marine-Fliegerverbände;

- 3 -

270

- 3 -

d) Fliegerische Schulung (in Übung halten) von fliegendem Personal der
Marine.

+) Flugsicherungsboote werden zur gegebenen Zeit zugeteilt und unterstellt.

5) Unterstellung:

Die Marine-Seenotstaffel ist dem Kommando der Marineflieger unterstellt.

6) Disziplinargewalt, Dienstanweisungen:

Der Staffelkapitän hat nach § 17, Abs. (1), Nr. 1 WDO und Nr. 1c des
Ersten Erlasses über die Disziplinargewalt von Offizieren vom 2.4.57
(VMBl Seite 270) die Disziplinargewalt eines Kompaniechefs.

Ein Vorschlag für eine Dienstanweisung für den Staffelkapitän ist auf
dem Dienstweg zur Genehmigung vorzulegen.

7) Militärische Sicherheit:

Der Aufstellungsleiter ist verantwortlich für die militärische Sicherheit in seinem Dienstbereich. Für die Maßnahmen der militärischen Sicherheit gilt die Vorschrift "Schutz und Sicherheit der Bundeswehr" (ZDv.
10/6). Der vom Aufstellungsleiter bestimmte Sicherheitsoffizier hat mit
dem MAD im Wehrbereich unmittelbar nach Beginn der Aufstellung Verbindung aufzunehmen.

8) Sonderanweisungen:

Die beteiligten Stellen werden gebeten, die noch erforderlichen Sonderanweisungen zu erlassen.

Im Auftrag

gez. R u g e

Beglaubigt:

gez. Duch
(Duch)
K.Kpt.

F.d.R.d.A.

(Jäde) Ang BAT VII

Ministerialblatt
des Bundesministers der Verteidigung

Organisation und Dienstbetrieb   VMBI 1981 S. 297

Grundsatzweisung
für den militärischen Such- und Rettungsdienst der Bundeswehr
(SAR – Search and Rescue)

– Neufassung –

A. Auftrag
1.

Der militärische Such- und Rettungsdienst der Bundeswehr ist eine Einrichtung der Streitkräfte zur Einsatzunterstützung.

Er ist zugleich Teil des nationalen Such- und Rettungsdienstes der Bundesrepublik Deutschland.

B. Aufgabe
2.

(1) Der militärische Such- und Rettungsdienst der Bundeswehr unterstützt die eigenen und verbündeten Streitkräfte im Frieden, in Krisen und im Kriege. Er leistet der Truppe Einsatzunterstützung in besonderen Notfällen, vornehmlich bei der Lebensrettung und bei der Abwendung drohenden Verlustes von wertvollem Material. In Krisen und im Kriege sind der NATO nationale SAR-Kräfte für gemeinsame Aufgaben zur Verfügung zu stellen.

(2) Zugleich leistet er als Teil des nationalen Such- und Rettungsdienstes der Bundesrepublik Deutschland allen in Not geratenen Luftfahrzeugen Hilfe ohne Rücksicht auf deren Nationalität oder sonstige Zugehörigkeit. Er führt die Suche nach überfälligen oder abgestürzten Luftfahrzeugen durch, rettet die Insassen und veranlaßt den Transport der Überlebenden zur ärztlichen Betreuung.
(Verwaltungs-Vereinbarung zwischen dem Bundesminister der Verteidigung und dem Bundesminister für Verkehr über die Zusammenarbeit auf dem Gebiet des Such- und Rettungsdienstes für Luftfahrzeuge (SAR) in der Fassung vom 30. September 1969 – VMBI S. 433[1]).

(3) Im Rahmen der der Bundesrepublik Deutschland obliegenden Pflichten zur Hilfeleistung für die nationale und internationale Seeschiffahrt in Seenotfällen unterstützt er den Rettungsdienst in den Seegebieten vor der deutschen Nord- und Ostseeküste.
(Verwaltungsvereinbarung über die Zusammenarbeit beim Such- und Rettungsdienst in Seenotfällen, BMV-See/BMVg – VR III 2 – vom 4. und 19. April 1979[2])

---

[1] VMBI-ErlSa H 56-25
[2] im VMBI nicht veröffentlicht

(4) Sofern militärische Aufgaben und die Erfordernisse des SAR-Dienstes für die Luftfahrt nicht entgegenstehen, leistet der militärische Such- und Rettungsdienst unter dem Gesichtspunkt der dringenden Nothilfe und im Rahmen umfassender praktischer Fortbildung des eigenen Personals Hilfe auch für das zivile Rettungswesen, ebenso bei Naturkatastrophen und im akuten Einzelfall (z. B. Bergnot) sowie bei besonders schweren Unglücksfällen.

(Einzelerlasse über Hilfeleistungen der Bundeswehr im Frieden – VR III 2 – vom 17. Dezember 1977 – VMBI 1978 S. 77 bis 108[3]), zuletzt geändert VMBI 1980 S. 213).

C. Zuständigkeit

3.

(1) Der Bundesminister der Verteidigung erläßt die grundsätzlichen Richtlinien für den militärischen Such- und Rettungsdienst der Bundeswehr und bestimmt die Stationierung der SAR-Mittel. Federführend ist Fü L III 3 unter Mitwirkung von Fü M III 2 für den Verantwortungsbereich der Marine.

(2) Maßnahmen grundsätzlicher Art, die den SAR-Dienst für die zivile Luft- und Seefahrt in gewichtigen Fällen berühren, sind mit dem Bundesminister für Verkehr abzustimmen.

4.

(1) Das Luftwaffenamt ist die zentrale Dienststelle für den militärischen SAR-Dienst mit der Befugnis eines Fachkommandos. In Fragen des Seenotrettungsdienstes ist es auf Zusammenarbeit mit dem Flottenkommando angewiesen.

(2) Das Luftwaffenamt ist zuständig für die

- Vertretung des militärischen SAR-Dienstes im internationalen Bereich und in den Gremien der NATO,

- Koordinierung der Verfahren für den SAR-Einsatz bei Luftwaffe und Marine durch Erlaß entsprechender Vorschriften, Richtlinien sowie Besondere Anweisungen (BASAR),

- Vertretung des militärischen SAR-Dienstes im SAR-Koordinierungsausschuß,

- Forderungen an die Ausbildung und deren Koordinierung; Forderungen an die Ausrüstung; Überwachung bzw. Durchführung nationaler und internationaler SAR-Übungen,

- Auswertung von Einsatz- und Erfahrungsberichten, Datenerfassung und SAR-Meldewesen,

- Überprüfung und Koordinierung von Vorschlägen und Forderungen der Kommandobehörden.

---

[3] VMBI ErlSa A 01-95-01
VMBI ErlSa B 12-03-01
VMBI ErlSa B 12-03-02
VMBI ErlSa B 12-03-03
VMBI ErlSa B 13-29
VMBI ErlSa B 13-29[2]
VMBI ErlSa E 32-01-29

5.

Das Lufttransportkommando und das Flottenkommando sind in ihrem Such- und Rettungsbereich insbesondere verantwortlich für die

- Gewährleistung der ständigen personellen und materiellen Einsatzbereitschaft der SAR-Leitstellen und der SAR-Mittel ersten Grades,
- Abstimmung der Einsatzpläne mit den am Such- und Rettungsdienst beteiligten Dienststellen, Behörden und Organisationen.

6.

Die SAR-Leitstellen sind in ihrem Bereich für Einleitung, Durchführung und Abschluß von SAR-Maßnahmen zuständig, sie setzen die geeigneten Kräfte ein, koordinieren den Einsatz, wenn erforderlich, auch mit zivilen Behörden und Organisationen.

D. Einsatz der Such- und Rettungskräfte

7.

Die Such- und Rettungseinrichtungen der Bundeswehr werden vorwiegend im Zuständigkeitsbereich der Bundesrepublik Deutschland eingesetzt. Auf Anforderungen können sie auch außerhalb dieses Bereiches Unterstützung leisten.

8.

Den SAR-Leitstellen (Operational Control) sind für den Einsatz unterstellt die

- Such- und Rettungseinrichtungen ersten Grades,
- Such- und Rettungseinrichtungen zweiten Grades für die Dauer des SAR-Einsatzes, soweit die Kräfte von der Bundeswehr gestellt werden.

9.

(1) Alle Dienststellen der Bundeswehr, die unmittelbare Kenntnis von Notfällen erhalten, sind verpflichtet, von sich aus im Rahmen ihrer Möglichkeiten erste Rettungsmaßnahmen einzuleiten. Die zuständige SAR-Leitstelle ist unverzüglich zu benachrichtigen.

(2) Der Aufforderung einer SAR-Leitstelle, sich an Such- und Rettungsmaßnahmen zu beteiligen, ist Folge zu leisten, soweit es der Auftrag dieser Dienststelle zuläßt.

E. Vorschriften

10.

Bei der Einsatzplanung und Einsatzdurchführung ist nach folgenden Vorschriften zu verfahren:

- Führungs- und Einsatzgrundsätze für den militärischen Such- und Rettungsdienst (SAR) (für alle drei Teilstreitkräfte der Bundeswehr verbindlich),
- Search and Rescue - ATP 10 (STANAG Nr. 3552),
- Einzelerlasse über Hilfeleistungen der Bundeswehr im Frieden - VR III 2 - vom 17. Dezember 1977 (VMBl 1978 S. 77 bis 108).

F. Kostenregelung

11.

Die Einsätze nach Nummer 2 Abs. 4 sind kostenpflichtig. Für die Kostenberechnung gelten die entsprechenden Bestimmungen (VMBI 1978 S. 77 in Verbindung mit VMBI 1980 S. 213).

12.

Die Einsätze nach Nummer 2 Abs. 1 bis 3 sind kostenfrei, es sei denn, daß sie durch ein grobfahrlässiges Verhalten ausgelöst werden.

C. Schlußbestimmungen

13.

(1) Diese Bestimmungen treten mit der Veröffentlichung im VMBI in Kraft.

(2) Die Grundsatzweisung für den militärischen Such- und Rettungsdienst (SAR-Search and Rescue) vom 27. Juni 1972 – Fü L III 3 – Az 10-51-14 (VMBI S. 274)[4] wird hiermit aufgehoben.

BMVg, 31. August 1981
Fü L III 3 – Az 10-51-14

---

[4] VMBI-ErlSa H 56-25[2]

Wachleiter *[Unterschrift]*

Mit Vorrang   IN 872

- ~~ ... enachrichtigt~~ -
~~ ... Uhrz.:~~ *14/1826z*
Name: *Diermann, Gefr*
durch: *Schieder, Gefr*

14. Feb. 1965

```
pp rgfdha
de rgfbga 012 14/1801z feb
znr
p m 141645z
fm kdo flotte
to rgfdha/mfg 5 -ast borkum-
info rgfbjb/kdo mflg
rgfbja/mfg 5
bt
offen fogu 340 ops
well done. ausspreche anerkennung zum erfolgreichen seenoteinsatz
kuhnke, flottillenadmiral
bt




nnnn
int qsl k
rgfdda de rgfdha qsl p 012 14/1825z sch
```

Wachleiter

18. Feb. 1965

```
mm rgfdha
de rgfaab 075 18/1745a feb
znr
m 181715a
fm.bmvtdg fue m
to bsn for sa kdo borkum
bt
offen mdhu 3324
ich spreche dem sar kdo borkum meine anerkennung fuer die rettung
der +new delta+-besatzung aus. sie gilt besonders dem fliegenden
personal. sein einsatz war vorbildlich.
i.a. zenker inspekteur der marine
bt
```

```
nnnnn
int qsl k
rgfdda de rgfdha qsl m 075 18/1955z go
```

Abschr v. Fschr. Nr. E/ *883*

SAR-MFG5 Borkum

pp rgfdha
de rgfdda 015 15/1259z feb
znr
p 151244z
fm bsn
to rgfbga/kdo flotte
info rgfbjb/kdo mflg
rgfbja/5. mfg
rgfdha/mstpkdo borkum
bt
offen msgnr 1365
betr.: rettung norw. seeleute durch hubschrauber 5. mfgeschw
1. am 14. febr in der zeit von 1430 und 1600 sind neun norw.
seeleute des in seenot geratenen dampfers jodelta 20 sm nw
borkum-riff feuerschiff durch einen hubschrauber der sar-bereitschaft borkum, besatzung stbtsm struck, obtsm neuber,
obtsm bernhard, unter schwierigsten einsatzbedingungen und in vor-
zueglicher zusammenarbeit mit stuetzpunktkommando borkum
geborgen worden.
2. ich habe der besatzung des hubschraubers fuer diese unter
vollen einsatz durchgefuehrte aussergewoehnliche fliegerische und

page 2 rgfdda 015 offen
seemaenische leistung und dem stuetzpunktkommandeur borkum fuer die
vorbildlich organisation meine persoenliche anerkennung ausgesprochen.
3. darueberhinaus bitte ich, den drei besatzungsmitgliedern
fuer ihren unter ziff. 2. erwaehnten einsatz eine formelle
anerkennung durch den herrn befehlshaber der flotte
aussprechen zu lassen
bt

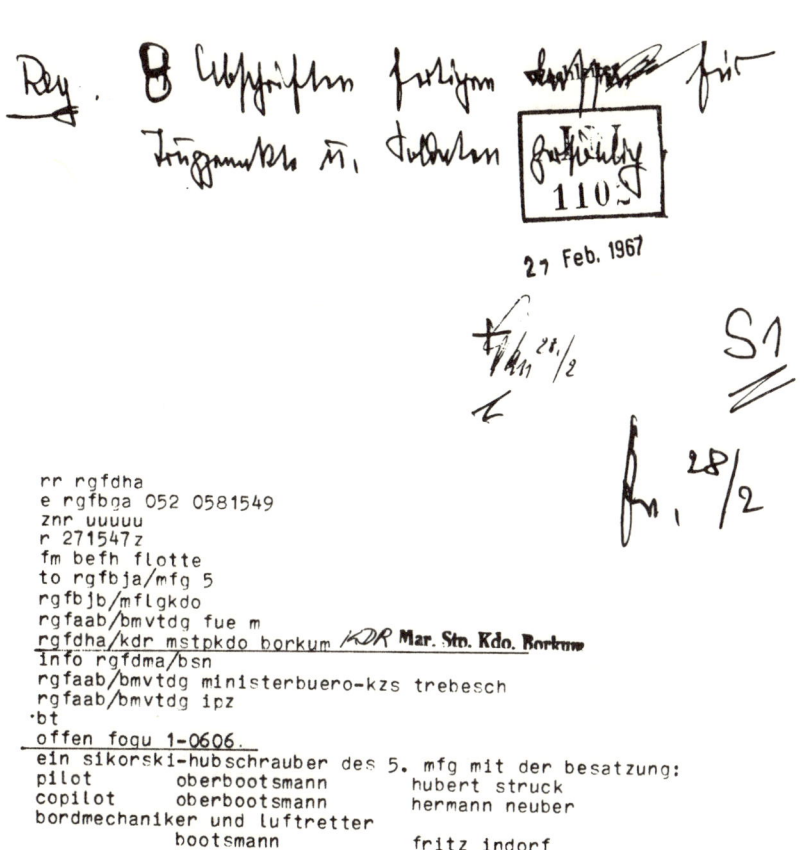

27 Feb. 1967

S1

```
rr rgfdha
e rgfbga 052 0581549
znr uuuuu
r 271547z
fm befh flotte
to rgfbja/mfg 5
rgfbjb/mflgkdo
rgfaab/bmvtdg fue m
rgfdha/kdr mstpkdo borkum   KDR Mar. Stn. Kdo. Borkum
info rgfdma/bsn
rgfaab/bmvtdg ministerbuero-kzs trebesch
rgfaab/bmvtdg ipz
·bt
offen fogu 1-0606.
ein sikorski-hubschrauber des 5. mfg mit der besatzung:
pilot        oberbootsmann        hubert struck
copilot      oberbootsmann        hermann neuber
bordmechaniker und luftretter
             bootsmann            fritz indorf
             bootsmann            juergen kunze
retteten am 23. februar 67 unter vollem einsatz ihres lebens 11
seeleute des deutschen kuemos +gemma+, das durch den orkan auf
den saenden der wester-ems aufgelaufen war. diese mutige und


page two rgfbga 052 offen
selbstlose rettungstat verdient besondere beachtung weil obtsm
struck wegen der geltenden sicherheitsbestimmungen bei dieser ex-
tremen wetterlage ein einsatz nicht befohlen werden konnte. er tat
es mit seiner crew aus eigenem entschlusz, einfach, um nichts unver-
sucht zu lassen, vielleicht doch noch die maenner drauszen aus
hoechster seenot zu retten. dieser mutige entschlusz fuehrte zum
vollen erfolg. ich spreche allen 4 puos fuer diesen mutigen einsatz
meinen dank und meine anerkennung aus in verbindung damit erhalten
sie 3 tage sonderurlaub.
formelle anerkennungen gem. wdo folgen
bt
```

Die international angewandten Suchverfahren
des SAR-Dienstes

Parallel Track Single Unit (PS)

Anzahl der Sucheinheiten: 1 Flugzeug oder Schiff
Anwendung: Bei Suchgebieten größer als 30 x 40 NM und
unbekannter Notfallposition

Parallel Track Multi Unit (PM)

Anzahl der Sucheinheiten: 2 oder mehr Flugzeuge oder
                         2 oder mehr Schiffe
Anwendung: Wie Plan PS, jedoch suchen zwei oder mehr Sucheinheiten
          in Querabformation. Es wird damit eine schnellere Abdeckung
          des Suchgebietes erreicht.

Track Crawl Return Single Unit (TSR)

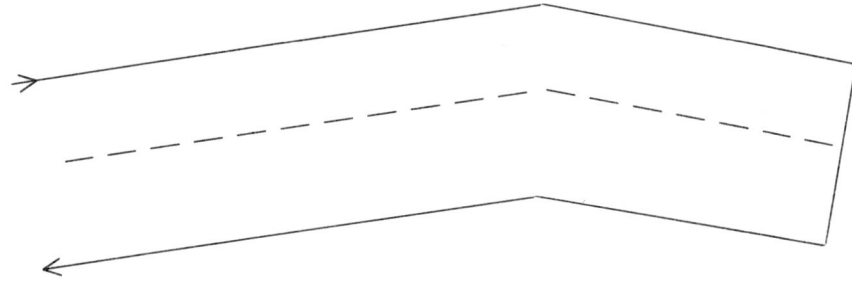

Anzahl der Sucheinheiten: 1 Flugzeug oder Schiff
Anwendung: Bei spurlosem Verschwinden eines Flugzeuges.
          Der angenommene Flugweg wird von einer Sucheinheit von
          der letzten bekannten Position bis zum Bestimmungsort
          beidseitig des Flugweges abgesucht.

Track Crawl Non Return Single Unit (TS)

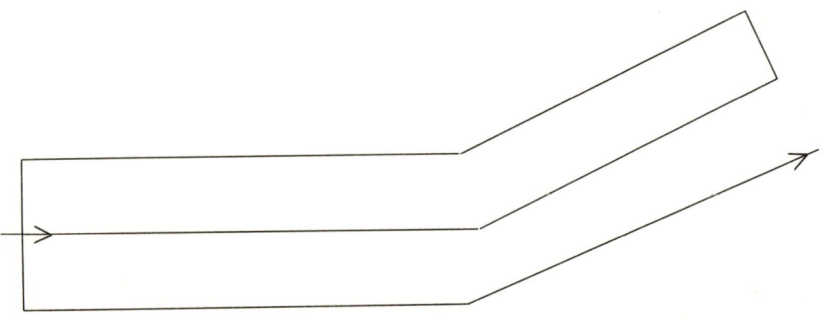

Anzahl der Sucheinheiten: 1 Flugzeug oder Schiff
Anwendung: Wie bei TSR, nur verläuft der erste Suchkurs genau auf
dem angenommen Flugweg des vermißten Flugzeuges. Zwei
weitere Suchkurse verlaufen links und rechts vom Kurs.

Track Crawl Return Multi Unit (TMR)

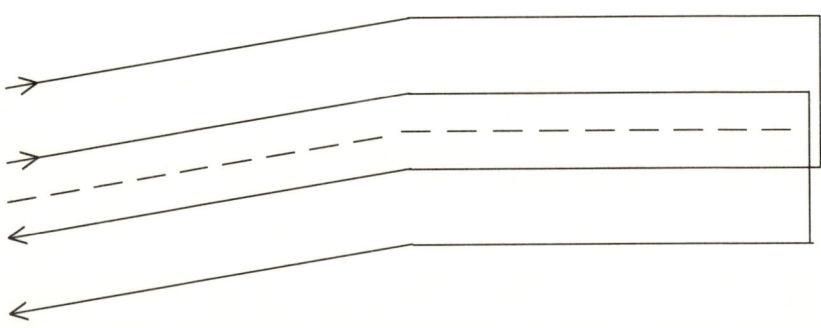

Anzahl der Sucheinheiten: 2 oder mehr Flugzeuge oder
2 oder mehr Schiffe
Anwendung: Wie bei TSR, jedoch suchen 2 oder mehrere Sucheinheiten
in Querabformation

Track Crawl Non Return Multi Unit (TMN)

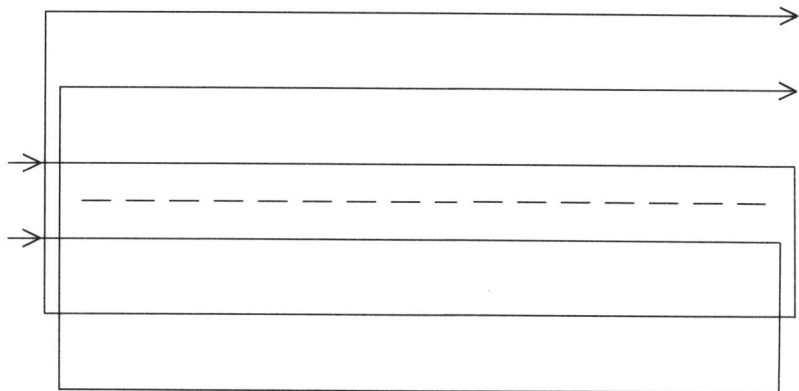

Anzahl der Sucheinheiten: 2 oder mehr Flugzeuge oder
2 oder mehr Schiffe
Anwendung: Absuchen eines Flugweges. Die ersten Suchkurse verlaufen
links und rechts des angenommenen Flugweges von A nach B.
Von dort verlaufen die weiteren Suchkurse noch einmal
rechts und links parallel zu den ersten Suchkursen.

Creeping Line Single Unit (CS)

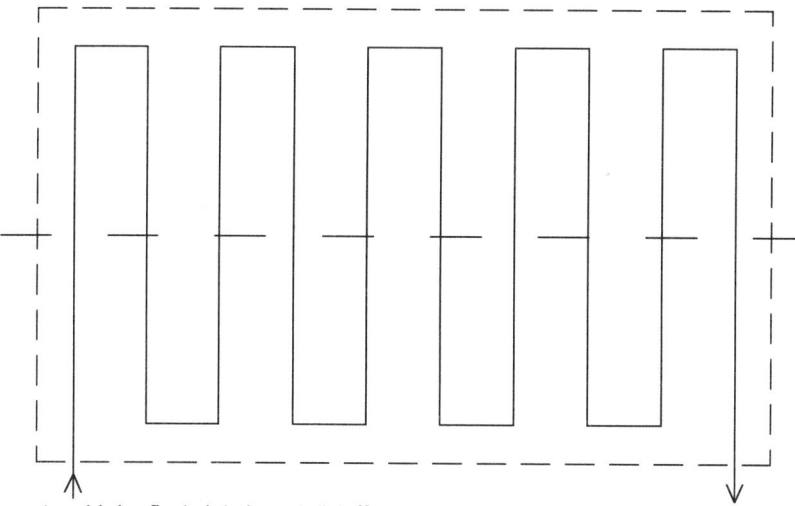

Anzahl der Sucheinheiten: 1 Schiff oder Flugzeug
Anwendung: Die Notfallposition liegt zwischen zwei Punkten.
Abdeckung größer als bei „Track Crawl"-Plänen.
Die Suchkurse liegen parallel zur kürzeren Seite des Rechtecks.

Creeping Line Multi Unit (CM)

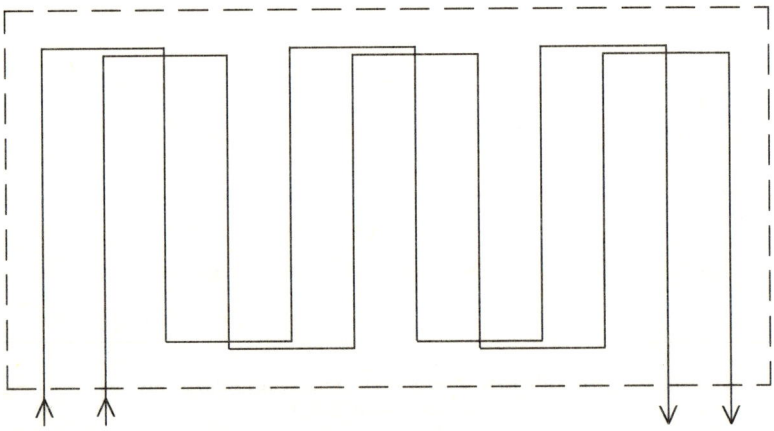

Anzahl der Sucheinheiten: 2 oder mehr Flugzeuge oder
2 oder mehr Schiffe
Anwendung: Wie bei CS, jedoch suchen zwei oder mehr Sucheinheiten
in Querabformation.

Coordinated Creeping Line Single Unit (CSC)

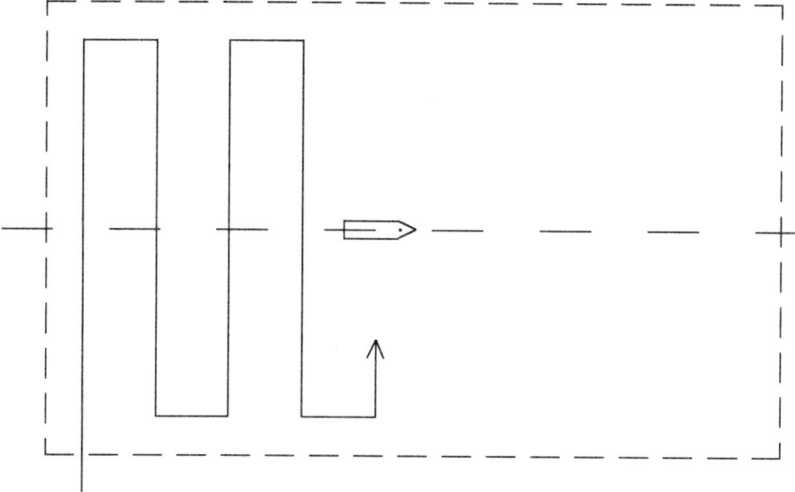

Anzahl der Sucheinheiten: 1 Flugzeug und 1 Schiff
Anwendung: Wie bei CS. Durch den zusätzlichen Einsatz eines Schiffes,
         das in der Mitte eines jeden Suchstreifens überflogen wird,
         ist die Suche genauer.

Bei Coordinated Creeping Line Multi Unit (CMC)

Anzahl der Sucheinheiten: 2 oder mehr Flugzeuge und
                          1 Schiff

Sector Search Single Unit (VS)

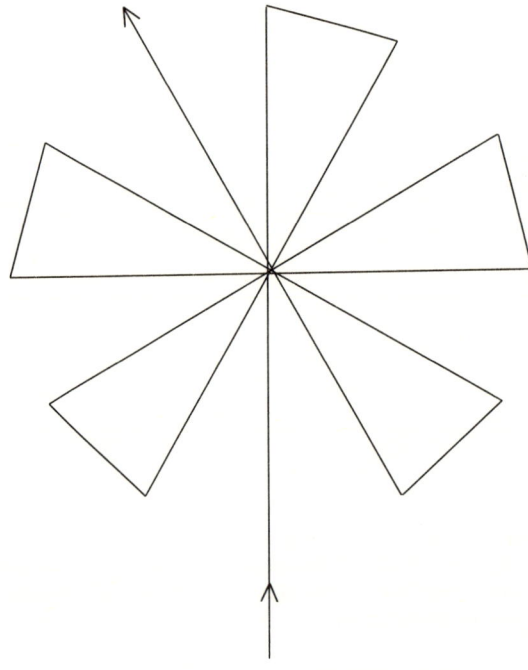

Anzahl der Sucheinheiten: 1 Flugzeug oder Schiff
Anwendung: Die Notfallposition ist ziemlich genau bekannt,
das Suchgebiet daher ziemlich klein.
Eine größere Abdeckung im Zentrum ist wünschenswert.

Expanding Square Search Single Unit (SE)

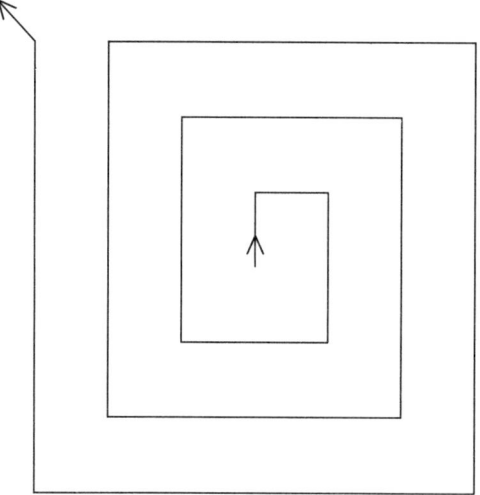

Anzahl der Sucheinheiten: 1 Flugzeug oder Schiff
Anwendung: Die Notfallposition ist annähernd bekannt, und das
Suchgebiet ist nicht größer als 30 x 30 NM.
Die Suche beginnt an der Notfallposition

Die Einsatzmittel
des SAR-Dienstes der Marine

Hubschrauber Bristol SYCAMORE

Beginn der Auslieferung:	18.06.1958
Außerdienststellung:	30.05.1967

1. Kenn-zeichen-	2. Kenn-zeichen ab 02/65	Bemerkungen
SC+201	WE+541	
SC+202	WE+542	
SC+203	WE+543	
SC+204	WE+544	
SC+205	WE+545	SC+205 – SC+210 wurden Ende 1960/Anfang 1961
SC+206	WE+546	von der Luftwaffe übernommen
SC+207	WE+547	
SC+208	WE+548	
SC+209	WE+549	
SC+210	–	SC+210 wurde am 25.05.1961 nach einem erfolgreich durchgeführten SAR-Einsatz bei der Landung in Borkum zerstört. Personen kamen nicht zu Schaden.

Offizielle Bezeichnung:	Bristol SYCAMORE S-171	
	ab Februar 1961	B-171
	ab Januar 1966	BR 71

Gesamtflugstunden bis zur Außerdienststellung: 8 886:30 Std.

Seenot-Rettungshubschrauber Bristol SYCAMORE B-171

Besatzung:	1 Pilot / 1 Bordmechaniker bzw. Luftretter
Abmessungen:	Hauptrotor Ø: 14,81 m
	Länge: 18,65 m
	Breite: 3,45 m
	Höhe: 4,49 m
Max. Abfluggew.	2450 – 2540 kp
Reisegeschwindigkeit:	80 kts
Höchstgeschwindigkeit:	110 kts
Reichweite:	250 NM
Triebwerk:	1 Kolbentriebwerk Alvis-Leonides, 525 PS
Rettungswinde:	Kabellänge 24 m

Belastbarkeit:
– für lebende Lasten: 180 kp
– für tote Lasten: 136 kp

Verbindungskabel der Intercom-Sprechanlage, das bis auf 9 m Länge synchron mit abrollte, so daß der Bordmechaniker, an der Winde hängend, den Piloten bei einem Doppelwinschverfahren einweisen konnte.

Transportkapazität: 3 Personen sitzend oder 2 Feldtragen

SYCAMORE B171

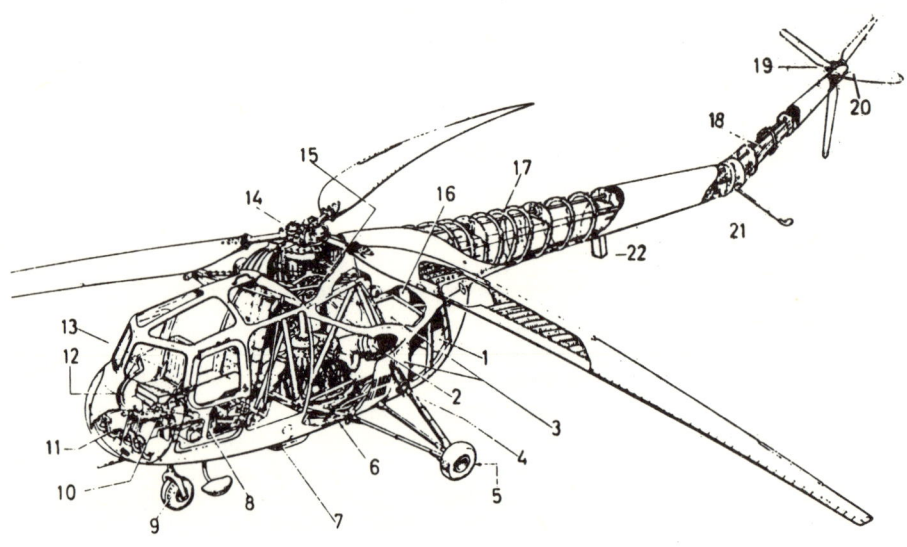

1	Gepäckraum	12	Steuerknüppel
2	Kraftstofftanks	13	Pilotensitz
3	Ölkühler	14	Rotorkopf und Getriebe
4	Federbein	15	Öltank
5	Hydraulische Scheibenbremse	16	UHF-Radio
6	Triebwerk (Alvis Leonides MK 173)	17	Heckrotorwelle
7	Vergaser Lufteinlaß	18	Hinterer Ausgleichstank
8	Vorderer Ausgleichstank	19	Heckrotorgetriebe
9	Bugrad	20	Heckdämpfer
10	Rotorblattverstellhebel	21	Heckausleger
11	Heckrotor-Pedale	22	Antenne

Amphibienflugzeug Grumman ALBATROS

Beginn der Auslieferung: Januar 1959
Außendienststellung: 30.09.1971

Werk-Nr.	1. Kennz.	2. Kennz.	3. Kennz.	Bemerkungen
146 426	SC+101	RE+501	60+04	Am 30.09.1971 letzter Flug mit allen fünf
146 427	SC+102	RE+502	60+05	Maschinen
146 428	SC+103	RE+503	60+06	
146 429	SC+104	RE+504	60+07	
146 430	SC+105	RE+505	60+08	
49 088	–	RE+506	60+01	60+01 bis 60+03 wurden in der Zeit von
49 095	–	RE+507	60+02	Juni bis Sept. 1968 nach Kiel überführt.
49 096	–	RE+508	60+03	Maschinen kamen nicht mehr zum Einsatz.

Offizielle Bezeichnung: Grumman ALBATROS   SA 16 B
                      ab 1963   HU 16 D
                      ab 1966/67   U 16
Gesamtflugstunden bis zur Außerdienststellung: 15323:40 Std.

Amphibienflugzeug Grumman ALBATROS

Abmessungen:	Spannweite	29,75 m
	Länge:	18,60 m
	Höhe:	7,88 m
Gewichte:	Max. Fluggewicht:	17000 kg
	Leergewicht:	10600 kg
	Nutzlast bei Betankung	3907 kp (Landstart)
	für 06.00 Std. Flugzeit:	1407 kp (Wasserstart)
Triebwerke:	2 x 1475 PS	
Leistungsdaten:	Höchstgeschwindigkeit:	193 kts
	Reisegeschwindigkeit:	150 kts
	Suchgeschwindigkeit:	120 – 130 kts
	Reichweite:	2600 NM
	Flugdauer:	06:00/08:00/16:30 Std.
	Sparflug maximal:	22:15 Std.
	Startstrecke	350 – 400 m
	(Land, Betankung 06:00	
	mit Raketen)	

Elektronik:	UHF, VHF, HF (2–30 MHz), UKW, EiV, MF-Empf., Range-Empf., Radiokompaß, VOR, TACAN, ILS, DECCA, Radar, Funkhöhenmesser, IFF/SIF, UHF-/VHF-Peiler Peilmöglichkeit der Frequenzen 121,5 MHz, 243,0 MHz und 2 182 kHz. Alle U-16 sind mit Teleport V ausgerüstet und können auf UKW-Kanal 16 und 6 mit allen Schiffen der internationalen Seefahrt und den Küstenfunkstellen Kontakt aufnehmen.
Sonstiges:	4 Startraketen á 1 000 lbs Schub Auxilary Power Unit
Besatzung:	2 Piloten / Navigator / Bordfunker / Bordmechaniker
Passagiere:	10–12 sitzend (Krankentragen bis 12)
Einsatzbegrenzung:	Wasserlandungen bis Seegang 3 möglich

Amphibienflugzeug Grumman ALBATROS

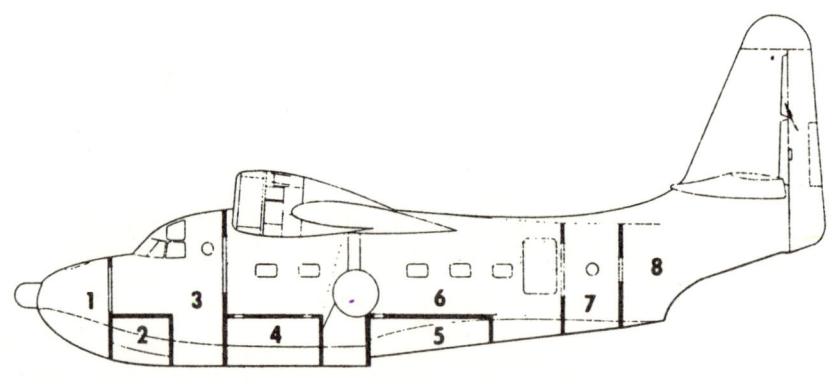

1 Bugraum	5 Hinterer Flutraum
2 Bugrad-Abteilung	6 Kabine
3 Cockpit	7 Stromerzeugungsaggregate-Raum (rechts) Toilettenraum (links)
4 Vorderer Flutraum	8 Heckraum

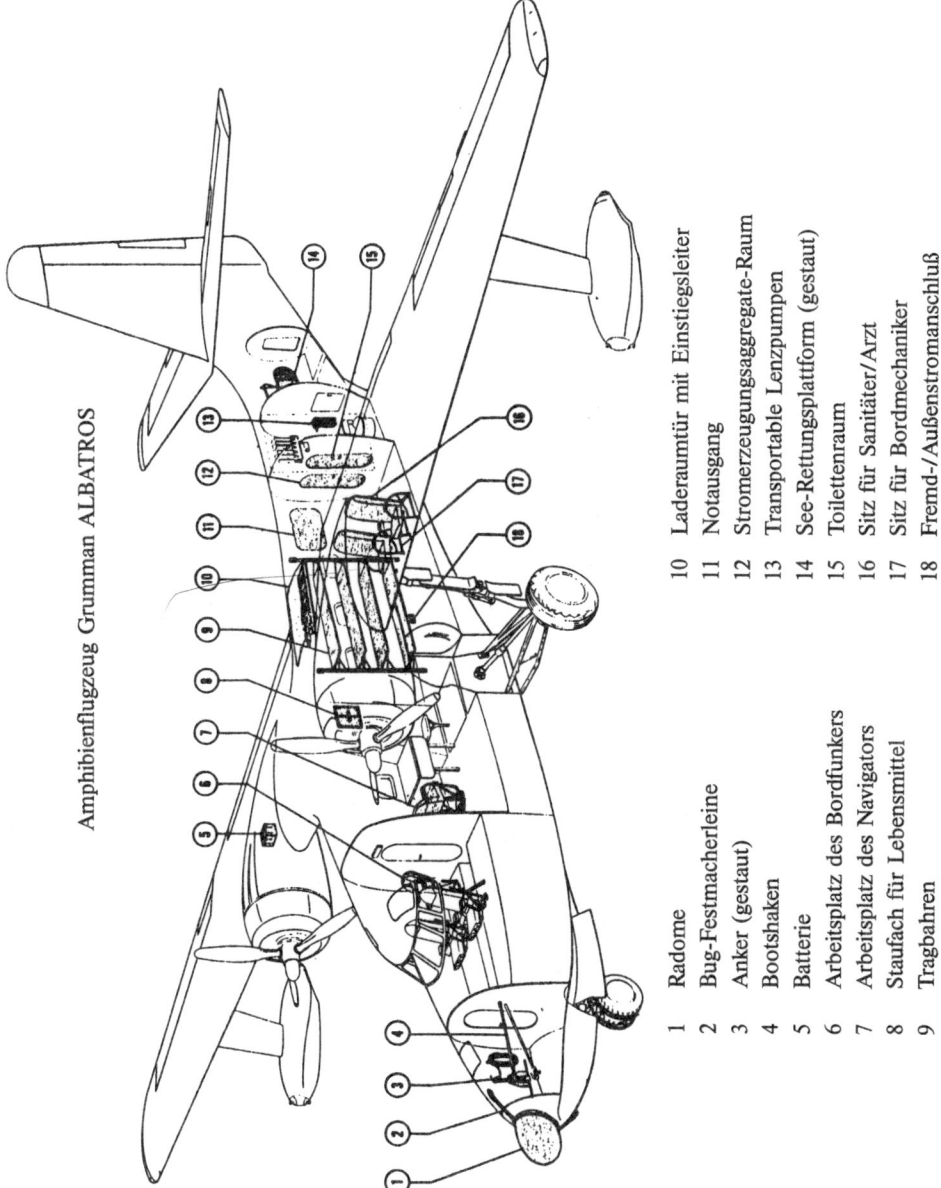

Amphibienflugzeug Grumman ALBATROS

1 Radome
2 Bug-Festmacherleine
3 Anker (gestaut)
4 Bootshaken
5 Batterie
6 Arbeitsplatz des Bordfunkers
7 Arbeitsplatz des Navigators
8 Staufach für Lebensmittel
9 Tragbahren

10 Laderaumtür mit Einstiegsleiter
11 Notausgang
12 Stromerzeugungsaggregate-Raum
13 Transportable Lenzpumpen
14 See-Rettungsplattform (gestaut)
15 Toilettenraum
16 Sitz für Sanitäter/Arzt
17 Sitz für Bordmechaniker
18 Fremd-/Außenstromanschluß

Flugsicherungsboote

Kennung	Weitere Kennungen	Im SAR-Dienst von	bis	Weiterverwendung als:
FL 4	»Falke«	01.01.57	22.05.62	Aussonderung/Verkauf
FL 5	P 1 / H 11 KW 11 (W 11)	01.08.57	15.10.75	H 11, Sicherheitsboot für Flakschießplatzkommando Todendorf
FL 6	P 2 / H 12 KW 12 (W 12)	01.08.58	01.12.70	Aussonderung/Verkauf
FL 7	P 3 / H 13 KW 13 (W 13)	01.08.58	15.10.75	H 13 Sicherheitsboot für Flakschießplatzkommando Todendorf
FL 8	P 4 / H 14 KW 14 (W 14)	1960	15.09.75	»Bremen 14« bei Wasserschutzpolizei Bremen
FL 9	D 2763	01.09.61	16.12.74	Aussonderung/Verkauf
FL 10	D 2765	01.09.61	15.01.76	H 21 Verbindungsboot beim Marinestützpunktkommando Kiel Außerdienststellung 31.12.79
FL 11	D 2766	01.09.61	19.10.75	E-1 Erprobungsboot für Erprobungsstelle 71 der Bundeswehr. Am 28.04.77 Aussonderung/Verkauf

Quelle: Die Schiffe und Fahrzeuge der deutschen Bundesmarine 1956–1976, Bernard & Graefe, München

Nach einem Schreiben des Bundesministers für Verteidigung vom 13. Juli 1959 waren der Seenotstaffel zu diesem Zeitpunkt die Boote FL 5, FL 6, FL 7 und FL 8 zugeteilt.

Flugsicherungsboote KL 909 (FL 5 bis FL 8)

Nach Entwürfen von 1950/51 im Auftrag des BMI als Patrouillenboote Typ P-Boot 52 für den Bundesgrenzschutz (See) von der Lürssen-Werft in Bremen-Vegesack gebaut.
Nach Übergabe an die Bundesmarine im Jahre 1956 zunächst als Hafenschutz- bzw. Küstenwachboote im Einsatz.
Als Flugsicherheitsboote anfangs mit weißem Anstrich und dem Emblem des Roten Kreuzes beiderseits am Schanzkleid des Vorschiffes und an der Stirnseite der Brücke versehen.
Später erfolgte grauer Anstrich mit den Kennungen FL 5 bis FL 8 am Bug.
Ab Mitte der 60er Jahre wurden die Boote im Bereich der Brücke und des Ruderhauses zusätzlich mit orangefarbenem Anstrich und auf dem Schanzkleid mit den Buchstaben SAR (in schwarzer Farbe) versehen.

FL 5 (Y 857)

Indienststellung am 12.07.1952 als »P 1« für den Bundesgrenzschutz (See), 2. Patrouillenboot-Flottille.
1956 an die Bundesmarine übergeben.
Ab 1.7.1956 als »H 11« beim 3. Hafenschutzgeschwader.
Ab 1957 als »KW 11« (W 11) beim 3. Küstenwachgeschwader.
Ab 1.8.1957 als »FL 5« (Y 857) im SAR-Dienst eingesetzt.
Außendienststellung: 15.10.1975

FL 6 (Y 858)

Indienststellung am 26.08.1952 als »P 2«
1956 an die Bundesmarine übergeben.
Ab 01.07.1956 als »H 12« (ab 30.11.56 beim 3. Hafenschutzgeschwader)
Ab 1957 als »KW 12« (W 12) beim 3. Küstenwachgeschwader
Ab 01.08.1958 als »FL 6« (Y 858) im SAR-Dienst eingesetzt.
Außerdienststellung: 01.12.1970

FL 7 (Y 859)

Indienststellung am 25.11.1952 als »P 3«
Alle anderen Daten identisch mit »FL 6«
Außerdienststellung: 15.10.1975

FL 8 (Y 860)

Indienststellung am 20.12.1952 als »P 4«
1956 an die Bundesmarine übergeben.
Ab 01.06.1956 als »H 14« beim 3. Hafenschutzgeschwader.
Ab 1957 als »KW 14« (W 14) beim 3. Küstenwachgeschwader.
Seit 1960 als »FL 8« (Y 860) im SAR-Dienst eingesetzt.
Außerdienststellung: 19.10.1975

Flugsicherungsboot KL 909

Hilfsschiff der Marine für den Such- und Rettungsdienst im Ostseeraum

Baujahr:	1952
Länge über alles:	30,00 m
Breite:	4,65 m
Tiefgang:	1,50 m
Wasserverdrängung:	70,0 t
Maschinen:	2 x 1000 PS Mercedes-V
Maximale Geschwindigkeit:	22 kts
Marschgeschwindigkeit:	18 kts
Treibstoffvorrat:	8 000 l
Aktionsradius (Marschfahrt)	360 NM

Funk-/Navigationsausrüstung: UHF (ARC 34 und ARA-25)

1 UKW-Gerät (28 Kanäle)

Hagenuk USE 182

1 Mittel- und Kurzwellensender
1,5 MHz – 24 MHz 100 W

1 KW-Empfänger
225 – 525 kHz / 1,5 MHz – 30 MHz

1 Telefunken Allwellenempfänger
14 – 25 kHz / 85 kHz – 30 MHz

Radar / Echolot

Besatzung: 10 Mann

Einsatzbegrenzung: Windstärke 6 – 7 / Seegang 3 – 4

SAR-Ausrüstung: Schlauchboot mit Außenbordmotor
1 Beatmungsgerät mit Pullmotor
1 Feldgerät für künstliche Beatmung

Flugsicherungsboote KL 906 (FL 9 bis FL 11)

Mit Einrichtung der ersten festen Außenstelle des Marine Dienst- und Seenotgeschwaders am 16. Oktober 1961 auf der Insel Sylt wurden drei dort stationierte Flugsicherungsboote von der Royal Air Force übernommen.

Die Boote gehörten einer Serie von 5 Einheiten an, die 1954 vom British Mandatory Procurement Office in Herford für den Flugsicherungsdienst der Royal Air Force bei der Kröger-Werft in Rendsburg in Auftrag gegeben worden waren. Drei von ihnen sind 1961 der Bundesmarine überlassen worden.

Bau-Nr.	Stapellauf	1. Kennz.	2. Kennz.	Bemerkungen
1071	02.07.1955	D 2763	FL 9	Übernahme der Boote am
1073	20.09.1955	D 2765	FL 10	01.09.1961
1074	14.10.1955	D 2766	FL 11	

Flugsicherungsboot KL 906

Hilfsschiff der Marine für den Such- und Rettungsdienst im Nordseeraum

Länge über alles:	28,80 m
Breite:	5,00 m
Tiefgang:	1,35 m
Wasserverdrängung:	70,0 to
Maschinen:	2 x 1500 PS Maybach
Maximale Geschwindigkeit:	30 kts
Marschgeschwindigkeit:	25 kts

Treibstoffvorrat:	6 000 l
Hochseeaktionsradius:	160 NM
Funk-/Navigations- ausrüstung:	UHF (ARC 34 und ARA-25)
	1 UKW-Gerät (28 Kanäle)
	Hagenuk USE 182
	1 Mittel- und Kurzwellensender 1,5 MHz – 24 MHz, 100 W
	1 KW-Empfänger 225 – 525 kHz / 1,5 MHz – 30 MHz
	Radar / Echolot
Besatzung:	12 Mann
Einsatzbegrenzung:	Windstärke 7 – 8 / Seegang 5 – 6
SAR-Ausrüstung:	Schlauchboot mit Außenbordmotor
	1 Beatmungsgerät mit Pullmotor
	1 Feldgerät für künstliche Beatmung

Hubschrauber Sikorsky S-58 (H-34)

Beginn der Auslieferung: März 1963
Außendienststellung: 21. 04. 1975

Werk-Nr.	1. Kennz.	2. Kennz. ab 02./65	3. Kennz. ab 04./68	Außendienststellung/ Bemerkung
58-1553	PF+464	WE+571	80+72	1975
58-1557	SC+257	WD+401	80+73	1975 (UH-34 G)
58-1562	QB+477	WE+572	80+75	1975
58-1567	SC+251	WE+551	80+80	keine Angabe
58-1569	SC+253	WE+553	80+81	keine Angabe
58-1582	PF+463	WE+573	80+87	1973
58-1589	SC+259	WD+402	80+90	1973 (UH-34 G)
58-1605	SC+254	WE+554	80+93	1975
58-1617	SC+255	WE+555	80+94	1973
58-1618	SC+256	WE+556	80+95	keine Angabe
58-	SC+258	–	–	Am 14.06.64 nach Flugunfall zerstört. 1 Mann getötet.
58-1630	SC+260	WE+560	80+96	1973
58-1631	SC+261	WE+558	80+97	Am 18.07.1970 nach dem Start in Westerland abgestürzt. Kein Personenschaden.
58-1632	SC+262	WE+559	80+98	keine Angabe
58-1662	–	WE+574	81+00	keine Angabe
58-1663	QC+463	WE+575	81+01	1973
58-1665	–	WE+576	81+03	Am 04.09.1968 nach Notwasserung vor Sylt bei Bergung verlorengegangen.
58-1671	QE+461	WE+577	81+04	1973
58-1673	QE+463	WE+578	81+06	1973
58-1677	QE+464	WE+579	81+07	1973
58-1815	SC+252	WE+552	–	Am 16.03.1967 über der Nordsee abgestürzt und zerstört. Besatzung getötet.
58-1590	SC+263	WD+403	82+01	1973 (SH-34 J)
58-1602	SC+264	WD+404	82+02	1973 (SH-34 J)
58-1619	SC+265	WD+405	82+03	1975 (SH-34 J)
58-1733	SC+266	WD+406	82+04	1975 (SH-34 J)
58-1737	SC+267	WD+407	82+05	1975 (SH-34 J)
			81+11	Über diese beiden Maschinen liegen
			80+84	keine weiteren Informationen vor.

Maschinen mit 1. Kennzeichen anders als SC+... wurden Ende 1966/Anfang 1967 vom Heer übernommen.
Maschinen mit 2. Kennzeichen anders als WE+... waren ursprünglich dem Marineflieger-geschwader 4 zugeteilt und wurden nach dessen Auflösung mit Wirkung vom 01.07.1969 dem MFG 5 übergeben und zu SAR-Maschinen umgerüstet.
Die »80+73« verließ am 21.04.1975 als letzte H-34 das Geschwader.
Die Maschine steht jetzt im Deutschen Museum in München.

Gesamtflugstunden bis zur Außerdienststellung: 30583:05 Std.

SAR-Hubschrauber Sikorsky S-58 (H-34 G III)

Einmotoriger Mehrzweckhubschrauber mit Notschwimmern, silbergrau mit roter Farbfläche in der Mitte des Rumpfes.

Besatzung:	2 Piloten, 1 Bordmechaniker
Abmessungen:	Hauptrotor $\emptyset$: 17,0 m Länge: 20,1 m Breite: 4,6 m Höhe: 4,9 m
Maximales Abfluggewicht:	6000 kp
Reisegeschwindigkeit:	80 kts
Flugdauer:	03:30 Std.
Treibstoffmenge:	1000 l
Triebwerk:	9 Zylinder-Sternmotor, Curtiss-Wright 989C9 HE-2 bzw. 998C9 HE-2, 1425 PS
Rotor:	4-Blatt-Hauptrotor
Lasthakenbelastbarkeit:	2270 kp
Rettungswinde:	Kabellänge 30 m Belastbarkeit 272 kp
Sitze für Passagiere:	6–12 je nach Ausrüstung
Tragen:	8 (keine Sitze)
Steuerungshilfen:	Automatische Stabilisierungseinrichtung
Funk- und Navigations-ausrüstung:	UHF, VHF, Homing, MarkerBeacon, Radar-Höhenmesser, Teleport V mit den Kanälen 6 und 16, IFF/SIF, ARA-25 Peilvorsatz für Thomson-Houston-Notsender, Radiokompaß mit Peilmöglichkeit
SAR-Ausrüstung:	Schlauchboote, Schwimmwesten, Krankentragen, Woll-decken, Signalmittel, Rauchbojen, Beatmungsgerät, Arzttasche

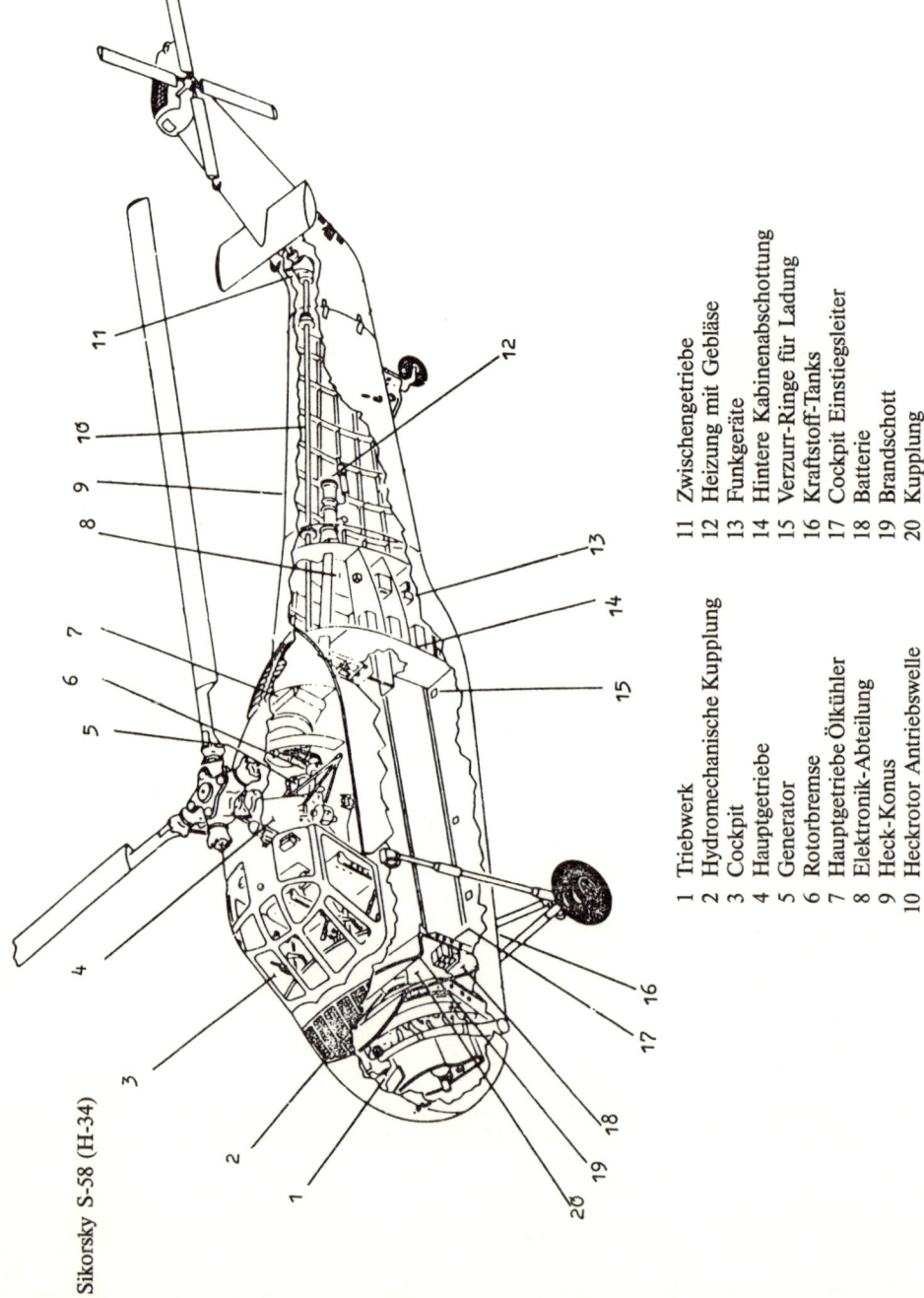

Sikorsky S-58 (H-34)

1 Triebwerk
2 Hydromechanische Kupplung
3 Cockpit
4 Hauptgetriebe
5 Generator
6 Rotorbremse
7 Hauptgetriebe Ölkühler
8 Elektronik-Abteilung
9 Heck-Konus
10 Heckrotor Antriebswelle

11 Zwischengetriebe
12 Heizung mit Gebläse
13 Funkgeräte
14 Hintere Kabinenabschottung
15 Verzurr-Ringe für Ladung
16 Kraftstoff-Tanks
17 Cockpit Einstiegsleiter
18 Batterie
19 Brandschott
20 Kupplung

Breguet BR 1150 ATLANTIC

Zweimotoriges Fernaufklärungs- und UJagdflugzeug

Reisegeschwindigkeit:	280 kts
Suchgeschwindigkeit:	180–250 kts
Flugzeit:	10 Std. mit Standardbetankung
	15 Std. maximal
Funkausrüstung:	UHF, VHF, HF, MF
Navigationsausrüstung:	VOR/ILS, TACAN, LORAN, UHF-Radio-Kompaß,
	Radar, Radio-Höhenmesser, Doppler Navigationsrechner
Besatzung:	12 Mann
SAR-Ausrüstung:	UHF-Peiler (243,0 MHz)
	Suchradar
	Abwurfbehälter Lindholm
	Passive Bojen zur Auffassung/Übermittlung von
	Unterwasser-Geräuschen
	Leuchtkartuschen
	Farb- und Rauchmarker
	6-Mann-Rettungsinsel
	Schwimmwesten
	Verbandspäckchen
	Seenotfunkboje
	Leuchtpistole mit Munition

Hubschrauber Westland Sea King MK 41 (H-3)

Beginn der Auslieferung: 20.03.1974

Werk-Nr.	Kennz.	Auslieferung	Bemerkungen
744	89+50	–	Abgestellt zur Industrie (VFW)
745	89+51	08.05.67	
756	89+52	15.11.74	
757	89+53	28.11.74	
758	89+54	25.06.75	
759	89+55	17.10.75	
760	89+56	14.11.74	
761	89+57	–	Abgestellt zur Marinefliegerlehrgruppe
762	89+58	03.04.74	Am 11.01.82 bei Notlandung zerstört /
763	89+59	20.03.74	am 03.12.84 wieder in Dienst gestellt
764	89+60	20.03.74	
830	89+61	01.07.75	
766	89+62	26.03.74	
767	89+63	27.03.74	
768	89+64	19.04.74	
769	89+65	03.05.74	
770	89+66	12.03.75	
771	89+67	09.08.74	
772	89+68	02.10.74	
773	89+69	13.09.74	
774	89+70	04.10.74	
775	89+71	09.10.74	

Gesamtflugstunden bis zum 31.12.1987: 64 424:55 Std.

Sea King MK 41 (H-3)

Seenotrettungshubschrauber mit zwei Turbinentriebwerken. Der Hubschrauber ist schwimmfähig, Wasserungen werden jedoch nur im eigenen Notfall durchgeführt.

Besatzung:	2 Piloten, 1 SAR-Operationsoffizier, 1 Bordmechaniker
Abmessungen:	Hauptrotordurchmesser: 18,9 m
	Länge: 22,15 m
	Breite 5,0 m
	Höhe: 5,1 m
Max. Abfluggewicht:	9 300 kp
Reisegeschwindigkeit:	90 – 114 kts (abhängig von Beladung)
Suchgeschwindigkeit:	70 kts
Max. Geschwindigkeit:	128 kts
Reichweite:	ca. 500 NM
Triebwerk:	2 Rolls Royce Gnome H 1400 Turbinentriebwerke mit je 1400 PS
Lasthakenbelastbarkeit:	2 270 kp
Rettungswinde:	Kabellänge 80 m / Belastbarkeit 272 kp
Bergungskapazität:	12 Personen sitzend und 2 Personen liegend
Transportkapazität:	19 Personen sitzend
Funkausrüstung:	UHF, VHF, HF Peilmöglichkeit auf 2 182 kHz) UKW Kanal 6 und 16, FuG 7 b
Navigationsausrüstung:	VOR, ADF, Radio-Kompaß, IFF/ SIF, TACAN, DECCA, Radar, Doppler-Radar, Peilgerät ZG 3M für Notsender (243,0 MHz) und Übungsnotsender (243,5 MHz)
SAR-Ausrüstung:	1 Schockbekämpfungssatz mit Blutersatz, klein
	1 Beatmungsgerät mit 2 Reserveflaschen
	1 Arzttasche (für Fremdarzt)
	1 Fliegerhelm (für Fremdarzt)
	2 Kälteschutzanzüge (Fremdarzt und Sanitäter)
	1 Gehörschutz (für Verletzte und Kranke)
	2 Krankentragen
	6 Wolldecken
	1 aufblasbare Rettungsinsel für 6 Personen
	6 Schwimmwesten mit Becker-Notsender
	1 Rettungstrage für die Seilwinde (Stretcher)
	2 Rettungsschlingen
	1 Rettungsnetz
	1 Winschhose
	1 Draggen mit Leine (ca. 20 m)
	1 Crashbeil
	1 Fernglas
	Rauchkörper
	Farbbeutel
	Pyrotechnische Signalmittel

Sea King MK 41

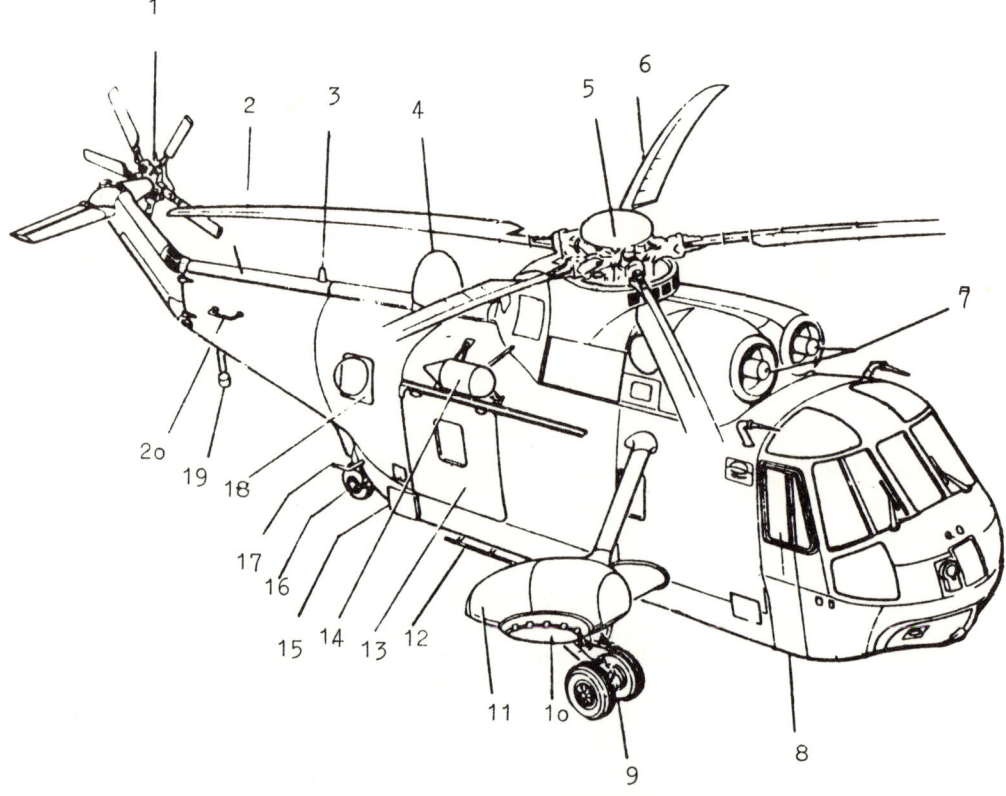

1 Heckrotor	11 Fahrwerksverkleidung
2 Antenne VHF/AM	12 Antenne ADF
3 Antenne UHF/AM	13 Ladetor
4 Radom	14 Rettungswinde
5 Rotorkopf	15 DECCA Elektronik
6 Hauptrotorblatt	16 Spornrad
7 Triebwerke	17 Kraftstoff-Schnellablaß
8 Schiebefenster des 1. Piloten	18 Beobachterfenster
9 Hauptfahrwerk	19 Antenne IFF/SIF
10 Hilfsschwimmkörper	20 Antenne VOR/ILS

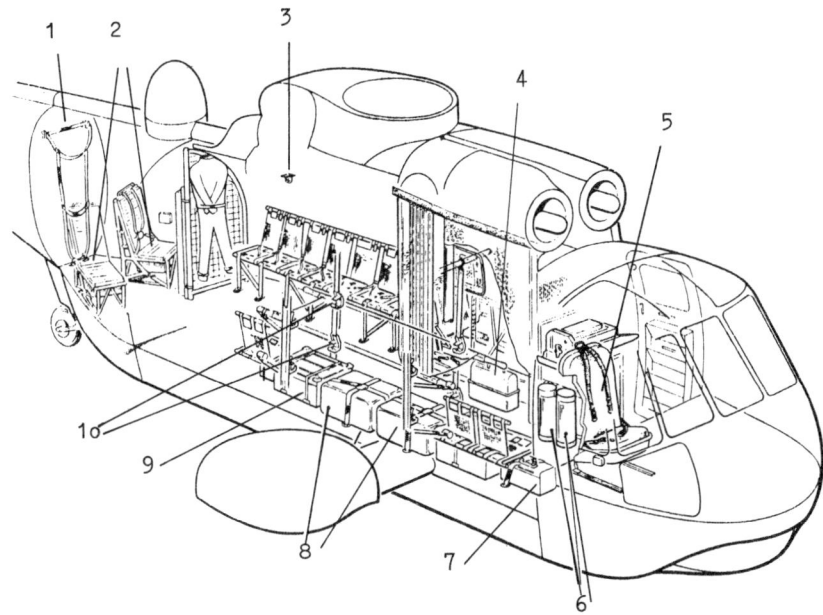

1 Sicherheitsgurt für Bordmechaniker
  bei Winschmanöver
2 Beobachtersitze
3 Halterung für Sicherheitsgurt
  des Bordmechanikers
4 Kartentasche für SAR-Operationsoffizier

5 Sitz des 1. Piloten
6 Rauchmarker (Brenndauer 1 Std.)
7 Werkzeugkasten
8 Schlauchboote
9 Beatmungsgerät (Pullmotor)
10 Halterungen für Tragen

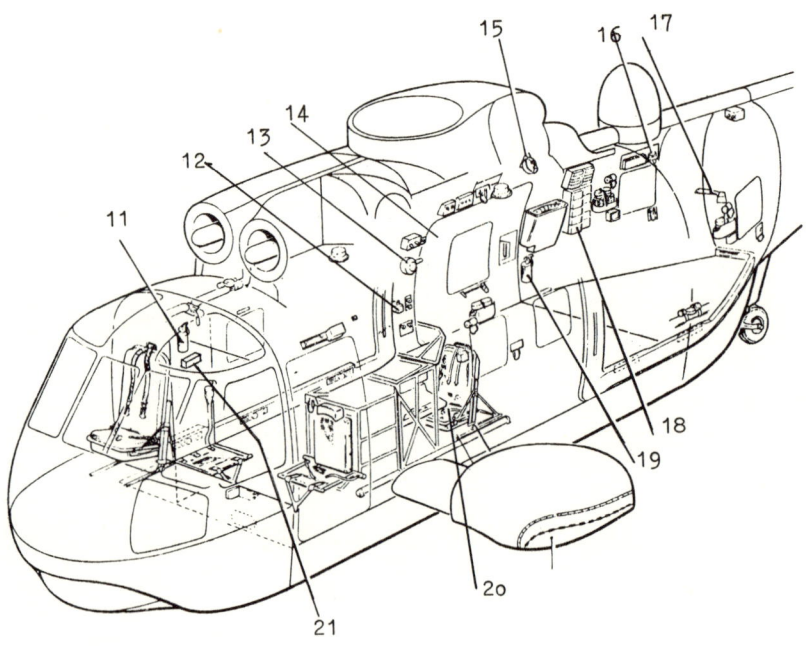

11 Feuerlöscher
12 Steuerknüppel des Bordmechanikers
13 Bedienhebel für Rettungswinde
14 Schiebetür
15 Signallampe
16 Signalpistole

17 Axt
18 Rauchkörper (Brenndauer ca. 10 Min.)
19 Feuerlöscher
20 Sitz des SAR-Operationsoffziziers
21 Verbandskasten

Flug- und Taktiksimulator Sea King MK 41

Indienststellung: 02.10.1979

Herstellerwerk: CAE Electronics, Montreal / Kanada

Bei dem Flug- und Taktiksimulator für den Hubschrauber Sea King MK 41 handelt es sich um einen Prototyp, der in dieser technischen Konzeption im gesamten europäischen Raum einmalig ist. Mit dem Simulator werden die Besatzungen der SAR-Hubschrauber in die Lage versetzt, Instrumentenflug zu üben, SAR-Techniken und neue Verfahren unter schlechtesten Wetterbedingungen zu erproben und in Notsituationen richtig und schnell reagieren zu lernen.

Das Cockpit, in dem die beiden Piloten sitzen, unterscheidet sich vom Original-Cockpit der Sea King nur dadurch, daß die Scheiben durch Milchglas undurchsichtig gemacht wurden. Beim »Flug« im Simulator sind Pilot und Copilot den gleichen Bedingungen ausgesetzt, wie bei einem echten Flug in der Sea King.

Die Fluggeräusche, das Auf- und Abschwellen der Turbinen, die Flugbewegungen, Sturmböen, Regen oder Hagel und sogar der Seegang nach einer erfolgten Notwasserung werden den Piloten elektronisch eingespielt.

Der Simulator reagiert auf die kleinste Steuerbewegung des Piloten. Die Kabine ist in sechs Freiheitsgraden beweglich und vermittelt dadurch ein fast echtes »fliegerisches Gefühl«.

Für den SAR-Operationsoffizier (SAROO) ist nur die Geräuschkulisse »echt«. Seine Kabine ist räumlich getrennt aufgebaut. Bis zu 24 Schiffe und 8 Flugzeuge können sich auf seinem Radarschirm bewegen. Über Sprechfunk ist der SAROO mit den Piloten verbunden. Wie bei einem echten Einsatz arbeitet er mit ihnen zusammen.

Alles was sich auf dem Radarschirm bewegt, welches Wetter herrscht, welche Instrumente ausfallen oder welches Triebwerk während des »Fluges« gerade verrückt spielt, wird von den Männern an den computergesteuerten Bedienkonsolen eingespielt. Ihnen sind die Piloten und der SAROO während eines Simulator-Fluges auf Gedeih und Verderb ausgeliefert. Wenn es ihnen gefällt, endet der »Flug« mit einem »Absturz«.

Ein Simulator-Flug ist anstrengender als jeder normale echte SAR-Einsatz. Völlig gefahrlos können die Besatzungen mit den schlimmsten Wetterbedingungen und Notlagen konfrontiert werden. Kaum eine Viertelstunde vergeht während eines Simulator-Einsatzes, ohne daß etwas passiert.

Der Simulator dient in erster Linie der Ausbildung von Hubschrauberbesatzungen. Aber auch jede SAR-Besatzung, wieviel Flugstunden sie auch haben mag, muß jährlich mindestens eine Woche lang ein Training im Flugsimulator absolvieren. Durch optimale Trainingsmöglichkeiten werden die Hubschrauberbesatzungen darauf vorbereitet, mit allen nur denkbaren Notfällen fertig zu werden. Die im Simulator erworbene Sicherheit und Erfahrung kommt ihnen im echten Einsatz zugute.

Zahlreiche Auszeichnungen, die dem Marinefliegergeschwader 5 für unfallfreies Fliegen verliehen wurden, sprechen für sich.

Presseberichte vom Januar 1979 über
die Schnee-Katastrophe in Schleswig-Holstein

Das Führungspersonal
des SAR-Dienstes
(Marinefliegergeschwader 5)

Kommodore

04.01.58 – 16.08.58	FKpt	Seebens, Heinz (als Staffelkapitän der Marine-Seenotstaffel)
17.08.58 – 31.07.59	FKpt	Schöpke, Helmut (als Staffelkapitän der Marine-Seenotstaffel)
01.08.59 – 30.09.61	FKpt	Schöpke, Helmut (als Kommandeur der Marine-Dienst- und Seenotgruppe)
01.10.61 – 30.09.68	KptzS	Schöpke, Helmut
01.10.68 – 05.04.70	KptzS	Breiding, Wolf
06.04.70 – 30.09.71	KptzS	Kampe, Helmut
01.10.71 – 30.03.75	KptzS	Schneider, Hilmar
01.04.75 – 30.09.81	KptzS	Schäfer, Bernhard
01.10.81 – 30.09.86	KptzS	Schmidt-Smeding, Lüppo
01.10.86 –	KptzS	Bretschneider, Christian

Kommandeur Fliegende Gruppe

02.07.62 – 30.09.62	FKpt	Nagel, Rudolf
01.10.62 – 20.03.66	FKpt	Bock, Hugo
21.03.66 – 30.09.66	FKpt	Schäfer, Bernhard
01.10.66 – 02.10.67	FKpt	Kampe, Helmut
03.10.67 – 04.01.70	FKpt	Dr. Kratzmair, Hansjakob
05.01.70 – 31.03.72	FKpt	Schätz, Johann
01.04.72 – 31.03.73	KKpt	Schwabe, Peter
01.04.73 – 31.03.75	FKpt	Müller, Kurt
01.04.75 – 31.03.76	FKpt	Herb, Siegfried
01.04.76 – 31.03.79	FKpt	Hundt, Ulrich
01.04.79 – 31.03.83	FKpt	Semmler, Gerhard
01.04.83 – 30.09.86	FKpt	Bretschneider, Christian
01.10.86 –	FKpt	Klinzmann, Eugen

Staffelkapitän Seenotstaffel

04.01.58 - 16.08.58	FKpt	Seebens, Heinz
17.08.58 - 31.07.59	FKpt	Schöpke, Helmut
01.08.59 - 30.09.62	KKpt	Bock, Hugo
01.10.62 - 30.09.64	KKpt	Kampe, Helmut
01.10.64 - 30.09.68	FKpt	Schätz, Johann

Am 01.10.68 wurde die Sennotstaffel aufgeteilt in
- 1. Staffel (Albatros)
- 2. Staffel (Hubschrauber)

Staffelkapitän 1. Staffel (Albatros)

01.10.68 - 30.09.69	FKpt	Schätz, Johann
01.10.69 - 01.01.72	KKpt	May, Walter

Staffelkapitän 2. Staffel (Hubschrauber)

01.10.68 - 30.09.69	KKpt	Spring, Hans
01.10.69 - 31.12.71	KKpt	Semmler, Gerhard

Mit Außerdienststellung der ALBATROS wurde die 1. Staffel aufgelöst.
Die 2. Staffel (Hubschrauber) wurde ab 1.1.72 als 1. Staffel geführt.

Staffelkapitän 1. Staffel

01.01.72 - 31.10.72	KKpt	Semmler, Gerhard
01.11.72 - 30.09.75	KKpt	Kobusch, Klaus
01.10.75 - 31.03.76	KKpt	Bretschneider, Christian
01.04.76 - 30.09.79	KKpt	Kämmerer, Franz
01.10.79 - 11.05.82	KKpt	Pollitt, Lothar
12.05.82 - 12.09.86	KKpt	Cramer, Ulrich
17.09.86 -	KKpt	Schult, Richard

Leiter der Außenstelle Sylt

01.01.62 - 31.03.68	KptLt	v. Höhne, Georg
01.04.68 - 30.06.74	KptLt	Anskohl, Ernst
01.07.74 - 15.06.77	KptLt	Hübner, Jürgen
16.06.77 - 07.08.77	KptLt	Böhlke, Hans-Jörg
08.08.77 - 15.12.80	KptLt	Jürgenliemk, Bernd
16.12.80 - 30.09.81	KptLt	Böhlke, Hans-Jörg
01.10.81 - 04.01.84	KptLt	Schmidt, Udo
05.01.84 - 31.03.87	KptLt	Forster, Jürgen
01.04.87 -	KptLt	Weis, Georg

Leiter der Außenstelle Borkum

01.01.65 – 31.08.67	OStBtsm	Buchhammer, Arno
01.09.67 – 30.09.71	KptLt	Kirsten, Peter
01.10.71 – 30.09.77	KptLt	Fischer, Roland
01.10.77 – 18.01.80	KptLt	Dominik, Wulf
19.01.80 – 30.06.82	KptLt	Titze, Rainer
01.07.82 – 30.09.82	KptLt	Struck, Hubert
01.10.82 – 07.10.85	OLtzS	Fell, Mario
08.10.85 –	KptLt	Struck, Hubert

Fliegendes Personal
SAR-Hubschrauber Marine

Piloten		B-171	H-34	H-3
Almreiter, Kurt	KptLt	x	x	
Arnold, Peter	OLtzS		x	x
Bock, Hugo	FKpt	x		
Bockler, Jens	OLtzS		x	x
Bolender, Gert	OLtzS		x	x
Bollbach, Klaus	KptLt		x	
Böhlke, Hans-Jörg	KptLt		x	x
Böllhoff, Guido	KptLt		x	
Bretschneider, Christian	KptzS			x
Buchhammer, Arno	OStBtsm	x	x	
Buddenberg, Hubert	LtzS			x
Budnick, Werner	OLtzS			x
Clausen, Jürgen	OLtzS		x	
Cramer, Ulrich	FKpt		x	x
Dienst, Christian	OLtzS			x
Dierck, Peter	KptLt		x	x
Dörr, Holger	OLtzS			x
Eger, Friedrich	HBtsm		x	
Eichler, Hans Jörg	KKpt			x
Elsner, Andreas	OFähnr.zS			x
Elstner, Erhard	KptLt		x	x
Engels, Lothar	KptLt		x	x
Exner, Hans	HBtsm		x	
Fahlke, Wolfgang	KptLt		x	x
Fischer, Roland	KKpt		x	x
Förster, Rolf-Joachim	OFhrzS			x
Forster, Hans Jürgen	KptLt			x
Fraesdorff, Günter	OLtzS		x	x
Franken, Norbert	OLtzS		x	
Gätjens, Herbert	HBtsm		x	
Glaser, Claus	KptLt			x
Hahl, Gerhard	KptLt	x	x	x
Hambach, Klaus	KKpt			x
Hansmann, Friedrich	KptLt		x	
Hartmann, Karl-Heinz	OLtzS			x
Heinsen, Jan-Peter	KptLt		x	
Hering, Helmut	KptLt		x	x
Hetzer, Frank	KptLt			x
Hoffmann, Hans-Ulrich	HBtsm		x	
Hose, Adolf	KptLt	x	x	
Hübner, Jürgen	KptLt		x	x

312

Piloten		B-171	H-34	H-3
Hübscher, Wolfgang	KptLt			x
Hundt, Ulrich	FltlAdm		x	x
Jahn, Arno	KKpt		x	x
Jürgenliemk, Bernd	KKpt		x	x
Kämmerer, Franz	FKpt		x	x
Kavemann, Walter	LtzS		x	
Klastat, Peter	KptLt		x	
Klimmek, Thorsten	OLtzS			x
Kirsten, Peter	KptLt		x	
Kober, Wulf	KptLt			x
Kobusch, Klaus	KKpt		x	x
Koepke, Walter	OLtzS		x	x
Krüger, Herbert	HBtsm	x	x	
Krüger, Thomas	OBtsm			x
Kuck, Karl-Wilhelm	OFähnr.zS			x
Labitzke, Klaus	KptLt		x	x
Lahrmann, Uwe	KptLt			x
Lehmann, Heinz	KptLt	x	x	
Liedtke, Hans-Joachim	KKpt			x
Lohmann, Dieter	OLtzS		x	x
Lorek, Thomas	KptLt			x
Lunkeit, Frank	KptLt	x	x	
Mathew, Klaus	KptLt			x
Maurer, Ludwig	KptLt		x	
Messmer, Siegmund	OBtsm		x	
Meurer, Theodor	KptLt		x	x
Monte, Jörg	KptLt			x
Müller, Werner	LtzS			x
Neuber, Hermann	KptLt		x	x
Noack, Hans	FKpt	x		
Oertel, Christian	KptLt		x	
Parlowski, Manfred	HBtsm	x	x	
Pehlemann, Lothar	OLtzS		x	x
Petersen, Heinrich	KptLt	x	x	
Pfister, Dieter	KptLt		x	x
Pollitt, Lothar	FKpt		x	x
Poppe, Peter	HBtsm		x	
Reihers, Udo	KKpt			x
Reiners, Onno	KKpt		x	x
Renzel, Hartmuth	KptLt			x
Rövensthal, Horst	KptLt		x	x
Rossnagel, Dankwart	FKpt		x	x
Rother, Manfred	FKpt		x	x
Sandbach, Peter	FKpt		x	x
Schäfer, Heinz	OLtzS			x
Schilf, Dietmar	KptLt			x
Schmidt, Hans-Joachim	KptLt		x	x
Schult, Richard	KKpt			x

313

Piloten		B-171	H-34	H-3
Schwabe, Peter	FKpt		x	x
Seimetz, Hans	OLtzS		x	x
Sellmann, Michael	OLtzS			x
Semmler, Gerhard	FKpt		x	x
Sersan, Siegfried	OLtzS			x
Sievers, Holger	OLtzS		x	x
Smogrovics, Oskar	FKpt		x	x
Spring, Hans	FKpt		x	
Struck, Hubert	KptLt		x	x
Thurm, Günter	OLtzS		x	
Titze, Rainer	KKpt			x
Wartenberg, Walter	HBtsm		x	
Weiß, Winfred	OLtzS		x	x
Weis, Georg	KptLt			x

Bordmechaniker		B-171	H-34	H-3
Abels, Manfred	HBtsm	x	x	
Alteneder, Klaus-Dieter	HBtsm		x	x
Amos, Otmar	OBtsm			x
Anderka, Peter	HBtsm		x	x
Balz, Heinrich	HBtsm		x	x
Bellin, Hans-Joachim	HBtsm			x
Bernhard, Karl-Heinz	KptLt		x	
Blunk, Volker	HBtsm		x	
Borchert, Jörn	HBtsm		x	x
Brumm, Jürgen	HBtsm		x	x
Brunn, Marco	OBtsm			x
Dachrodt, Manfred	Btsm		x	
Danielowski, Franz	HBtsm		x	x
Faika, Christian	HBtsm		x	x
Gernoth, Norbert	HBtsm		x	
Graikowski, Ulrich	KptLt	x		
Grommisch, Jürgen	OBtsm			x
Hänsler, Helmut	HBtsm		x	
Hastler, Jürgen	OBtsm		x	x
Huckriede, Dietrich	HBtsm		x	x
Indorf, Fritz	OLtzS		x	x
Knieling, Albert	OLtzS	x	x	
Köster, Klaus	HBtsm		x	x
Krause, Dieter	OMt		x	
Krause, Horst	HBtsm		x	x
Kroll, Günter	KptLt		x	
Kroll, Ingo	KptLt		x	
Kunze, Jürgen	HBtsm		x	x
Lenke, Manfred	OBtsm		x	

Bordmechaniker		B-171	H-34	H-3
Lowack, Michael	OBtsm		x	x
Mathias, Wolfgang	Mt	x		
Mattscherodt, Otto	HBtsm		x	
Nicolaisen, Uwe	Btsm	x	x	
Osbahr, Hans	KptLt		x	
Pröhm, Bernd	HBtsm		x	x
Rothe, Manfred	OMt	x		
Schaar, Wolfgang	OBtsm		x	
Schäfer, Gerhard	StBtsm		x	x
Scheuermann, Egbert	OBtsm			x
Schmitz, Günter	KptLt	x	x	
Schüler, Max	KptLt	x	x	x
Stellmach, Günter	HBtsm		x	x
Stummer, Werner	HBtsm		x	x
Teske, Gert	StBtsm		x	x
Thode, Reinhard	HBtsm		x	x
Wachhorst, Heinz-Jürgen	HBtsm			x
Wagener, Jürgen	OBtsm		x	
Wodack, Detlef	HBtsm		x	x
Wulf, Jürgen	OBtsm	x	x	
Wuttke, Hans	HBtsm		x	
Zastrau, Gerd	OMt	x		

SAR-Operationsoffiziere (Sea King)

Arp, Wolfgang	KptLt
Baumann, Harald	KptLt
Behnke, Karl-Heinz	KptLt
Dominik, Wulf	KKpt
Eisenach, Heinrich	KKpt
Ernst, Gerd	KKpt
Fischer, Helmut	KptLt
Fischer, Wolfgang	KptLt
Fleischmann, Eckhard	KKpt
Friedrich, Klaus	OLtzS
Gilde, Ulrich	OLtzS
Haak, Uwe	OLtzS
Hrga, Franz	OLtzS
Hülsbeck, Johannes	OLtzS
Kopp, Michael	KKpt
Luschner, Uwe	OLtzS
Mannheimer, Helmut	KptLt
Morenweiser, Konrad	KptLt
Ostermann, Andreas	KKpt
Post, Harald	LtzS
Röhrs, Günter	KptLt
Rotter, Arno	OLtzS

315

SAR-Operationsoffiziere (Sea King)

Saalmann, Detlef	OLtzS
Schmidt, Peter	KptLt
Schuhmann, Manfred	KptLt
Sievert, Hans	KptLt
Spaniol, Alfons	LtzS
Steenbock, Hans-Joachim	KptLt
Täubert, Helmut	KptLt
Twietmeyer, Hermann	OLtzS
Waldherr, Johann	OLtzS
Zang, Harald	KptLt
Zwing, Rainer	OLtzS

SAR
Einsatz-Statistik

SAR-Einsatz-Statistik

Anmerkung: Bei der SAR-Einsatz-Statistik wird unterschieden zwischen Alarmierungen und SAR-Einsätzen.

Alarmierungen machen ein Tätigwerden der SAR-Leitstelle erforderlich, was jedoch nicht immer den Einsatz von SAR-Mitteln zur Folge haben muß.

Bei SAR-Einsätzen werden ein oder mehrere SAR-Mittel zur Durchführung des Auftrages eingesetzt.

Von 1958 bis zum 31. Dezember 1967 wurden unter der Leitung von RCC Hannover 4388 SAR-Einsätze im Gesamtgebiet der Bundesrepublik Deutschland durchgeführt.

			Gesamtsumme:
1958	Alarmierungen:	45	
	SAR-Einsätze:	45	
1959	Alarmierungen:	70	115
	SAR-Einsätze:	70	115
1960	Alarmierungen:	274	389
	SAR-Einsätze:	274	389
1961	Alarmierungen:	355	744
	SAR-Einsätze:	355	744
1962	Alarmierungen:	440	1 184
	SAR-Einsätze:	440	1 184
1963	Alarmierungen:	524	1 708
	SAR-Einsätze:	524	1 708
1964	Alarmierungen:	605	2 313
	SAR-Einsätze:	605	2 313
1965	Alarmierungen:	689	3 002
	SAR-Einsätze:	689	3 002
1966	Alarmierungen:	800	3 802
	SAR-Einsätze:	562	3 564
1967	Alarmierungen:	903	4 705
	SAR-Einsätze:	824	4 388

- - - - - - - -

Davon entfallen auf den SAR-Dienst der Marine:

	Alarmierungen:		1 170
	SAR-Einsätze:		1 092
	Unter der Leitung von RCC Glücksburg:		
1968	Alarmierungen:	191	1 361
	SAR-Einsätze:	182	1 274
1969	Alarmierungen:	342	1 703
	SAR-Einsätze:	298	1 572
1970	Alarmierungen:	440	2 143
	SAR-Einsätze:	387	1 959
1971	Alarmierungen:	407	2 550
	SAR-Einsätze:	350	2 309
1972	Alarmierungen:	429	2 979
	SAR-Einsätze:	385	2 694
1973	Alarmierungen:	603	3 582
	SAR-Einsätze:	460	3 154
1974	Alarmierungen:	509	4 091
	SAR-Einsätze:	394	3 548

Im Zeitraum von 1958 bis 1974 wurde
1 286 Personen Hilfe geleistet.

SAR-Einsatzstatistik 1975

	Zivil	Militärisch	Gesamt
Alarmierungen:	369	210	579
Seenotfälle:	33	–	33
Luftnotfälle:	15	47	62
Dringende Nothilfe:	230	93	323
Einsätze insgesamt:	278	140	418
Personen Hilfe geleistet:	304	79	383

Insgesamt seit 1958

Alarmierungen:	4 670
SAR-Einsätze:	3 966
Personen Hilfe geleistet:	1 669

SAR-Einsatzstatistik 1976

	Zivil	Militärisch	Gesamt
Alarmierungen:	493	351	844
Seenotfälle:	11	62	73
Luftnotfälle:	99	1	100
Dringende Nothilfe:	344	157	501
Einsätze insgesamt:	454	220	674
Personen Hilfe geleistet:	449	130	579

Insgesamt seit 1958

Alarmierungen:	5 514
SAR-Einsätze:	4 640
Personen Hilfe geleistet:	2 248

SAR-Einsatzstatistik 1977

	Zivil	Militärisch	Gesamt
Alarmierungen:	468	296	764
Seenotfälle:	26	–	26
Luftnotfälle:	8	49	57
Dringende Nothilfe:	290	80	370
Einsätze insgesamt:	324	129	453
Personen Hilfe geleistet:	286	66	352

Insgesamt seit 1958

Alarmierungen:	6 278
SAR-Einsätze:	5 093
Personen Hilfe geleistet:	2 600

SAR-Einsatzstatistik 1978

	Zivil	Militärisch	Gesamt
Alarmierungen:	554	250	804
Seenotfälle:	97	–	97
Luftnotfälle:	8	44	52
Dringende Nothilfe:	273	74	347
Einsätze insgesamt:	378	118	496
Personen Hilfe geleistet:	343	67	410

Insgesamt seit 1958

Alarmierungen:	7082
SAR-Einsätze:	5589
Personen Hilfe geleistet:	3010

SAR-Einsatzstatistik 1979

	Zivil	Militärisch	Gesamt
Alarmierungen:	757	224	981
Seenotfälle:	88	5	93
Luftnotfälle:	3	56	59
Dringende Nothilfe:	596	69	665
Einsätze insgesamt:	687	130	817
Personen Hilfe geleistet:	869	70	939

Insgesamt seit 1958

Alarmierungen:	8063
SAR-Einsätze:	6406
Personen Hilfe geleistet:	3949

SAR-Einsatzstatistik 1980

	Zivil	Militärisch	Gesamt
Alarmierungen:	421	147	568
Seenotfälle:	93	18	111
Luftnotfälle:	32	10	42
Dringende Nothilfe:	257	34	291
Einsätze insgesamt:	382	62	444
Personen Hilfe geleistet:	370	55	425

Insgesamt seit 1958

Alarmierungen:	8631
SAR-Einsätze:	6850
Personen Hilfe geleistet:	4374

SAR-Einsatzstatistik 1981

	Zivil	Militärisch	Gesamt
Alarmierungen:	470	123	593
Seenotfälle:	127	18	145
Luftnotfälle:	17	28	45
Dringende Nothilfe:	274	32	306
Einsätze insgesamt:	418	78	496
Personen Hilfe geleistet:	425	50	475

Insgesamt seit 1958

Alarmierungen:	9224
SAR-Einsätze:	7346
Personen Hilfe geleistet:	4849

SAR-Einsatzstatistik 1982

	Zivil	Militärisch	Gesamt
Alarmierungen:	506	190	696
Seenotfälle:	118	20	138
Luftnotfälle:	5	55	60
Dringende Nothilfe:	284	61	345
Einsätze insgesamt:	407	136	543
Personen Hilfe geleistet:	399	76	475

Insgesamt seit 1958

Alarmierungen:	9920
SAR-Einsätze:	7889
Personen Hilfe geleistet:	5324

SAR-Einsatzstatistik 1983

	Zivil	Militärisch	Gesamt
Alarmierungen:	437	171	608
Seenotfälle:	111	19	130
Luftnotfälle:	11	41	52
Dringende Nothilfe:	242	62	304
Einsätze insgesamt:	364	122	486
Personen Hilfe geleistet:	326	71	397

Insgesamt seit 1958

Alarmierungen:	10528
SAR-Einsätze:	8375
Personen Hilfe geleistet:	5721

322

SAR-Einsatzstatistik 1984

	Zivil	Militärisch	Gesamt
Alarmierungen:	413	213	626
Seenotfälle:	93	20	113
Luftnotfälle:	11	38	49
Dringende Nothilfe:	193	70	263
Einsätze insgesamt:	297	128	425
Personen Hilfe geleistet:	275	84	359

Insgesamt seit 1958

Alarmierungen:	11 154
SAR-Einsätze:	8 800
Personen Hilfe geleistet:	6 080

SAR-Einsatzstatistik 1985

	Zivil	Militärisch	Gesamt
Alarmierungen:	515	196	711
Seenotfälle:	90	16	106
Luftnotfälle:	26	25	51
Dringende Nothilfe:	271	61	332
Einsätze insgesamt:	387	102	489
Personen Hilfe geleistet:	298	74	372

Insgesamt seit 1958

Alarmierungen:	11 865
SAR-Einsätze:	9 289
Personen Hilfe geleistet:	6 452

SAR-Einsatzstatistik 1986

	Zivil	Militärisch	Gesamt
Alarmierungen:	456	198	654
Seenotfälle:	47	19	66
Luftnotfälle:	11	25	36
Dringende Nothilfe:	280	71	351
Einsätze insgesamt:	338	115	453
Personen Hilfe geleistet:	281	87	368

Insgesamt seit 1958

Alarmierungen:	12 519
SAR-Einsätze:	9 742
Personen Hilfe geleistet:	6 820

SAR-Einsatzstatistik 1987

	Zivil	Militärisch	Gesamt
Alarmierungen:	479	233	712
Seenotfälle:	48	21	69
Luftnotfälle:	23	20	43
Dringende Nothilfe:	245	65	310
Einsätze insgesamt:	316	106	422
Personen Hilfe geleistet:	260	91	351

Insgesamt seit 1958

Alarmierungen:	13 231
SAR-Einsätze:	10 164
Personen Hilfe geleistet:	7 171

Erläuterungen von Marinebegriffen

abfieren	mit der hydraulischen Rettungswinde absetzen
Ablauframpe	ins Wasser gehende Betonrampe für Amphibienflugzeuge
achtern	beim Schiff hinten
AFCS	Automatic Flight Control System – automatische Flugregelanlage
Amphibienflugzeug	Flugzeug mit Bootsrumpf und Fahrwerk, das sowohl auf einer Rollbahn als auch im Wasser starten und landen kann
Anticollisionlight	rotes Rundum-Blinklicht an Flugzeugen/Hubschraubern
ASE	Automatische Stabilisierungseinrichtung
Backbord	linke Schiffsseite
Backdeck	Deck auf dem Vorschiff
Bail out	Absprung mit dem Fallschirm
Bodeneffekt	Luftpolster, auf dem ein Hubschrauber in unmittelbarer Bodennähe schwebt
Cockpit	Flugzeugführerkanzel
Davits	ausschwenkbare Aufhängevorrichtung für Rettungsboote
Decca	Navigationsgerät (Beschreibung siehe Seite 32)
Decksladung	Ladung, die an Oberdeck transportiert wird
DGzRS	Deutsche Gesellschaft zur Rettung Schiffbrüchiger
DHI	Deutsches Hydrographisches Institut
Doppelwinschverfahren	Verfahren, bei dem ein Besatzungsmitglied mit der Rettungswinde nach unten gelassen wird, um eine hilflose Person aus dem Wasser zu holen
Doppler	Navigationsgerät (Beschreibung siehe Seite 32)
Driftstrecke	von Wind und Strömung beeinflußte, im Wasser zurückgelegte Strecke
DRK	Deutsches Rotes Kreuz
Echolot	Meßgerät zur Feststellung der Wassertiefe
Ekofisk Feld	Ölbohrfeld in der Nordsee
Elektronische Suche	Suchverfahren zum Aufspüren und Anpeilen eines Notsenders
FIR	Flight Information Region - Flugsicherungsbereich
Fuß	Maßeinheit für Höhenangaben in der Luftfahrt – 500 Fuß (ft) = ca. 150 m
grüner Bereich	Betriebsbereich; ist auf allen Instrumenten mit Farbe markiert
Havarist	ein zu Schaden gekommenes Schiff
hovern	mit dem Hubschrauber in Bodennähe auf der Stelle schweben
ICAO	Internationale Zivilluftfahrt-Organisation
Intercom-Anlage	interner Sprechkreis im Flugzeug/Hubschrauber
Kälteschutzanzug	wasserdichter Anzug zum Schutz vor Unterkühlung
Knoten	Geschwindigkeitsmaß - 100 Knoten (kts) = 185,2 km/h

kopflastig	vorderer Teil des Schiffes taucht zu tief ins Wasser ein
krängen	Schiff neigt sich zur Seite
Kraftstoff-Computer	Einrichtung zur Regulierung der Kraftstoffzufuhr bei den verschiedenen Flugmanövern
Kraftstoff-Warnleuchte	optische Warneinrichtung für eine bestimmte Restflugzeit (ca. 20 – 30 min.)
Kreuzpeilung	Anpeilen von mindestens zwei Sendern zur Feststellung der eigenen Position
Kümo	Küstenmotorschiff
Kugelbaake	Seezeichen bei Cuxhaven
Lee	die dem Wind abgewandte Seite
lenzen	leerpumpen
Luv	die dem Wind zugewandte Seite
Mayday	internationaler Notruf über Sprechfunk (im Tastfunk: SOS)
Meile (nautische)	Streckenmaß: 1 Nautische Meile (NM) = 1.852 m
Netzbrook	Ein Netz zum Aufhieven von Lasten verschiedener Art
On Scene Commander	Mit der Einsatzleitung vor Ort beauftragte Einheit
Persenning	Plane zum Abdecken der Ladeluken
Poopdeck	Deck auf dem Achterschiff
Radarhöhenmesser	elektronischer Feinhöhenmesser, der auf den Meter genau anzeigt
RCC	Rescue Coordination Center (SAR-Leitstelle)
Sarah-Gerät	Ortungsgerät, mit dem ein in der Schwimmweste eingebauter Sender geortet werden kann
SAR	Search and Rescue = Suchen und retten: Bezeichnung des internationalen Such- und Rettungsdienstes
SAROO	SAR-Operationsoffizier/Besatzungsmitglied einer Sea King-Besatzung
Schanzkleid	Um das Oberdeck herumlaufende, bis zur Reling reichende Schutzwehr gegen Wasserschlag
Smoke Marker	Rauchzeichen
SOS	Internationaler Notruf über Tastfunk (save our souls) (im Sprechfunk Mayday)
Strecktau	Sicherungstau, über Deck gespannt, zum Festhalten bei schwerer See
Steuerbord	rechte Schiffsseite
Stretcher	Spezialtrage zur Aufnahme eines Verletzten
take-off	Start
Target	ein gesuchtes Objekt
Taxi-way	Rollweg zur Startbahn
Transition	Vollautomatischer Übergang vom Geradeausflug aus 180 ft Höhe zum stationären Schwebeflug in etwa 40 ft Höhe (Sea King)
Transponder	elektronisches Gerät zur Identifizierung (Beschreibung siehe Seite 33)
Vormann	Kapitän eines Seenotrettungskreuzers
Wanten	Seile, die den Mast eines Schiffes nach den Seiten versteifen
winschen	mit der hydraulischen Rettungswinde aufnehmen oder absetzen

Personenregister

Quellen- und Literaturverzeichnis

Ausbildungsunterlagen der Flugzeugführerschule »S«, Faßberg
Aktenmaterial der Behörde für Inneres der Freien und Hansestadt Hamburg über die Flutkatastrophe 1962
Abschließender Bericht der Heeresfliegerwaffenschule über den Katastropheneinsatz in Hamburg 1962
Ausbildungsunterlagen der Marinefliegerlehrgruppe Nordholz
Bericht MFG 5 über die Suchaktion vom 16.–20.3.1967
Bericht des Seeamtes Hamburg über den Untergang des Motorschiffes »Grete Hauschildt«
Bericht der SAR-Leitstelle Stavanger über das Kentern der Wohnplattform »Alexander L. Kielland«
Berichte und Schilderungen von an Rettungseinsätzen beteiligten Besatzungsmitgliedern
Die Schiffe und Fahrzeuge der deutschen Bundesmarine 1956–1976 von Siegfried Breyer und Gerhard Koop, Bernard & Graefe, München
Flughandbuch Sikorsky H-34
Flugrevue, Heft 5/67 Stuttgart
Flotte 4/74
Gefechtsstandstagebuch MFG 5 vom 16./17.3.1967 und 6./7.12.1973
Hansa-Schiffahrt-Schiffbau-Hafen – 116. Jahrgang 1979, Nr. 3
H.G. Prager, Retter ohne Ruhm, Herford
Jahrbuch der Marine, 10. Folge
Jahrbücher der Deutschen Gesellschaft zur Rettung Schiffbrüchiger 1973/1979
Kieler Nachrichten vom 2./3.1.1979 und 15./16.2.1979
Lockhead California Company »Development of the helicopter«
»Marine« Heft 12/75, 5/77, 4/78, 2/80, 3/82
Persönliche Aufzeichnungen des Verfassers
Persönliche Berichte der Besatzungen der Rettungshubschrauber »82+05« und »81+00« zum Seenotfall »Grete Hauschildt«
Pressebericht der »Nordfriesischen Westküstenrundschau« über die Eisnotlage vom Januar 1963
SAR-Einsatzplan Marine
SAR-Einsatzberichte des MFG 5
»Soldat und Technik« Heft 9/67, 7/70, 9/70, 12/77
SAR-Logs und Einsatzunterlagen der SAR-Leitstelle Glücksburg
Schriftverkehr des MFG 5 über SAR-Fragen
Seeamtsspruch des Seeamtes Bremerhaven vom 14.12.1970 über den Seenotfall »Seeadler II«
SAR-Log der SAR-Leitstelle Glücksburg über den Seenotfall »München«
Sondersendung des NDR, Funkhaus Kiel vom 30.12.1978
Tonbandaufzeichnungen der Fregatte »Lübeck« vom 16./17.3.1967
Truppenpraxis 9/66
Tagebuchauszüge zum Seenotfall »Hero« vom 12.11.1977 der Küstenfunkstelle Norddeich-Radio
Wettermeldungen und -Berichte der Geophysikalischen Beratungsstelle Kiel-Holtenau vom 6./7.12.1973

Der Autor

Hermann Neuber, Jahrgang 1938; 1957 Eintritt in die Bundesmarine, zur Zeit als Kapitänleutnant (Organisations-Offizier) bei der Marineschule (Offizierausbildung) in Flensburg-Mürwik. Nach fliegerischer Ausbildung von 1963 bis 1976 Hubschrauberpilot im SAR-Dienst. Neben zahlreichen anderen Einsätzen u. a. 23 Seeleute bei Orkan (Windstärke 12) von drei sinkenden Schiffen abgeborgen; dafür mit dem Verdienstkreuz der Bundesrepublik Deutschland am Bande und der Silbernen Medaille für Rettung aus Seenot am Bande ausgezeichnet. Von 1976 bis 1982 Wachleiter bei der SAR-Leitstelle in Glücksburg. Hermann Neuber ist Verfasser mehrerer Bücher und zahlreicher Zeitungs- und Zeitschriftenartikel.

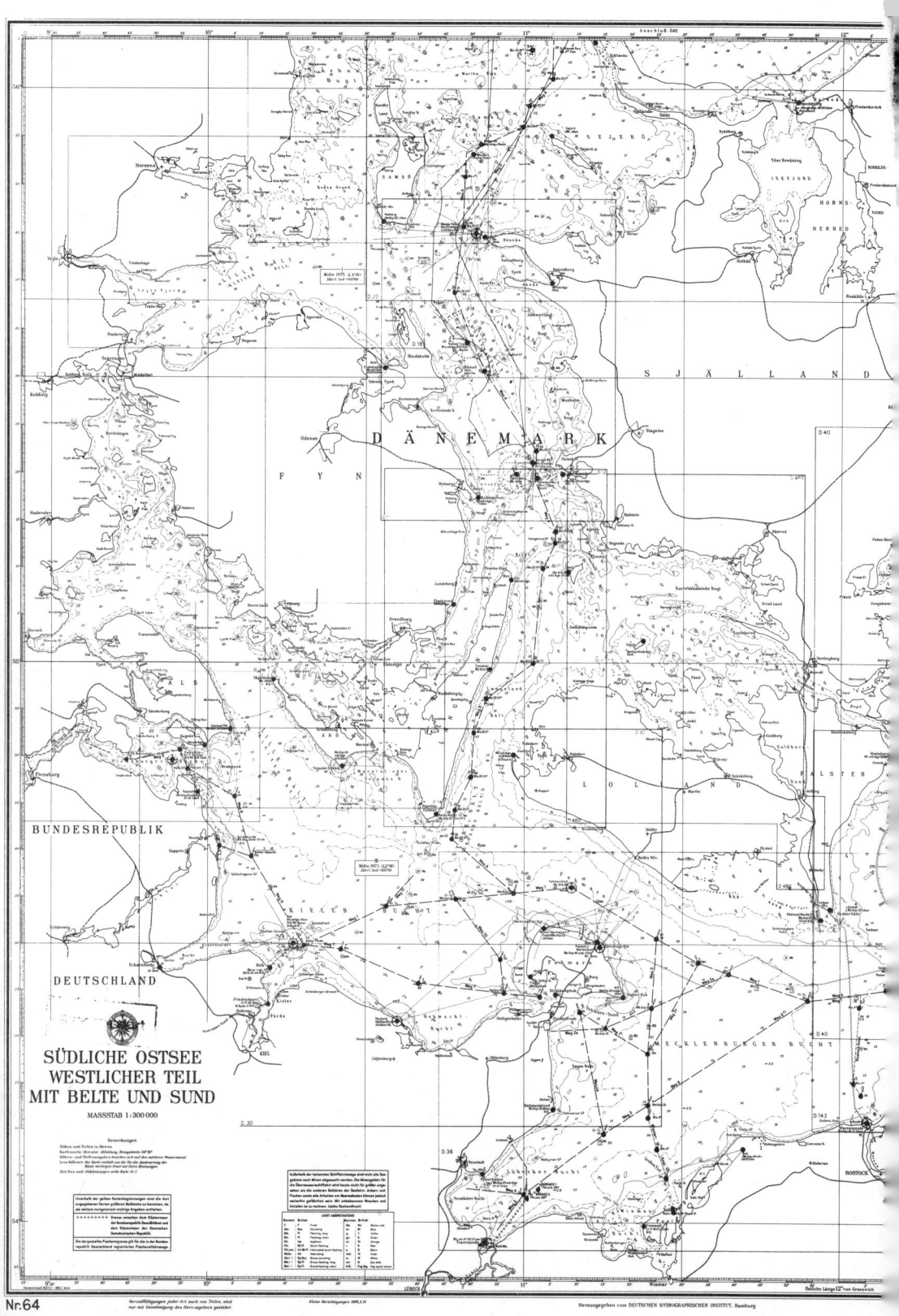

SÜDLICHE ÖSTSEE
WESTLICHER TEIL
MIT BELTE UND SUND

MASSSTAB 1:300 000

Nr. 64